中国创业数据调查报告

经济日报社中国经济趋势研究院
北京市长城企业战略研究所　著

金城出版社
GOLD WALL PRESS
北京 · 2021

图书在版编目(CIP)数据

中国创业数据调查报告 / 经济日报社中国经济趋势研究院，北京市长城企业战略研究所著 .— 北京：金城出版社有限公司，2021.6

ISBN 978-7-5155-2185-5

Ⅰ .①中… Ⅱ .①经… ②北… Ⅲ .①创业—研究报告—中国— 2017—2018 Ⅳ .① F249.214

中国版本图书馆 CIP 数据核字（2021）第 059332 号

中国创业数据调查报告

作　　者　经济日报社中国经济趋势研究院
　　　　　北京市长城企业战略研究所
责任编辑　李　涛
责任校对　李凯丽
责任印制　李仕杰
开　　本　787 毫米 × 1092 毫米　1/16
印　　张　22.25
字　　数　540 千字
版　　次　2021 年 6 月第 1 版
印　　次　2021 年 6 月第 1 次印刷
印　　刷　天津旭丰源印刷有限公司
书　　号　ISBN 978-7-5155-2185-5
定　　价　80.00 元

出版发行　**金城出版社有限公司**　北京市朝阳区利泽东二路 3 号（100102）
发 行 部　（010）84254364
编 辑 部　（010）84250838
投稿邮箱　balimist0213@163.com
总 编 室　（010）64228516
网　　址　http://www.jccb.com.cn
电子邮箱　jinchengchuban@163.com
法律顾问　北京市安理律师事务所　18911105819

前言

创新是时代主题，是引领发展的第一动力；创业是发展之基，是富民之本。习近平总书记指出：“要营造有利于创新创业创造的良好发展环境。要向改革开放要动力，最大限度释放全社会创新创业创造动能，不断增强我国在世界大变局中的影响力、竞争力。”《中华人民共和国国民经济和社会发展第十四个五年规划和2035年远景目标纲要》进一步强调，要坚持创新在我国现代化建设全局中的核心地位，把科技自立自强作为国家发展的战略支撑，面向世界科技前沿、面向经济主战场、面向国家重大需求、面向人民生命健康，深入实施科教兴国战略、人才强国战略、创新驱动发展战略，完善国家创新体系，加快建设科技强国。

创新创业的核心在于通过深化改革，进一步解放和发展创新生产力，营造相应的制度保障和空间环境，调动亿万市场主体的积极性，让一切创造社会财富的源泉充分涌流，为具有创造力、拥有梦想的人才和企业提供更加广阔的发展空间。党的十八大提出，科技创新是提高社会生产力和综合国力的战略支撑，必须摆在国家发展全局的核心位置，要坚持走中国特色自主创新道路，以全球视野谋划和推动创新，提高原始创新、集成创新和引进消化吸收再创新能力，更加注重协同创新。党的十九大做出了中国特色社会主义进入新时代的重大论断，对加快建设创新型国家做出战略部署，为新时代推进创新创业发展指明了前进方向。2021年是“十四五”开局之年，是全面建设社会主义现代化国家新征程开启之年。我国的创新创业生态环境日益优化，拉动就业作用增强，市场主体活力显著提升，新业态新产业不断涌现，创新创业氛围愈加浓厚。在中国这片充满活力与朝气的创新创业热土上，只有加快双创步伐，推动双创高质量发展，打造双创升级版，才能进一步促进观念更新、制度创新和生产方式深刻变革，加快新旧动能的转换和经济结构的转型升级。

本书以2017至2018年开展的“中国创业企业调查（第二期）”数据库为研究基础，涵盖北京、上海、深圳、杭州、武汉、西安等六个城市，聚焦信息技术、软件、节能环保、高端装备制造、新能源、新材料、生物医药、文化创意、金融服务、专业技术服务、现代农业等十一个产业领域，分析有效样本4000余个。在结构上分为研究综述、中国创业者、重点产业创新创业、创新创业环境和趋势前瞻五篇，共计十三章。第一篇为本书综述，系统介绍数据情况、梳理双创理论与中国实践、概述主要结论；第二篇到第四篇为本书核心观点，共计八章，对数据所呈现的规律进行多维度、深层次解读，旨在客观分析中国创业者及创业企业现状、不同产业领域的创业特点及发展态势，获悉国家创新创业政策实施效果和落实情况，展现新时代中国创新创业全貌；第五篇着眼未来，结合研究团队多年来对创新创业的观察与积累，前瞻性提出中国引领全球的十大新兴产业、对新时代创业者特质和新时代伟大创业者培育路径进行提炼与总结。

本书数据翔实、案例丰富，对近年来双创政策进行了全面梳理，围绕创新创业撰写了大量国内外专题研究，涵盖国外天使投资、新型研发机构、创业服务等内容，致力于为读者生动展现创新创业前沿动态、拓宽国际视野。

本书由经济日报社中国经济趋势研究院以及北京市长城企业战略研究所孙世芳、武文生、刘溟、刘佳薇、谢慧、王娜、郭文鹃、于静怡、裴文、宫艳辉、王凌云等人共同编写。同时，由于时间仓促、人力有限，内容不尽之处，敬请读者谅解。欢迎读者提出宝贵意见和建议，对问题和疏漏进行批评指正。

2021 年 3 月

目　录

第一篇　研究综述

第一章　绪论……2

一、样本情况……2

二、行业界定……4

三、研究方法……5

第二章　双创理论与中国实践……6

一、创新创业理论……6

二、中国双创实践……9

第三章　结论综述……17

一、创业群体呈现年轻化趋势……17

二、科技型、融合型创业企业居多……18

三、不同行业领域创业表现差异较大……18

四、创业环境仍存在优化提升空间……20

第二篇　中国创业者

第四章　创业者画像……24

一、创业者特征……24

二、企业家精神……30

三、“有效”创业者群体画像……34

四、历代创业者变化及规律……36

五、小结 ……………………………………………………………38

第五章　创业企业画像……………………………………………………39
一、创业企业发展情况 ……………………………………………………39
二、创业企业融资情况 ……………………………………………………50
三、创业企业创新情况 ……………………………………………………78
四、创业困难及核心竞争力 ………………………………………………91
五、小结 ……………………………………………………………99

第三篇　重点产业创新创业

第六章　高新技术产业…………………………………………………… 102
一、新一代信息技术：以技术研发类企业为主 ……………………… 102
二、节能环保：经营情况优于全行业平均水平 ……………………… 125
三、高端装备制造：智能制造为主要创业方向 ……………………… 137
四、新能源：市场潜力有待深度挖掘 ………………………………… 148
五、新材料：专利技术基础仍然薄弱 ………………………………… 160
六、生物医药："互联网＋医疗健康"成为行业风口……………………… 171
七、小结 ……………………………………………………………… 184

第七章　现代服务业…………………………………………………… 186
一、文化创意：提高创意的商业变现能力是关键 …………………… 186
二、金融服务：科技赋能金融产业效果显著 ………………………… 198
三、专业技术服务：以线下技术服务中介为主 ……………………… 210
四、小结 ……………………………………………………………… 222

第八章　现代农业……………………………………………………… 224
一、整体经营业绩表现良好 ………………………………………… 224
二、研发投入重视程度较高 ………………………………………… 229
三、创业资金需求较为迫切 ………………………………………… 233
四、小结 ……………………………………………………………… 235

第四篇　创新创业环境

第九章　企业创新投入与产出 …… 238

一、创业企业创新要素投入 …… 238

二、创业企业创新产出效率 …… 248

三、创业企业创新存在的问题 …… 254

四、创业企业创新效率提升路径 …… 256

五、小结 …… 262

第十章　创业服务环境 …… 263

一、创业企业服务需求 …… 263

二、创业服务满意度评价 …… 266

三、创业服务存在的短板 …… 281

四、创业服务机构演进趋势 …… 282

五、创业服务机构能力提升路径 …… 295

六、小结 …… 311

第十一章　六大城市创新创业情况 …… 312

一、北京市 …… 312

二、上海市 …… 314

三、深圳市 …… 315

四、杭州市 …… 317

五、武汉市 …… 319

六、西安市 …… 321

五、小结 …… 322

第五篇　趋势前瞻

第十二章　中国引领全球的十大新兴产业 …… 326

一、社交媒体产业 …… 326

二、新零售电商产业 …… 327

三、共享出行产业 …… 329

四、在线直播产业 …… 330
五、在线支付产业 …… 331
六、智能推荐媒体产业 …… 332
七、计算机视觉产业 …… 334
八、智能语音产业 …… 335
九、生态制造产业 …… 336
十、民用无人机产业 …… 337

第十三章　成为新时代伟大创业者 …… 338
一、新时代创业者特质 …… 338
二、新时代伟大创业者培育路径 …… 340

第一篇　研究综述

第一章　绪　论

本报告数据研究基础为经济日报社组织的“中国创业企业调查（二期）”数据库。此数据库将创业企业内涵界定为处于创业阶段、高成长性与高风险性并存的创新开拓型企业，具体是指从2013年开始有实际经营活动的企业，企业性质重点侧重于非国有企业，企业规模无限制。

数据库共分为三期：2016至2017年开展第一期调查，涵盖北京、上海、深圳、杭州、武汉、西安六个城市，聚焦信息技术、软件、节能环保、高端装备制造、新能源、新材料、生物医药、文化创意、金融服务、专业技术服务十个行业的初创阶段企业。第一期数据对创业者基本情况、企业基本情况、创业影响因素、资金来源和外部环境进行了深入调查，共计获取样本3000余个。2017至2018年开展第二期调查，城市选取延续第一期调查的基础，选取六个城市进行抽样，产业在第一期基础上增加了现代农业，共抽取十一个行业进行调查，数据库在第一期抽样基础上抽取1814个样本进行追踪调查，同时新增4000余个样本进行新一轮调查。2018至2019年开展第三期调查，城市选取在之前基础上新增广州、成都、郑州和长春四个城市，产业延续第二期基础，选取十一个产业。第三期数据库，同样在第二期的基础上，抽取1800个样本进行追踪调查，同时新增3000余个样本进行了新一轮调查。

本报告所用数据库主要为2017至2018年开展的第二期数据库，其中涉及“上一年度”的表述均指以调查问卷填写为时间节点追溯的上一年度的数据情况。

一、样本情况

第二期数据库涉及的行业和地域样本情况如下。行业层面，调查数据选取信息技术行业和软件行业的企业较多，分别达1079和843家，占样本总量的27%和21.1%；金融服务和文化创意次之，分别占12.69%和11.16%；生物医药、高端装备制造和专业技术服务占总样本比例分别为7.78%、7.61%和6.53%；现代农业为第二期数据新增行业，共抽取90家企业，占总样本比例的2.25%；节能环保、新能源和新材料等新兴产业样本量较少，分别占总样本的1.4%、1.45%和1.03%。

表1-1　行业分布数据统计表

行业	频数	占比（%）
信息技术	1079	27
软件	843	21.1
节能环保	56	1.4
高端装备制造	304	7.61
新能源	58	1.45

表 1-1　行业分布数据统计表（续表）

行业	频数	占比（%）
新材料	41	1.03
生物医药	311	7.78
文化创意	446	11.16
金融服务	507	12.69
专业技术服务业	261	6.53
现代农业	90	2.25

城市层面，调查数据在北京市选取的创业企业较多，为 1286 家，占总样本比例的 32.37%；在上海市选取创业企业 946 家，占比 23.81%；在深圳市选取 809 家，占比 20.36%；在杭州市、武汉市分别选取 440 家、309 家，占比分别为 11.07%、7.78%；在西安市选取样本较少，仅有 183 家，占比为 4.61%。

表 1-2　城市分布数据统计表

城市	频数	占比（%）
北京市	1286	32.37
上海市	946	23.81
深圳市	809	20.36
杭州市	440	11.07
武汉市	309	7.78
西安市	183	4.61

对创业企业进行进一步梳理观察后，发现本次数据样本所选取的企业多注册为科技有限公司，尤其是新一代信息技术、高端装备制造、生物医药、专业技术服务等产业创业企业，大多都是科技企业。科技有限公司多以技术和服务为企业核心业务，根据工商局注册标准，分行业科技有限公司的经营范围大概有如下五类：一是信息科技公司，包括计算机科技、信息技术、网络科技领域内的技术开发、上门维修服务、技术咨询、技术服务、技术转让、通信设备、计算机、软件及辅助设备的销售、企业管理咨询、企业形象策划、商务咨询，从事货物及技术的进出口业务、网上销售电子产品等。二是软件科技公司，包括网络科技产品领域内的技术开发、技术转让、技术咨询、技术服务等。三是生物科技公司，包括生物科技产品领域内的技术开发、技术咨询、技术转让及技术服务、保健食品销售等。四是农业科技公司，包括农业科技领域内的技术开发、技术转让、技术咨询、技术服务、农副产品销售等。五是医药科技公司，包括医药科技产品领域内的技术开发、技术咨询、技术转让及技术服务等。根据数据情况，从创业公司类型来看，样本整体呈现出技术研发公司居多的特点，数量共计 1960 家，占比 48.98%；服务类公司次之，共 764 家，占比达 19.09%；生产性公司共 540 家，占比 13.49%；平台性公司有 289 家，占比 7.22%。

表 1-3　分企业性质统计表

行业	频数	占比（%）
技术研发公司	1960	48.98

表 1-3　分企业性质统计表（续表）

行业	频数	占比（%）
服务类公司	764	19.09
生产性公司	540	13.49
平台性	289	7.22
其他	450	11.22

具体来看，新一代信息技术领域内，信息技术和软件行业以技术研发企业为主，占比均在 99% 以上；节能环保和高端装备制造行业以生产性公司居多，占比分别为 92.86%、99.34%，其中高端装备制造行业无技术研发和服务类企业；新能源和新材料行业均为生产性公司，无其他类型；生物医药行业以服务类公司为主，占比达 99.68%；文化创意产业中，99.55% 的企业选择了其他类型的选项，与文创产业自身性质有关，文创公司多以内容输出和活动策划为主营业务；金融服务行业以服务类企业为主，占比达 93.69%，6.11% 的企业为平台性公司；专业技术服务业则以平台性公司为主，占比 87.74%，6.9% 的企业为服务类公司；现代农业则多为生产性公司，占比达 83.15%。

二、行业界定

结合抽样实际，对十一个行业的概念界定如下。信息技术产业简称信息产业，是运用信息手段和技术，收集、整理、储存、传递信息，提供信息服务，并提供相应的信息手段、信息技术等服务的产业。信息技术产业是一门带有高科技性质的服务性产业，具备技术密集型的特点，不断向智能化方向发展。软件产业是生产或制造软件的企业统称，是信息产业的核心，是社会的基础性、战略性产业，技术标准越高、技术研发能力越强的企业越容易获得更大的优惠政策和更强的市场竞争力。节能环保产业是国家加快培育和发展的九大战略性新兴产业之一，包括节能技术与装备、高效节能产品、节能服务产业、先进环保技术与装备、环保产品与环保服务六大领域，产业链长，关联度大，吸纳就业能力强，对经济增长拉动作用明显，近几年在政策扶持下，节能环保产业发展十分迅猛。高端装备制造产业是装备制造业的高端领域，涉及智能制造、新能源汽车、海洋工程装备、轨道交通装备等领域，“高端”主要表现在技术含量高、高附加值和占据产业链核心部位。新能源产业是指太阳能、地热能、风能、海洋能、生物质能和核聚变能等刚开始开发利用或正在积极研究、有待推广的能源，主要涉及新能源的开发和应用，是具有战略地位的新兴产业。新材料产业包括新材料及其相关产品和技术装备，具体涵盖新材料本身形成的产业、新材料技术及其装备制造业、传统材料技术提升的产业等，具有技术高度密集、研究与开发投入高、产品的附加值高、生产与市场的国际性强，以及应用范围广、发展前景好等特点。生物医药产业由生物技术产业与医药产业共同组成，制药产业与生物医学工程产业是现代医药产业的两大支柱，生物医药产业具有创新成本高、投资风险大，研发周期长等特点，产业技术新知识、新方法、新领域层出不穷。文化创意产业是以创造力为核心的产业，强调依靠创意人的智慧、技能和天赋，借助高科技对文化资源的创造与提升，通过知识产权的开发和运营，产生出高附加值、具有个性化特征的产品。金融服务业包括银行、证券、保险、信托、基金等行业，金融服务业的特征体现在实物资本投入较少、从劳动密集向技术密集型转变等。专业技术服务业是指由专门为客户或社会提供职业化和科技服务活动的机构所组成的现代服务行业，包括气象服务、地震服务、海洋服务、测绘服务、技术检测、环境监测、工程技术与规划管理、工程管理服务、工程勘察设计、规划管理、其他专业技术服务等，该产业要求有高度的专业技能和培训，发展速度较为缓慢。现代农业是指智慧农业，是智慧经济为主导、大健康产业为核心的自动化、个性化、艺术化、生态化、规模化、精准化农业，相对传统农业而言，以市场经济为导向，以利益机制为联结、以企业发展为龙头，具备高度商业化、科技现代化的特征。

三、研究方法

（一）调查方法

本次调查主要采取抽样调查法进行数据收集，具体采用分层抽样与等距抽样相结合的抽样方法。首先，基于信息技术、软件、节能环保、高端装备制造、新能源、新材料、生物医药、文化创意、现代农业、金融服务、专业技术服务共十一个行业数量比例。

首先，将十一个行业样本抽样比例设为Ai/A，其中Ai为i行业企业数量：A1:A2:A3:A4:A5:A6:A7:A8:A9:A10:A11。

A=A1+A2+A3+A4+A5+A6+A7+A8+A9+A10+A11

其次，确定各个城市在i行业中的抽样比例。将北京、上海、深圳、杭州、武汉和西安六个城市i行业企业数量设定为Abj–i、Ash–i、Asz–i、Ahz–i、Awh–i、Axa–i。

Ai=Abj–i+Ash–i+Asz–i+Ahz–i+Awh–i+Axa–i

将六个城市在i行业中抽样比例设为Cbj–i、Csh–i、Csz–i、Chz–i、Cwh–i、Cxa–i。

Cbj–i=Abj–i/Ai、Csh–i=Ash–i/Ai、Csz–i=Asz–i/Ai、Chz–i=Ahz–i/Ai、Cwh–i=Awh–i/Ai、Cxa–i=Axa–i/Ai。

再次，分别计算六个城市样本数量BJi=Ai/AxCbj–ixD、Shi=Ai/AxCsh–ixD、SZi=Ai/AxCsz–ixD、HZi=Ai/AxChz–ixD、WHi=Ai/AxCwh–ixD、XAi=Ai/AxCxa–ixD的具体值，D为抽样总数，即北京需抽取BJi个第i行业企业，上海需抽取SHi个第i行业企业，深圳需抽取SZi个第i行业企业，杭州需抽取HZi个第i行业企业，武汉需抽取WHi个第i行业企业，西安需抽取XAi个第i行业企业。

最后，在已确定的六个城市基础上，根据十一个行业的企业样本库数量，进行随机抽样。

（二）分析方法

在前期数据收集的基础上，经过多轮数据清洗、信息核实及处理后，最终形成第二期创业企业调查数据库。我们采用stata、tableau等数据统计软件，合理选取数理统计模型对数据进行相关性分析、回归分析，从创业群体、创业领域、创业融资、创业服务、创业创新等方面开展研究。同时，综合运用文献分析、数据分析、头脑风暴等方法，结合研究团队多年来对创新创业的研究积累，对数据形成的定量分析进行进一步的定性研究与拓展，旨在全面展现新时代创新创业的特点及未来发展趋势。

第二章　双创理论与中国实践

“创新”的概念自20世纪初被提出以来，创新创业理论随着社会经济的不断演进，经历了不同的发展阶段，带有强烈的时代特征。本章主要围绕创业者理论、商业与创新生态理论、企业开放创新理论、企业开放创新生态圈理论对新时代创新创业理论进行论述，并阐述中国双创战略提出的背景、具体实践及取得的成效。

一、创新创业理论

（一）创业理论

1. 德鲁克的创新创业理论[1]

美国管理学家彼得·德鲁克在深入剖析创新与企业家精神的基础上发展了创新创业理论。这一理论认为，“企业家”的概念不依赖于创业者创办的企业规模、性质、所有权等因素加以定义，而与其自身的创新实践密切相关，只有“专注于创新机遇”并投身于创办新事业的人才能称为企业家。企业家应关注的创新机遇来源主要有七个，即意料之外的成功或失败事件、不符合预期的事件、基于程序需要的创新、产业和市场结构的变化、人口统计数据的分析、认知及意义的改变、新知识的出现。“创业型管理”作为一种创新管理机制是创新实践的重要形式，在市场上经久不衰的企业通常依赖于“创业型管理”，即建立一个最高的管理团队并设定各类管理者的工作范围、角色，同时以市场为中心制订前瞻性的财务计划、公司章程与战略决策，帮助企业实现长远发展。

2. 蒂蒙斯的创业过程理论[2]

杰弗里·蒂蒙斯是20世纪60年代美国创业学教育和研究的领袖人物之一。蒂蒙斯在创业过程研究中提出，创业机会、创业团队和创业资源是创业的核心要素。创业机会是创业过程的核心驱动力，创始人或工作团队是创业过程的主导者，资源是创业成功的保证，创业是在创业机会、创业者与资源三者之间实现动态平衡的过程。由于政治、经济、文化等外部环境的不断变化，创业者面临着众多的不确定性和风险，因而创业者需要立足于企业实际状况，分析创业机会的有利与不利因素、调查资源的拥有量与合理匹配的程度、规划与设计团队工作内容等。在创业者带领团队、把握创业机会、整合资源和战略规划的过程中，创造力是最重要的驱动力之一。创业者必须充分发挥创造性思维，根据市场需求和消费者偏好的改变不断调整产品和服务，适应环境变化，最终实现创业机会和资源的平衡与合理配置，完成创业的整个过程。

---

1. ［美］P. F. 德鲁克：《创新和企业家精神》，《世界经济科技》周刊编辑室译，企业管理出版社，1989年。

2. ［美］杰弗里·蒂蒙斯（Jeffry A. Timmons）、［美］小斯蒂芬·斯皮内利（Stephen Spinelli，Jr.）：《创业学》第6版，周伟民、吕长春译，人民邮电出版社，2005年。

（二）商业与创新生态理论

1. 詹姆斯·摩尔的商业生态系统模型

商业与创新生态系统最早在 1993 年由美国战略管理学家詹姆斯·摩尔提出，主要观点为商业与创新生态系统本质上是一个“基于组织互动的经济联合体”，是一种由客户、供应商、主要生产商、投资商、贸易合作伙伴、标准制订机构、工会、政府、社会公共服务机构和其他利益相关者等具有一定利益关系的组织或者群体构成的动态结构系统，并以在动态复杂的环境下为不同组织良好生存与持续健康为目标，实现系统要素、要素间以及系统与环境之间的有效协同。[1]哈佛商学院教授马可·伊恩斯蒂（Marco Iansiti）和罗伊·莱温（Roy Levien）从商业与创新生态系统的结构与构成要素入手，认为企业依据创新动态性与网络关系复杂程度的高低将商业与创新生态系统中的企业分为关键型企业、支配型（包括主宰支配型和坐收渔利型）企业和缝隙型企业。不同企业的战略、功能角色定位，与环境复杂性的相互匹配，决定了商业与创新生态系统的结构与健康发展。[2]

具体来看，一是网络核心型组织，具有高创新动态性和高网络关系复杂性，实施骨干型战略，实现在商业与创新生态系统网络中共享问题解决方案，从而实现价值占有与价值共享之间的平衡。二是支配主宰型组织，具有较低创新动态性和高网络关系复杂性，相对于坐收渔利型组织（较低创新动态性和低网络关系复杂性），更容易形成支配型战略，通过控制与价值占有承担绝大多数的价值创造。三是缝隙型组织，具有较低网络关系复杂性与较高创新动态性，以利于其战略专注于专门的领域，为商业与创新生态系统骨干企业服务，在小规模市场上实现价值创造。

2. 创新生态系统网络结构

硅谷企业家、投资人维克多·W. 黄（Victor W. Hwang）以硅谷为研究对象，在《硅谷生态圈：创新的雨林法则》一书中，对传统组织网络与创新生态系统网络进行了描述。认为传统的组织网络以顾客为核心，形成由企业与供应商共同构成的规则网络。而不同于传统企业网络，硅谷自组织演化所形成的创新生态系统网络包含与各类异质性组织的联系与相互作用，多条商业链的交互与环境变化相互适应，形成创新生态系统结构。创新生态系统结构具有复杂性、交互性和动态性，创新行为主体之间包含无序的联系，生态系统网络所形成的节点规模与联结规模远大于传统组织网络结构。[3]

（三）企业开放创新理论

在创新全球化时代，群体加速创新、消费者参与创新、分工与合作创新、基于商业生态的创新成了创新新趋势。20 世纪 80 年代以前，传统的企业创新模式是封闭式的，它将创新活动严格限制在企业边界之内，组织内部与外部之间没有明显的知识交流现象。1980 至 2000 年，开放式创新初现端倪，企业开始从外部研究所、大学、相关企业等机构获取知识进行产品创新

1. 詹姆斯·摩尔：《竞争的衰亡——商业生态系统时代的领导与战略》，梁骏译，北京出版社，1999 年。

2. M. Iansiti. R. Levien. The keystone advantage. Harvard Business School Press， 2004.

3. Victor W. Hwang. The Rainforest: The Secret to Building the Next Silicon Valley. 机械工业出版社，2015.

和服务创新，或者将一些任务委托给这些机构，逐渐形成一种产学研合作创新模式即开放式创新模式。21 世纪以来，知识的增长和扩散速度加快、企业创新周期缩短，开放式创新随之发生了变化，开放式创新的主体、内容、方式上都得到了扩展，开放全面升级，进入了开放式创新 2.0 时代。

2003 年，亨利·切斯布朗在《开放式创新：进行技术创新并从中赢利的新规则》一书中，首次提出了“开放式创新”的概念。开放式创新使得企业融合内外创意及市场化渠道，均衡协调内外部资源，企业的边界由原来封闭式向开放式模式发展，方便知识流动及创新，提高企业整合各种创新要素的能力，并与封闭式创新进行了比较。

表 2–1 封闭式创新同开放式创新的比较

基本原则	封闭式创新	开放式创新
公司精神（理念）	我们能创造出行业中最多最好的创意和产品	最佳的创意可能来自别处
创新空间范围	重视企业内部资源	整合全球资源实现创新
核心能力	产品和服务设计的垂直一体化	外部资源的搜寻、识别、获取和利用，内外资源的整合能力
研发的功能和运作	设计、开发和商业化内部的发明，从研发中获利	整合内外创新资源使公司的资产绩效最大化，重视内部研发
员工的职责	完成自上而下的工作任务	创业创新的主体来源多元化
创新成功的测度	增加的利润、销售额，缩短的进入市场时间，提升的市场份额	研发的投资回报率，突破性的创新产品或商业模式
对知识产权的态度	拥有和严格控制知识产权	购买别人的知识产权，出售自己的知识产权从中获利

亨利·切斯布朗教授进一步提出两种互补的开放式创新模式，即“由外到内”的开放和“由内到外”的开放。其中，“由外到内”的开放，指企业会更充分地利用外部的思想、创意和技术。企业必须克服“非我不可”的传统思维，接受、欢迎外部组织对本企业的贡献，利用“由外到内”的开放创造范围经济，即通过利用外部的思想、创意和技术，提升跨界创新、交易或服务的多样性，获取自己所不具备的外部知识和经验，为企业自身附加增值要素。而“由内到外”的开放，是指企业允许自己内部的思想和技术被外部组织所利用。企业必须克服“禁止入内”的传统思维，通过“由内到外”的开放可以获取规模经济。[1]

（四）企业开放创新生态圈理论

企业开放创新生态圈理论认为，企业开放创新生态圈具有创新领域多元化、创新组织多样化、共生关系层次化的架构特点，同传统的合作关系不同，企业开放创新生态圈更突出开放、创新、共生的内涵，具体架构如图 2–1 所示。

具体来看，首先企业的创新无所不在，在企业的战略发展、技术研发、市场营销、服务与管理等领域都蕴藏着创新的机遇和商业模式创新的机会。其次，企业开放创新生态圈的参与各

1.［美］亨利·切斯布朗（Henry Chesbrough）：《开放式创新：进行技术创新并从中赢利的新规则》，金马译，清华大学出版社，2005 年。

方呈现出多样性、异质性特点，政府、大学、供应商、专业服务等组织都是企业开放创新生态圈的重要参与者。再次，各参与主体按照与生态圈核心企业的共生深度的不同，亦可以分为战略合作伙伴、业务合作伙伴、对接联系成员，与核心企业形成不同共生关系，同时生态圈的发展也兼具网络化、动态进化的特点。任何企业都可以从其现有的商业生态中构建自身的开放创新生态圈，或找准定位融入其他开放生态圈中。企业在构建开放创新生态圈时，以理念创新为引领，既要兼顾内部组织扁平化与管理创新的带动作用，又要以开放的视角，通过构建创新联盟、借社交化平台链接创新资源、以创新大会等方式激发全面创新，不断推进生态圈的网络化、动态进化发展。[1]

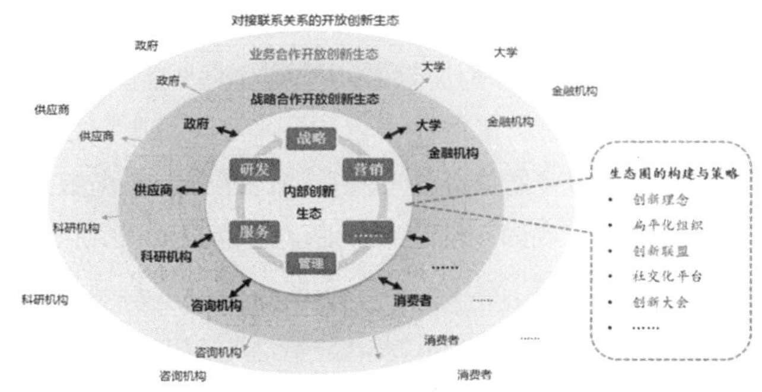

图 2-1　企业开放创新生态圈的架构图

二、中国双创实践

（一）双创战略的提出

改革开放开辟了中国发展新纪元，四十年间我国创造了世界经济史上的“增长奇迹”，经济发展实现了从站起来到富起来的伟大转变，经济总量大幅提高、人们生活质量稳步提升、综合国力持续增强。“十三五”期间，我国经济发展进入“新常态”，速度变化、结构优化、动能转换三大特点趋于明显。一是经济保持中高速增长。2019 年全年 GDP 增速达 6.1%，在经济总量 1 万亿美元以上的经济体中位居第一，对世界经济增长贡献率达 30% 左右，持续成为推动世界经济增长的主要动力源，同时，我国经济增速连续 16 个季度运行于 6.4%—7%，经济运行稳定性和韧性较强。二是从产业结构来看，第三产业的贡献率创历史新高。2019 年第一产业、第二产业、第三产业增加值比重分别为 7.1%、39%、53.9%，对 GDP 增长的贡献率分别为 3.8%、36.8%、59.4%。三是新动能、新经济、新产业发展迅速。2019 年规模以上工业增加值同比增长 5.7%，纺织、造纸、化学原料和化学制品制造业等传统行业增速明显放缓，新产业、新业态快速崛起，全年工业战略性新兴产业增加值比上年增长 8.4%，高技术制造业增加值增长 8.8%，增速分别快于规模以上工业 2.7%、3.1%。

我国已经成为名副其实的经济大国，产业结构优化效果明显，但结构性矛盾依旧突出，低附加值、高资源消耗、高污染行业的比重仍比较高。在人口红利衰减、“中等收入陷阱”风险累积、国际经济格局深刻调整等一系列内因与外因的相互作用下，粗放型经济发展方式已不能支撑中国经济的可持续发展，调整经济结构、转变经济发展方式已经刻不容缓，实施创新驱动发展战略成为保障中国经济高质量发展和转变发展方式的关键。

1. 马宇文：《构建企业开放创新生态圈》，《中国工业评论》，2016 年第 1 期，第 22—26 页。

2006年国家出台《国家中长期科学和技术发展规划纲要（2006—2020年）》以来，按照党中央的决策部署，建设创新型国家、提高自主创新能力、推动企业成为技术创新主体成为国家重要战略目标，围绕完善创业环境、优化财税、搞活金融、创业投资、创业服务、创业平台、激发活力、城乡统筹等方面先后出台了20多个政策文件，对创业创新进行全方位部署。2015年国家推进“双创”的第一个标志性文件《关于发展众创空间推进大众创新创业的指导意见》（国办发〔2015〕9号）出台，2018年9月国务院印发《国务院关于推动创新创业高质量发展打造“双创”升级版的意见》，将大众创业万众创新引向深入，提出要着力促进创新创业环境升级，加快推动创新创业发展动力升级，持续推进创业带动就业能力升级，深入推动科技创新支撑能力升级，大力促进创新创业平台服务升级，进一步完善创新创业金融服务，加快构筑创新创业发展高地，切实打通政策落实“最后一公里”等重要内容，全面掀起了推进“双创”的社会热潮。

科学把握世界多极化、经济全球化、社会信息化、文化多样化深入发展的历史大势，党的十九大准确做出了中国特色社会主义进入新时代的重大历史论断，全面制定了夺取新时代中国特色社会主义伟大胜利的宏伟蓝图。要贯彻新发展理念，建设现代化经济体系，就要激发和保护企业家精神，鼓励更多社会主体投身创新创业。党的十九届五中全会进一步强调创新在我国现代化建设全局中的核心地位，把科技自立自强作为国家发展的战略支撑，面向世界科技前沿、面向经济主战场、面向国家重大需求、面向人民生命健康，深入实施科教兴国战略、人才强国战略、创新驱动发展战略，完善国家创新体系，加快建设科技强国。科技自立自强的主要动力来自市场，在于科技与市场经济的高度结合，通过市场原则把企业和科技人员组织起来，以市场经济效益为导向，有效聚集人力、物力、财力。企业是支撑国民经济发展的重要基础单元，建设创新型国家的关键在于企业是否成为创新的主体，特别是创业型企业是否成为创新的主体，创业型企业的成长和自主创新能力的提高是实现创新驱动发展的决定性因素。

（二）双创战略取得的成效

我国“大众创业、万众创新”通过改革体制机制、搭建创业平台、营造创业环境等，极大调动了中国人尤其是年轻人的积极性和创造性，催生了众多市场新主体，促进了观念更新、制度创新和生产经营管理方式的深刻变革，创新创业正在成为中国经济行稳致远的活力之源。

具体来看，一是创业企业出现井喷，带动就业作用突出。“大众创业、万众创新”提出后，中国创业数量持续增加。2015至2019年，新登记企业数量从443.9万户增至739.1万户，年复合增长率约6.66%，实有企业数量增至3858.3万户，较2015年增加1672.5万户。活跃的创业被证实成为区域发展的重要引擎，深圳自2012年起连续七年创业密度居全国首位，截至2019年，全市累计共有商事主体348.1万户，每千人拥有商事主体259户、拥有企业162.9户，高密度创业助推深圳成为创业投资最活跃的城市、对人才最具吸引力的城市，支撑全市经济高速发展。创新创业成为我国稳定和扩大就业的重要支撑，2019年，我国全年城镇新增就业1352万人，城镇登记失业率由2015年的4.05%降低为3.62%。创业公司招聘人数大幅增加，大量人员通过网络平台实现了零工经济和自我就业。佰职就业大数据显示，2019年全年创业公司互联网全网招聘人数达到 263.64 万人。随着双创持续深入，创业励志故事和财富“神话”不断涌现，社会就业、择业观念正在发生改变，中国大众创业意愿领先全球，85% 的中国受访者表现出强烈的创业意愿，远高于全球 55% 和亚洲 76% 的平均水平，创业逐渐成为新的工作方式、价值实现和生活理念。此外，双创在一定程度上拓展了社会纵向流动通道，为更多人尤其是“草根”创业者提供了发展平台，使他们通过拼搏实现人生价值，创造社会财富，有利于实现机会公平，推进市场繁荣。

二是众创空间数量激增，形成梯次有序的孵化链条。随着双创的进一步深入，越来越多的社会主体投身孵化载体建设和发展，创业孵化从器之形态向业之形态加速转变，呈现规模效应、开放共享、资本赋能、网络发展、良性循环的趋势。创业孵化载体建设高潮中，高校、科研院所、行业领军企业、创投机构、天使投资人、行业组织和地产商等各方力量参与其中。截至 2019 年，纳入火炬统计的创业孵化机构总数达到 13206 家，较 2015 年增加一倍以上，其中孵化器 5206 家、众创空间 8000 家。在中国，只要想创业，都可以在“家门口”找到对口的、合适的创业孵化载体。2019 年，全国在孵企业及团队 65.8 万家，其中，科技企业孵化器在孵科技型创业企业 20.6 万家，众创空间服务的初创企业和创业团队超过 41 万个，创业孵化机构在孵企业和创业团队人员数达到 395 万人。其次，一大批龙头骨干企业和科研院所通过设立专业化众创空间，促进内部资源开放，催生了以海尔集团、中航工业、四川长虹、浪潮集团为代表的国企系，以腾讯、阿里、京东为代表的民企系和以北京大学、中科院上海微系统研究所等为代表的高校院所系，形成了以模式创新和以技术革新为引领的两种创新创业模式，有力支撑了经济结构转型升级和提速换挡。双创示范基地引领作用持续增强，截至 2019 年，我国分两批布局共建设 120 家双创示范基地，其中区域基地 62 家、高校院所基地 30 家和企业基地 28 家，高度聚焦发展特色优势产业，注重双创与专业教育、基地特色有机结合，通过良好的创新创业生态促使服务更加精准化，初步形成了一批可推广可复制的经验，为推动创新创业高质量发展和技术创新发挥了示范性引领作用。全国各类创业大街、创业社区、创业小镇如雨后春笋般不断涌现，众创空间扎堆发展让创业者有了更多选择，容易接触到更多资源，在各地形成创业高地并辐射周边，带动区域创业不断发展。

三是创投规模创出新高，带动社会资本参与双创。“大众创业、万众创新”浪潮与中国创业投资发展呈现相互促进的态势，双创推动中国创业投资步入规模与投资能力双提升的新阶段，同时创业投资发展又为创新创业注入强大资本动能。创业投资和天使投资个人税收优惠政策从试点地区推广至全国，进一步促进了创业投资市场发展。国内创业投资机构超过 3500 多家，资金管理的规模已经接近 2 万亿元，活跃的创投机构达到 2296 家，中国已经成为世界第二大创业投资市场。便利创新创业的资本市场正在形成，创业板、新三板为创业经济提供融资助力，创业板启动至 2019 年年底，已累计推动超过 791 家企业获得资本市场融资，成交 23.16 万亿元，融资 4142.5 亿元。科创板落地，注册制试点启动，进一步打通研发投入大、风险高的硬科技创业的融资通道。登陆国内中小板市场的企业中，40% 有创投基金背景，登陆创业板的这一比例可以达到 70%。科技型创业越来越受到创业投资的青睐，信息技术、生物技术、医疗健康行业投资案例数和投资金额位居前列，人工智能、VR/AR、大数据、云计算、金融科技等是创业投资扎堆的领域。资本迅速推动人工智能技术从学术研究走向落地应用场景，并快速实现产业化，涌现出商汤科技、寒武纪、旷视科技等一批优质企业。从区域角度来看，北京、上海、深圳、杭州是创业投资最为集聚的区域，创投的集聚提升了区域对于优质创业人才、项目的吸引力，一线城市创新创业头部效应不断强化。根据 Crunchbase News 在 2018 年第三季度的报道，北京已经成为全球创业投资第二活跃的区域，仅次于旧金山湾区。深圳是市场化投资机构最为活跃的区域，截至 2020 年 6 月末，深创投投资企业数量、投资企业上市数量均位居国内创投行业第一位，已投资项目 1131 个，累计投资金额约 530 亿元，其中 167 家投资企业分别在全球 16 个资本市场上市。

四是创业理念深入人心，双创文化氛围日渐浓厚。积极举办各类国家级创业赛事，统筹谋划举办省市级别赛事，形成以"赛"代"评"的项目支持机制，以赛事促进创新创业，同时各地支持开展创业教育，培育创新创业意识与思维。国家级赛事创造浓厚双创文化氛围。全国"双创周"、中国创新创业大赛、"创客中国"创新创业大赛、"创响中国"巡回接力、国际创新创业博览会等一系列创新创业活动百花齐放。全国大众创业万众创新活动周连续举办五届，在 2017 年全国大众创业万众创新活动周上，李克强总理指出，全国"大众创业、万众创新"活动周是创新创业者碰撞思想、交流成果、展示风采的重要平台。中国创新创业大赛已连续举办八届，第八届共 30287 家企业报名参赛，再创历史新高，自 2012 年中国创新创业大赛创办以来，大赛已发展成为国内最具影响力的创新创业品牌活动，也成为国内最大的众创空间和最强的众扶平台。此外，创业活动国际化发展步伐加快，中国特色创业文化海外影响持续扩大，中外开放创新合作成果量增质升。

表 2-2　国家层面双创政策文件选编

序号	文件名称	文 号	发布时间	发布部门
1	关于发展众创空间推进大众创新创业的指导意见	国办发〔2015〕9 号	2015-03-02	国务院办公厅
2	国务院关于进一步做好新形势下就业创业工作的意见	国发〔2015〕23 号	2015-04-27	国务院
3	关于支持开展小微企业创业创新基地城市示范工作的通知	财建〔2015〕114 号	2015-04-16	财政部 工业和信息化部 科技部 商务部 工商总局
4	关于做好推动大众创业万众创新工作的通知	工信部企业〔2015〕167 号	2015-05-19	工业和信息化部
5	国务院关于大力推进大众创业万众创新若干政策措施的意见	国发〔2015〕32 号	2015-06-16	国务院
6	国务院办公厅关于印发进一步做好新形势下就业创业工作重点任务分工方案的通知	国办函〔2015〕47 号	2015-06-26	国务院办公厅
7	国务院办公厅关于加快推进"三证合一"登记制度改革的意见	国办发〔2015〕50 号	2015-06-29	国务院办公厅
8	国务院办公厅关于运用大数据加强对市场主体服务和监管的若干意见	国办发〔2015〕51 号	2015-07-01	国务院办公厅

表 2-2 国家层面双创政策文件选编（续表）

序号	文件名称	文 号	发布时间	发布部门
9	关于积极推进“互联网 +”行动的指导意见	国发〔2015〕40 号	2015-07-04	国务院
10	关于贯彻落实《国务院办公厅关于加快推进“三证合一”登记制度改革的意见》的通知	工商企注字〔2015〕121 号	2015-08-07	国家工商总局 中央编办 国家发展改革委 税务总局质检总局 国务院法制办
11	企业经营范围登记管理规定	令第 76 号	2015-08-27	国家工商行政管理总局
12	国务院办公厅关于加快融资租赁业发展的指导意见	国办发〔2015〕68 号	2015-09-07	国务院办公厅
13	国务院办公厅关于促进金融租赁行业健康发展的指导意见	国办发〔2015〕69 号	2015-09-08	国务院办公厅
14	发展众创空间工作指引	国科发火〔2015〕297 号	2015-09-08	科技部
15	关于支持新产业新业态发展促进大众创业万众创新用地的意见	国土资规〔2015〕5 号	2015-09-18	国土资源部 发展改革委 科技部 工业和信息化部 住房城乡建设部 商务部
16	国务院办公厅关于推进线上线下互动加快商贸流通创新发展转型升级的意见	国办发〔2015〕72 号	2015-09-29	国务院办公厅
17	国务院关于加快构建大众创业万众创新支撑平台的指导意见	国发〔2015〕53 号	2015-09-26	国务院
18	企业所得税优惠政策事项办理办法	公告 2015 年第 76 号	2015-11-12	国家税务总局
19	工业和信息化部关于贯彻落实《国务院关于积极推进“互联网 +”行动的指导意见》的行动计划（2015—2018 年）	工信部信软〔2015〕440 号	2015-11-25	工业和信息化部
20	国家科技成果转化引导基金贷款风险补偿管理暂行办法	国科发资〔2015〕417 号	2015-12-04	科技部 财政部
21	国务院办公厅关于加快众创空间发展服务实体经济转型升级的指导意见	国办发〔2016〕7 号	2016-02-18	国务院办公厅
22	国家小型微型企业创业创新示范基地建设管理办法	工信部企业〔2016〕194 号	2016-06-02	工业和信息化部
23	促进中小企业发展规则（2016—2020 年）	工信部通信〔2016〕223 号	2016-06-28	工业和信息化部
24	国务院办公厅关于加快推进“五证合一、一照一码”登记制度改革的通知	国办发〔2016〕53 号	2016-07-05	国务院办公厅
25	专业化众创空间建设工作指引	国科发高〔2016〕231 号	2016-07-28	科技部
26	国务院关于强化实施创新驱动发展战略进一步推进大众创业万众创新深入发展的意见	国发〔2017〕37 号	2017-07-27	国务院

表 2-2 国家层面双创政策文件选编（续表）

序号	文件名称	文 号	发布时间	发布部门
27	国务院办公厅关于推广支持创新相关改革举措的通知	国办发〔2017〕80 号	2017-09-14	国务院办公厅
28	国务院关于推行终身职业技能培训制度的意见	国发〔2018〕11 号	2018-05-08	国务院
29	国务院关于优化科研管理提升科研绩效若干措施的通知	国发〔2018〕25 号	2018-07-24	国务院
30	国务院关于推动创新创业高质量发展打造“双创”升级版的意见	国发〔2018〕32 号	2018-09-26	国务院
31	关于进一步推动返乡入乡创业工作的意见	人社部发〔2019〕129 号	2019-12-10	人力资源社会保障部 财政部 农业农村部
32	国务院关于进一步做好稳就业工作的意见	国发〔2019〕28 号	2019-12-24	国务院
33	国务院办公厅关于应对新冠肺炎疫情影响强化稳就业举措的实施意见	国办发〔2020〕6 号	2020-03-20	国务院办公厅
34	关于推进国家技术创新中心建设的总体方案（暂行）	国科发区〔2020〕70 号	2020-03-23	科技部
35	关于开展双创示范基地创业就业“校企行”专项行动的通知	发改办高技〔2020〕310 号	2020-04-24	国家发展改革委办公厅 国务院国资委办公厅 教育部办公厅 人力资源社会保障部办公厅
36	国务院办公厅关于提升大众创业万众创新示范基地带动作用进一步促改革稳就业强动能的实施意见	国办发〔2020〕26 号	2020-07-30	国务院办公厅
37	国务院办公厅关于支持多渠道灵活就业的意见	国办发〔2020〕27 号	2020-07-31	国务院办公厅

表 2-3 城市层面双创政策文件选编

序号	城市名称	文件名称	文 号	发布时间	发布部门
1	北京市	北京高等学校高精尖创新中心建设计划	京教研〔2015〕1 号	2015-03-13	北京市教育委员会
2		北京市推动科技金融创新支持科研机构科技成果转化和产业化的实施办法	京金融〔2015〕80 号	2015-06-04	北京市金融工作局 北京市科学技术委员会 北京市财政局 北京市发展和改革委员会 北京市商务委员会 中关村科技园区管理委员会
3		北京市人民政府关于大力推进大众创业万众创新的实施意见	京政发〔2015〕49 号	2015-10-19	北京市人民政府
4		北京市房山区人民政府关于印发加快科技创新支持办法的通知	房政发〔2015〕35 号	2015-10-19	房山区人民政府

表 2-3　城市层面双创政策文件选编（续表）

序号	城市名称	文件名称	文 号	发布时间	发布部门
5	北京市	北京市"十三五"时期加强全国科技创新中心建设规划	京政发〔2016〕44 号	2016-09-22	北京市人民政府
6		首都创新精神培育工程实施方案（2016—2020 年）	京科教发〔2016〕3 号	2016-11-24	北京市科技教育领导小组
7		北京市教育委员会 北京市财政局关于印发北京市属高等学校科技创新平台建设管理办法的通知	京教研〔2017〕14 号	2017-09-15	北京市教育委员会 北京市财政局
8		北京市科学技术委员会关于印发《北京市科技创新基地培育与发展工程专项管理办法（试行）》的通知	京科发〔2018〕100 号	2018-06-15	北京市科学技术委员会
9		北京市科学技术委员会 中关村科技园区管理委员会关于印发《"一带一路"科技创新北京行动计划（2019—2021 年）》的通知	京科发〔2019〕5 号	2019-04-19	北京市科学技术委员会 中关村科技园区管理委员会
10		北京市科学技术委员会 北京市财政局关于进一步利用首都科技创新券助力企业复工复产的通知	京科文发〔2020〕121 号	2020-07-15	北京市科学技术委员会 北京市财政局
11		北京市科学技术委员会关于印发《北京市科技企业孵化器认定管理办法》的通知	京科发〔2020〕13 号	2020-08-10	北京市科学技术委员会
12	上海市	2016 年浦东新区"小微企业创业创新基地城市示范"专项资金项目申报指南	浦经信委中小字〔2016〕3 号	2016-02-18	区经信委
13		上海市政府印发修订后的《鼓励留学人员来上海工作和创业的若干规定》	沪府发〔2016〕8 号	2016-02-01	上海市人民政府
14		浦东新区科技发展基金重点科技项目配套资金操作细则	沪浦科〔2016〕59 号	2016-08-22	区科委
15		浦东新区科技发展基金孵化器和众创空间专项资金操作细则	沪浦科〔2016〕64 号	2016-08-22	区科委
16		上海市人民政府办公厅印发关于支持返乡下乡人员创业创新促进农村一二三产业融合发展实施意见的通知	沪府办发〔2017〕49 号	2017-08-07	上海市政府
17		上海市人民政府办公厅关于印发《上海市鼓励创业带动就业专项行动计划（2018—2022 年）》的通知	沪府办发〔2018〕24 号	2018-06-25	上海市人民政府办公厅
18		浦东新区人民政府关于印发《浦东新区促进 小微企业创新创业财政扶持办法》的通知	浦府规〔2019〕7 号	2019-06-13	浦东新区人民政府
19		上海市人力资源和社会保障局关于进一步支持和鼓励本市事业单位科研人员创新创业的实施意见	沪人社规〔2020〕22 号	2020-08-20	市人力资源社会保障局
20		上海市科技创新创业载体管理办法（试行）	沪科规〔2020〕7 号	2020-10-26	上海市科学技术委员会 上海市教育委员会 上海市财政局 国家税务总局上海市税务局
21	杭州市	关于进一步深化杭州商事制度改革的若干意见	杭审改〔2015〕2 号	2015-05-15	市审改组
22		关于发展众创空间，推进大众创业万众创新的实施意见	杭政办函〔2015〕136 号	2015-09-17	市府办

表 2-3　城市层面双创政策文件选编（续表）

序号	城市名称	文件名称	文 号	发布时间	发布部门
23	杭州市	杭州“创新创业新天堂”行动实施方案	杭政办函〔2015〕151 号	2015-11-10	市府办
24		关于支持大众创业促进就业的意见	杭政函〔2015〕174 号	2015-12-23	市人力社保局
25		杭州市小微企业创业创新基地城市示范工作专项资金管理办法	杭政办函〔2016〕2 号	2016-01-05	市府办
26		杭州市人民政府关于加快推动杭州未来产业发展的指导意见	杭政〔2017〕66 号	2017-12-20	杭州市人民政府
27		杭州市人民政府办公厅关于加强众创空间建设进一步推进大众创业万众创新的实施意见	杭政办〔2018〕1 号	2018-02-14	杭州市人民政府办公厅
28		杭州市人民政府关于推动创新创业高质量发展打造全国“双创”示范城的实施意见	杭政〔2019〕55 号	2019-09-06	杭州市人民政府
29		杭州市人民政府办公厅关于印发杭向未来·大学生创业创新三年行动计划（2020—2022 年）的通知	杭政办函〔2020〕11 号	2020-04-14	杭州市人民政府办公厅
30	武汉市	关于加快发展众创空间支持大众创新创业的实施意见	武政办〔2015〕127 号	2015-09-15	市府办
31		关于加快实施“创谷计划”的通知	武文〔2016〕12 号	2016-02-26	市委 市政府
32		关于实施“十大计划”加快建设具有强大带动力的创新型城市的意见	武发〔2016〕19 号	2016-08-08	市委 市政府
33		关于印发武汉市加快推进“五证合一、一照一码”登记制度改革实施方案	武政办〔2016〕113 号	2016-09-18	市府办
34		武汉市产业创新能力倍增计划（2016—2020 年）	武办发〔2016〕27 号	2016-08-30	市委办
35		关于促进个体工商户转型升级为企业的意见	武政规〔2016〕19 号	2016-09-30	市府办
36		武汉市支持企业技术创新政策清单（2017 版）	武政规〔2017〕2 号	2017-02-11	市政府
37	西安市	西安市人民政府关于推进大众创业万众创新的指导意见	市政发〔2015〕24 号	2015-07-29	市政府
38		西安市众创空间认定管理办法（试行）	市科发〔2015〕48 号	2015-08-05	西安市科学技术局
39		西安市科学技术局（知识产权局）关于加快创新成果产权化工作的通知	市科发〔2016〕15 号	2016-10-14	西安市科学技术局（知识产权局）
40		西安市人民政府关于进一步加强就业创业工作的实施意见	市政发〔2018〕20 号	2018-04-22	西安市人民政府
41		西安市人民政府办公厅关于印发《西安市科技金融产业发展规划（2019—2021 年）》的通知	市政办发〔2019〕10 号	2019-02-04	西安市人民政府办公厅

第三章　结论综述

本报告分为研究综述、中国创业者、重点产业创新创业、创新创业环境和趋势前瞻五篇，共计十三章内容。旨在对新时代创业群体、创业企业特征进行全方位画像分析，对我国创新创业环境进行整体把握，深入研究调查数据所涉及的十一个行业发展及各领域创新创业情况。本章就调查数据涉及的创业群体、创业企业、行业领域和创业环境等四个方面的内容，就所得主要结论进行综述。

一、创业群体呈现年轻化趋势

调查数据显示，新时代创业者仍处在以男性为主导的商业社会，女性创业者比例在逐步增加，女性参与创业比例南方高于北方，上海、深圳分布较多，通过女性经济赋权获得“性别红利”，对推动中国乃至全球经济发展具有重要意义。创业群体呈现年轻化的趋势，34 岁创业正当时，25 岁以下青年创业者集聚北京，中年创业者在杭州分布较多，“年轻有为”越来越成为新时代创业者的标签，但在一定程度上，中年创业者企业经营状况优于青年人。新时代创业群体呈现高学历特征，本科生是目前创业主力军，创业者受教育情况呈现出学历越高企业经营情况越好的特点。多数创业者创业前的职业经历来自民营企业，国有企业、政府或事业单位人员离职创业比例相对较小，高校或科研院所及在校学生创业者比例也相对较低，民营企业作为最具活力的创新主体，正逐步出现大量离职创业人员。离职创业者多会选择与工作经验相近的领域创业，在创业前累积了丰富的工作经验和大量客户。在创业者创业中所遇困难方面，从 1—9 打分情况来看，均值为 5.8 分且呈现右偏态分布，资金约束、难以找到合作伙伴、缺乏创意是创业群体选择排名前三的困难因素。

企业家精神是企业家组织创立、经营管理和持续发展企业的潜在综合素质体现，是一种重要而特殊的无形生产要素。调查数据显示，创业群体多行事低调、擅长合作，决策偏好由过去的高风险型逐步趋于理性。创业之初，创业者创意来源主要为过去学习实践的经验和团队合作，创业者以实现人生价值为导向创业更容易获得成功，新时代成功的创业者更加勇于承担社会责任，洞悉社会运转规律、察觉社会需要和弊端，创业切入点也多源于自我价值的实现和对社会的观察和思考。当下创业群体大多具备战略眼光，企业中长期规划较为完备，即使没有明文规定战略规划的创业企业，也将战略发展贯穿于企业文化之中，对企业前景产生一定的积极影响和作用。创业越来越成为一种生活态度和生活方式，不同于中规中矩的职业选择，企业创始人正逐步打破传统框架，主动拥抱风险，在资源紧缺的情况下，斡旋出企业的成长空间。

二、科技型、融合型创业企业居多

对于创业企业来说，首先要面临的是生存问题。有关数据显示，创业公司的失败率很高，中国每年超过 100 万家企业倒闭，平均每分钟有 2 家企业倒闭，不到 80% 的公司在创业的三年后还能存活下来，20% 的企业在创业中消亡。调查数据对创业企业抽样调查显示，新时代初创企业多为轻资产运营，创业方向呈现出较为明显的产业融合、跨界特点，科技型企业居多，实现盈利周期普遍较长。具体来看，创业企业资产总额多分布于 300 万—1000 万元，销售额主要集中分布在 300 万元以下，七成以上企业仍未实现营利，市场和资金是制约创业企业经营效益的主要因素。对多数创业企业来说，技术领先是其核心竞争力，但大部分创业企业并不具备客户和市场优势，创业企业拥有的技术专利转换为商业价值仍需时间的磨砺与探索。企业创新多以技术创新和产品创新为主，商业模式创新因可复制性强等天然劣势，较少的被创业企业作为主要创新方向。创业企业对制度建设较为重视，在文化制度、研发制度和生产制度层面，多数企业均制定了完备的建设方案来辅助企业发展战略顺利实施，构建数理统计模型研究后发现，研发制度相较于文化制度和生产制度，对企业经营情况的影响更大，研发仍是直接影响企业效益的关键因素。创业企业人员主人翁意识普遍较强，创业企业员工人数多在 50 人以下，呈现小微化经营模式，有利于员工在企业经营和管理等方面均表现出一定的积极性、创造性和主动性。

资金对于创业企业发展来说至关重要。调查数据显示，九成以上创业企业有融资需求，而仅有不到半数企业有过融资行为，创业企业外部融资难问题依旧十分普遍。具体来看，创业企业融资多以市场扩张为目的，融资规模普遍较小，多为 1000 万元以下。在首次融资中天使投资占主流地位，融资方式集中于股权融资。近年来，随着金融改革的不断深入，企业融资模式正在发生深刻变化，新兴融资模式逐渐引起重视，股权众筹、网络借贷、股权质押等更为灵活、更能适应数字科技时代和复杂多变市场环境的融资方式逐渐显现。

创业企业作为颇具活力的创新主体，聚集大量知识产权，但核心专利掌握不足劣势依旧明显。知识产权分为工业产权和著作权，调查数据显示，工业产权中，七成企业拥有一个及以上商标，但从专利角度来看，九成以上创业企业未拥有专利技术，尤其在发明专利方面更是寥寥无几；著作权中，仅个别企业拥有影视（文化）版权，侧面反映出文化产品版权问题依旧十分严峻，与此同时，软件注册权申请较为火热，充分说明在互联网技术渗透作用下，各行各业创业企业软件注册需求逐渐凸显。此外，七成企业拥有知识产权，但获得知识产权质押融资的创业企业仅占一成，知识产权质押融资发展依旧缓慢，评估难、风控难和处置难三大核心问题仍需进一步探索与解决。

三、不同行业领域创业表现差异较大

首先，新一代信息技术、高端装备制造、新材料、新能源、节能环保以及生物医药等高新技术产业领域，是我国在“创新驱动”和“科技强国”政策下重点支持的产业领域，也是科创板重点支持的六大领域。总体来看，以上产业领域创业热度高、与前沿技术结合较为紧密，产业跨界带来了大量跨领域专业化人才需求，专业人才与进入市场的时机对于创业企业发展来说至关重要。

分别来看，新一代信息技术产业领域，我国互联网应用长板优势显著，创业方向以技术研发为主，不仅在数据挖掘、人工智能、网络技术等单一信息技术方向纵向升级，而且注重与传统产业融合，以技术赋能其他产业发展。该产业领域创业企业销售额偏低，九成企业未实现盈利，盈利周期较长，多数企业处于试错验证发展阶段，市场潜力和研发潜力较大，销售和利润增长率高，员工规模增长较快，对就业的带动意义较大。同时，近年来，创业门槛逐步降低，创业死亡率逐渐抬高，在新一代信息技术领域找到好商业模式难度加大。节能环保产业领域，我国产业结构正向节能装备制造和服务业并重升级，对初期项目的政策支持力度大，创业方向以环保设备和节能产品制造为主，离智能化还有一定距离。该产业领域创业企业销售额普遍较高，利润也显著优于平均水平，市场潜力较大，研发潜力足，各指标增势较好。但与此同时，该领域创业门槛高，大型国有企业垄断效应强，创业难度远高于其他行业。高端装备制造产业领域，近年来，我国加大在政策层面的支持力度，但依旧存在核心软件技术和关键零部件受制于人的情况，该领域创业方向多为智能制造生产性企业，新科技革命为创业者带来重大机遇。高端装备制造产业领域基于其重资产特性，创业企业销售额相对较高，但利润低于平均水平，市场潜力、研发潜力较大，研发经费和技术引进费用增速突破 100% 的企业较多。资金是该领域创业者的最大问题，庞大的重资产投入和智能化设备改造，对于一般的创业者来说很难承受。新能源产业领域，我国在风电、光伏等领域的规模居世界首位，新能源技术在新材料技术、信息技术等领域应用广泛，专业化、跨界融合趋势显著，创业者创业方向集中于产业链中游设备制造环节。该领域创业企业销售额偏低，盈利情况与平均水平持平，市场潜力不足，销售额增速偏低，利润额与同期相比下降显著，研发投入吃力，创业企业市场规模较小。新材料产业领域，我国处于快速发展阶段，高分子新材料已成为当下万亿级创业风口，创业方向多为生产制造，新材料创业领域鲜有与互联网思维融合的典范，工业媒体尚未形成气候。该领域创业企业销售额、盈利情况均呈现良好态势，少数创业企业实现盈利，但利润增长率低于平均水平，员工规模增速缓慢。生物医药产业领域，“互联网 + 医疗健康”迎来政策红利，上市公司头部企业显现，互联网与医疗结合成为投资热点，该领域创业方向多为互联网医疗服务业。在该领域的创业热潮下，企业普遍存在销售额偏低的情况，企业盈利难仍是行业最大痛点，通过前期资金投入培养用户习惯来换取长线盈利的模式依旧不够成熟，员工规模增速快，对就业拉动作用明显。同时，专业、制度和利益分配是该领域创业三大门槛，“资本 + 政策红利”对“互联网 + 医疗健康”创业至关重要。

其次，文化创意、金融服务、专业技术服务和现代农业等产业受近年来“互联网 +”趋势影响，文化科技、金融科技、都市农业等新业态日益繁荣，同时呈现出与其他产业交互融合的态势。

分别来看，文化创意产业领域，生活美学化是文化创意产业的重要契机，创业方向以内容创作、价值输出及娱乐活动为主，该产业领域创业企业呈现显著的小微化特点，销售额偏低，八成以上企业未实现盈利，市场潜力较大，三成企业销售增速突破 100%，员工规模增速很快，对就业的带动作用强。不同于其他行业的是，该产业领域由于艺术创作特性，艺术与商业如何实现最佳化组合是企业创业的困难所在。金融服务产业领域，近年来，科技对金融产业赋能效果显著，互联网金融应运而生，消费金融成创业热点，初创企业创业方向也多为互联网金融服务类企业，传统行业、互联网和金融三者之间的结合诞生的垂直领域大有可为。该产业领域创业企业销售规模较小，盈利情况低于平均水平，九成企业未实现盈利，市场潜力大、研发潜力足，三成企业销售额增速突破 100%，员工规模增速高，对就业拉动作用强。找到合适的创业方向依旧是该领域创业者面临的主要困难，不同于其他产业，互联网金融信任大于产品，提升平台的风险控制能力在创业过程中对企业来说至关重要。专业技术服务产业领域，我国起步较晚、发展空间较大，目前创业方向多为平台性企业，主要以线下专业技术服务中介为主。调查数据显示，该领域年销售额偏低，大部分企业处于 300 万元以下，盈利情况低于平均水平，极少数企业实现盈利。销售额、利润额增速缓慢，近半数增长率为零，员工规模增速同样趋于停滞。现代农业产业领域，我国现代农业产业发展态势良好，“互联网 + 农业”成绩显著，创业方向多为生产性企业，依托信息化技术为农产品或农业生产赋能。调查数据显示，该领域创业企业销售额高于平均水平，盈利情况较好，部分企业已开始实现盈利，市场潜力大，三成企业销售额增速突破 100%，利润额和研发投入增长趋缓，技术引进费用投入较大，同时，员工规模持续增长，对乡村就业人群带动较大。

四、创业环境仍存在优化提升空间

优质的创新创业环境可以最大程度上激发企业创新活力，推动企业实现轻盈、快速成长，持续挖掘区域增长潜力，形成经济增长新动能。通过对创业企业创业服务和创新情况进行深入调研，可以看出，创业企业对技术创新服务、技术交易服务、知识产权服务、企业融资服务、专业咨询服务、产业政策服务等方面的需求旺盛。在获取创业服务方面，半数企业会选择通过创业企业培训、投资人辅导的方式获取咨询建议。政策层面，创业企业对创业政策的了解程度略显不足，多数创业企业对政策的关注度不够，从政策获得层面来看，获得科技资源开放共享服务的企业占比最高，其次是获得税收优惠，获得科技创新券支持的企业占比较少。

创业企业对于目前创业环境整体满意度平均分值为 5.7 分，处于中等水平，上海市创业环境的评价均值最高，达到 5.9 分。对孵化器或园区服务的总体满意度评价为 5.7 分，北京市企业对于创业载体各项服务的满意度最高，新能源行业创业企业对于孵化服务的满意度水平整体较高，均值达到 6.1 分。从创业载体提供的具体服务来看，企业关于办公场地支持的服务满意度最高，平均满意度评价得分为 5.9 分，技术支持、市场营销、投融资服务满意度评价次之，平均分值为 5.8 分，人事托管与人才招聘、法律咨询、创业辅导培训服务满意度平均分值为 5.7 分，政策指导与项目申报、管理服务满意度平均分值为 5.6 分，财务代理服务满意度最低，平均分值为 5.5 分。

从企业创新投入产出情况来看，创业企业研发呈现小微型团队创新的特点，多数创业企业重视企业研发，七成创业企业都设置企业研发经费，但数额偏少，研发经费投向以新产品和新技术研发为主。科研经费主要为企业自筹，创业企业研发多为内部项目，申请政府立项情况较少，研发经费层面得到各地政府支持的占比低，北京、上海、杭州在国家及政府项目支持层面优势显著。此外，创业企业技术引进主要来自企业之间，与高校及科研院所合作较少，北京市拥有丰富的科教资源优势，以高校及科研院所为技术引进来源占比高，金融服务业相较其他行业与高校及科研院所合作情况较多。

第二篇　中国创业者

第四章　创业者画像

创业行为一定程度上可以说是创业者特征的延续，创业者个人特质、社会背景、职业经验和创业精神作为企业竞争优势的重要来源，对创业企业获取、转移和有效利用资源，开展创新活动具有重要影响。本章主要从创业者特征和企业家精神两个层面，揭示新一轮创业热潮中的中国创业群体特征，并通过与企业经营情况关联，揭示“有效”创业者群体画像。

一、创业者特征

创业者基本特征可分为创业者个人特征、家庭背景和职业经验三个维度。调查数据显示，当代创业者呈现出男性主导、年轻化趋势、高端创业群体显现等特征。

（一）创始人群体特征

1. 以男性为主导，女性创始人比例呈上升趋势

创始人性别呈现男性占据主导的局面，此次调查数据中，3348 名创始人为男性，占比 83.7%；女性创始人有 652 人，占比 16.3%。女性创始人所占比例相较 2016 年上升了 1.39%。

创业作为“九死一生”的较量，本无男女之别，但从传统意义上来看，在男性主导的商业环境中，女性创始人会面临更多的歧视与偏见，家庭工作平衡的阻力也相对更大。但随着我国经济格局更加多元、教育环境更加公平，诸多研究表明，近年来中国女性创业者发展步伐开始加快且势头强劲，女性在创业过程中存在一定程度的性别优势，女性不仅拥有更高的情绪智力，还具有心思缜密细腻、坚韧不拔的品质，可以建立更强的公司文化，同时女性创始人也是更有效的信息交流者，女性往往比男性更善于谈判。此次调查数据进一步验证了这个观点，相较于男性，女性“愿意和别人合作”的占比高 5%，在企业困难因素排序中，女性相对更容易找到创业合作伙伴。

分城市来看，创始人性别分布存在一定的地域差异，女性参与创业的比例南方高于北方，上海、深圳分布较多。调查数据显示，就女性创始人占总样本比例来看，北京市占比为 15.4%，上海市、深圳市分别占比 19.32%、17.55%，杭州市、武汉市分别占比 13.86%、13.59%，西安市占比 11.48%。可以看出，上海、深圳等南方一线城市，女性创始人占比高于全国 16.3% 的平均水平，北京作为北方地区的特大城市，比值仍略低于全国平均水平，杭州、武汉等城市女性参与创业的比例较全国来看仍不及平均水平，但相较于西安等北方城市，则呈现出较高的态势。

表 4-1 创始人分城市性别分布情况

城市	男性		女性	
	频数	占比（%）	频数	占比（%）
北京市	1088	84.6	198	15.4
上海市	758	80.68	188	19.32
深圳市	667	82.45	142	17.55
杭州市	379	86.14	61	13.86
武汉市	267	86.41	42	13.59
西安市	162	88.52	21	11.48

地域差异是影响女性创业者创业热情的主要因素，北方城市受传统性别分工的影响更大，固有偏见较深，女性参与创业的比例明显低于南方地区，上海、深圳等一线地区更是成为女性创业者主流孵化区域。女性创始人存在本身，就是社会就业主流观念发生变化的外化表现，塑造着整个创业及就业生态的性别平衡，通过女性经济赋权获得“性别红利”，对推动未来中国乃至全球经济发展具有重要意义。在中国经济新常态背景下，应推动女性创业者充分参与到国家双创浪潮，重视塑造女性企业家榜样力量对于优化创业氛围的作用，尤其在北方地区，更需要充分释放性别红利、增加就业机会、构建良好的创业生态。

2. 年轻化趋势明显，中年创业者经营情况更优

近年来，我国创业人群年龄呈现年轻化的特点，调查数据显示，25 岁以下的创业者 441 人，占比 11.01%；26—35 岁创业者 2019 人，占据总样本的 50.42%；36—45 岁创业者 1218 人，占比 30.42%；46 岁以上的创业者 326 人，占比仅为 8.14%。26—35 岁群体为创业主力军，从年龄均值来看，2018 年 34 岁创业正当时，与 2016 年相比，创业人群的平均年龄下降了 9.6 岁。

近年来，国内外对于成功创业者的报道屡见不鲜，“年轻有为”越来越成为新时代创业者的标签，“创业趁早”的观念深入人心。通常认为，年轻人创业的优势主要在于学习能力更强，接受新事物的速度更快、对市场更敏感，能更快一步发现需求、抢占市场资源，同时其家庭压力相对较小，更容易全身心投入创业事业之中。随着年龄的增加，创业的机会成本和不确定性也在增加，创意与精力出现断层，创业意愿会逐渐下降。但不可否认的是，年龄较大的创业者，其工作经验和社会资源更多，对行业的理解会更加透彻，创业的时机更为成熟，一定程度上，创业的成功率会增大。

表 4-2 创始人年龄分布情况

年龄	频数	占比（%）
25 岁以下	441	11.01
26—35 岁	2019	50.42
36—45 岁	1218	30.42
46 岁以上	326	8.14

为更进一步观察年龄与企业经营情况的影响，对调查数据进行相关性检验后，结果显示，年龄对于创业企业经营情况的关联性较强，25—36 岁是创业的最佳时期，企业经营状况最优；36 岁往后的创始人，企业经营情况呈现出年龄越大、经营状况越好的特征。岁月沉淀给创业

者带来的正面效应要优于负面效应，青年创业者“年轻有为”的标签与优势地位，可能与媒体宣传不无关系，互联网时代，大众媒体更愿意挖掘具有传奇性的创业故事，大众也更关注 IT、媒体等青年创业者较为聚集的新兴行业。但同时，25—36 岁的年轻创业者是新时代更应被关注的创业群体，在新经济背景下，处于这一年龄阶段的创业者具备创新思维最活跃、创造欲最旺盛的高峰期，尤其在知识密集型行业，“创新精神”比“经验”更为重要。但无论如何，创业平均年龄的降低，足以说明我国创新创业氛围的进一步优化、大众对创业的包容度进一步提升，创业活力逐步增强。

年龄结构同样存在一定的地域差异，调查数据显示，北京市 25 岁以下创业者达 14.61%，占比明显高于其他地区。上海市创业者年龄结构分布与全国平均水平较为一致，25 岁以下创业者占比 10.57%、25—35 岁创业者占比 49.79%、36—45 岁创业者占比 31.83%、46 岁及以上创业者占比 7.8%。深圳市则呈现中青年创业者为主力的状态，25 岁以下创业者仅占 7.04%，显著低于全国平均水平，25—35 岁创业者占比 53.95%，深圳在此年龄段的创业者比例较高。杭州市在 36—45 岁的创业者比例达 34.01%，显著高于其他地区，25 岁以下、25—35 岁、46 岁以上的年龄占比分别为 10.66%、46.49%、8.84%，与平均水平相近。武汉、西安市的创业者年龄结构呈现较为一致的分布特点，46 岁以上创业者占比显著高于其他地区，分别达到 9.71%、9.29%。

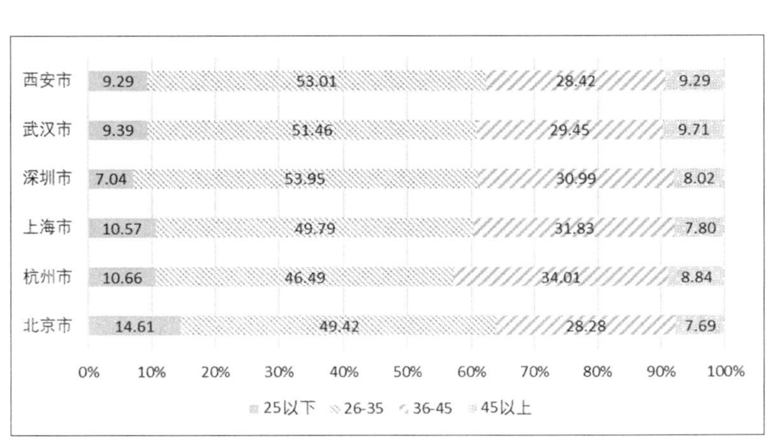

图4-1 分城市创始人年龄分布情况（%）

创业情况代表着一个地区经济发展活力，地域层面的年龄结构差异大多与教育资源和创业氛围有关。数据显示，25 岁以下的青年创业者多聚集于北京，这与北京高校成群、人才集聚，具有丰富的科教资源和市场优势有较大关系，创业讲究圈层和生态，对于刚出校门怀揣远大理想和抱负的青年人才来说，在创业养分浓的北京进行创业尝试是较好的选择。46 岁以上的创始人则多会避开北上广等高成本、高竞争的一线城市，转战武汉、西安和杭州等二线地区进行创业活动。46 岁以上创业者不再具有一线城市试错的资本和机会，近年来二线城市吸引人才回流政策加持下，选择竞争相对较小的地区是较为成熟的创业者更倾向的选择。

从行业角度来看，35 岁以下创业者更倾向轻资产、技术含量高的行业。信息技术与软件行业、金融服务行业和高端装备制造行业的青年群体较多，信息技术行业 25 岁以下占比 12.12%、25—35 岁占比 49.86%，软件行业 25 岁以下占比 9.96%、25—35 岁占比 50.42%，金融服务 25 岁以下占比 11.81%、25—35 岁占比 52.17%，高端装备制造业 25 岁以下占比 13.82%、25—35 岁占比 50.66%，均高于全国平均水平。现代农业、专业技术服务业、新材料、新能源等行业的中年群体较多，现代农业 36—45 岁的占比 35.56%、46 岁以上占比 10%，专业技术服务 36—45 岁占比 34.10%、46 岁以上占比 6.9%，新材料行业 36—45 岁的占比 41.46%、46 岁以上占比 7.32%，新能源行业 36—45 岁的占比 39.66%、46 岁以上占比 8.62%，均高于全国平均水平。

该类数据分布可能会受到行业样本量选择以及抽样方式的影响，但结合相关研究综合考虑来看，大部分 35 岁以下创业群体，无论资本累积还是社会资源都不具备进入高投资、高门槛行业的可能，青年创业者往往遵循“轻创业”的思维境界，轻资产、轻投入、轻装上阵，选择准入门槛较低的行业，通过自己能控制的核心部分，整合企业内部及外部现有资产和资源，低成本运营。

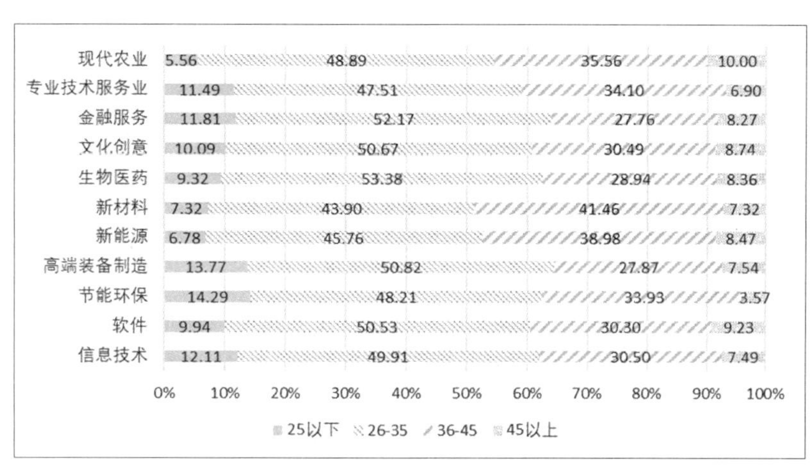

图4-2 分行业创始人年龄分布情况（%）

3. 高学历特征明显，高端创业群体优势显现

新时代创业群体呈现高学历特征，本科生是创业主力军。调查数据显示，创始人学历为初中及初中以下的创业者占比很小，仅有 202 人，占比 5.05%；高中 / 中专 / 技校学历创业者为 544 人，占比 13.59%；大专学历创业者 751 人，占比 18.76%；本科学历创业者人数最多，达 1964 人，占比 49.05%，接近样本总量的一半；硕士学历创业者 496 人，占比 12.39%；博士创业者最少，仅有 47 人，占比 1.17%。总体来看，本科生是创业的主力，六成以上创业者拥有本科及以上学历，与 2016 年同类数据相比，比例上升 5%。

相关性分析显示，创始人教育程度呈现学历越高创业可能性越大的特点。通常认为，学历越高、学校背景越好，创业者就越容易获得高层次的认知和判断等软实力，高教育水平背后的人脉资源网络对创业的帮助很大。学历不能代表能力，低学历创业者同样不乏创业优势，低学历创业者对成功有着更强烈的渴望，丰富的社会经验使得他们对于市场需求的敏感度相对更高，但随着创业环境的变化，高学历人群的创业优势更大。“高学历”特征展现出我国创业质量的不断提升以及创业包容性的增强，高学历人群创业机会成本在逐渐减小。此外，从样本情况来看，海外经历对选择创业无显著影响，90.72% 的人无海外学习或培训经历。

从创业群体发展的长远趋势来看，高端创业群体正逐步成为有生力量，科研人员、留学生、连续创业者、大企业溢出人才等高端创业群体成为创业大军的重要组成部分。在促进科技成果转化、鼓励科研人员创业等政策促动下，50% 左右科研人员具有创业意向。新一轮留学归国潮涌动，约 16% 的留学归国人员选择创业。企业家连续创业的比例达到整个创业群体的 15%。大企业溢出创业效应显著，阿里系、腾讯系、华为系等创业者促进形成创业生态圈。

表 4-3 创始人学历分布情况

学历	频数	占比（%）
初中以下	42	1.05
初中	160	4
高中 / 中专 / 技校	544	13.59
大专	751	18.76
本科	1964	49.05
硕士	496	12.39
博士	47	1.17

从行业角度来看，创业群体在各行业学历分布差异性不大，个别行业学历分布相较平均水平来看呈现两极分化的特点。具体来看，新材料行业创始人学历分布呈现明显的两极分化特点，低学历和高学历创业者占比均显著高于其他行业，初中及初中以下创业者占比高达17.07%，硕士、博士研究生学历的高端人才较多，占比达 19.51%。高端装备制造业在高学历创业中呈现出一定优势，硕士、博士研究生学历的创业者占比 16.12%，此行业对高端人才的吸引力在逐渐增加。新能源、节能环保产业创业者学历分布趋中性较强，表现为低学历和高学历创业者缺失，节能环保产业初中及初中以下创业者、博士研究生人数为 0，新能源产业同样不存在初中以下以及博士研究生学历的创业人群。同时，这两个产业本科生创业人数显著低于其他行业，高中 / 中专和大专生人数较多，整体呈现学历偏低的状态，抽样观察两个行业的企业类型后发现，节能环保和新能源产业创业企业多处于产业链下游的销售环节，涉及研发创新的创业企业较少，作为新兴产业，研发成本较高，投入风险较大，高学历人群创业对此类行业持谨慎态度。

表 4-4 分行业创始人学历分布情况（%）

行业	初中以下	初中	高中 / 中专	大专	本科	硕士研究生	博士研究生
信息技术	1.3	3.99	12.14	16.96	51.16	12.79	1.67
软件	0.95	2.49	14.35	19.57	50.42	11.39	0.38
节能环保	0	0	26.79	28.57	32.14	12.5	0
高端装备制造	1.32	3.29	15.13	18.09	46.05	15.46	0.66
新能源	0	6.9	22.41	25.86	32.76	12.07	0
新材料	2.44	14.63	7.32	26.83	29.27	17.07	2.44
生物医药	0.64	5.14	15.11	16.72	50.8	10.61	0.96
文化创意	0.45	3.81	12.56	19.28	51.12	10.76	2.02
金融服务	1.18	5.33	10.65	18.74	49.51	14	0.59
专业技术服务	1.15	5.36	15.33	19.54	44.83	12.64	1.15
现代农业	1.11	2.22	16.67	22.22	47.78	8.89	1.11

（二）创始人家庭背景

人是社会化的产物，对于创业群体来说，其成长环境及社会背景对于创业行为来说具有重要影响。从家庭背景角度来看，创业者父母的工作属性和教育程度对创业者成长环境和经营理念有着至关重要的影响，从父母工作岗位性质来看，创始人并非“商二代”，多为“白手起家”，其创业行为不具备家庭传承性。调查显示，创业者父母是企业家的情况十分稀少，父亲、母亲占比均不足 1%，分别占 0.73%、0.75%，大部分父母多为工薪阶层，职业分布呈现父亲是政府工作人员多，占比 23.23%，母亲是企业管理人员的情况较多，占比 25.42%。总的来看，创始人不具备“商二代”的特点，跟随父母脚步经商的情况较少。

表 4-5　创始人父母职业分布情况（%）

职业	父亲	母亲
政府工作人员	23.23	17.05
企业家	0.73	0.75
企业管理人员	20.01	25.42
企业技术人员	19.48	22.39
工人	11	5.10
农民	4.8	4.50
自由职业者	4.8	7.27
其他	15.88	17.52

从父母教育程度来看，结合时代特征及年龄结构，创业群体父母教育程度相对较高，创业者父母接受初中及初中以下教育占比较低，分别为 11.87%、15.92%，接受过大专以上教育的分别占比 61.58%、53.8%，接受过本科及以上的高等教育的分别占到 25.39%、20.91%。

表 4-6　创始人父母学历分布情况（%）

学历	父亲	母亲
初中以下	5.37	7.12
初中	6.5	8.8
高中 / 中专 / 技校	26.54	30.27
大专	36.19	32.89
本科	23.44	20.07
硕士	1.3	0.62
博士	0.65	0.22

创业代表着一种不同的职业选择和生活方式，原生家庭的教育情况和经济情况，往往会影响创业者的创业格局和经营模式，研究表明，父母身为创业者，会对子女未来走上创业之路并且成为成功的创业者有直接影响，家庭潜移默化的熏陶和父母对孩子的榜样作用，会为创业者在处理挑战和经济支持方面提供实践经验和建议。调查数据同时验证了这一点，将父母工作岗位与公司经营情况进行相关性分析后发现，父亲的工作岗位对创业者的影响较大。可以看出，父亲在家庭中对创业者的影响比母亲大，相较于父亲是企业家，从事其他职业的父亲对企业经营状况的影响系数为负，即企业家父亲对子女创业经营的帮助较大。

（三）创始人职业经验

创始人在创业前的工作经历对其创业的影响较大，调查数据显示，创业群体多具有民企工作经历，多选择熟悉领域创业。具体来看，47.69% 的创始人创业前曾在民营企业工作，显著高于其他类别，高校科研院所和在校学生创业情况占比很少，仅占总样本的3.6%、4.75%，上一份工作在政府或事业单位的创业者占比为8.97%，在国企工作的为19.05%，留学后创业的仅占比0.22%。

结合改革开放40年来我国创业者群体的变化来看，从20世纪80年代乡村能人、无业青年、下岗员工等为主体的草根创业，到20世纪80年代末企事业单位知识分子等下海创业，再到20世纪末，海归派和高科技出身的企业家创业，创业群体发展至今，国有企业、政府或事业单位人员离职创业比例相对较小，高校或科研院所及在校学生创业者比例也相对较低，民营企业作为最具活力的创新主体，正逐步出现大量离职创业人员。

表4-7　创始人上一份工作类型分布情况

创始人上一份工作类型	频数	占比（%）
政府或事业单位	359	8.97
高校或科研院所	144	3.6
国有企业	762	19.05
民营企业	1908	47.69
留学	9	0.22
在校学生	190	4.75
其他	629	15.72

在创业准备方面，调查数据显示，超半数的创业者在创业前累积了丰富的工作经验和大量客户，22%的创业者在掌握了核心技术的情况下选择创建新公司，在毫无准备的情况下贸然离职，创建、加盟或接受新公司的创始人占比很少，仅占12.41%。同时，大多数创业者会选择与之前工作相近的行业进行创业，对创业领域与之前工作关联程度进行1—9的打分显示，均值为5.36分，选择关联性为1—3分的创始人占比20.52%，选择4—6分的占比为47.21%，选择7—9分的占比32.27%。

相关研究表明，创业的先前经验是其创业的初始条件，直接关系着初创企业的成功与否，一方面，作为企业创始人，先前的职业经验内化于身，为创业提供了丰富的知识储备、形成了有逻辑的知识体系，同时，也为创始人累积了一定的人脉资源。另一方面，从机会识别的角度，相对于无相关领域工作经验的创业者，有经验的创业者在商机面前具有敏锐的嗅觉，第一时间识别机会、识别机会中的价值，从而创造更多具有创新性的机会。创始人的素质在某种程度上决定了企业的初始战略、结构、行动和绩效，其工作经验惯例和能力嵌入在创业者的先前工作经验中，影响企业格局和走向，将创始人工作经历与创业领域的相关性与企业经营情况相关联，二者呈现显著的正相关关系，与工作经历相关性越大，企业经营状况越好。

二、企业家精神

创业不同于中规中矩的职业选择，创始人往往需要打破传统框架，主动拥抱风险，在资源紧缺的情况下，斡旋出自己的成长空间。“企业家精神”是企业家组织创立、经营管理和持续发展企业的潜在综合素质体现，是一种重要而特殊的无形生产要素。新时代企业家精神在性格特点、决策偏好、战略眼光等方面均呈现出显著特点。

（一）创始人创业精神

1. 行事低调、擅长合作，决策偏好逐步趋于理性

从创始人性格调查情况来看，60.31% 的创始人较为外向，63.26% 选择了“愿意和别人合作”的选项，仅有 27.26% 的创始人具有“渴望表现自我”的性格特点，32.22% 的创始人“具有冒险精神”。在“是否有带团队经验”方面，调查数据显示，72.94% 的创始人都曾经有过五人以上的领导经验。

创业之路道阻且长，选择创业往往表明创业者具备了一定的信心与团队合作能力，信心是一种非常强大的性格特征，新时代创业者行事低调，表现为一种稳定、沉静的信心，而非张扬、强调个人主义、注重表现自我。占据高比例的“合作精神”体现出团队合作的重要性，新经济时代，除了传统意义上的生产力要素之外，创新和领导力是驱动全球经济未来发展的主要要素，社会财富的创造可能更依赖于团队协作。同时，32.22% 的创始人选择了“具有冒险精神”，这与过去创业者的高风险偏好相悖，近年来中国创业者正趋于理性，越来越体现出多元、综合的品质。全球疫情对经济的冲击和影响仍在继续，许多创业公司融资困难、被迫裁员，理性的创业者们已开始修炼内功、回归商业本质。

此外，从创始人对未来五年中国经济发展形势打分来看，1—9 的打分区间，均值为 6.1 分，经济下行的大环境下，创始人仍普遍具备乐观的性格特质，在“资本寒冬”中，以较强的进取心和最佳的竞争状态，看到创业企业的出路和希望。

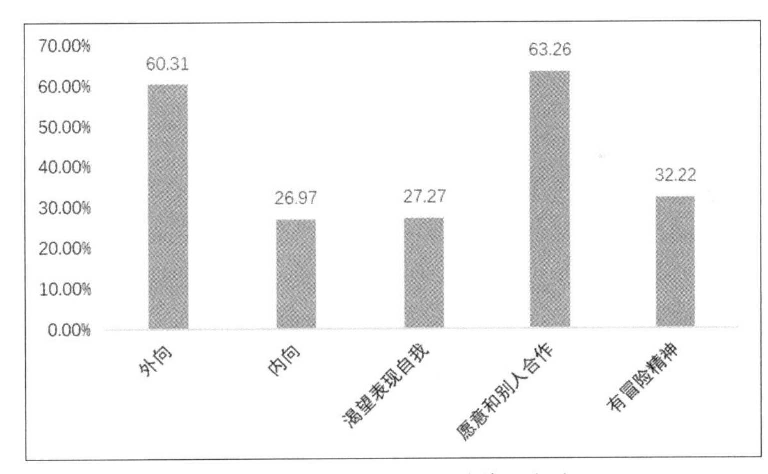

图4-3 创始人性格类型分布情况（%）

2. 以实现人生价值为导向的创业更容易获得成功

创业是把创始人认定的前景逐步实现的过程，创始人创业的初心往往决定其创业之路能走多远，关于“创始人创业初衷”的调查数据显示，以实现人生价值为导向的创业更容易获得成功。具体来看，36.79% 的创始人创业是为了“赚钱改变生活现状”，此选项占比最高；“实现人生价值”位列第二，占比 31.72%；“以兴趣导向”选择创业的创始人占比 10.76%；“对现有工作状态不满意”和“顺应社会潮流”的创始人分别占 8.72% 和 3.32%。

发展至今，创业已经成为一种现象，创业者或是为了赚钱，或是为了理想，或是为了解决某种社会问题，无论何种原因，打造具备竞争力的企业，最需要把握的两点：一是创业的目的，

二是创业的情怀。创业之初大多数人的第一想法是为了赚钱实现人身和财务的自由，这无可厚非，创业首先需要以盈利为目标才能较好的生存，但随着企业规模的不断壮大，如果想要具备较强的生命力，企业家就需要具备一定的社会关怀。同时，也有一部分创业者是“以实现人生价值”和“以兴趣为导向”的创业，此类创业者选择创业的切入点来源于自我价值的实现和对社会的观察和思考，他们洞悉了社会运转的规律，察觉了社会的需要和弊端，创业成功率相对更高。

将创业初衷和企业经营情况相关联，发现二者具有显著相关关系，相比以赚钱为目的，以“实现人生价值”和“兴趣导向”的创始人会获得更好的经营状况，且“实现人生价值”的影响程度要略强于“兴趣导向”，“顺应社会潮流”创业的创业者经营效果反而较差。新时代创业者应该挖掘更有价值的东西，做一些更有价值的事情，而不是盲目跟风，追求一蹴而就。成功的创业者，一定敢于承担社会责任，强调自我价值实现，以发现社会对某种服务的需求为切入点，在服务社会过程中赚钱便是水到渠成的事情。

表 4-8　创业者创业初衷分布情况

创业初衷	频数	频率（%）
改变生活现状，想赚钱	1473	36.79
被公司裁员	37	0.92
对现有工作状态不满意	349	8.72
兴趣导向	431	10.76
实现人生价值	1270	31.72
顺应社会潮流	133	3.32
其他	288	7.19

关于“创业者创意来源”的调查数据显示，创始人在求学阶段接触的新思想新技术，以及与专业人士交流对其创业的帮助很大，创业群体创意来源主要为学习实践的经验和团队合作。具体来看，将“学校的学习或实习经验”排在第一位的人数最多，达到 26%；排在第二、第三位的分别是“相识的专业人员交流”和“发现市场机会”，占比分别为 20.2%、17.4%；排在第四、第五位的分别是“某个创始人发明的技术”和“某个合伙人在解决问题中的启示”，分别占 12.6% 和 11.6%；政府政策变化带来的创业机会排在七位，占比为 10.38%；借鉴或模仿已有的创意排在最后，模仿创新的创意已逐渐被市场所淘汰。

创业者的创意来源是创业行为的起点和重要一环，创业者在创办企业之初，可能并没有关于新企业要做什么的明确想法，其先验经验和经历可能揭示了创意来源和创业早期活动。如果将这几类创意来源分类，可以发现，第一梯队主要是团队合作、第二梯队为个人发明创造、第三梯队为政策启发、第四梯队为借鉴或模仿。21 世纪是一个以团队合作为单位创造经济价值的时代，“抱团取暖”相较“单枪匹马”个人主义来说，更容易孵化新创意、催生新赛道。从调查情况来看，高校的学习和实践教育对创业者创意具有较大影响力，即使不在学生阶段或刚毕业时便选择创业，高校的理论和实践经历依旧会影响其创业时的方向。与此同时，借鉴和模仿创新的创业时代早已过去，一味地模仿容易被市场淘汰，更难以获得创业成功。

表 4-9-1 创始人创意来源排序情况（%）

创始人创意来源	学校的学习或实习经验	与相识的专业人员交流	发现了新的市场机会	某个创始人发明的一项技术 / 一个产品	某个合伙人从解决问题中得到启示
第一位	26.0	20.2	17.4	12.6	11.6
第二位	6.6	16.4	10.6	13.4	16.0
第三位	7.2	15.9	7.3	13.1	12.1
第四位	6.9	9.2	5.3	10.7	16.2
第五位	6.9	9.6	4.3	14.9	9.5
第六位	6.6	6.7	5.3	8.2	7.6
第七位	5.9	4.9	5.0	5.0	6.8
第八位	5.8	5.0	5.7	4.9	4.6
第九位	6.6	2.9	9.0	3.3	3.2
第十位	8.5	1.4	19.0	2.1	1.7
第十一位	0.6	0.1	0.7	0.2	0.1
无	12.4	7.9	10.5	11.6	10.6

表 4-9-2 创始人创意来源排序情况（%）

创始人创意来源	科技文献	政府政策的变化给创始人提供了创业机会	创始人在工作过程中获得的顾客反馈	类似创意首先提出在其他国家并取得成功	其他	模仿其他公司
第一位	11.98	10.38	8.22	3.91	5.69	3.45
第二位	14.83	8.35	14.39	7.92	1.09	4.03
第三位	7.15	10.58	13.28	8.30	0.60	4.93
第四位	8.34	8.74	10.22	6.38	0.88	5.89
第五位	8.37	7.72	10.45	5.76	0.27	4.72
第六位	7.72	8.68	14.89	7.06	0.38	5.79
第七位	8.20	16.23	7.13	8.12	0.60	9.13
第八位	7.55	7.89	5.09	10.32	1.31	18.44
第九位	8.74	6.24	3.75	19.54	1.64	10.96
第十位	5.14	3.32	1.68	8.40	5.64	17.30
第十一位	0.37	0.53	0.13	0.99	28.95	1.17
无	11.60	11.34	10.78	13.30	52.93	14.20

（二）创始人战略精神

伴随着西方管理文化思想的渗透，越来越多的企业家认识到战略梳理、战略规划的意义。对于创始人来说，战略思维尤为重要，创业企业的发展走向一定程度上取决于领导的战略思维和能力。调查数据显示，近八成企业制定了明确性的战略规划文件，其中，58.87% 的创业企业制定了中长期战略规划，19.87% 的创业企业制定了短期战略规划，仅有 2.92% 的企业没有战略规划文件，7.96% 的管理者不清楚企业战略的相关情况。

表 4-10　企业战略规划制定情况

公司战略规划制定情况	频数	占比（%）
制定了中长期战略规划	2359	58.87
制定了短期战略规划	796	19.87
企业没有明确规划性文件，员工有自己的理解	416	10.38
企业没有战略规划文件	117	2.92
不知道相关情况	319	7.96

在日趋激烈的市场竞争中，企业家的战略精神和能力不仅关系到企业的发展方向与自身定位，而且决定着企业能否在变幻莫测的外部环境中灵活应变，经受重重考验，把握发展机遇加速成长。战略精神是当代企业家必不可少的重要特质，停留于企业经营层面的企业家虽然有利于企业在业务层面取得短期成果，但战略精神的缺乏往往会使企业在竞争中处于被动，丧失宝贵的发展机遇。

在产业急速变革和创新趋势日益凸显的当下，企业战略规划的制定考验着企业家长期以来自身的管理经验、阅历、资源的积累、对市场发展态势的把握和对企业自身实力与定位的精准判断。拥有战略精神的企业家，不仅具备长远的战略眼光，能够把握与处理企业全局性、根本性和长远性问题，对企业未来进行长期规划设计，同时时刻保持着对外部环境的敏感性，能够有意识的根据环境的变化，结合企业自身的资源与实力，适时调整企业总体和细分战略，有效帮助企业在正确的发展道路上获得长足发展。

将企业发展前景与企业战略相关联进行回归，二者呈现显著的正相关关系，相较于没有制定战略规划文件的企业，制定了中长期战略的企业和制定了短期战略规划的企业发展前景更好，制定了中长期战略的企业比短期战略企业对企业发展前景的促进作用更高。存在一些创业企业虽没有明文规定的战略规划，但其战略发展贯穿于企业文化之中，企业员工形成了一定的理解，虽然不成体系，但依旧会对企业前景产生一定的积极影响和作用。

三、“有效”创业者群体画像

通常来看，“有效”创业者是指拥有技术、资源、经验和能力，能够从容面对和解决企业创业征程中的系列挑战和问题，能够开展“有效的创业行为”，形成“有效结果”。“有效”创业者的衡量标准之一是企业的高效经营，通过将创业者特征、企业家精神与创业企业的经营状况相关联，可进一步观察创业群体特征对企业经营情况的影响，科学描绘新时代“有效”创业者特征。

（一）创业者特征对企业经营情况的影响

新时代创业者仍处在以男性为主导的商业社会，女性创业者比例在逐步增加，创业群体呈现年轻化的趋势，34 岁创业正当时，创业群体教育程度相对较高，多数创业者创业前的职业经历为民营企业。综合考虑创业群体的社会属性，将企业经营情况与创业者性别、年龄、教育程度以及职业经历相关联，进行回归分析后，可得出如下结论。

首先，创业者年龄、职业经历与企业经营情况都有着显著的相关关系。年龄与企业经营情况呈现正相关，年龄越大的创业者，越容易获得较好的经营状况，将年龄作为分类变量放入回归模型后发现，不同年龄段的创业者对企业经营情况的影响程度不同，相比25岁以下的创业者，26—35岁创业者的经营状况最优，36岁以上的创始人，企业经营情况呈现出年龄越大，经营状况越好的特征。

其次，职业经历方面，有过高校或科研院所、在校学生、民营企业经历对企业经营效益有显著影响，高校或科研院所的职业经历以及在校学生创业与企业经营情况呈现负相关关系，民营企业的职业经历与企业经营情况呈现正相关关系，国有企业职业经历对经营情况无显著影响，进一步验证高校和科研院所创业者在创业市场的发展前景并不具备显著优势。

此外，创业者学历与企业经营情况有显著相关关系，调查数据显示，学历越高，创业越容易成功或经营状况越好。学历对创业的影响机制较为复杂，高学历创业者掌握较高的技术、拥有较强的判断和思考能力，同时也存在因长时间处于理论学习阶段，导致社会经验和商业思维缺乏的情况，但学历带来的正面效应依旧要大于负面效应。

（二）企业家精神对企业经营情况的影响

创业企业与发展成熟的企业不同，创业企业决策和行为不依赖于组织结构等系统性因素，在很大程度上依赖于企业家个体，创业企业的本质一定程度上就是企业家精神的延续。在综合考虑企业家精神的不同维度，以及各个要素之间交互作用的情况下，将企业经营情况与企业家性格、决策偏好、战略精神、创业初衷、创新情况等相关联进行回归分析，可以得到如下结论。

首先，企业家性格、决策偏好、战略精神及创新精神与企业经营情况都有着显著的相关关系，合作意识与战略完备程度与经营关系呈现正相关。在不同地区、不同规模的企业中，企业家合作意识越强，企业的经营状况越好；具有战略规划的创业企业，经营状况优于战略规划制定不清晰的企业，且规划越完备、越长远，企业的经营状况越好。同时，创新意识越强的企业，越容易获得较好的经营状况。

其次，值得注意的是，企业家精神中，冒险意识与经营状况呈现负相关关系，表现为冒险精神越强的企业家，企业经营状况反而较差。这与过去企业家多具备冒险精神与高风险决策偏好的固有印象相悖，新时代创业者应更具理性思维与风险防控意识，才能使得风雨飘摇下的创业企业行稳致远。此外，创业者创业初衷对企业经营情况影响显著，以兴趣导向、实现人生价值为创业初衷的主动创业的创业者更容易获得较好的经营状况，实现人生价值的影响程度更大，被公司裁员、对工作状态不满意的被动型创业初衷对企业经营状况影响不显著。

总的来说，精英人群在创业大潮中不断涌现并成为创业者中的主要力量，推动高水平创业。以科学家、技术研发人员等为代表的技术派创业者，掌握最先进科学技术成果，是能够敏锐捕捉产业未来发展趋势、发现引爆未来产业变革爆发点的创业群体的关键创客群体。以连续创业者、职业经理人、企业高管等为代表的企业家，具备较强的经营管理、市场洞察、资源整合和实操经验等综合能力，是推动创新成果和创新项目实现规模化、产业化发展的重要力量，是将科技成果价值转化为巨大商业价值的重要群体。以天使投资人、风险投资家、基金经理等为代表的金融人士，能在快速变化的经济环境、市场需求中敏锐捕捉市场商机，并且具备精准判断公司战略、快速获取前沿信息和出色的风险掌控能力，是从实际市场需求出发，快速实现技术成果商业价值的重要力量。无论是科学家、企业家，还是投资家，他们拥有技术、资源、经验和能力，能够从容面对和解决科技创业征程上的系列挑战和问题，他们作为“有效的创业者”，能够开展“有效的创业行为”，从而形成“有效的结果”，因而创业成功率会大幅提升，“有效性”就转化为“确定性”。面向未来，不断提升科技创业的设施条件，优化市场发展环境，引导和激励更多的高能级创业者、有实力的创业者，才有可能诞生伟大企业家和改变世界的伟大企业。

四、历代创业者变化及规律

改革开放 40 年来，创业发生着巨大的变化，创业者群体日益多元、企业家精神崇尚创新，创业者价值得以体现。改革开放以来，我国主要经历了四轮创业潮，历代成功创业者呈现出鲜明的时代特征与精神特质。

（一）企业家群体多元：从边缘群体到大众创业

回顾改革开放 40 年以来创业群体的变化，大体分为以下四个阶段。第一轮是草根创业。20 世纪 80 年代改革开放之初，为解决生存问题，第一代草根创业者展开了乡镇企业、城市个体户等不同形式的创业，逐步从个体户到民营企业家，再通过转型发展，甚至成长为具有国际知名度的企业家。

第二轮是知识分子下海创业。20 世纪 80 年代末，经济转轨、体制藩篱破除以及技术革命浪潮影响下，一批科技工作者下海创业，创建了中国最早的一批高新技术企业，使大量优秀科技成果走出档案库并转变为生产力，冲击了各个领域的传统计划体制，推动了产权、投资、收入分配和金融制度等多项改革。这一时期的创业者多为以知识分子为主的社会主流群体，受教育程度显著提高，虽不再是具有草根性的农民和工人，但创业行为仍带有社会边缘群体的性质。

第三轮是留学生创业。20 世纪 90 年代中期，全球进入知识经济时代，国内经济体制改革不断推进，激励政策相继出台，市场环境优化，国内巨大的市场空间和良好的发展前景吸引了留学生的关注，进而涌现了一批留学生归国创业浪潮。留学生创业者通常具备现代化的管理理念和经验、先进的技术和丰富的资源，以及国际化的视野和战略决策能力。他们将先进的技术和理念、管理带回国，在互联网信息产业、生物医药产业为代表的高科技行业开展创新创业，同时将投资者引进门，带领参与到国际竞争中，抢占产业技术制高点。

第四轮是全民创业。21 世纪，互联网技术的普及逐步降低创业门槛，政府顺应社会转型和技术发展趋势，强力推动创新驱动发展战略以及“大众创业、万众创新”的双创政策，将创新作为第一生产力，新技术、新业态、新模式层出不穷，创业群体开始呈现多元化、大众化的特点，企业家价值不断得以体现，创业者不断被社会所认可和尊重。这轮创业潮中，高科技园区是创业的主要场所。我国相继成长起一批世界一流园区，其宽松的创业环境和浓厚的创业氛围成为系列创业者、跨区域创业者、改变世界创业者创业的重要平台。这批创业者拥有丰富的创业经验和创业资源，具有较强把握机遇的能力，拥有改变世界的梦想，发挥着产业组织者的角色。

（二）企业家精神升级：从勇于冒险到重视创新

企业家精神是经济增长的驱动力，不同时代赋予了创业者不同的时代烙印和个人特征，不同时代语境下的企业家，带着同样的智慧与活力、执着与韧性，成为中国经济一次次转型的关键决策。

与创业者发展特征相对应的，企业家精神发展至今，大致经历了以下三个阶段。企业家精神的第一阶段，在改革开放初期的第一次下海经商浪潮下，企业家呈现出冒险精神以及高风险的决策偏好，其特征体现为敢为天下先、对市场机会充分警觉、对成本节约高度重视。经济学家认为，企业家精神的本质就是对他人还未认识到的机会的敏感和机警，这一阶段的企业家充分借助改革开放初期市场不均衡所带来的巨大投机需求快速实现了企业发展，推动了创业的成功。企业家冒险精神示范效应推动了更多人投入到商品经济的蓝海，使得中国计划经济体制逐步向社会主义市场经济转变，经济活力显著增强。

企业家精神发展的第二个阶段，这一阶段的企业家充分展示了自身卓越的探索精神，表现为开拓进取改革精神、海纳百川的开放精神和对新市场机会不断探索的精神。以 1992 年邓小平南方谈话为起点，伴随现代公司制度的广泛应用和体制内社会精英流向体制外两方面制度变革，企业家精神的不断涌现成为中国经济高速增长的主要动力。20 世纪 90 年代中后期，随着互联网时代的到来，以互联网技术为代表的信息产业和新经济发展势不可挡，以移动互联网技术及依托于此而发展起来的新应用、新消费与新生活方式，深刻改变着中国商业生态体系和商业文明，加速推动形成全新的市场体系和新的竞争秩序。

企业家精神发展的第三个阶段，21 世纪以来，企业家充分展示了其创新精神，特征包括极具创新意识与全球视野。随着国家大力推进“大众创业、万众创新”，努力打造双创升级版，创新创业环境持续改善、创新创业主体日益多元、各类支撑平台不断丰富，创新创业社会氛围浓厚，创业生态逐步完善。经济发展逐渐转向创新驱动为特征的高质量与可持续发展模式，经济发展逐渐转向依靠全要素生产率提升和产业协调发展驱动。

创业已成为一种现象，新时代的创业者正以崭新的面貌、高昂的热情迎接新的机遇和挑战。强烈的创新精神是这一时期创业者的共同特征，表现为极具创新意识与全球视野。伴随着大数据、量子信息、人工智能、物联网等新技术形态和实体经济深度融合涌现出巨大的新市场机会，企业家开始重视技术、产品和服务的创新，开展创新型创业活动，重视原创技术研发投入与基础创新，强调要推动产学研紧密联系、全球研发协同网络、构建创业创新生态体系等诸多方面，创业早已突破狭义范畴，开始向开拓新事业、公司创业和社会创业等广义范围迈进。

五、小结

从当前中国创业者群体特征看，新时代创业者仍处在以男性为主导的商业社会，但是女性创业者比例在逐步增加，上海、深圳等南方一线地区更是成为女性创业者主流孵化区域。创业群体年轻化的趋势明显，34 岁创业正当时。同时，创业群体教育程度相对较高，本科生是创业主力军，高端创业群体正逐步成为有生力量。多数创业者创业前的职业经历为民营企业。“企业家精神”是一种重要而特殊的无形生产要素，是影响企业发展经营的关键，在企业家精神的诸多选项中，“合作精神”的重要性更加突出。虽然多数创始人创业是为了“赚钱改变生活现状”，但是以“实现人生价值”和“兴趣导向”的创业者往往更容易取得事业上的成功。

第五章　创业企业画像

初创企业的存活率很低，相关数据显示，我国每年超过 100 万家企业倒闭，平均每分钟有 2 家企业倒闭，不到 80% 的公司在创业三年后还能存活下来，20% 的企业在创业中消亡。基于调查数据对创业企业发展情况的深入调研，本章从企业经营水平、发展潜力和制度建设三个层面对当代创业企业进行画像。

一、创业企业发展情况

调查数据围绕企业经营水平、发展潜力和制度建设三个层面对创业企业发展情况开展调研，结果显示，新时代初创企业多为轻资产运营，创业方向呈现出较为明显的产业融合、产业跨界特点，科技型企业居多，盈利周期普遍较长，制度建设大多较为完善。

（一）企业经营水平

1. 资产总额多分布于 300 万—1000 万元

表 5-1　创业企业总资产分布情况

总资产（元）	频数	占比（%）
50 万以下	139	3.47
50 万—300 万	842	21.03
300 万—1000 万	1768	44.16
1000 万—2000 万	527	13.16
2000 万以上	728	18.18

表 5-2-1　分行业创业企业总资产分布情况（%）

总资产（元）	信息技术	软件	节能环保	高端装备制造	新能源
50 万以下	3.8	4.03	1.79	2.96	6.9
50 万—300 万	22.34	22.66	12.5	17.43	15.52
300 万—1000 万	47.27	44.01	39.29	46.05	18.97
1000 万—2000 万	12.14	14	10.71	11.84	12.07
2000 万以上	14.46	15.3	35.71	21.71	46.55

表 5-2-2　分行业创业企业总资产分布情况（%）

总资产（元）	新材料	生物医药	文化创意	金融服务	专业技术服务业
50 万以下	2.44	2.89	2.02	2.56	6.51
50 万—300 万	7.32	15.76	25.56	20.12	20.31
300 万—1000 万	24.39	45.02	46.86	41.22	45.59

表 5-2-2 分行业创业企业总资产分布情况（%）（续表）

总资产（元）	新材料	生物医药	文化创意	金融服务	专业技术服务业
1000 万—2000 万	17.07	12.86	13.45	14	13.79
2000 万以上	48.78	23.47	12.11	22.09	13.79

根据调查数据所反映的特征，将创业企业按照总资产进行分类可以看出，创业企业资产总额普遍较小，44.16% 的企业分布于 300 万—1000 万元，资产总额在 2000 万元以上的企业占比仅为 18.18%。同时，创业企业资产总额呈现明显的行业差异性，新能源、新材料产业资产总额在 2000 万元以上的创业企业显著高于其他行业，分别占比 46.55%、48.78%；资产总额在 300 万—1000 万元的较少，分别占比 18.97%、24.39%。信息技术、软件产业及专业技术服务业的创业企业资产总额呈现右偏状态，资产总额整体偏低。节能环保、高端装备制造、生物医药等产业创业企业资产总额呈现左偏状态，资产总额整体偏高。文化创意和金融服务产业资产总额在 50 万—300 万元的创业企业显著高于其他行业，1000 万元以上的创业企业相对较少。

2. 销售额 300 万元以下居多

表 5-3 创业企业销售额分布情况

企业销售额（元）	频数	占比（%）
300 万以下	2487	62.16
300 万—2000 万	1172	29.29
2000 万以上	342	8.55

表 5-4-1 分行业创业企业销售额分布情况（%）

企业销售额（元）	信息技术	软件	节能环保	高端装备制造	新能源	新材料
300 万以下	67.28	64.65	39.29	50.66	50	36.59
300 万—2000 万	26.23	27.64	39.29	41.12	22.41	36.59
2000 万以上	6.49	7.71	21.43	8.22	27.59	26.83

表 5-4-2 分行业创业企业销售额分布情况（%）

企业销售额（元）	生物医药	文化创意	金融服务	专业技术服务业	现代农业
300 万以下	57.56	67.04	60.16	66.67	38.89
300 万—2000 万	28.94	28.92	30.57	24.9	45.56
2000 万以上	13.5	4.04	9.27	8.43	15.56

创业企业销售额和员工人数是划分企业大中小规模的标准之一，按照“贵公司上一年度销售收入”数值进行分类后，数据显示，年度销售额在 300 万元以下的创业企业占比超过六成，达到 62.16%；销售额在 300 万—2000 万元的创业企业占比达 29.29%；销售额在 2000 万元以上的创业企业占比仅为 8.55%。不同行业的销售额分布呈现不同特点，调查数据显示，信息技术、软件、专业技术服务业销售收入普遍偏低，300 万元以下销售收入的企业高于全行业平均水平，占比分别达 67.28%、64.65%、66.67%；节能环保、新能源、新材料产业销售额较高，实现 300 万—2000 万销售额的企业占比分别为 39.29%、22.41%、36.59%，2000 万元以上的销售额占比分别达 21.43%、27.59%、26.83%；文化创意产业实现 2000 万元以上销售收入的企业占比仅为 4.04%。

表 5-5　创业企业上一年度利润分布情况

利润情况	频数	占比（%）
0 以下	3018	75.43
0	543	13.57
0 以上	440	11

表 5-6-1　分行业创业企业年度利润分布情况（%）

利润情况	信息技术	软件	节能环保	高端装备制造	新能源
0 以下	75.53	73.90	71.43	80.92	75.86
0	15.66	16.01	1.79	10.20	1.72
0 以上	8.80	10.08	26.79	8.88	22.41

表 5-6-2　分行业创业企业年度利润分布情况（%）

利润情况	新材料	生物医药	文化创意	金融服务	专业技术服务业	现代农业
0 以下	58.54	79.10	75.34	77.12	72.03	67.78
0	2.44	13.50	10.99	12.23	16.86	8.89
0 以上	39.02	7.40	13.68	10.65	11.11	23.33

将企业上一年利润情况进行分类汇总，如表 5-5 所示，75.43% 的创业企业仍未实现营利，利润为 0 的创业企业占比达 13.57%，11% 的创业企业的利润已经实现 0 的突破。分行业来看，高端装备制造业未实现盈利的创业企业较多，占比达 80.92%；节能环保、新能源、新材料产业盈亏平衡的创业企业显著小于其他行业，占比分别达到 1.79%、1.72%、2.44%，实现盈利的创业企业显著多于其他行业，占比分别达到 26.79%、22.41%、39.02%。此外，现代农业实现盈利的创业企业也显著多于平均水平，达到 23.33%。

3. 所属行业的技术多处于上升期和成熟期

表 5-7　创业企业技术所处阶段情况

创业企业所处阶段	频数	占比（%）
发展初期	551	13.77
上升期	1286	32.14
加速期	971	24.27
成熟期	1037	25.92
衰落期	156	3.9

创业企业所处行业的技术发展一定程度上决定了行业的成熟度和企业进入的时机是否准确。对企业所处行业技术水平的调查数据显示，创业企业技术所处阶段呈现正态分布，创业企业所属行业的技术多处于上升期和成熟期。具体来看，32.14% 的创业企业处于行业技术上升阶段，25.92% 的创业企业处于行业技术成熟期，技术处于加速期的企业占比为 24.27%，仅有 13.77%、3.9% 的企业从事行业的技术发展处于初期和衰落期。该正态曲线呈现右偏状态，即多数企业技术所处的发展阶段为上升和加速期。分行业来看，调查数据中划分的十一个行业类别所处技术发展阶段体现出不同特征，节能环保、新材料、高端装备制造等行业处于技术发展初期的占比较高，分别为 32.14%、29.27%、28.95%；金融服务、新材料等行业技术处于

上升期的占比明显高于平均水平，分别达到17.13%、17.07%；专业技术服务业、信息技术等行业技术处于加速阶段的占比较高，分别达26.82%、25.90%；新能源产业技术相对成熟，技术处于成熟期占比37.93%。

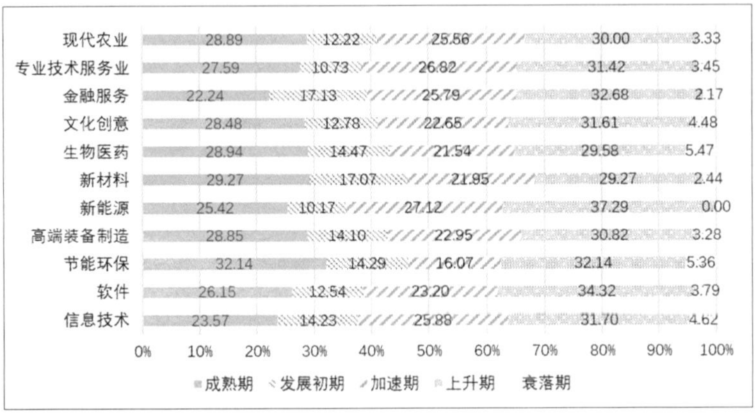

图5-1　分行业技术所处阶段情况（%）

技术革新不断催生新的企业，拥有技术和产品优势的企业更容易拥有持久的发展前景和经济收益。从创业企业的技术来源情况看，如表5-8所示，自主开发和合作开发占据主导地位，占比分别为38.8%、32.9%；技术入股作为较为新型的技术合作模式，在技术来源中占比11.95%；将外部购买作为技术来源的企业较少，占比仅为8.9%。

表5-8　创业企业技术来源分布情况

公司技术来源	频数	占比（%）
自主开发	1552	38.8
合作开发	1316	32.9
技术入股	478	11.95
外部购买	356	8.9
其他	298	7.45

自主创新是企业以自身力量为基础独立进行的研究开发，以市场认可为标志，实现科技成果商品化的过程。自主创新基于企业具有实力雄厚的研究开发部门与成果积累，有强大而领先的技术作为后盾，具有可以降低交易费用，提高创新效率等特点，体现了企业的设计开发能力和品牌构建能力，在创业企业技术来源中占比最高。与此同时，研发风险往往也需要独自承担，多适用于风险型及高新技术中小型企业的创新。第二，合作研发是指研发立项企业通过契约的形式与其他企业共同对项目的某一个关键领域分别投入资金、技术、人才，共同参与产生智力成果的创作活动，共同完成研发项目，在创业企业技术来源位列第二。新经济时代，开放式创新已经成为大企业保持竞争力的基本要求，对于创业企业来说，抓住机遇与大企业开展合作研发是快速获得成长的有效途径，与大企业合作，不仅能够分散风险，解决研发资金不足问题，也有利于借助大企业开放的科技资源，完成一些技术创意工作。第三，技术入股是指以技术人员的知识或知识产权、技术诀窍、设备、工厂厂房等作为资本股份，投入合资经营或联营企业，从而取得该企业的股份权的一种行为。技术入股在技术来源中占比例较小，多是因为对于掌握核心技术人员本身来说，选择技术入股的机会成本较大、话语权较小，同时非货币出资在价值确定上很难科学、合理、公平的被界定，除非已经形成了专利、非专利技术成果，可被衡量以及形成真实资本和合理股份，技术入股成为一项成熟的技术来源，从标准到执行等各个层面仍

有待摸索。最后，外部购买是企业通过支付一定的资金从外部购买某项核心技术或者直接把掌握核心技术的人才挖到自己公司，或者通过实施基于核心技术的并购与重组掌握关键技术。近年来，通过外部购买获取技术的创业企业逐步减少，外部购买技术的最大的特点在于获取速度快、精力消耗少，但其存在的隐患也显而易见，例如外部购买的技术比较落后，无法满足企业创新需求；企业对购得的核心技术短时间内无法熟练掌握，给企业造成损失；购买技术花费大量现金可能会影响企业运营等。

从行业角度来看，高端装备制造、新能源产业技术来源呈现两极分化特点，表现为自主开发比例高于其他行业，分别为43.42%、44.83%；信息技术、软件产业自主开发和合作开发占比较高，其中自主开发分别占45.61%、43.53%，合作开发分别占31.73%、33.69%；新材料产业合作开发占比41.46%，高于自主开发的39.02%，技术入股在新材料产业中占比很小，仅有2.44%；节能环保产业和生物医药产业中，技术入股占比较多，分别达到17.86%、17.68%。

表5-9-1 分行业创业企业技术来源分布情况（%）

公司技术来源	信息技术	软件	节能环保	高端装备制造	新能源
自主开发	45.61	43.53	37.50	43.42	44.83
合作开发	31.73	33.69	25.00	30.59	20.69
技术入股	9.62	10.08	17.86	9.87	12.07
外部购买	6.94	4.98	12.50	7.57	10.34
其他	6.11	7.71	7.14	8.55	12.07

表5-9-2 分行业创业企业技术来源分布情况（%）

公司技术来源	新材料	生物医药	文化创意	金融服务	专业技术服务业	现代农业
自主开发	39.02	24.76	41.70	22.24	27.97	47.78
合作开发	41.46	36.01	31.17	35.83	36.78	28.89
技术入股	2.44	17.68	8.07	20.67	13.79	10.00
外部购买	14.63	10.93	11.43	13.58	13.41	10.00
其他	2.44	10.61	7.62	7.48	8.05	3.33

4. 员工人数多在50人以下，核心技术人员以人才引进为主

表5-10 上一年度员工人数分布情况

员工人数	频数	占比（%）
10人以下	986	24.64
10—50人	2396	59.89
50—100人	470	11.75
100—300人	111	2.77
300人以上	38	0.95

表5-11 核心技术人员来源分布情况

核心技术人员来源	频数	占比（%）
团队创始人	1150	28.77
人才引进	1647	41.21
聘用专家	491	12.28

表 5-11　核心技术人员来源分布情况（续表）

核心技术人员来源	频数	占比（%）
技术合作	422	10.56
其他	287	7.18

员工人数是企业规模的重要衡量指标之一，通过对“贵公司上一年度员工人数”数据进行分类分析，可以看出，近八成企业员工人数在 50 人以下。而核心技术人员是创业企业人力资源的重要组成，如表 5-11 所示，企业核心技术人员最多来源为人才引进，企业数为 1647 家，占比 41.21%；核心技术人员为团队创始人的企业数为 1150 家，占比 28.77%；以聘用专家、技术合作为核心技术人员来源的企业数为 491、422 家，占比分别为 12.28%、10.56%。

从行业角度来看，新材料、节能环保产业核心技术人员人才引进比例明显高于其他行业，占比分别达到 48.78%、46.43%。其中，新材料产业聘用专家占比明显较低，仅为 7.32%；现代农业、高端装备制造业团队创始人即为核心技术人员的占比较高，分别达 35.56%、30.26%；信息技术产业核心技术人员聘用专家的比例明显高于其他行业，占比达到 13.35%。

表 5-12　分行业创业企业核心技术人员来源分布情况（%）

行业	技术合作	聘用专家	人才引进	团队创始人	其他
信息技术	11.03	13.35	40.22	28.45	6.86
软件	11.27	12.34	39.98	29.54	6.88
节能环保	12.50	7.14	46.43	23.21	10.71
高端装备制造	9.87	12.17	39.14	30.26	8.55
新能源	12.07	12.07	37.93	22.41	15.52
新材料	7.32	7.32	48.78	29.27	7.32
生物医药	11.25	11.25	43.41	26.69	6.75
文化创意	10.09	12.33	41.93	28.25	7.40
金融服务	8.09	12.23	43.98	28.40	7.10
专业技术服务业	10.73	11.11	42.15	29.89	6.13
现代农业	11.11	12.22	35.56	35.56	5.55

（二）企业发展潜力

1. 市场发展潜力有待提升，销售收入与利润尚有发展空间

企业销售收入增长率是创业企业市场潜力的衡量指标之一，如表 5-14 所示，半数以上的创业企业销售收入增长率集中在 0 及 0 以下，近三成企业销售收入增长率增幅较大，已突破 100%。分行业来看，调查数据显示，不同行业的创业企业销售收入状况呈现出明显差异，节能环保、现代农业销售收入较去年有所下降的创业企业比例高于其他行业，分别为 46.43%、38.89%；信息技术、软件和专业技术服务业销售收入增长率与去年持平的创业企业占比多达约四成；信息技术、文化创意和现代农业行业利润增幅突破 100% 的创业企业占比较高，分别为

27.47%、29.37% 和 32.22%。

表 5-13-1　分行业创业企业销售收入增长率分布情况（%）

销售收入增长率（%）	信息技术	软件	节能环保	高端装备制造	新能源
小于 0	15.63	23.66	46.43	28.95	22.41
0	41.35	36.5	5.36	25.66	12.07
0—50	8.88	9.51	14.29	11.51	31.03
51—100	6.66	7.49	10.71	10.2	17.24
100 以上	27.47	22.83	23.21	23.68	17.24

表 5-13-2　分行业创业企业销售收入增长率分布情况（%）

销售收入增长率（%）	新材料	生物医药	文化创意	金融服务	专业技术服务业	现代农业
小于 0	21.95	23.79	20.85	26.18	16.92	38.89
0	9.76	30.55	32.74	31.1	43.08	5.56
0—50	17.07	10.61	10.09	8.66	8.85	10
51—100	26.83	9.65	6.95	7.28	5.38	13.33
100 以上	24.39	25.4	29.37	26.77	25.77	32.22

表 5-14　创业企业销售收入增长率分布情况

销售收入增长率（%）	频数	占比（%）
小于 0	884	22.09
0	1363	34.07
0—50	398	9.95
51—100	318	7.95
100 以上	1038	25.94

从利润增长情况来看，将创业企业利润增长率进行分类处理，结果如表 5-15 所示，四成以上的企业利润率较去年有所增加，近三成企业利润水平与去年持平。从不同行业创业企业的利润增长状况来看，节能环保、新能源和现代农业利润较去年下降的企业占比较高，分别为 37.5%、34.48% 和 38.89%；信息技术、软件、文化创意、专业技术服务业利润与去年持平的创业企业所占比例高于其他行业，占比分别为 31.54%、33.1%、30.94% 和 40.23%；信息技术、生物医药行业利润增幅达 100% 以上的创业企业占比较高，分别为 18.78% 和 18.01%。

表 5-15　创业企业利润增长率分布情况

利润增长率（%）	频数	占比（%）
小于 0	1151	28.75
0	1139	28.45
0—50	702	17.53
51—100	424	10.59
100 以上	588	14.69

表 5-16-1　分行业创业企业利润增长率分布情况（%）

利润增长率（%）	信息技术	软件	节能环保	高端装备制造	新能源
小于 0	25.25	29.77	37.5	30.59	34.48

表 5-16-1 分行业创业企业利润增长率分布情况（%）（续表）

利润增长率（%）	信息技术	软件	节能环保	高端装备制造	新能源
0	31.54	33.1	1.79	17.76	17.24
0—50	15.63	15.54	33.93	24.01	20.69
51—100	8.79	9.37	19.64	11.18	25.86
100 以上	18.78	12.22	7.14	16.45	1.72

表 5-16-2 分行业创业企业利润增长率分布情况（%）

利润增长率（%）	新材料	生物医药	文化创意	金融服务	专业技术服务业	现代农业
小于 0	29.27	29.26	28.25	30.71	26.44	38.89
0	17.07	22.19	30.94	25.39	40.23	6.67
0—50	26.83	18.33	15.47	19.88	14.18	25.56
51—100	24.39	12.22	11.43	8.27	9.58	26.67
100 以上	2.44	18.01	13.9	15.75	9.58	2.22

2. 研发重视程度高，研发投入多呈增长趋势

表 5-17 创业企业研发经费增长率分布情况

研发经费增长率（%）	频数	占比（%）
小于 0	337	8.42
0	1292	32.28
0—50	1122	28.03
51—100	937	23.41
100 以上	315	7.87

表 5-18-1 分行业创业企业研发经费增长率分布情况（%）

研发经费增长率（%）	信息技术	软件	节能环保	高端装备制造	新能源
小于 0	5.92	9.49	14.29	8.55	15.52
0	38.67	28.71	3.57	20.72	5.17
0—50	24.79	27.16	41.07	30.26	46.55
51—100	20.07	26.33	30.36	30.26	29.31
100 以上	10.55	8.3	10.71	10.2	3.45

表 5-18-2 分行业创业企业研发经费增长率分布情况（%）

研发经费增长率（%）	新材料	生物医药	文化创意	金融服务	专业技术服务业	现代农业
小于 0	17.07	9.97	8.97	6.89	8.46	15.56
0	4.88	34.73	37.67	36.81	36.15	4.44
0—50	34.15	26.69	26.23	32.87	25	41.11
51—100	39.02	26.05	20.85	18.7	21.92	30
100 以上	4.88	2.57	6.28	4.72	8.46	8.89

从研发经费增长率情况来看，如表 5-17 所示，多数创业企业对研发较为重视，约六成企业研发经费投入力度有所加大，近三成企业研发经费维持与上一年度同等水平，仅有不到一成的创业企业研发经费有所下降。从行业角度来看，新材料、现代农业和新能源行业研发经费增长率为负的创业企业占比略高于其他行业，分别为 17.07%、15.56% 和 15.52%；新材料行业创

业企业研发经费增幅多集中在 50%—100%，企业占比为 39.02%；节能环保、高端装备制造、新材料、现代农业研发经费增幅在 50%—100% 的创业企业占比较高，均达三成以上；信息技术、节能环保、高端装备制造行业研发经费增幅在 100% 以上的创业企业占比高于其他行业，分别为 10.55%、10.71% 和 10.2%。

从技术引进费用增长状况来看，四成以上企业技术引进费用呈上升趋势，约四成企业技术引进费用与去年持平。从行业角度来看，如表 5-20 所示，节能环保、文化创意行业技术引进费用增长率为负的创业企业占比较高，分别为 17.86% 和 17.26%；信息技术、生物医药、文化创意、金融服务和专业技术服务业创业企业中，技术引进费用与去年持平的企业多达近半数；新材料和现代农业行业技术引进费用增幅在 50%—100% 的创业企业占比较高，分别达 39.02% 和 38.89%。此外，节能环保产业技术引进费用增幅达 100% 以上的创业企业占比明显高于其他产业，占比达到 14.29%。

表 5-19　技术引进费用增长率分布情况

技术引进费用增长率（%）	频数	占比（%）
小于 0	542	13.54
0	1604	40.07
0—50	831	20.76
51—100	812	20.28
100 以上	214	5.35

表 5-20-1　分行业创业企业技术引进费用增长率分布情况（%）

技术引进费用增长率（%）	信息技术	软件	节能环保	高端装备制造	新能源
小于 0	13.33	12.69	17.86	13.82	15.52
0	43.98	35.23	5.36	27.96	12.07
0—50	19.72	22.3	33.93	25.66	37.93
51—100	16.11	24.56	28.57	24.01	31.03
100 以上	6.85	5.22	14.29	8.55	3.45

表 5-20-2　分行业创业企业技术引进费用增长率分布情况（%）

技术引进费用增长率（%）	新材料	生物医药	文化创意	金融服务	专业技术服务业	现代农业
小于 0	9.76	14.47	17.26	13.78	7.28	14.44
0	14.63	43.09	50.22	45.67	49.04	11.11
0—50	31.71	19.61	15.92	17.91	18.01	31.11
51—100	39.02	20.58	14.35	18.31	19.92	38.89
100 以上	4.88	2.25	2.24	4.33	5.75	4.44

3. 人力资源成长潜力较大，员工规模多呈上升趋势

表 5-21　员工人数增长率分布情况

员工人数增长率（%）	频数	占比（%）
小于 0	381	9.52
0	1131	28.25

表 5-21　员工人数增长率分布情况（续表）

员工人数增长率（%）	频数	占比（%）
0—50	1353	33.8
51—100	1100	27.48
100 以上	38	0.95

表 5-22-1　分行业创业企业员工人数增长率分布情况（%）

员工人数增长率（%）	信息技术	软件	节能环保	高端装备制造	新能源
小于 0	6.2	8.33	32.14	10.2	36.21
0	29.42	28.86	26.79	34.21	6.9
0—50	33.12	34.32	33.93	28.95	44.83
51—100	29.14	27.91	7.14	26.32	12.07
100 以上	2.13	0.36	0	0.33	0

表 5-22-2　分行业创业企业员工人数增长率分布情况（%）

员工人数增长率（%）	新材料	生物医药	文化创意	金融服务	专业技术服务业	现代农业
小于 0	43.9	11.9	7.17	4.33	10.73	38.89
0	7.32	28.3	29.6	29.72	24.9	6.67
0—50	41.46	35.69	30.04	34.84	34.48	46.67
51—100	7.32	23.47	32.06	30.31	29.89	7.78
100 以上	0	0.64	1.12	0.79	0	0

创业企业对就业拉动作用较大，从员工人数增长状况来看，如表 5-21 所示，六成以上企业员工人数呈上升趋势，近三成企业员工人数增长率与去年持平。从不同行业创业企业员工人数增长状况来看，在节能环保、新能源、新材料和现代农业行业中，员工人数较去年有所下降的创业企业所占比例明显高于其他行业，占比分别为 32.14%、36.21%、43.9% 和 38.89%。其中，新能源、新材料和现代农业的创业企业员工人数增幅多在 50% 以下，占比分别为 44.83%、41.46% 和 46.67%；信息技术、文化创意、金融服务和专业技术服务业员工人数增长率在 50%—100% 的创业企业占比较高，分别为 29.14%、32.06%、30.31% 和 29.89%。此外，各行业员工人数增幅突破 100% 的创业企业占比偏低，均低于 3%。

（三）企业制度建设

1. 研发制度相较于文化和生产制度更为关键

文化制度方面，创业企业文化制度是辅助企业战略规划实施和布局的有效工具，调查数据显示，超八成创业企业在文化建设方面制定了相关制度。其中，38.36% 的企业有明确的文化建设方案，并有相应的落实保障制度；27.25% 的企业有明确的文化建设思路，文化氛围很好；14.13% 的企业有文化建设方案，奖惩分明；7.59% 的企业有专门的文化建设团队来负责企业文化建设事宜。少部分创业企业对企业文化建设不够重视，9.88% 的企业没有明确的文化建设方案，但不影响企业运营；2.8% 的企业因没有文化建设相关工作而影响到了企业运营。

表 5–23　创业企业文化建设分布情况

企业文化建设情况	频数	占比（%）
企业有明确的文化建设方案，并有相应的落实方案	1537	38.36
企业有明确的文化建设思路，方案不是很细致，但企业文化氛围很好	1092	27.25
企业有文化建设方案，奖惩非常分明	566	14.13
企业有专门的文化建设团队	304	7.59
企业没有明确的文化建设方案，但不影响企业经营	396	9.88
企业没有文化建设方案，影响企业运营	112	2.8

研发制度方面，企业研发制度对于提高企业自主创新能力，推动创新型人才培养，激励创业团队的创新活力有重要作用。调查数据显示，八成以上企业较为重视研发制度制定，其中，31.49% 的创业企业有研发制度，激励到位且效果很好；28.8% 的企业研发制度有专门的研发部门统一管理，总的管理制度中也有关于研发的条款；14.95% 的企业研发制度不够细致，但研发氛围较好；11.45% 的企业有专门的研发部门和相对应的工作制度。少数创业企业在研发制度方面有所欠缺，调查数据显示，8.76% 的企业没有明确的研发制度，但没有影响到企业研发，4.54% 的企业因没有明确的研发制度而影响到了企业的研发工作。

表 5–24　创业企业研发制度建设情况

企业研发工作制度情况	频数	占比（%）
企业有研发制度，激励非常到位，效果很好	1262	31.49
企业研发部门有专门的工作制度，总的管理制度中也有关于研发的条款	1154	28.8
企业研发工作制度不是很细致，但企业研发氛围很好	599	14.95
企业研发部门有专门的工作制度	459	11.45
企业没有明确的研发制度，但不影响企业研发的进行	351	8.76
企业没有明确的研发制度，影响企业研发的进行	182	4.54

生产流程方面，创业企业员工对于企业生产业务流程的总体熟悉程度不高。其中，35.96% 的企业所有员工都非常明确生产业务流程，19.82% 的企业部分员工对业务流程比较明确，28.53% 的企业中层管理人员对于生产业务流程比较明确，5.86% 的企业部分中层管理者明确生产业务流程。同时，有 2.8% 的中层管理者表示不清楚业务流程，也不知道谁会知道。

表 5–25　员工生产业务流程了解情况

企业生产业务流程情况	频数	占比（%）
所有员工都非常明确	1441	35.96
中层管理人员明确	1143	28.53
部分员工比较明确	794	19.82
部分中层明确	235	5.86
自己知道，不清楚别人是否知道	286	7.14
不清楚谁知道	108	2.8

企业制度是企业赖以生存的体制基础，是企业有序运行的框架、员工行为的准则以及企业的活力之源，将公司的企业文化制度、研发制度与生产业务流程与公司发展前景相关联，进行

回归分析后发现，三者均显著影响公司发展前景，且都呈正相关关系，即企业文化建设越完备、研发制度越健全、生产研发流程掌握程度越高，企业的发展前景越好。具体来看，企业研发制度对企业发展前景影响的正向程度大于企业文化制度与生产流程。

2. 员工主人翁意识普遍较强

员工的主人翁意识是企业主体的能动性在企业经营和管理等方面表现出的积极性、创造性和主动性，有利于推动企业朝着既定目标前进。调查数据显示，近五成创业企业员工的主人翁意识较高，其中，12.18% 的企业员工认为企业是每个人都要参与管理的，事事需要发表意见；34.71% 的企业员工认为企业是自己跟随领导人一起完成的事业；36.34% 的企业员工认为企业的未来是大家一起创造的，自己尽责就行；仅有 2.82% 的企业员工认为企业未来的发展是领导人的事情，与个别员工无关；6.51% 的企业员工认为企业的事情是领导直接规定的事情。

表 5-26　企业员工对企业认识情况

员工主人翁意识	频数	占比（%）
企业是自己管理的，事事都需要发表意见	488	12.18
企业是自己跟随领导人一起完成的事业	1391	34.71
企业的未来是大家一起创造的，自己尽责就好	1456	36.34
企业的事情就是直接领导规定的事情	261	6.51
完成自己的工作就是尽责了	298	7.44
企业未来的发展是领导人的事情，与员工无关	113	2.82

二、创业企业融资情况

融资是企业资金筹集的行为与过程，融资的质量影响着企业的经济效益和竞争力，双创浪潮下，初创企业易存在“内在造血不足，外在输血困难”的双重困境。调查数据显示，新时代创业企业融资行为呈现出不同特点，以下从融资目的、融资方式、融资轮次和融资规模等方面对创业企业融资情况进行论述。

（一）融资目的

表 5-27　创业企业融资目的分布情况

融资目的	技术研发	企业收购	市场扩展	服务采购	其他
频数	953	319	1689	390	653
占比（%）	23.80	7.97	42.18	9.74	16.31

创业企业融资总体上都是为了满足自身生产及资本运营的需要，而就具体融资活动而言通常都受到特定动机的驱使，每一笔资本的进入都带有一定的目的，融资的意义不仅是要融到资本，更是要面向全社会融到资源。如表 5-27 所示，四成以上创业企业的融资目的都围绕市场扩张展开，两成以上企业以技术研发为融资目的。创业项目启动融资之初，除了要确定融资方

向外，还应明确融资更深层次动机，为之后选择融资方式做好准备，无论技术研发、企业收购还是市场扩展和服务采购，创业企业的融资动机都可分为以下四点：一是获取指导，投资者往往是行业领军人物或者成功的前创业者，具备挑选项目的眼光，同时也有培植项目的能力，投资人提供的关于产品、技术方面，或者公司管理、商业模式、战略方向的经验及思考对于创业公司来说远重于金钱。二是获取资源，投资者在资金资源以外，还拥有包括但不限于政府、媒体、人才、市场渠道及下一轮融资的渠道等资源，可直接或间接地为创业项目带来收益。三是获取背书，看重融资事件带来的正外部效应，获得业界有名的投资者投资，可使项目获得强有力的宣传点，为企业未来发展提供一定保障。四是加快企业成长速度，无论自有资金是否能够支撑项目稳健发展，双倍甚至更多的资金支持都更容易加速项目运行。

融资目的与创业企业性质不无关系，不同性质的创业企业融资目的呈现一定差异。具体来看，技术研发公司对于技术研发的融资需求高于其他类型，不难理解，在确立研发方向后，技术研发型公司需要有足够的资金支持研发支出和业务费用，在研发技术变成产品的过程中，也需要适当的资金来实现产品的生产和试验。平台性公司、服务类公司融资目的呈现同样的特点，市场扩展的融资需求大于其他类型的公司，新经济时代，平台性和服务类企业层出不穷，除业务前期的服务平台和网络建设方面需要先期固定投资，以巨额亏损为代价吸引客户、积累优势、建立市场都需要大量资金注入。生产性公司的融资目的则不同于其他类型，生产性企业从原材料购买、生产直至销售各环节都需要有效的资金链支持，对融资的需求大多围绕正常的生产经营或资金周转展开。

表 5-28 不同性质创业企业融资目的分布情况（%）

企业性质	技术研发	企业收购	市场扩展	服务采购	其他
生产性公司	22.04	7.59	39.63	10.00	20.74
技术研发公司	25.05	8.06	41.73	10.10	15.05
平台性公司	22.15	6.92	43.94	9.69	17.30
服务类公司	22.64	7.85	42.93	9.42	17.15
其他	23.61	8.91	44.77	8.46	14.25

从行业角度来看，不同行业的融资目的存在一定差异。调查数据显示，技术研发融资方面，信息技术和专业技术服务业以技术研发为目的的融资显著高于其他行业，占比分别为 26.09% 和 24.90%，与其技术密集性质不无关系。企业收购融资方面，新能源产业在以企业收购为融资目的的方面占比较高，达到 12.07%，远高于其他行业。新能源作为颇具潜力的新兴产业，以新能源汽车为例，随着 2019 年补贴新政落地实施，企业横向并购或跨界重组等产业链并购重组行为显著增加。市场扩展融资方面，新材料产业以市场扩展为融资目的的企业占比达到 56.1%，远高于其他行业，一定程度上反映出新材料产业创业市场扩展速度较快。服务采购融资方面，高端装备制造、节能环保等产业以服务采购为融资目的的企业占比略高于其他行业，分别为 11.84%、12.50%。

表 5-29-1　分行业创业企业融资目的分布情况（%）

融资目的	信息技术	软件	节能环保	高端装备制造	新能源	新材料
技术研发	26.09	23.25	25.00	23.03	20.69	19.51
企业收购	7.77	8.30	5.36	7.57	12.07	4.88
市场扩展	42.65	40.57	30.36	39.80	31.03	56.10
服务采购	10.18	9.96	12.50	11.84	5.17	4.88
其他	13.32	17.91	26.79	17.76	31.03	14.63

表 5-29-2　分行业创业企业融资目的分布情况（%）

融资目的	生物医药	文化创意	金融服务	专业技术服务业	现代农业
技术研发	23.15	23.32	21.85	24.90	18.89
企业收购	6.11	8.97	8.86	7.66	6.67
市场扩展	41.80	45.29	43.11	44.06	42.22
服务采购	9.65	8.30	9.65	9.20	8.89
其他	6.11	8.97	8.86	7.66	6.67

从地域角度来看，创业企业融资目的呈现出的地域差异较小，一线城市融资多以市场扩展为目的。具体来看，北京、上海等城市以市场扩展为目的融资比例略高于其他地区，占比分别达42.58%、45.17%。西安、武汉以服务采购为目的的融资比例略多于其他城市，占比分别为11.48%、10.03%。同时，西安市以企业收购为目的的融资比例显著低于其他城市，占比仅为4.37%。

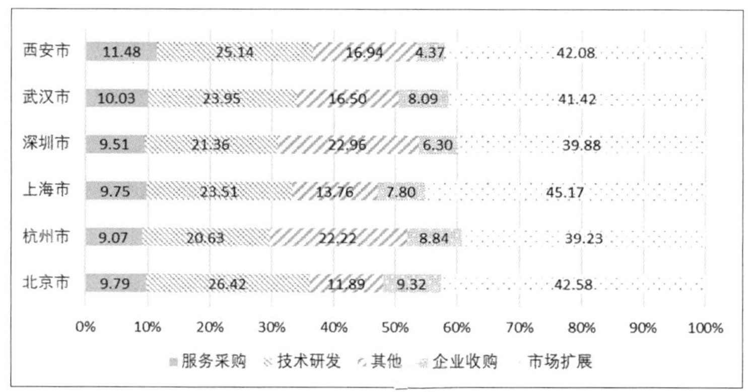

图5-2 分城市创业企业融资目的分布情况（%）

（二）融资方式

1. 天使投资是首次融资主流，融资方式日益多元化

表 5-30　创业企业首次融资方式分布情况

首次融资方式	债权融资	股权融资	私人借贷	众筹	天使投资	政府支持	其他
频数	140	723	343	126	1174	163	1333
占比（%）	3.50	18.07	8.57	3.15	29.34	4.07	33.31

首次融资不仅能够帮助初创企业缓解资金不足的压力，而且与企业日后的生存发展状况紧密相关。如表 5-30 所示，天使投资是企业首次融资方式的首选，首次融资选择天使融资的企业为 1174 家，占比为 29.34%；其他方式融资日益多元，选择其他融资方式的企业为 1333 家，占比为 33.31%。具体来看，创业企业选择“其他”融资方式的占比高于常规的融资方式。

近年来，随着金融改革的不断深入，企业融资模式正在发生深刻变化，新兴融资模式逐渐引起重视。企业以线下融资为主的模式逐渐转向线上，第三方科技公司对传统金融中介数字化改造效果显著，互联网打破了地域界限，新业态金融模式层出不穷，股权众筹、网络借贷、股权质押等更为灵活、更能适应数字科技时代和复杂多变市场环境的融资方式逐渐显现，获得越来越多创业者的青睐。

从常见的融资方式来看，首次融资方式选择股权融资的企业占比达到29.34%。股权融资以“熟人”模式为主，具有周期长、风险大、竞争激烈的特点，由于其获取投资门槛较低，审查较为宽松，极具潜力的初创企业大多会选择此项融资方式，快速验证自己的商业想法是否成立。天使投资除了能为项目启动之初快速带来资金外，天使投资人还可以为新兴企业带来丰富的创业经验。其次是股权融资，根据调查数据，首次融资方式选择股权融资的企业占比为18.07%。股权融资具有长期性、无负担性的特点，不仅可以降低财务风险，企业没有固定的付息压力，而且有利于间接获取来自投资方额外的客户、人才、政府资源与渠道支持，帮助企业提升公司管理体制，优化治理结构。三是债权融资，债权融资在“首次融资方式”中占比很小，仅有3.5%，债权融资是必须承担按期付息和到期还本义务的融资，创业企业较少选择债券融资，大多是因为创业企业抗风险能力较低，当公司出现经营不善情况时，有可能会面临巨大的付息和还债压力，导致资金链破裂。四是众筹，选择众筹作为首次融资方式的企业占比为3.15%。作为互联网时代下的融资新产物，众筹打破了投融资双方信息不对称的瓶颈，使资金需求方和提供方的信息更加公开透明，降低了小微企业的融资成本，同时也激活了民间资本的活力。但从数据情况来看，真正将众筹作为首次融资方式的创业企业很少，一方面可能是因为创业企业缺乏具有绝对市场竞争力的众筹产品，无法获得众筹市场的青睐；另一方面则是当前的众筹渠道还不够成熟与完善，远不能满足当下创业企业需求，新型融资模式的出现需要更加完善的配套服务才能有效发挥作用，行稳致远。

不同性质的创业企业首次融资方式同样呈现一定差异。具体来看，生产性创业企业中，以私人借贷作为首次融资方式的创业企业占比高于其他性质的企业，占比为10.37%。生产性企业多需购置一定的设备、原材料等进行产品加工或者装配，而初创企业由于缺乏实物资产抵押，融资渠道较少，往往采取私人借贷作为首次融资方式。技术研发性创业企业中，以天使投资和股权融资作为首次融资方式的企业占比均高于其他性质企业，分别为31.14%和20.06%。技术研发型企业以新品种、新技术研发为主要业务，资金需求量大，市场更新换代快等特征与企业融资方式选择具有一定关系。平台性创业企业中，将债权融资作为首次融资方式的创业企业占比相对较多，为4.5%。平台性企业多为信息的生产、浏览、互动平台，通常提供免费的基础服务，并以增值服务和广告为营收点，其独特的商业模式和较高的资金需求等特征对其首次融资方式具有一定影响。而服务类创业企业中，以天使投资和股权融资作为首次融资方式的企业占比略高，分别为29.23%和18.22%。此外，其他性质创业企业中，股权融资和私人借贷占比略高，分别为18.04%和10.02%。

表 5-31 分盈利情况创业企业融资方式分布情况（%）

公司性质	债权融资	股权融资	私人借贷	众筹	天使投资	政府支持	其他
生产性公司	2.78	13.33	10.37	4.63	29.63	2.96	36.30
技术研发公司	3.73	20.06	7.50	2.96	31.14	3.98	30.63
平台性公司	4.50	13.15	9.34	2.08	21.45	5.54	43.94
服务类公司	2.88	18.22	8.91	3.15	29.23	4.72	32.90
其他	3.79	18.04	10.02	2.90	26.50	3.79	34.97

从行业角度来看，不同行业创业企业首次融资方式呈现一定差异。天使投资方面，信息技术和生物医药行业中，首次融资选择天使投资的占比高于其他行业，分别达到 38.06% 和 37.62%；软件产业获得天使投资的比例较少，占比仅为 21%。股权融资方面，信息技术产业股权融资占比达 28.61%，而软件产业仅为 9.85%。债权融资方面，新材料产业选择债权融资的占比达 7.32%，显著高于其他行业；高端装备制造和新能源产业仅为 1.97% 和 1.72%。私人借贷方面，高端装备制造产业和软件产业占比较高，分别达 12.5% 和 11.39%；信息技术产业选择私人借贷的占比较低，仅为 4.81%。此外，其他融资方式中，现代农业、专业技术服务业、新能源、软件产业分别占比 55.56%、43.3%、43.10% 和 43.06%，一定程度上表明，该产业对新兴融资模式的接受度或融资模式与产业发展的契合度较高。

表 5-32-1 分行业创业企业首次融资方式分布情况（%）

首次融资方式	信息技术	软件	节能环保	高端装备制造	新能源	新材料
债权融资	2.69	4.98	3.57	1.97	1.72	7.32
股权融资	28.61	9.85	7.14	16.78	8.62	17.07
私人借贷	4.81	11.39	10.71	12.50	6.90	4.86
众筹	2.59	3.44	3.57	5.26	5.17	7.32
天使投资	38.06	21.00	32.14	29.61	31.03	31.71
政府支持	2.50	6.29	1.79	2.96	3.45	4.88
其他	20.74	43.06	41.07	30.92	43.10	26.83

表 5-32-2 分行业创业企业首次融资方式分布情况（%）

首次融资方式	生物医药	文化创意	金融服务	专业技术服务业	现代农业
债权融资	2.89	3.81	3.35	4.21	2.22
股权融资	16.72	17.94	18.54	12.64	3.33
私人借贷	8.36	9.87	7.89	10.34	7.78
众筹	2.89	2.91	2.96	2.68	1.11
天使投资	37.62	26.68	25.84	21.07	26.67
政府支持	2.57	3.81	5.13	5.75	3.33
其他	28.94	34.98	36.29	43.30	55.56

从地域角度看，企业首次融资方式呈现一定的地域差异性，一线城市股权融资方式较多，二线城市天使投资占比略高。在上海市和北京市的创业企业中，以股权融资作为首次融资方式的企业占比明显高于其他地区，分别为 18.48% 和 29.32%。在武汉市和西安市的创业企业中，以天使融资作为首次融资方式的创业企业占比较高，分别为 43.37%、36.61%。

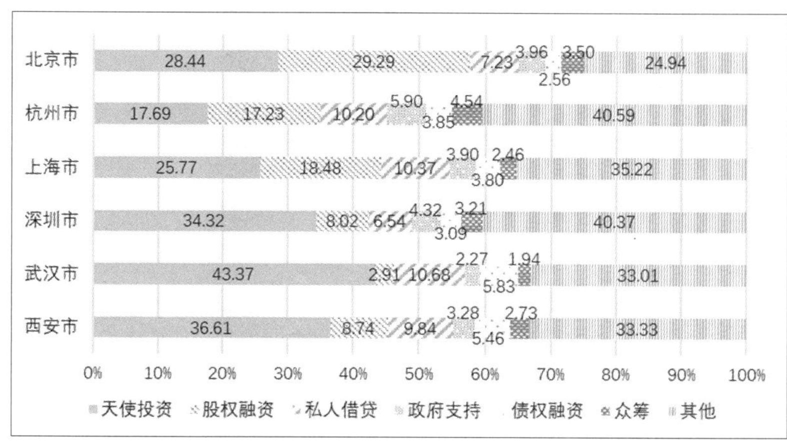

图5-3　分城市创业企业首次融资方式分布情况（%）

2. 融资方式集中在股权融资，新兴融资模式层出不穷

与首次融资方式不同，主要融资方式反映出创业企业长期选择的融资途径，调查数据显示，股权融资为多数创业企业会选择的融资方式，占比达到 26.96%；选择其他途径融资的企业占比也较高，达到 31.66%，具体情况如表 5–33 所示。

表 5–33　创业企业主要融资方式分布情况（%）

融资方式	债权融资	股权融资	私人借贷	众筹	天使融资	政府支持	其他
频数	150	1068	241	109	1017	150	1267
占比（%）	3.75	26.69	6.02	2.72	25.41	3.75	31.66

从企业性质来看，生产性创业企业中，相比首次融资选择股权融资，创业企业更加倾向于将股权融资方式作为主要融资方式，表明企业在后续融资轮次中将股权融资作为重要的融资方式。同时，以众筹为主要融资方式的创业企业占比高于其他性质的企业，占比为 3.89%。技术研发性创业企业中，以天使投资和股权融资作为主要融资方式的企业占比均较高，分别为 28.65% 和 27.78%。平台性创业企业中，将债权融资作为主要融资方式的创业企业占比较为突出，为 6.57%。而服务类创业企业中，相比首次融资选择股权融资方式，在两轮及以上融资中选择股权融资的创业企业呈现增长趋势。此外，其他性质创业企业中，天使投资和私人借贷占比略高，分别为 26.06% 和 7.57%。

表 5–34　不同性质创业企业主要融资方式分布情况（%）

公司性质	债权融资	股权融资	私人借贷	众筹	天使投资	政府支持	其他
生产性公司	2.96	27.04	6.3	3.89	20.19	3.7	35.93
技术研发公司	3.47	27.78	5.46	2.2	28.65	3.68	28.86
平台性公司	6.57	18.34	8.3	1.04	21.8	5.54	38.41
服务类公司	3.81	27.69	5.51	3.67	21.92	3.94	33.46
其他	4.01	25.17	7.57	3.12	26.06	2.67	31.4

从行业角度来看，不同行业创业企业受投资活跃度、政府支持力度等因素的影响，在融资方式的选择上呈现差异化特征。调查数据显示，债权融资方面，专业技术服务业采取债权融资方式的企业占比明显高于其他行业，为 7.28%；节能环保和新能源行业占比偏低，分别为 1.79% 和 1.72%。股权融资方面，新材料和信息技术行业选择股权融资方式的企业占比均较高，分别为 48.78% 和 35.89%；现代农业、专业技术服务业和软件行业中选择股权融资的企业占比相对

较低，分别为10%、15.33%和17.72%。私人借贷方面，新能源行业和专业技术服务业中采取私人借贷方式的企业占比较高，分别为10.34%和9.96%；节能环保行业采取私人借贷方式的企业占比为0。众筹融资方面，新能源行业中采取众筹融资的企业占比相对较高，为5.17%；专业技术服务业、节能环保和软件行业中采取众筹融资的企业占比较低，分别为1.53%、1.79%和1.9%。天使投资方面，信息技术、文化创意和生物医药行业中获得天使投资的企业占比较高，分别为33.4%、26.01%和25.08%；新能源和新材料行业获得天使投资的企业占比偏低，分别为13.79%和9.76%。政府支持方面，软件、节能环保和专业技术服务业中选择政府支持融资的企业占比较高，分别为5.95%、5.36%和5.36%；信息技术和现代农业行业获得政府支持融资的企业占比相对较低，分别为2.04%和2.22%。此外，其他融资方式方面，节能环保和现代农业行业选择其他融资方式的企业占比高于其他行业，分别为50%和47.78%。

表5-35-1　分行业创业企业融资方式分布情况（%）

主要融资方式	信息技术	软件	节能环保	高端装备制造	新能源	新材料
债权融资	2.96	4.16	1.79	3.29	1.72	4.88
股权融资	35.89	17.72	23.21	28.62	29.31	48.78
私人借贷	4.16	7.02	0.00	6.91	10.34	2.44
众筹	2.22	1.90	1.79	4.28	5.17	2.44
天使投资	33.40	21.88	17.86	23.03	13.79	9.76
政府支持	2.04	5.95	5.36	3.62	3.45	2.44
其他	19.43	41.38	50.00	30.26	36.21	29.27

表5-35-2　分行业创业企业融资方式分布情况（%）

主要融资方式	生物医药	文化创意	金融服务	专业技术服务业	现代农业
债权融资	3.54	3.81	3.95	7.28	2.22
股权融资	26.69	25.11	29.05	15.33	10.00
私人借贷	4.82	7.85	4.94	9.96	8.89
众筹	2.57	3.14	4.15	1.53	4.44
天使投资	25.08	26.01	20.55	22.99	24.44
政府支持	4.18	2.69	3.75	5.36	2.22
其他	33.12	31.39	33.60	37.93	47.78

从地域角度来看，各地区创业企业主要融资方式差异较小。上海市天使投资企业占比为23.2%，股权融资企业占比27.1%；北京市天使投资企业占比为27.78%，股权融资企业占比33.7%；深圳市天使投资企业占

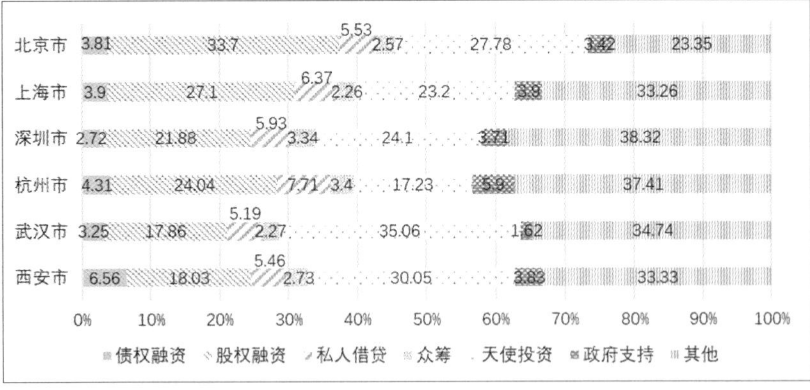

图5-4　分城市创业企业融资方式分布情况（%）

比为 24.1%，股权融资企业占比 21.88%；杭州市天使投资企业占比为 17.23%，股权融资企业占比 24.04%；武汉市的天使投资企业占比为 35.06%，股权融资企业占比 17.86%；西安市天使投资企业占比为 30.05%，股权融资企业占比 18.03%。此外，西安市与武汉市的创业企业中，通过天使投资获得融资的企业占比略高于其他地区；而通过股权融资获得资金支持的企业占比明显低于其他地区。由此可以看出，西安市与武汉市的创业企业发展阶段多为初创期，与北京市、上海市等地区仍存在一定差距。

3. 知识产权质押融资情况发展较弱

随着我国企业知识产权保护意识的提高，从知识产权角度推进解决中小企业融资无质押物的问题迫在眉睫。在《关于加强知识产权质押融资与评估管理支持中小企业发展的通知》等一系列政策文件出台的背景下，国家层面大力推进知识产权质押融资，地方层面密集出台配套措施，各级政府充分发挥管理职能，积极引导知识产权服务机构、评估机构、担保机构和金融机构多方发力，共同推进知识产权质押融资的工作进程。而对于知识产权贡献度极高的创业企业来说，知识产权质押融资情况并不乐观。调查数据显示，获得知识产权质押投融资的企业数量较少，仅为 406 家，占比为 10.15%；未获得知识产权质押投融资的企业为 3593 家，占比高达 89.85%。

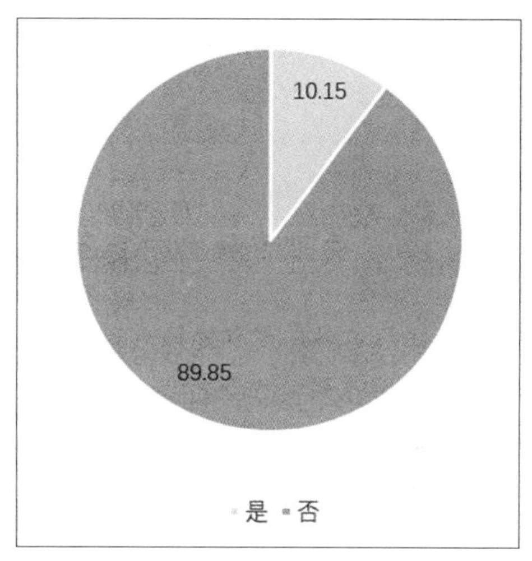

图5–5 创业企业知识产权质押投融资情况（%）

据统计，我国中小企业贡献了 70% 以上的技术创新，以专利、商标等知识产权开展质押融资本是中小企业尤其是科技型中小企业获取发展资金的重要渠道。2020 年第一季度，知识产权质押融资额占银行同期贷款额比例仅约 0.47%，通过知识产权质押融到资金的创业企业更是少之又少。这与知识产权的无形资产属性不无关系，长期以来，知识产权质押融资面临着评估难、风控难和处置难三大核心问题，知识产权的权属和法律状态的不稳定、受技术变革和市场波动影响较大、知识产权交易市场不成熟等因素导致知识产权质押融资模式发展缓慢。从现有知识产权质押融资业务链来看，我国知识产权质押融资仍未成为市场导向型，虽然国家在政策层面大力倡导并加以扶持，但众多商业银行、担保公司等金融机构仍然望而生畏。

从行业角度来看，信息技术、文化创意产业获得知识产权质押融资的企业占比相对较高，分别为 11.39%、11.66%。其次为高端装备制造业、软件、金融服务和生物医药行业，占比分别为 10.26%、9.73%、9.25% 和 9.68%。而节能环保、现代农业和新能源行业获得知识产权质押融资的占比较低，分别为 3.57%、4.44% 和 3.45%。在新材料行业中，没有企业获得知识产权质押投融资。

表 5–36–1　分行业创业企业知识产权质押投融资情况（%）

是否进行知识产权质押投融资	信息技术	软件	节能环保	高端装备制造	新能源	新材料
是	11.39	9.73	3.57	10.26	3.45	0.00
否	88.61	90.27	96.43	89.74	96.55	100.00

表 5-36-2　分行业创业企业知识产权质押投融资情况（%）

是否进行知识产权质押投融资	生物医药	文化创意	金融服务	专业技术服务业	现代农业
是	9.68	11.66	9.25	11.88	4.44
否	90.32	88.34	90.75	88.12	95.56

从地域角度来看，杭州市是知识产权质押投融资率较高的城市，杭州市获得知识产权质押投融资的企业占比为 13.83%，知识产权质押融资发展较好。此外，上海市获得知识产权质押投融资的企业占比为 10.89%；北京市获得知识产权质押投融资的企业占比为 11.2%；深圳市获得知识产权质押投融资的企业占比为 7.18%；西安市获得知识产权质押投融资的企业占比最小，仅为 7.1%。

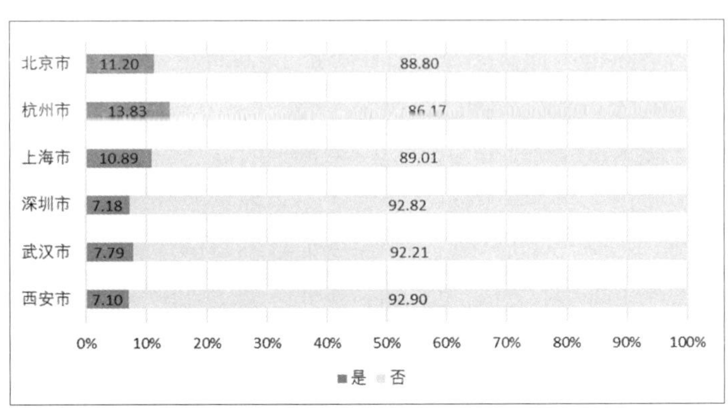

图5-6　分城市创业企业知识产权质押投融资情况（%）

从企业获得的知识产权质押投融资金额来看，调查数据显示，创业企业所获知识产权质押融资金额普遍偏小，近五成获得知识产权质押的企业所获金额在 50 万元以下。

表 5-37　知识产权质押投融资金额分布情况

知识产权质押投融资金额（元）	频数	占比（%）
50 万以下	206	48.13
51 万—100 万	60	14.02
101 万—1000 万	140	32.71
1000 万以上	22	5.14

专题 1　国外天使投资案例研究

创新成果从想法到公司转变最为关键的一步往往需要“天使”的帮助。天使投资人通常有着创新的想法并具有更加独到的眼光和丰富的经验，因此可以锁定那些最具前途、最有潜力的创新成果，更重要的是天使非常乐意帮助创新成果进行概念验证。随着天使投资模式的发展日益成熟，天使投资形式逐渐由个人向组织化方向发展，通过团体的形式帮助创业企业解决资金与经验不足的困境，使创业者那些具有原创性和变革性的想法和创意成为现实。

一、硅谷天使帮（Silicon Valley Band of Angel）

（一）组织概况

硅谷天使帮（以下简称“天使帮”）成立于 1994 年，是美国发展最早、也是最成熟的天使投资俱乐部之一。最初，著名投资家汉斯·塞维伦斯（Hans Severiens）发现成立之初的企业面临资金短缺和经验匮乏的尴尬，便与12位风险投资公司高管共同组建了天使帮，以联合起来帮助初创企业成长。截至目前，天使帮已经有超过150位天使投资人，总共投资金额接近2亿美元，投资公司超过225家。其中，50家企业在盈利的情况下被并购，5家企业已经在纳斯达克进行首次公开募股。

（二）成员结构 / 投资主体

硅谷天使帮是会员制的天使投资俱乐部，其会员通常是已经处于半退休状态且对高风险的初创企业具有投资兴趣的高新技术企业创始人或高管，以及其他一些天使投资人，例如Symantec， Logitech和National Semiconductor等企业的创始人，以及Sun Microsystems，Hewlett Packard和 Intuit等企业的高管。这些会员不仅是天使投资的主体，而且往往具有强大的人脉网络，丰富的行业经验和充足的资金，而这些资源都是初创企业在其成长路上所需要的。

（三）运营模式

天使帮对创业者的筛选过程十分严格：每个月由各行业专家组成的天使帮委员会从50份创业计划中挑选出6份创业项目进行面试，最终挑选出3个项目直接面对天使投资人进行自我宣传。而天使投资人可自行选择是否参加审查、筛选过程。

俱乐部于每月的第二或第三个星期三举办一次会员聚餐，听取最终选出的3名创业者的募资计划。如果有会员对项目显示出兴趣，便会进一步评估创业计划的可行性并直接投资于该项目，甚至有的天使会参与到企业的管理中从而帮助企业发展壮大。因为个人知识面不可能包罗万象，对创业者的审核过程又十分耗时，俱乐部的活动通常由发起人邀请别的天使投资人一起管理运行，由旧金山地区号召力强的人出面组织。

据统计，每年天使帮会对超过700个项目进行审核评估，但最终只会对少数项目进行投资。2012年，天使帮的会员仅对13个项目进行了投资。尽管竞争如此激烈，但每年仍有大量的初创企业愿意向天使帮推销自己。因为一旦获得了天使帮会员所给予的天使投资，那么也就可以获得天使帮所拥有的人脉网络和行业经验。此外，一名天使帮会员还会加入初创企业的董事会，帮助初创企业成长。

（四）总结

天使帮采取灵活的方式实现了天使投资人与初创企业的快速对接，并由相关行业的专家对初创企业的项目进行评估。这种运行模式对天使投资人没有强制性约束并缩减了投资流程，使得天使投资人的决策速度加快，而且促进了天使投资人之间的经验交流与分享。此外，采取严格的项目审查制度和项目后期跟踪制度，也提高了项目投资的成功率。

二、美国 Keiretsu 论坛天使投资网络（Keiretsu Forum）

（一）组织概况

Keiretsu Forum成立于2000年，由兰迪·威廉斯（Randy Williams）和华尔街传奇人物吉姆·罗杰斯（Jim Rogers）在美国旧金山东湾地区创建，主要投资于高新技术、保健科技、房地产、消费品以及其他高增长性行业，投资范围在25万—200万美元，其中的单笔投资在2.5万到20

万美元。Keiretsu最初是个日语词汇，描述了一群共同协作且有着连锁关系和广泛影响范围及影响力的公司。该天使集团用这个名称来表达类似的想法，即人们以及公司彼此合作，提供融资和资源，目的是增加初创企业的成功机会。发展至今，Keiretsu Forum已成为美国最大的私募投资网络，其地方分会已经遍布北美、欧洲、亚洲的21个国家和地区，其会员累计投资的公司达313家，投资额超过2亿美元。

（二）成员结构/投资主体

Keiretsu Forum是一家非公司性质的会员制天使投资网络集团，每个分会会员人数限制在150人。现有会员超过1000名，包括80%的获得资格认证的天使投资者，10%的风险投资家和战略合作伙伴，5%的拥有各方面资源的其他会员（成功企业家、慈善基金会创始人及知名人士等），以及5%的赞助商。会员们在发掘交易、初步筛选、尽职调查和交易条款谈判等方面开展合作。会员们做个体投资，集团不作为基金投资或不设立另外的合法实体如有限责任公司（LLC）作为投资工具投资。除了更多的资金，分会网络还提供通过会员个人网络利用资源的机会。为会员所用的交易流也能源于他们所在地之外的地域。分会网络还提供额外的特定工业知识和会员间的协作。

（三）运营模式

Keiretsu Forum主要通过论坛会议的方式促成投资，并围绕论坛会议，形成了一套独具特色的项目选拔及投资决策的流程体系。

论坛会议制度。Keiretsu Forum论坛会议主要用于各入围初创公司展示各自新技术、新市场机会及商业模式，通常是按月召开，一般是每月在4个城市分别召开一次。每年累计约有500家富有投资价值的、来自不同论坛分会的入围公司参加论坛会议进行展示；约有1000名成功企业的CEO和有资历的投资者出席论坛会议。

公司选拔及投资决策流程。Keiretsu Forum每月召开的交易研讨会会对30—50个项目进行评论，找出7—10个有较高投资机会的项目进行筛选，最终将4—5个通过筛选的项目提交Keiretsu Forum论坛会议供投资者选择。详细的公司选拔及投资决策流程分为五个环节：

一是初创公司报名环节。综合考虑会员的推荐意见及各公司提交的材料，每月从30—50家初创公司中选择8—10家符合要求的申请公司进入甄选环节。二是甄选环节。每个公司有15分钟时间向Keiretsu Forum成员演讲，演讲结束后会有4—5个公司脱颖而出。三是Keiretsu论坛会议环节。在会议召开期间，入围公司将面对所有与会人员进行演讲和展示。与此同时，Keiretsu Forum的会员会针对各公司的演讲，展开详细讨论。经过详尽考虑后，有意愿投资的会员们将签署一份投资意向表，随后进入第四个环节。四是调查环节。签署了投资意向表的会员与他们的投资意向公司展开沟通和讨论，并对公司进行全面详细的评估，包括与公司的银行、会计部门或会计师事务所、供应商、客户、雇员进行深入交流，以帮助投资者了解企业的财务金融状况、是否有不良负债、是否守约等，并涉及商业计划中所提事实的核实。该环节通常会持续2—4个月，并有1—2名会员作为主持者。五是成功者展示环节。所有最终收到投资意向的公司将作为成功案例，在其他场次的论坛会议上演讲和展示。

Keiretsu Forum 的入围公司选拔细则

1. 管理	2. 公司财务状况	3. 技术	4. 有意向的交易
是否具备专业经验	烧钱率（每天消耗的现金）	技术风险水平	订货量
是否具备综合管理经验	现金能支撑多久开销	样品的交货时间	投资前和投资后的估价
团队是否完备	每季度的盈亏平衡点	第一批交货的时间	价格条款
5. 市场机会	**6. 知识产权**	**7. 资本结构**	**8. 公司需求**
市场定义是什么	专利授权量	投资的金额和类型是什么	是否需要改变战略
市场规模多大	专利申请量	是否获得过其他风险投资	是否需要革新商业模式
市场增长率多少	专利的范围和含金量	上一轮融资的日期	是否需要更换高管
主要的竞争对手是谁	许可证拥有量	上一轮融资的金额	是否需要加大管理力度
国内还是国际市场		未偿还的本金	是否需要完善营销水平
9. 公司策略	**10. 营销**	**11. 融资事件**	
是否拥有解决重要问题的能力	是否能够有效传递信息	何时	
比较优势（如价格、专利、交货周期、资深的员工等）	是否能在竞争中找到自己的不同点	何种方式	

Keiretsu Forum 的投资准则。Keiretsu Forum 认为，企业在种子期及起步阶段所需资金额度很小，一般为 2.5 万—10 万美元和 10 万—50 万美元，在这一阶段企业可以通过个人、朋友和家人，或个体的天使投资人获得资金，而当企业发展到一定规模，有了较好的赢利能力，只需要进一步拓展业务时，所需资金通常在 200 万—500 万美元，这时往往会受到风险投资的青睐。因此，在 50 万—200 万美元存在融资缺口的初创企业，正是 Keiretsu Forum 所关注的对象。Keiretsu Forum 的会员一般投资于已处 A 轮融资或 B 轮融资阶段的公司，这些公司一般已自筹到来自亲友的第一笔天使资金，而且大多是已具有一定规模和市场并处于高成长行业的公司。

Keiretsu Forum 会员的投资策略。一是“里程碑”式投资。Keiretsu Forum 的会员摒弃一次性投资的方式，而是采用“里程碑”式的追加投资模式，公司发展每达到一个阶段性目标后，再进行下一轮的追加投资。二是集体讨论，个人投资。Keiretsu Forum 的投资虽属会员的个人行为，但投资却多为基于会员集体讨论后的联合投资。三是投资后参与管理。每个投资的会员将分别持有被投资公司的股份，即便每个会员持股可能并不多，但都可以通过 Keiretsu Forum 的途径和被投资公司进行充分沟通；而被投资的公司则会选择会员中在本行业中的专家作为董事会成员，以帮助公司成长。

Keiretsu Forum 的盈利模式。Keiretsu Forum 主要有四大收入来源，分别为会费收入、赞助资金、培训收益和各分会的盈利。会费收入，每位会员每年需缴纳 3000 美元会费。目前，每年有超过三百万美元的会费收入成为 Keiretsu Forum 收入来源的一部分。赞助资金，赞助商提供的资金是 Keiretsu Forum 收入的来源之一。Keiretsu Forum 由于可以给赞助商提供投资机会和在论坛会议（风险投资人和各企业高管出席）上展示的机会，从而与赞助商维持了良好的合作关系。目前，Keiretsu Forum 主要赞助商有英特尔、UPS、AT&T 等。培训收益，Keiretsu Forum 提供的培训及网络课程未来将成为该组织的重要收入之一。Keiretsu Forum 学院成立于 2004 年 8 月，旨在为会员提供投资相关的培训，强化会员的投资能力，提高 Keiretsu Forum 投资网络的整体投资水平。Keiretsu Forum 学院的讲师多为富有投资经验、来自不同行业领域的成功投资人，其提供的培训成为 Keiretsu Forum 的重要服务内容之一。分会盈利，各分会的盈利是构成 Keiretsu Forum 收入的一小部分。如今 Keiretsu Forum 有遍布美洲、欧洲和亚洲的 21 个分会，每个分会都会有一定的盈利收入。

（四）总结

由资深投资者或企业家形成的投资人脉网络及其带来的资源集聚和分享机制，是 Keiretsu Forum 的核心价值所在。Keiretsu Forum 成员之间非常注重和善于资源共享。首先，每一笔投资，一般都有对被投资公司所处行业具有丰富经验的会员们参与，根据他们集体讨论的结果，再做出投资决策，从而避免了投资的盲目性，降低了投资风险。其次，Keiretsu Forum 所采用的“里程碑”式追加投资模式，进一步形成了其在项目资源上的集聚优势。此外，Keiretsu Forum 不断完善它的培训体系，通过分享成功投资人的经验，进一步提高 Keiretsu Forum 会员及投资网络整体的投资能力，形成了一种良性的向上发展机制。

三、天使资本电子网络（ACE-Net）

（一）组织概况

天使资本电子网络（ACE-Net）由美国联邦政府的小企业管理局、国防部、证券交易委员会、各州的证券管理机构共同创建于 1996 年 10 月，由 8 个较为成功的地区天使网络组合而成，是专门为天使投资者和创业企业家服务的网络系统。该网络解决了当时美国的区域性天使投资网络市场存在的成本和效益等方面的问题，其核心特点是政府部门与非牟利机构（遍布全国的网络运营商）紧密合作，把证券监管中“公募”与“私募”的优点结合起来，采取“有形市场”与“无形市场”相结合的方式，通过互联网技术实现社会效益和服务效率的有机统一，因此被认为是美国科技创新体制、证券监管体制、税收管理体制和小企业服务体系制度创新的产物。2000 年 4 月，天使资本电子网络经过接近四年的运作之后，通过严格的认证程序被改造为政府主导的非牟利机构。

（二）服务对象

天使资本电子网络是一个立足于全美国境内，旨在以互联网为基础为全美天使投资供需双方提供网上服务的安全平台。而那些希望得到这种服务的企业家和投资者必须首先成为这个系统的成员。有意愿成为其成员的人可以从该网站下载并填写申请表，然后与会员年费一起邮寄给距离最近的网络管理者。会员的年费由各州的分支机构具体确定。根据天使资本电子网络规定，只有能够出售本公司物权担保的企业家才能注册成为投资会员，且必须满足美国法律有关“合格投资者”的标准（拥有至少 100 万美元的净资产或年收入超过 20 万美元）。

（三）服务模式

天使资本电子网络为合格的天使投资者提供需要筹措 25 万—500 万美元股份资本的小型发展公司的信息。在这一平台上，小型发展企业可以公布他们的商业计划书；投资者会员可凭借会员密码在网上搜寻小型发展公司在投资者所在州为筹资出售股份消息，直接与创业者进行沟通、交流，并直接与发行公司联系以购买股票。此外，由天使资本电子网络组织的培训和座谈，也能进一步加深投资者对企业了解。

目前，大部分的州已经采取了新的主动权，允许筹集资金在100万美元以下的企业可使用短期表格，并附上它的商业计划即可，极大减少了申请被列入名单的麻烦。通过以上快速而有效的方式，天使资本电子网络很快就成了连接企业家和天使投资人之间主要信息桥梁。

为了过滤掉虚假、不正规的用户，确保网络的安全性，天使资本电子网络采取了口令控制系统的方式。在口令控制系统中，投资人和创业企业需在网络平台中注册申请，并且需要填写详细信息以供网络后台人员审查、核实其是否真实与合规。注册用户经由审查确定合规后，才能使用网络内部资源平台寻找投资人或者有需求的初创企业。

（四）总结

天使资本电子网络为美国天使投资市场建立了跨区域的网络平台，有利于机构受信投资者（如创业投资公司、非银行金融机构等）和个人天使投资者在全国范围内发现投资机会，有利于快速发展的小企业在符合联邦和各州证券管理法规的前提下吸引投资者，也为获得联邦小企业创新研究基金等研发资助的项目寻找天使资本提供了新的渠道。

四、美国天使软盟GUST（原Angelsoft）

（一）组织概况

2004年，戴维·罗斯（David S. Rose）创立了AngelSoft，经营七年后，于2011年9月更名为GUST。目前，GUST已发展为一个创业企业融资的全球平台，总部设于美国纽约，在加拿大温哥华设有开发中心，在法国巴黎设有欧洲办事处。通过GUST，可以寻找投资渠道并对早期投资进行管理；有技能的创业者可与最精明的投资人进行协作；可以全面掌控投资过程中的方方面面，从初始宣传到成功退出。美国天使投资人埃丝特·戴森（Esther Dyson）认为，GUST像是一个包容了整个创业生态系统的虚拟盒子，它的设计就是为了将创业者和投资人连接起来，从最初会面直至最后投资。

（二）服务对象

作为一个开放的网络平台，天使投资人和许多组织都可以使用GUST来寻找投资目标，到目前为止，GUST由全球领先的商业天使和风险投资协会提供支持，为65个国家和地区的1000多个投资组织注入活力。16万多家创业企业使用此平台与4万多个经认可的投资者建立联系并进行合作。这些投资者主要包括：商业天使团体、风险投资基金、天使投资网络、天使基金、种子基金、孵化器团体、加速器团体、商业计划竞争对手、法律公司、企业发展基金和经济发展机构等。目前，GUST已成为主要的投资组织（包括天使投资协会、美国种子基金和创业投资基金协会）以及主要的创业者组织（包括EO–创业者组织和青年企业家协会）指定的协作平台，这些组织来自美国、澳大利亚、加拿大、法国、爱尔兰、拉丁美洲、新西兰、葡萄牙和土耳其等。

（三）服务模式

GUST是基于互联网的天使投资互动式平台，其主要利润来自广告收入。对于需要建立联系和进行协作的投资人和创业者而言，GUST 只提供用于识别机会和管理投资关系（从宣传到成功退出）的基础设施，而不收取任何费用。

对比原来的 AngelSoft 平台，GUST 最大的改进是可以为每个公司建立单独的一个文档，该文档的阅览权限可以由创业者自由设置。对于创业者而言，第一，可以通过编辑企业的详细信息，甚至通过视频形式向投资人展示创业企业的特点；第二，可以有针对性地设置企业文档的阅览权限，比如选择在公共背景信息上显示哪些信息、授权任何个人投资人的浏览权限、为选定的投资人授权查看哪些信息等等；第三，可以从 GUST 的综合目录中浏览创业企业附近的投资团体并查看他们的背景信息，选择适合他们企业的投资人，并选择与他们共享自己的 GUST 站点。

对于投资者来说，GUST 提供了安全保密的平台，投资人可以通过它设置天使投资交易的兴趣与评价，管理和共享天使投资交易。通过 GUST 平台，投资人可以通过电子邮件或网站获取投资人和创业者之间的所有讨论记录；跟踪交易进度，安全地共享文档，自定义天使投资交易要求（添加对投资者的问题和文件的要求）；安全地参考或与 GUST 平台上的任何其他团体共同投资的天使投资交易；自定义交易室功能并控制个人对天使投资交易的访问权限。另外，投资人也可以通过 GUST 寻找附近的天使投资团体，阅读详细信息并申请加入。

（四）总结

GUST 平台是创业企业融资系统的基础性平台。通过为投资人提供更加安全保密的个性化天使投资网络平台，以及为创业企业提供有选择性地对投资人展示企业特点的窗口，GUST 向创业者和投资人提供了独一无二的支持，也为其他支持创业企业的组织机构提供了卓越的价值。

五、北美天使投资协会（Angel Capital Association）

（一）组织概况

北美天使投资协会（以下简称 ACA）成立于 2004 年，是由北美天使组织和投资于早期高成长性创业企业的个人投资者共同组成的民间行业协会。协会成立的缘由是由卡夫曼基金会（Ewing Marion Kauffman Foundation）组织召开的 4 个年度天使投资峰会。（该基金会每年赞助年度天使投资峰会的召开，邀请主要天使投资组织、政府机构要员学者和风险投资者就天使投资的实践情况和新趋势进行分享和讨论。）现在，ACA 在北美拥有超过 170 个天使投资组织和 20 个附属机构，这些组织代表了超过 8000 个经过认证的天使投资人，这些天使投资人每年投资大概 800 家初创企业。ACA 不仅在美国国内受到高度认可，而且已经成为美国在全球商业天使协会的官方代表会员。

ACA 的创会主席是波士顿的 Common Angels 天使组织，其继任者是华盛顿的新优势组织（New Vantage Group），现在的协会主席为俄亥俄州科技天使基金（Ohio Tech Angels Fund）。

（二）协会职能

ACA 的宗旨是促进天使投资团体和个人天使投资人投资高成长初创企业，提高北美天使投资的成功率。协会的目的是增进公众对天使投资的了解，帮助上百个“天使团体”会员改善投资决策，并为天使投资市场的创新、实践和网络化起到了重要的作用。行业协会的身份赋予了 ACA 一定的行政职能，使它不仅是行业的监督者，同时也代表了全美天使投资人的利益。

（三）服务模式

ACA 的会员仅限天使投资组织机构，目前并不接纳个人投资人会员。协会向会员收取一定会费，为会员和创业者提供服务和优惠来帮助会员的发展，并代替美国天使投资团体向政府表达自己的声音。协会对会员的服务包括：提供有效的人际网，组织会员间进行合作；帮助会员快速成长，提供支持、教育和相关运营管理的培训；提供专业的行业发展分析；会员有机会向联邦政府提出关于天使投资的政策建议。

（四）总结

ACA 肩负着代表天使投资人利益的职责，能够呼吁政府进行相关政策的制定，并利用其行政职能与政府就天使投资相关政策进行协商，构建了政府和天使投资人之间沟通的渠道。此外，协会通过制定相关行业准则对本行业进行自律管理，并通过组织行业年度会议和论坛加强行业内部沟通，这对天使投资市场更快速、更稳定的发展起了重要的作用。ACA 有着广泛的业界影响力和公信力，因此能够更好地履行行业宣传和组织职业培训等职能，加强公众对天使投资的认识，使投资人队伍不断壮大。

六、澳大利亚天使投资协会（Australian Association of Angel Investors）

（一）组织概况

澳大利亚天使投资协会（以下简称 AAAI）成立于 2007 年，是非盈利性质的社会团体，目前有注册会员超过 1000 个，包括天使组织和个人天使投资者。在过去几年间，AAAI 为澳大利亚天使投资行业建立了一套专业的标准和行为规范，并为促进天使投资的活跃和天使文化的发展而不断努力。AAAI 将上千个天使投资团体和天使投资个人集合起来，他们彼此分享各自的成功经验，共同关注和支持澳大利亚的创业者，特别是处于发展初期阶段的公司。此外，AAAI 还是世界商业天使协会的会员。

（二）协会职能

AAAI 旨在为现有和即将入会的会员提供一个分享经济、创新、商业、教育政策以及政府倡导相关信息的平台，并且让人们意识到个人天使投资者对于创业发展的重要性。AAAI 的主要职能包括：倡导和提高公众对天使投资促进澳大利亚经济发展和就业率提高方面作用的认识；建立标准并形成天使投资相关政策以规范投资者职业道德和专业实践；提供相关资源和教育计划以提高天使投资人的专业知识和投资实践能力；开展形式多样的会议和相关活动以促进天使投资人之间的相互沟通和联系，并为他们提供一个分享、学习和交流投资经验的平台；指导并参与有关天使投资行为和天使投资流程的研究；主动与当地和国际天使投资组织进行互动并保持良好的合作关系。

（三）服务模式

AAAI 协会为天使投资者和创业者提供专业的信息和资源、对等的协作，以及专业、国际化的天使投资发展计划，并主张代表天使投资和早期市场制定政策和维护专业标准。个人天使投资者、天使组织和其他商业生态系统的相关个人和团体都可以注册成为 AAAI 的会员，根据会员性质的不同，AAAI 向投资人收取 250 澳元的会员年费并为会员提供战略上的知识以协助各种投资决策的制定，为会员提供相关培训课程，为会员链接国内的以及全球的天使投资人，举办年度天使投资会议等。

（四）总结

AAAI 为澳大利亚天使投资人提供了一个沟通交流的平台，同时也在政府和投资人之间搭建桥梁起到了作用，促进了澳大利亚天使投资的发展。与 ACA 不同的是，AAAI 也接纳个人天使投资者入会。2010 年，澳大利亚天使投资人投资了 5000 个早期创业企业，投资总额超过 10 亿美元。

（三）融资轮次

一般来说，融资轮次划分为种子轮、天使轮、A 轮、B 轮、C 轮、D 轮、E 轮等，不同轮次代表企业成长不同阶段对融资的需求。调查数据对融资轮次所处阶段并未做详细区分，仅就轮次做了统计，结果显示，创业企业首次融资难问题依旧严峻，多数企业完成两轮及以下融资。整体来看，创业企业融资覆盖面略显不足，融资难问题仍然较为突出，初创期企业由于具有规模小、治理结构不规范、融资历史短、信用记录缺乏以及欠缺商业银行贷款所需要的合格的抵押品等先天劣势，融资渠道有限，资金需求难以通过多样化融资方式解决。具体来看，未获得融资的企业占比为 55.59%，获得融资的企业占比为 44.41%。在获得融资的企业中，获得一轮融资的企业占比为 25.01%；获得两轮融资的企业占比为 16%；获得三轮及以上融资的企业数量较少，占比仅为 3.4%。

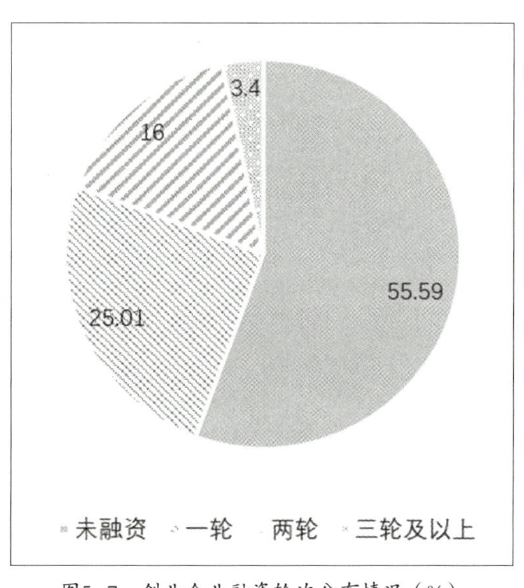

图5-7　创业企业融资轮次分布情况（%）

从企业性质来看，不同性质的创业企业在融资轮次方面呈现出不同特征。技术研发性公司融资状况较好，未融资的创业企业占比明显低于其他性质企业，占比为 49.85%。技术研发性企业属于知识和技术密集的经济实体，在技术创新和开发方面具有突出优势，市场发展潜力较大，较为容易吸引风险投资机构、金融机构和投资者的青睐。服务类公司和其他性质公司未融资企业占比略高于平均水平，占比分别为 56.68% 和 59.02%。此外，生产性企业和平台性企业融资状况与技术研发等其他性质企业相比，仍存在明显差距，未融资企业占比分别为 62.04% 和 74.31%。从获得融资的企业状况来看，生产性企业获得三轮及以上融资占比较高，为 4.07%；技术研发性企业获得一轮融资的企业占比高于其他企业，为 29.26%；平台性企业在一轮、两轮和三轮及以上融资轮次占比中均低于其他性质企业，分别为 14.93%、8.33% 和 2.43%；服务类企业获得三轮及以上融资的企业占比较为突出，为 4.06%。

表 5-38 不同性质创业企业融资轮次分布情况（%）

公司性质	未融资	一轮	两轮	三轮及以上
生产性公司	62.04	19.63	14.26	4.07
技术研发公司	49.85	29.26	17.26	3.63
平台性公司	74.31	14.93	8.33	2.43
服务类公司	56.68	23.30	15.97	4.06
其他	59.02	22.49	17.37	1.11

不同行业融资轮次呈现差异化特征。调查数据显示，信息技术和新材料行业融资状况表现良好，未融资企业占比明显低于其他行业，分别为 29.91% 和 21.95%；其次为生物医药行业，未融资企业占比低于平均水平，为 51.77%；此外，软件、专业技术服务业、现代农业融资状况与其他行业仍存在差距，未融资企业占比偏高，分别为 75.42%、77.01%、77.78%。从获得融资的情况来看，一轮融资方面，信息技术、新材料和生物医药行业中获得一轮融资的企业占比较高且高于行业平均水平，分别为 39.54%、31.71% 和 28.94%，专业技术服务业、新能源和软件行业占比偏低，分别为 14.94%、15.52% 和 15.68%；两轮融资方面，新材料和信息技术行业中获得两轮融资的企业占比明显高于其他行业，分别为 36.59% 和 25.28%，专业技术服务业和软件行业获得两轮融资的企业占比偏低，分别为 5.75% 和 7.48%；在三轮及以上的多轮次融资方面，新能源、新材料和信息技术行业占比较高，分别为 12.07%、9.76% 和 5.28%，现代农业占比偏低，未有企业获得三轮以上融资。

新能源行业获得三轮及以上融资的企业占比达 12.07%，远高于其他行业。究其原因，近年来，为推动能源结构调整，加快新能源和可再生能源发展，政府加大对新能源企业的扶持力度，出台了一系列优惠政策，使新能源企业的建设开发项目获得迅速发展，成为投资的热门行业，项目投资规模不断增加。从新能源产业自身来看，企业发展往往需要不断的技术创新和突破，通常要以大量的资金投入为前提，不论是新能源产业的技术引进还是配套设施的建设，都会导致资金需求增长，但是仅仅依靠以企业自身资金积累为主的内源性融资，不能满足新能源企业快速发展、关键技术创新的需要，因此通常需要多次借助外部融资，填补企业资金需求的巨大缺口。

表 5-39-1 分行业创业企业融资轮次分布情况（%）

融资轮次	信息技术	软件	节能环保	高端装备制造	新能源	新材料
未融资	29.91	75.42	60.71	63.49	60.34	21.95
一轮	39.54	15.68	25	19.08	15.52	31.71
两轮	25.28	7.48	12.5	14.14	12.07	36.59
三轮及以上	5.28	1.43	1.79	3.29	12.07	9.76

表 5-39-2 分行业创业企业融资轮次分布情况（%）

融资轮次	生物医药	文化创意	金融服务	专业技术服务业	现代农业
未融资	51.77	59.42	58.38	77.01	77.78
一轮	28.94	22.2	20.51	14.94	15.56
两轮	16.4	17.26	16.17	5.75	6.67

表 5-39-2 分行业创业企业融资轮次分布情况（%）（续表）

融资轮次	生物医药	文化创意	金融服务	专业技术服务业	现代农业
三轮及以上	2.89	1.12	4.93	2.3	0

从地域角度来看，融资轮次地域差异明显。北京市创业企业融资状况整体较好，未融资企业占比为46.81%，明显低于其他城市，获得一轮融资的企业占比为27.22%，获得两轮和三轮及以上融资的企业占比均高于其他城市，占比分别为21.77%和4.2%。上海市未获得融资的企业57.72%，略高于北京，获得一轮融资的企业占比为22.53%，获得两轮融资的企业占比16.36%，获得三轮融资的企业占比为3.4%。深圳市未获得融资的企业为59.38%，获得一轮融资企业占比25.93%，获得两轮融资的企业占比为11.85%，获得三轮及以上融资的企业占比为2.84%。西安融资情况较好，未获得融资的企业占比低于上海，占比57.38%，获得一轮融资企业占比32.79%，获得两轮融资的企业占比为8.2%，获得三轮及以上融资的企业占比为1.64%。武汉和杭州市未融资企业占比略高于其他城市，占比分别为62.78%和63.72%，其中杭州融资两轮的企业显著高于其他城市，达15.87%，武汉则多集中于一轮融资，占比28.8%，高于其他地区。

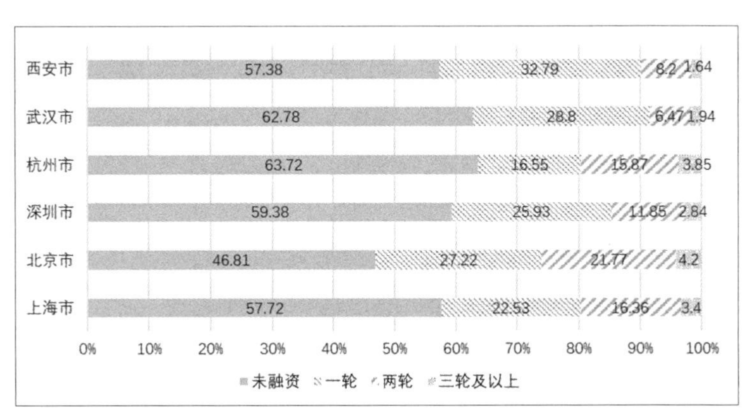

图5-8 分城市创业企业融资轮次分布情况（%）

（四）融资规模

融资规模是指根据企业经营与投资的实际需要，经营主体一定时期筹集资金的总额。调查数据显示，创业企业融资规模普遍较小。在获得融资的创业企业中，创业企业的融资规模多集中在100万—1000万元，占比39.85%；融资规模低于100万元的企业占比为25.56%；融资规模在1000万—1亿元的企业占比为27.74%；融资规模达1亿元以上的企业占比为6.84%。就创业企业自身而言，多数企业仍处于初创阶段，企业规模较小，资金需求相对较低，融资规模普遍偏低。对于投资者和投资机构而言，初创企业风险较高，产品尚未得到市场认可，还未形成明确的盈利模式，投资者往往更为青睐商业模式较为成熟，具有一定盈利能力的大中型企业。

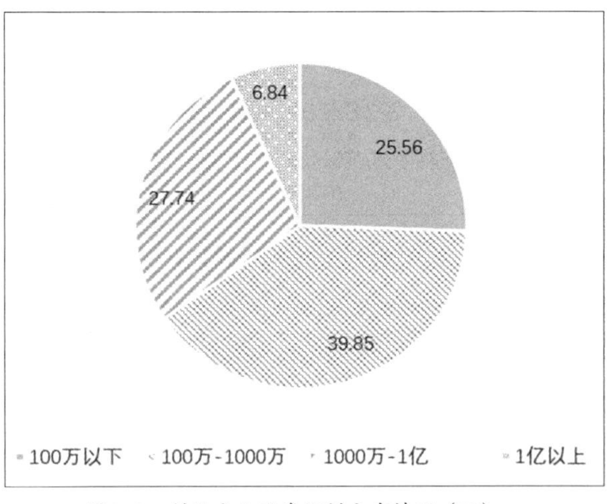

图5-9 创业企业融资规模分布情况（%）

从行业角度来看，不同行业创业企业融资规模分布呈现显著差异。在0—100万融资规模较低的层面，节能环保、现代农业产业占比显著高于其他行业，分别占其产业领域融资规模的66.67%、50%，新材料产业在此区间融资企业仅占7.14%。在100万—1000万融资规模层面，新材料、专业技术服务业分别占其产业领域融资规模的50%、45.71%，节能环保产业仅为6.67%。在1000万—1亿融资规模层面，现代农业表现亮眼，占比41.67%，专业技术服务业仅有5.71%。在1亿以上较大融资规模层面，新能源产业和金融服务业分别占比20%、14.47%，远高于其他产业，节能环保、现代农业未出现1亿以上的融资。

表5-40-1 分行业创业企业融资规模分布情况（%）

融资规模（元）	信息技术	软件	节能环保	高端装备制造	新能源	新材料
0—100万	25.35	28	66.67	17.91	15	7.14
100万—1000万	41.94	39	6.67	41.79	30	50
1000万—1亿	27.04	28	26.67	34.33	35	35.71
1亿以上	5.68	5	0	5.97	20	7.14

表5-40-2 分行业创业企业融资规模分布情况（%）

融资规模（元）	生物医药	文化创意	金融服务	专业技术服务业	现代农业
0—100万	35.78	24.64	17.11	40	50
100万—1000万	31.19	44.2	36.84	45.71	8.33
1000万—1亿	24.77	27.54	31.58	5.71	41.67
1亿以上	8.26	3.62	14.47	8.57	0

从不同地域创业企业融资规模分布情况来看，与其他城市相比，北京、上海等一线地区融资规模相对较大。多数城市创业企业融资规模集中在100万—1000万元，融资规模偏低。上海市融资规模在100万—1000万元的创业企业占上海市总样本的37.15%；北京市融资规模100万—1000万元的企业占比40.9%；深圳市融资规模100万—1000万元的企业占比39.77%；武汉市的创业企业融资规模多在100万元以下，占武汉市样本总数的54.67%；杭州市融资规模100万—1000万元的企业占比44.62%；西安市的创业企业融资规模多在100万—1000万元，占比48.15%。

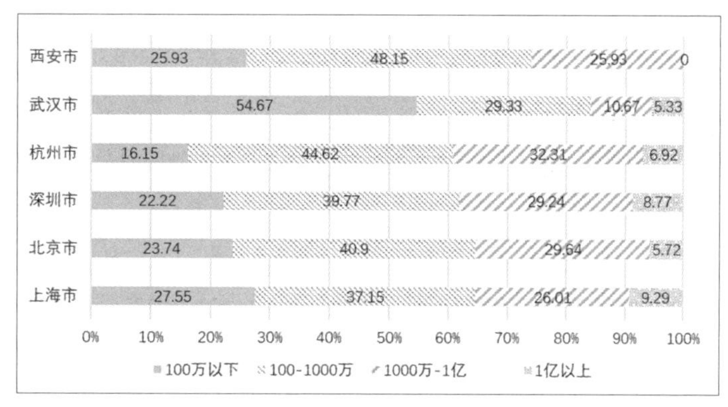

图5-10 分城市创业企业融资规模分布情况（%）

（五）创业企业融资困境

对于创业企业来说，及时有效的资金投入是企业发展可持续运营的关键。根据问卷调研，占比51.87%的企业认为资金投入是影响企业创建发展的前三重要的因素，影响程度仅次于进入市场的速度/时间。同时，占比45.83%的企业认为资金是制约企业发展效益的主要因素。但是，从“企业未获得外部融资原因”分布情况来看，大多数创业企业有融资需求，仅有4.55%的企业认为“不需要”外部融资；“没有融资渠道”的企业占比为4.7%；选择“投资人投资意愿不大”的企业占比为5.92%；其他原因未获得外部融资的企业占比49.51%。调查数据显示，九成以上创业企业有融资需求，而仅有不到半数企业有过融资行为，说明创业企业外部融资难问题较为普遍。

表5-41 企业未获得外部融资情况

未获得外部融资原因	不需要	没有渠道	投资人意愿不大	正在进行中	无法获得投资	没有尝试过	其他
频数	182	188	237	1295	31	88	1982
占比（%）	4.55	4.70	5.92	32.35	0.77	2.20	49.51

1. 融资渠道有限

当前创业企业融资渠道较为有限，通过股权融资、天使投资、债权融资等融资方式筹集资金的难度较大，通过银行贷款、民间借贷和内源融资方式来解决资金困难，依赖于商业银行的授信、民间资本借贷和企业内部的资本积累完成。首先，股权融资市场多偏重于大中型企业，初创企业股权融资市场门槛高，多数创业企业难以满足条件，创业企业上市融资难度大。其次是天使投资发展仍不充分，天使基金数量偏少、运作模式不够成熟，偏好盈利能力强、业务模式清晰的较成熟企业，对初创期企业的支持培育仍然不够。投贷联动等融资模式尚处于探索阶段。此外，债券市场产品层次单一，缺乏针对创业企业的多层次债券产品和评级体系，近年来试行的中小企业集合债券在债务清偿方面涉及债权债务关系过于复杂，具体操作中难度较大，导致创业企业在债券市场融资的意愿不高。

2. 融资成本过高

相对于旺盛的融资需求，我国中小企业融资成本相对较高。银行进行贷款审批时，一般需要中小企业提供相应的抵押担保，但大部分处于初创期的中小企业因为固定资产和不动产相对不足，无法通过贷款审批。即使获得信贷支持，其融资成本往往较高。比如，信贷机构为了自身资金的安全性和营利性，在放款时可能以预留利息的名义扣除部分贷款本金，这种做法降低了中小企业实际获得的贷款数量，从而使得中小企业的融资成本增高。因此，在我国目前的信贷融资环境中，中小企业不仅在信贷规模上受到歧视，还要支付高额的贷款利息、抵押物登记评估费用、担保费用、各种手续费和管理费，使其在信贷融资中处于明显劣势，影响了中小企业的可持续发展。从2009至2018年我国企业的银行贷款方式来看，大型企业的信用贷款占比最高，保证贷款居中，抵质押贷款占比最少，而中小企业则抵质押贷款所占份额相对最多，而信用贷款所占比例最少，这说明中小企业获得信用贷款的难度较大，而抵质押贷款和信用贷款加大了中小企业的融资成本。

3. 金融体系不完善

我国目前的金融组织体系和机构布局在广度和深度上仍显不足，金融服务的能力和水平仍然具有改进空间，与创业企业对金融服务的期待还有差距。一方面，创业企业贷款难度相对较大。商业银行信贷机构的贷款程序相对复杂，且审批相对较为严格，形成了门槛较高的融资制度环境，这使得规模较小且经营不稳定的创业企业宁可放弃从商业银行机构贷款，转而向民间机构贷款。长期以来，基于自身的经营理念和经营原则，商业银行贷款通常偏重对于大中型企业，创业企业从银行获得资金的难度较大。另一方面，企业难以获得长期贷款，由于创业企业经营状况不稳定，盈利能力不足，大多数金融机构由于担心企业不具有偿还能力，往往拒绝为创业企业提供长期贷款，导致企业难以获得长期且稳定的资金来源，与创业企业的发展特点和融资需求不相适应。

4. 知识产权质押融资率低

知识产权质押融资是知识产权资本化的方式之一，利用知识产权进行质押融资是知识产权价值利用的一大功能。我国法律对知识产权质押做了明确规定，在政策层面也大力鼓励推动知识产权质押融资发展。但知识产权质押融资依旧面临各种困境，特别对于创业企业来说更是困难重重，部分企业研发人员数量与研发投入偏低，自主知识产权意识不强，企业“零专利”的现象仍大量存在。同时，在拥有知识产权的创业企业中，知识产权质押融资使用率低、规模小问题突出，由于管理者多偏重于传统债权融资的模式，缺乏对新型融资的认识，将知识产权的运用仅限于企业的生产经营过程，而没有考虑将其运用到质押融资中，加之知识产权权属和评估问题的普遍存在，致使知识产权质押融资在创业企业融资过程中的使用率偏低。

对于金融机构而言，知识产权质押融资面临着诸多难以估量的风险，主要表现为经营风险、归属及估值等法律风险、处置风险等多个方面，不确定性风险的存在导致银行对开展知识产权质押贷款业务的意愿较低。同时，出于资金安全性的考虑，为了规避债券到期无法实现所带来的潜在风险，银行会更多地选择行业有威望、信誉良好或有担保的企业，变成了“换汤不换药”，假借知识产权质押之名，实为信誉、实产、担保融资，失去了知识产权融资真正的价值和意义。从知识产权质押投融资业务的整体发展状况来看，当前我国知识产权质押融资仍在探索完善过程中，还是一个初生待哺的婴儿，政府的介入与引导很有必要。

5. 企业自身融资能力差

从根本上来看，创业企业自身在生产经营方面存在的问题对其融资能力具有至关重要的影响。一般而言，创业企业的生产规模相对较小，由于其资金量偏少、经营基础较弱、经营风险高，其对风险的抵御能力比较差，对于瞬息万变的市场竞争环境应对能力不足，原材料和产品价格波动等不确定因素均可能缩短企业生存周期，导致企业破产的概率增加。

与此同时，创业企业往往存在财务制度不健全等问题，部分中小企业经营管理人员的自身专业素质仍有待提高，管理经验和知识的缺乏容易导致公司管理和治理混乱等情况，加之部分企业产权关系存在模糊性，且经营的透明度也比较低，公开的信息有限，银行及信贷机构等很难快速、准确地获得企业的真实信息，评估企业的风险状况，进而造成信贷机构对其贷款能力的不信任。在企业实力、信用等级等多方面因素的共同影响下，创业企业在融资过程中难以向投资人、银行、金融机构等证明其具备良好的发展和偿债能力，加大了创业企业的融资难度。

（六）创业企业融资建议

1. 打造企业自身硬实力

企业自身实力是获得融资的首要因素，创业企业融资首先要从自身入手，扩大企业规模，重视创新与管理，提升自身硬实力。一是规范经营。企业融资是企业成长过程中的必经之路，也是企业走向规范经营必不可少的过程，创业企业在融资过程中，应该注重加强企业自身内功的修炼，在国家法律要求下规范经营，根据国家政策及时调整经营战略，不断促进企业走向规范化，通过企业规范化经营来提升企业融资能力。二是重视财务管理。企业无论大小，都应该建立完善的财务管理制度，特别要重视“二流”（现金流、人才流）、“三品”（企业家的人品、企业的产品、抵押品）、“四表”（资产负债表、损益表、现金流量表、纳税申报表），以上九项指标是金融机构关注的重点。三是重视创新。创新是创业企业的核心价值所在，无论是技术创新、产品创新还是商业模式服务模式等创新，专注提升创新实力，在研发人员、知识产权方面拥有核心竞争力，打造企业未来发展潜力，对于获得投资人的青睐和较大规模的融资有较大的意义。此外，中小企业的法人及实际控制人的人品（个人征信、企业对关键人才的引进等）在融资过程中，也显得尤为重要。

2. 构建完善的资本服务体系，畅通融资渠道

推动投资理念变革，加速资本市场和金融工具改革创新，增强资本对创业企业的包容性和适应性，促进资本在企业创新、成果转化的活水作用。引导发展关注早期和价值投资的创业资本。实施“耐心资本”助力计划，支持关注长期价值投资的早期资本，适度放开银行、保险、社保基金等参与创业投资，提升长线资金在创业投资中的参与度，探索税收优惠与投资期限相挂钩，鼓励长期投资。推动国有资本以市场化方式进入投资市场，推动政府投资引导基金向市场化母基金转化，推动对子基金由统筹管理向服务和激励转变，优化容错机制及基金绩效考评机制，提升投资效率。积极开展股权众筹融资等多元化融资模式试点，为创新创业开辟新的股权融资渠道。

畅通资本市场融资渠道。推动科创板不断完善、迭代，支持更多突破关键核心技术、有潜力参与全球竞争的硬科技企业利用科创板融资。推动创业板改革，推动更多优质初创企业便利上市融资、再融资，支持符合国家战略的高新技术企业相关资产在创业板重组上市。畅通新三板分层和转板绿色通道，完善合理估值、价值发展功能，助力更多优质企业实现上市融资。做实区域性股权市场“塔基”，支持重点区域股权交易市场，加强与科创板等资本市场联动对接，持续发现和输送科创板苗子企业。

专栏 5-1　上海首设科技创新板，支持小微企业对接资本市场

为健全多层次资本市场体系，缓解中小企业融资难问题，上海股权托管交易中心设立“科技创新板”，定位于服务科技型、创新型中小微企业，实现资本与市场的有效对接。该板块通过一系列制度改革与创新，提升融资、交易、并购、投资退出等功能，促进科技型、创新型中小微企业与资本市场的有效对接，提升上海股权交易市场服务科技创新的能力。

“科技创新板”与上海股交中心现有市场板块相比具有更加突出企业的科技创新属性。服务覆盖面上，“科技创新板”向初创期科技型、创新型企业延伸，与其他资本市场实现错位发展；服务对象上，挂牌企业甄选重点面向尚未进入成熟期但成长潜力较大、具有较强科技创新属性的中小微企业，投资者初期限定为天使投资、风险投资等专业机构；服务区域上，以张江国家自主创新示范区“一区 22 园”为主阵地，并根据试点情况逐步拓展；服务内容上，注重利用互联网综合金融服务平台提供多元化融资服务。服务机制上，建立了以信息披露为中心的挂牌审核机制、对挂牌及非公开发行审查实行简易注册制，探索了科创板与战备新兴板、新三板等多层次资本市场之间的转板对接机制，形成了转板上市、破产清算和被惩罚性摘牌等退市机制，实现了协同整合各方资源、有效对接各类金融机构的目标。

专栏 5-2　厦门两岸股权交易中心，提供定制化融资服务

厦门两岸股权交易中心是服务于海西经济区中小微企业的私募股权市场，是多层次资本市场体系的重要组成部分。2013 年底，中心经厦门市政府批复成立，由厦门金圆集团、国信证券及台湾永丰创投等 10 家机构共同出资设立，注册资本 9000 万元，是厦门区域性股权市场运营机构和厦门市政府扶持中小微企业政策措施的综合运用平台，融合了对台金融合作元素，服务于两岸中小微企业，是两岸区域性金融体系的重要组成。

依托两岸股权交易中心，厦门市整合小微企业扶持政策资源以及小贷、担保、创投、咨询等金融配套资源，打造融资、融智、挂牌交易平台，形成面向小微企业的金融服务生态。为小微企业提供私募、个性、定制化的金融解决方案，定制更适合小微企业的短期周转融资（梧桐投融宝）、中期债券融资（梧桐私募债）、综合融资（梧桐资金计划）等服务。开展定制股权融资服务，为挂牌企业发现和展示市值，提供专业融资辅导、企业估值、项目路演推介等，推出梧桐种子计划、上市筹划服务、梧桐上市服务、并购服务、境内外上市服务等后续融资服务。中心通过多渠道展示企业风采、提供专属上市顾问、与精英企业家分享经验等方式为小微企业提供“挂牌 + 辅导”服务，通过组织梧桐聚会、梧桐学院等构建“线上 + 线下”培训体系，为小微企业提供融智服务，形成了“融资、融智、融服务”三位一体的功能服务体系。

3. 科技赋能供应链金融，优化融资模式

近些年，供应链金融业务的发展在一定程度上化解了中小企业的信贷难题。与传统信贷相比，供应链金融更注重于真实的贸易信息，而不以企业经营状况、综合收入等作为依据，围绕供应链链条的底层贸易，利用核心企业的高信用分享给上下游企业，从对上下游企业的财务状况进行授信变为对与核心企业之间往来业务真实性和稳定性进行授信，使供应链的上下游企业（大部分为中小微的民企）获得低成本信贷支持，并有效帮助生态圈内的企业延伸业务，降低融资成本。供应链金融的迭代升级，越来越突出科技在金融场景的运用。对于传统的供应链金融业务来说，最大的漏洞和风险点就是不完整信息产生的信用风险和不对称信息产生的道德风险，银行不愿意针对上下游中小企业展开相关业务或要求过高的贷款利率以

补偿安全边际。

通过大数据的方式，可以实现交易流程线上化，通过与企业数据、市场数据、银行数据与供业链贸易数据等系统化对接，进行深度分析与实时监测，使金融机构能更及时地获取企业资金需求，并且精准掌握企业经营能力与风险状态，从而提供更精准的供应链金融服务，改善了对供应链信息掌握不完整、不对称的难题。同时，运用科技手段也大大降低了金融机构在贷前审查、贷中审批和贷后监管上的时间成本、资金成本和人力成本，使原来从成本收入角度考虑并不具有性价比的中小企业信贷业务变得更有吸引力，提升了银行等传统金融机构对于中小企业的放贷意愿。

专栏 5-3　呼和浩特互联网 + 金融（大数据）服务平台，助力小微融资

互联网 + 供应链金融（大数据）服务平台是由内蒙古新泰天逸金服信息科技有限公司实施，通过信息技术和物联网手段创新研发出贷前风控体系、贷中风控体系、贷后监管体系，解决中小企业在无抵押物难以获得融资的问题，平台于 2017 年下半年投入使用。

平台依托物联网、大数据、智能视频分析、人脸识别等技术，推出银行在线签约系统，完成签约人的在线人证比对识别和签字盖章过程的实时视频录制与云存储，从而实现在线签约核保，在保证了签约人员身份的真实性的同时降低了银行人工成本与内部道德风险，提供第三方物证的专业化管理，采用云存储技术将签约人的身份信息、完整的签字盖章过程实时视频、签约时间和签约地点保存在物证云储存中心，进一步为中小企业获得信贷提供信息保障，减小银行对小微企业发放信贷的后顾之忧。

4. 政府政策支持，科技助力实施

企业与政府建立良好的沟通渠道，建立信息共享平台。企业与政府之间的信息和数据孤岛，是制约政府政策落地和企业享受政策优惠的重要原因。在“人工智能”概念提出 60 多年后的今天，计算机运算能力飞速提升，计算成本快速下降，深度学习算法快速迭代，互联网和物联网高速发展积累起海量数据，这些因素在消除信息和数据孤岛，助推我国政府数字化治理能力，加快打造“智慧政府”的速度方面发挥重要作用。通过这些技术搭建企业和政府之间沟通的桥梁，打破信息不对称的困局，为企业精准推送最新最适合的优惠政策，同时帮助政府及时、高效地调整后续实施方针。一是投资基金助力创业企业直接融资，加快设立创业投资相关政府引导基金，并加快与国家、省级相关基金合作，带动社会资本、国际资本参与，放大政府资金财政杠杆，加大对科技型创业企业直接投资力度。创业投资相关引导基金市场化运作水平不断提升，通过加强与创业投资机构合作，建立和完善利益分配和激励机制、风险约束监督机制、退出机制，设立了面向种子期、初创期、成长期等不同发展阶段或不同产业领域的子基金。

二是政金企介多方共促信贷融资，创业企业信贷融资规模不断扩大。企业经营信息结构和传统银行信贷审核技术不匹配导致银行对创业企业惜贷。小微企业作为创业企业的重要组成部分，国家银监会等机构多次出台相关文件，重点推动银行业金融机构扩大对小微企业信贷投放，

促进小微企业融资的信贷主渠道作用发挥。通过政府财政资金进行风险补偿、风险补贴、业务奖励等引导银行、担保等金融机构加强对创业企业信贷投放。银行等金融机构也加快扭转业务思路，积极创新创业企业信贷产品和服务，逐步改善创业企业融资难问题。

三是建立多层次、全方位的融资体系。针对中小企业发展的不同阶段提供不同的融资服务保障。初创期企业，实施税收减免和财政支持；成长期企业，引导间接融资为主，引导各地区的城商行牵头对企业进行融资，同时在对于城商行政策上给予一定的特殊支持，如制定差异化的城商行考核机制及监管方式等；成熟期企业，引导中小企业市场化融资，特别是资本市场直接融资，稳固推进企业发展，扩大企业规模。

四是建立面向中小企业的信用保证体系。针对创业企业经营信息欠完善、不规范导致融资难的问题，积极探索通过政府购买服务等方式引入第三方机构为创业企业开展信用评级，并加快推动政府部门、金融机构之间信息共享，为创业企业融资增信。2019 年中国城市信用建设高峰论坛上，“信易贷”平台——全国中小企业融资综合信用服务平台正式上线启动。全国中小企业融资综合信用服务平台是国家发改委牵头推进的信用服务中小企业融资的国家重要基础设施。平台综合运用信用、科技、金融手段，汇聚各类信用服务和“信易贷”创新产品，实现多场景支持、全流程覆盖的一站式融资服务，为全国中小企业提供融资便利，将有效解决融资难、融资贵问题。全国中小企业融资综合信用服务平台的建立，创新了“政、银、企、信”的多方合作，共建风险分担和风险缓释机制，面向全国、对接地方，形成“开放、兼容、共享、共赢”的融资综合信用服务体系。

专栏 5-4　典型城市助力小微企业融资举措

杭州：设立蒲公英天使投资引导基金，培育科技型初创企业

杭州市蒲公英天使投资引导基金是由杭州市政府设立的不以营利为目的的政策性基金，其宗旨是发挥财政资金的杠杆效应和引导作用，通过引导基金的引导投资，鼓励天使投资机构（人）对初创期企业实施投资、提供高水平创业指导及配套服务，助推创新型初创期企业快速成长。

蒲公英天使投资引导基金主要采用间断性参股的引导方式，引导基金参股比例最高不超过30%，参股期限为 7 年。基金重点支持投资方向聚焦在电子信息、生物医药、新能源、新材料、环保节能、知识型服务业、高效农业、工业自动化、高端装备业等符合杭州市高新技术产业发展规划的战略性新兴从产业领域企业。同时，为了聚焦初创型企业，引导基金还要求，天使投资对初创期企业的投资额占其总投资额的比例超过 70%，其中在参股期内所投资的企业列入杭州市政府“雏鹰计划”“青蓝计划”“蒲公英计划”等培育计划的比例应超过天使投资企业总投资额的 50%。此外，蒲公英天使投资引导基金还通过完善投后管理，实施定期报告制度，加强绩效统计，使财政资金发挥最大引导作用。

合肥：持续推动“4321”新型政银担合作模式

“4321”新型政银担合作模式是安徽省在政策性担保体系建设中的一次创新实践。2014 年，安徽省结合开展“中央与地方财政担保风险分担补偿”政策试点工作，改变由融资担保公司承担全额代偿风险、政府补贴融资担保公司的传统模式，引入政府、再担保、银行共同分担风险，在全国率先构建政策性担保体系，创新推出“4321”新型政银担合作，即将再担保机制、财政风险补偿机制与风险分担机制集成创新，与安徽省担保集团建立比例再担保关系的政策性担保机构，开展单户2000万元及以下的小微企业贷款担保业务。

2015年5月，安徽省下发《关于促进经济持续健康发展的意见》，提出2015年省财政继续安排20亿元，通过安徽省担保集团注资参股市、县（市、区）政策性担保机构。根据“4321”政银担模式，市县担保机构、省担保集团、银行和地方政府按4：3：2：1比例共担风险。小微企业在保余额2000万元及以下的政策性融资担保业务如出现代偿，由承办县（市区）政策性融资担保机构承担40%，省担保集团（含中央和省财政代偿补偿专项资金）承担30%，试点银行承担20%，所在地财政分担最后的10%。这种模式将再担保机制、财政风险补偿机制与银担合作风险分担机制集成创新，建立了“资源共享，风险共管，优势互补，多赢互利”的新型政银担合作关系，有效破解了小微企业融资困境。

长沙：全面深化“银税互动”，支持小微企业贷款

长沙市国税局、地税局联合交通银行率先推出“税融通”贷款模式，以小微企业纳税信用记录为基础，帮助纳税人将“纳税信用”转换为“银行信用”，根据企业年纳税额、资产负债率、信用记录及企业业主从业经验等状况，对按时、足额缴纳税款且达到一定额度的中小企业提供缴纳税额三倍的信贷产品，破解小微企业融资难、融资贵问题。交通银行“税融通”产品被中国银监会评为“2011年度全国银行业金融机构小微企业金融服务特色产品奖”。推出四年以来有2200余户企业从有关商业银行获得约70亿元纳税信用贷款。

为最大限度支持中小企业发展，为银行寻找长期可培植的优质客户，长沙国税系统将在办税服务大厅，为需要办理“完税证明”及“信用等级证明”的纳税人开辟“绿色通道”，节约办税时间。为帮助诚信纳税户及时、便捷地获得“银税互动”支持，长沙国税对内建立起联络员制，明确对接、宣传、组织的职责，及时收集有意向申请贷款的纳税户信息，并邀请两家银行专家对合作产品进行现场讲解，组织联络员培训。各基层国税局将在办税服务厅设立“银税互动”咨询岗，加强“税融通”“税诚贷”等产品宣传，并通过短信服务平台向企业法人、财务人员发送推介短信。税源管理部门还会在下户核查、评估，以及实施稽查时介绍税银合作产品，帮助中小企业解决融资难题。

“银税互动”实现了税务、银行、企业三方共赢，中小微企业解决了融资难问题，扩大经营规模增加收入，培育和增加了税源；银行规避降低风险，拓展业务发展渠道，增加了贷款总额度，提高了资金利用率；同时还促进中小微企业更加注重依法纳税，形成了“以信养信、以税融资”的良性循环。

5. 加大知识产权质押融资支持力度

知识产权质押融资是知识产权价值的实现者和知识产权要素市场改革的践行者，正是金融和知识产权的结合才显著提高了知识产权的流通性和被认可度。对于具有知识产权优势、同时又缺乏实物资产的创业企业而言，知识产权质押融资是帮助企业走出资金不足困境的重要出路。

首先，政府需发挥引导作用，在建立健全知识产权相关法律法规的基础上，引入金融评估机构共同建立第三方评估平台，在前期评估阶段做好扎实工作。其次，构建市场调节为主的风险补偿机制，以及金融机构容错机制。风险补偿机制，是指设立一个知识产权质押融资专项基金，当债务履行期届满企业不能按期偿还债务，并且银行也无法通过知识产权变现来实现其债权时，由该专项基金给予会员一定的补偿；容错机制，是指在金融机构内部形成科学合理的奖惩机制。企业知识产权质押融资的高风险，决定了为企业提供贷款的银行承担着极高的信贷风险，且风险难以控制，建立贷款风险补偿机制和容错机制，给予银行一定的补贴，可以降低银行的风险担忧，提高银行等金融机构参与积极性，有效地化解知识产权质押贷款的部分商业风险。再次，企业自身需提高知识产权质押融资能力，调动科技人员的积极性，鼓励技术创新，加大科研经费的投入，提高企业持续创新能力，研发出符合市场需求、具有明显竞争优势的高质量、高价值的知识产权，获得银行等金融机构的认可及青睐。

知识产权质押融资比较有代表性的模式主要有银行主导模式、政府主导模式、保险主导模式和知识产权运营公司主导模式。银行主导模式为银行牵头，有担保机构或其他风险缓释机构参与的知识产权质押融资模式。这种模式以传统资产抵质押贷款为模板，以银行创新为主导，以市场化运作为基础，关注的是融资企业的实际还款能力和抵质押物是否足值。政府主导模式是由各地政府响应中央号召牵头来推动的知识产权质押融资模式。在该模式下，政府履行部分风险补偿义务，充当“风险分担主体 + 评估主体 + 贴息支持”等多重角色。保险模式是主要是保险机构为知识产权质押融资提供保险产品，降低贷款风险，提高银行放贷积极性。知识产权运营公司主导模式由知识产权运营公司、银行、担保、保险、评估、投资以及政府风险补偿、民间资本共同参与，通过“知识产权运营 + 投贷联动”，实现纯知识产权质押贷款。新的历史机遇下，只考察企业还款能力，只在意风险分担机制，忽视知识产权质押物可处置性的融资模式将不再适用，知识产权质押融资应当以市场化改革为船，以知识产权质量提升为帆，在国家经济发展的大潮中乘风破浪。

专栏 5–5　四川创新知识产权质押融资模式，助力中小微企业融资

为破解创新主体“融资难”“融资贵”“融资慢”等突出瓶颈，促进知识产权与经济、科技、金融深度融合，四川省知识产权服务促进中心与人民银行成都分行等部门开展积极合作，率先在全国探索形成银行贷款、保险保证、风险补偿、财政补贴捆绑的专利权质押融资“四川模式”。

在知识产权“融资难”问题方面，建立风险补偿和保险保证“两个机制”。在省级财政设立的专利权质押融资风险补偿基金实现融资增信的基础上，通过财务实力和信用评级更强的保险保证再次实现信用增级，切实调动金融机构支持创新创业主体融资的动力。在“融资贵”问题方面，实施专利权质押融资专项补贴。省知识产权局会同财政厅设立了 1200 万元的省级金融资助资金，对专利权质押融资利息、保险保费、评估费、担保费给予补贴，并指导市（州）

设立金融资助资金，调动创新创业主体参与专利权质押融资的积极性。在“融资慢”问题方面，创新专利权质押融资金融产品。推动银行设立“一次增信、一次授信，循环使用、随借随还”的“天府知来贷”金融产品，有效降低创新创业主体专利权质押融资的时间成本、制度成本。截至 2018 年 9 月，全省开展专利质押融资的市（州）达 14 个，质押专利 2966 件，融资总额达 109.9 亿元，专利质押融资贷款尚未发生一例违约不归还的事例。

专栏 5–6　美国知识产权证券化流程

知识产权证券化是最早起源于美国的促进知识产权应用创新形式，以知识产权未来许可使用费收益为支撑来发行知识产权支持证券进行融资。知识产权证券化流程主要可以分为三个组成部分。首先，由发起人选择综合考察合格的知识产权，成立特设机构（SPV）组建资金产池，将知识产权的基础资产与发起人的其他权益分离，由特设机构邀请信用评级和信用增级机构对该知识产权进行信用评估和适当的信用增级，从而达到债券发行的必要标准；其次，发起人通过融资机构直接发行债券，从投资者手中获得资金，债券投资者则凭借其持有的权益凭证而获得基础资产在未来一定时期内的现金流收益权；最后，在证券发行成功后，由一个专门服务机构对证券化的资产池进行管理，负责收取和记录资产池产生的现金流量，资金池收益则由特殊目的机构按照规定分配给投资者。

美国政府首先完善了调整资产证券化关系的法律体系，明确规定了资产证券化的法律关系、操作流程、相关当事人的权利和义务。如证券化金融资产的创立由适用于贷款的法律管辖；特殊目的实体的设立则适用于公司、合伙、信托设立的法律；金融资产转让给特殊目的实体适用《美国统一商法典》；特殊目的实体所发行证券的销售适用《美国证券法》。其次，政府积极落实支持政策，一方面推动美国联邦储备银行的会计系统、储蓄信托公司和欧洲清算系统为金融机构发行的资产支持证券提供清算服务；另一方面提供了一系列优惠政策，如由政府授权机构发行的资产支持证券可以作为无风险投资工具，任何金融机构可以不受限制地持有，相关机构的利润免交州和地方所得税等。最后，以投资公司、信托公司、资产评估公司、专利许可费协会等为主体的中介机构极大地推动了美国知识产权资产证券化进程，中介机构不仅提供设计交易结构、设立 SPV 等服务，还有效地解决了阻碍知识产权证券化过程中的许多技术性障碍。

三、创业企业创新情况

创新对于一个国家、一个民族来说，是发展进步的灵魂和不竭动力，对于企业来讲，更是寻找生机和出路的必要条件。从某种意义上说，一个企业不懂得改革创新，不懂得开拓进取，企业就要濒临灭亡。创新的根本意义在于突破企业自身局限，革除不合时宜的旧体制、旧办法，在现有条件下，创造更多适应市场需要的新体制、新举措，走在时代潮流的前面，赢得激烈的市场竞争。

（一）公司创新类型

表 5-42　创业企业创新类型分布情况

创新类型	频数	占比（%）
技术创新	1502	37.52
产品创新	1593	39.8
服务创新	237	5.92
商业模式创新	165	4.12
其他	506	12.64

企业创新类型代表其创新发展方向，主要体现在技术、产品、服务、商业模式等方面。调查数据显示，创业企业的创新类型以技术创新和产品创新为主，选择二者的企业占比总计达77.33%。技术创新是企业各项创新的核心，现代企业的竞争已越来越依赖科学技术，强化技术创新已成为现代企业发展的一股新潮流。企业技术创新分为原始创新模式、赶超创新模式、局部创新模式、市场创新模式、标准领先创新模式等，无论哪种创新目的都是为了带来成本的降低或效率的提高，对企业的长远发展至关重要。产品创新是企业各项创新的关键，侧重于商业和设计行为，具有成果特征。企业的经营与客户的需求归根结底是通过企业的产品和服务体现的，满足人民日益增长的物质需求、保持企业的持续发展就必须通过产品创新，增强产品的人性化特点和实效性，不断地生产出价廉物美、品质优良的产品，赢得大众的青睐。

商业模式是创造和传递客户价值和公司价值的系统，在互联网思维被赋予多重定义的时代，商业模式不再是关于成本和规模的讨论，而是关于重新定义客户价值的讨论。数字经济时代，基本的商业竞争环境和经济规则逐渐发生变化，人们对商业模式的系统性认识逐步提高，有关商业模式的研究逐步开展。与此同时，调查结果显示存在商业模式创新的企业占比依旧很小，仅为4.12%，一定程度上体现出商业模式创新仍不可避免地存在复制成本极低的劣势，成功的商业模式创新多发生于行业龙头企业，其竞争壁垒更依赖于强大的资源优势，对于不具有较强资源支持的初创企业来说，商业模式创新并不容易做大做强，甚至极易导致创业失败。

此外，理念创新和管理创新也是现代创业企业创新的重要类型，理念创新是企业各项创新的前提，代表企业宽阔的眼界和胸襟，以及面向全球、着眼同行的新思路、新举措；管理创新则是企业各项创新的基础，集中表现为管理的科学化和系统化，是企业优化整合人才、资本、科技等生产要素和生产条件的重要方式。

从行业角度来看，各行业创新类型呈现一定差异。技术创新层面，新材料、专业技术服务、新能源等产业所涉及的创新类型占比显著高于其他，分别达48.78%、45.98%、43.10%，信息技术、软件产业分别占比40.83%、42.47%，同样高于平均水平。产品创新层面，行业差异较小，节能环保、新能源产业显著高于其他行业，占其创新类型比重分别达46.43%、43.1%。服务创新层面，行业差异较大，金融服务、生物医药、文化创意产业显著高于其他行业，占其创新类型比重分别达13.58%、12.54%、12.56%，现代农业、新材料和新能源未出现服务创新。商业模式创新层面，信息技术、专业技术服务产业占比分别达5.19%、6.13%，总的来看，商业模式创新多发生于与互联网结合较为紧密的产业，节能环保业、现代农业和新能源中未出现商业模式创新。

表 5-43　分行业创业企业创新类型分布情况（%）

行业	技术创新	产品创新	服务创新	商业模式创新	其他
高端装备制造	43.09	39.14	2.30	1.97	13.49
节能环保	41.07	46.43	1.79	0.00	10.71
金融服务	27.95	37.99	13.58	3.35	17.13
软件	42.47	39.74	2.37	3.80	11.63
生物医药	29.58	38.91	12.54	4.82	14.15
文化创意	25.11	41.03	12.56	4.93	16.37
现代农业	41.11	41.11	0.00	0.00	17.78
新材料	48.78	41.46	0.00	2.44	7.32
新能源	43.10	43.10	0.00	0.00	13.79
信息技术	40.83	41.11	3.24	5.19	9.63
专业技术服务业	45.98	34.87	3.45	6.13	9.58
均值	37.52	39.8	5.92	4.12	12.64

从地域角度来看，各城市创新类型分布呈现一定差异。北京市创业企业以产品创新为主，服务模式创新显著高于平均水平，具体来看，北京市产品创新占比达 38.02%，技术创新占比为 33.20%，服务模式创新为 12.21%，商业模式创新的企业占比为 7.08%，较平均水平高出 2.96%。杭州市则以技术创新为主，占比为 40.14%，高于平均水平 2.62%，产品创新占比 35.15%，低于平均水平 4.65%，商业模式、服务创新占比分别为 5.22%、3.85%。上海市技术创新和产品创新的企业占比极为接近，分别为 39.43% 和 39.32%，服务创新占比为 4.93%，商业模式创新占比为 3.8%。深圳市创业企业以产品创新为主，服务和商业模式创新占比低，具体来看，产品创新占比为 44.69%，高于平均水平 4.89%，技术创新占比 38.27%，服务和商业模式创新企业占比 1.23%、0.99%，较平均水平低 4.69%、3.13%。武汉市以产品创新为主，创业企业占比为 41.42%，技术创新企业占比为 39.48%，商业模式创新企业占比 1.29%，服务创新企业占比为 0.97%，较企业均值低 4.95%。西安市创业企业技术创新占比突出，占比 44.81%，较企业均值高 7.29%，产品创新企业占比为 41.53%，商业模式创新和服务创新企业占比相当，同为 1.09%，且皆低于企业均值。

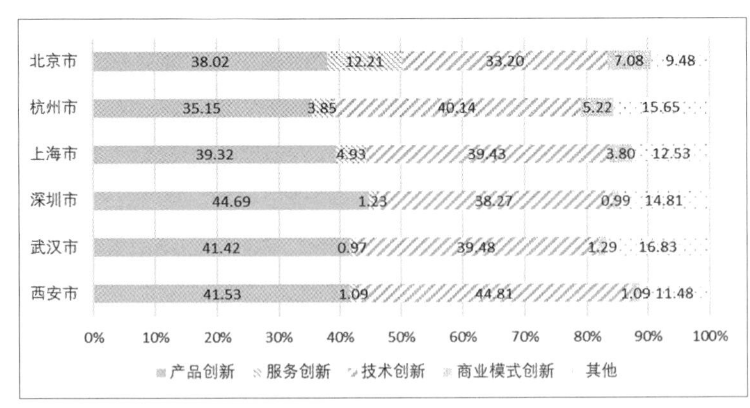

图5-11　分城市创业企业创新模式分布情况

（二）技术创新类型

1. 技术创新和产品创新占主流地位

表 5-44 创业企业技术来源分布情况

技术来源	频数	占比（%）
自主开发	1552	38.77
合作开发	1318	32.93
外部购买	357	8.92
技术入股	478	11.94
其他	298	7.44

企业技术来源一般分为自主开发、合作开发、外部购买、技术入股四种形式。调查数据显示，自主开发和合作开发是创业企业最主要的技术来源，二者占比总计达 71.7%，技术入股占比较低，仅为 11.94%。

分别来看，自主开发是企业依靠自身资源独立进行开发，拥有完全独立的知识产权，企业根据市场情况和用户需求，或针对原有产品存在的问题，从根本上探讨产品的层次与结构，进行有关新技术、新材料和新工艺等方面的研究。创业企业作为最具创新活力的要素，以自主开发为技术来源的占比最高，展现出强大的设计开发能力和品牌构建能力。合作开发则是企业通过契约的形式与其他企业共同对同一项目的不同领域分别投入资金、技术、人力等，共同完成的技术开发，在创业企业中占比同样较高。

技术入股是以技术人员的知识或知识产权、技术诀窍、设备、工厂厂房等作为资本股份，投入合资经营或联营企业，从而取得该企业的股份权的一种行为。近年来，为推动技术入股，激发市场创新活力，我国相继出台《中华人民共和国公司法》和国家科委《关于以高新技术成果出资入股若干问题的规定》等法律法规，为技术成果的价值转化创造了良好条件，逐步提高技术出资人的入股积极性。但调查数据显示，有技术入股行为的企业占受调查企业的比重较小，仅为 11.94%。一定程度上反映出，技术成果出资入股不同于货币、实物的出资，在实际应用中存在一定障碍，主要表现在，一是很难确定技术的价值，难以平衡技术拥有方和意愿使用方都认可的利益诉求；二是入股技术的价值后续兑现难以保障，维护各出资方的利益，兑现最初合作意愿十分困难。

从行业角度来看，技术来源差异较大。以自主研发为技术来源的企业中，现代农业显著高于其他行业，占比达 47.78%，信息技术、高端装备制造、软件等产业占比分别为 45.61%、43.42%、43.53%，高于平均水平。以合作开发为技术来源的企业中，新材料产业占比显著高于其他行业，占比达 41.46%，专业技术服务、生物医药、金融服务产业占比分别为 36.78%，36.01%、35.90%，高于平均水平。以技术入股形式为技术来源的企业占比普遍不高，技术入股占比最高的行业是金融服务行业为 20.71%，其次是节能环保行业占比为 17.86%、生物医药行业占比为 17.68%，软件业占比为 10.08%。

表 5-45　分行业创业企业技术来源分布情况（%）

行业	自主开发	合作开发	技术入股	外部购买	其他
高端装备制造	43.42	30.59	9.87	7.57	8.55
节能环保	37.50	25.00	17.86	12.50	7.14
金融服务	22.29	35.90	20.71	13.61	7.50

表 5-45 分行业创业企业技术来源分布情况（%）（续表）

行业	自主开发	合作开发	技术入股	外部购买	其他
软件	43.53	33.69	10.08	4.98	7.71
生物医药	24.76	36.01	17.68	10.93	10.61
文化创意	41.70	31.17	8.07	11.43	7.62
现代农业	47.78	28.89	10.00	10.00	3.33
新材料	39.02	41.46	2.44	14.63	2.44
新能源	44.83	20.69	12.07	10.34	12.07
信息技术	45.61	31.73	9.62	6.94	6.11
专业技术服务业	27.97	36.78	13.79	13.41	8.05
均值	38.77	32.93	11.94	8.92	7.44

从不同城市看，不同城市核心技术来源于自主开发、合作开发、外部购买、技术入股的创业企业比例，与企业均值相比差异明显。北京市的创业企业核心技术来源以自主开发为主，企业占比为38.46%，其次是合作开发的企业，占比为33.49%；选择外部购买的创业企业和选择技术入股的企业占比较少，分别为11.73%和10.02%。杭州市创业企业核心技术源于自主开发的企业占比最高，为45.35%，合作开发的企业占比为26.30%，外部购买的企业占比为9.98%，技术入股的企业占比为12.02%，杭州市核心技术源于自主开发的企业占比较均值高，优势明显，一定程度上反映出杭州市的创业企业自身研发创新实力较强。上海市创业企业核心技术源于自主开发的企业占比为38.30%，合作开发的企业占比为32.85%，外部购买的企业占比为8.62%，技术入股的企业占比为11.40%。合作开发成为深圳市创业企业核心技术来源的主导方向，占比为34.86%，高于企业均值1.93%；自主开发的企业占比为34.57%，技术入股的企业占比为16.19%，外部购买的企业占比6.30%。

西安市核心技术源于自主开发的创业企业数量最多，占比为43.17%，高出企业均值4.40%；合作开发的企业占比为32.24%，技术入股的企业占比为9.84%，外部购买的企业占比为6.01%。武汉市创业企业核心技术源于自主开发的企业占比40.45%，合作开发企业占比为35.60%，技术入股的企业占比为11.65%，外部购买的企业占比为5.18%，武汉市创业企业核心技术源于自主开发的企业占比最高，高于企业均值1.68%，合作开发的企业占比次之，但高于企业均值2.67%，表明在受调查的城市中，武汉市核心技术源于合作开发的优势比自主开发的优势更明显。近年来，武汉市依托东湖高新区光谷创意产业园，在助力创新方面积累了一大批成功的经验，合作开发就是其中之一，包括与国内高校、院所、知名企业以及国外企业合作，基于此，武汉市的创业企业

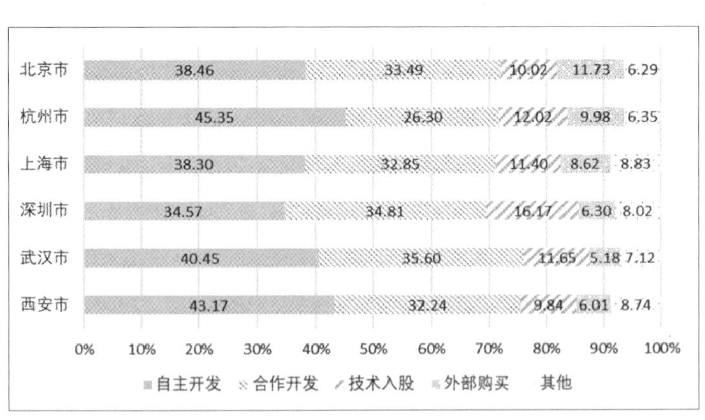

图5-12 分城市创业企业技术来源分布情况

核心技术选择合作开发的企业比值高于其他城市。

2. 自主开发和合作开发是创业企业主要的核心技术来源，技术入股尚未形成气候

表 5-46 创业企业自主创新类型分布情况

自主创新类型	频数	占比（%）
原始创新	1530	38.22
集成创新	1466	36.62
引进消化再创新	1007	25.16

国内最早在 20 世纪 90 年代提出自主创新概念，自主创新相对于技术引进而言，首先将自有基础上的创新视为自主创新，其次将引进国外技术后的消化吸收再创新也视为自主创新。2005 年科技部副部长尚勇博士提出，自主创新要办好三件事情，即原始创新、集成创新和技术引进消化吸收再创新。同年 7 月，温家宝总理在国家科教领导小组全体会议上强调高度重视和大力推进自主创新，提高我国原始创新、集成创新和引进消化吸收再创新能力，自主创新类型得到确认。关于创业企业的自主创新类型，调查数据结果如表 5–46 所示，创业企业技术研发类型多以原始创新和集成创新为主。技术研发类型为原始创新的企业数量为 1530 家，占比 38.22%；技术研发类型为集成创新的企业数量为 1466 家，占比 36.62%；技术研发类型为引进消化再创新的企业数量为 1007 家，占比 25.16%。

原始创新是指前所未有地提出创意、构想、观念，并形成具有一定成效的新产品、工艺和方法，并取得效益，强调的是首创性、独创性、原创性和突破性。原始创新是企业自主创新能力最根本的体现，是企业集成创新或消化引进再创新的基础，在创业企业自主创新类型中占比最大，一定程度上体现了创业企业内生创新活力足，潜力大。集成创新是指对既有创新的各要素或内容进行创造性的融合，使各项创新要素之间互相匹配，并形成新的技术或开发出新的产品。典型的例子是复印件，复印机出现前，所用技术已经十分成熟，复印件的创新者将所有技术集成起来，形成了复印件所用的系统技术，集成创新在创业企业中所占比重较大，略低于原始创新 2.4%。引进消化吸收再创新是指通过引进或购买国外先进技术，先学会使用，在消化吸收这些技术的基础上，破解其核心秘密，并在原有基础上改进提高，通过在创新链中后期阶段加强研发，生产出性能、质量均具竞争力的产品，此类自主创新类型占比略低于原始创新和集成创新。

从行业角度来看，各行业自主创新类型差异较大。原始创新层面，软件、文化创意、现代农业、新材料、新能源、信息技术和专业技术服务业等 7 个行业的企业占比均高于受调查企业占比的均值，其中新材料行业的占比最高，达 51.52%；集成创新层面，节能环保业、金融服务业、软件行业、生物医药行业、文化创意行业和新能源行业的企业占比高于受调查企业均值，金融服务行业企业占比最高为 39.76%，高于均值 3.14%；引进消化再创新层面，高端装备制造业、节能环保业、生物医药、现代农业、信息技术行业和专业技术服务业的企业占比均高于均值，节能环保行业和高端装备制造业占比较高分别为 33.93% 和 30.92%。

表 5-47　分行业企业自主创新类型占比情况（%）

行业	原始创新	集成创新	引进消化再创新
高端装备制造	35.86	33.22	30.92
节能环保	28.57	37.50	33.93
金融服务	35.63	39.76	24.61
软件	39.07	37.65	23.28
生物医药	34.73	38.91	26.37
文化创意	40.58	36.77	22.65
现代农业	41.11	32.22	26.67
新材料	51.22	26.83	21.95
新能源	41.38	39.66	18.97
信息技术	39.04	35.25	25.72
专业技术服务业	38.31	36.40	25.29
均值	38.22	36.62	25.16

从地域角度来看，北京市创业企业中 37.76% 的企业选择集成创新，35.74% 的企业选择原始创新，26.50% 的企业选择引进消化再创新，原始创新占比较受调查企业均值低 2.48%，其他创新类型均高于均值。杭州市创业企业中，有 39.91% 选择原始创新，32.43% 的企业选择集成创新，剩余 27.66% 的企业选择引进消化再创新的方式，原始创新成为杭州市创业企业的主导创新方式，高于企业均值 1.69%。上海市原始创新的创业企业最多，占比为 37.06%，集成创新企业占比为 36.86%，引进消化再创新的企业占比为 26.08%。深圳市的创业企业以原始创新为主，占比为 40.30%，集成创新企业占比为 37.08%，引进消化再创新的企业占比为 22.62%。武汉市从事原始创新的创业企业最多，占比为 42.39%，比企业均值高 4.17%，引进消化再吸收的企业占比为 21.36%。西安市创业企业中，原始创新企业占比为 41.53%，集成创新企业占比为 36.07%，引进消化再吸收的创业企业占比 22.40%。三个城市原始创新企业比例均显著高于企业均值，分别高出 2.08%、4.17% 和 3.31%，同时引进消化再创新企业比例均低于企业均值，分别低 2.54%、3.80% 和 2.76%。中兴、华为等科技公司近些年频繁遭受美国差别对待，尤其是华为麒麟高端芯片受到制裁的事件，使越来越多企业意识到技术自主可控的重要性，作为华为总部所在的城市以及联系紧密的城市，深圳市、武汉市和西安市企业感受更深刻，迫使企业走向减少技术依赖的道路。

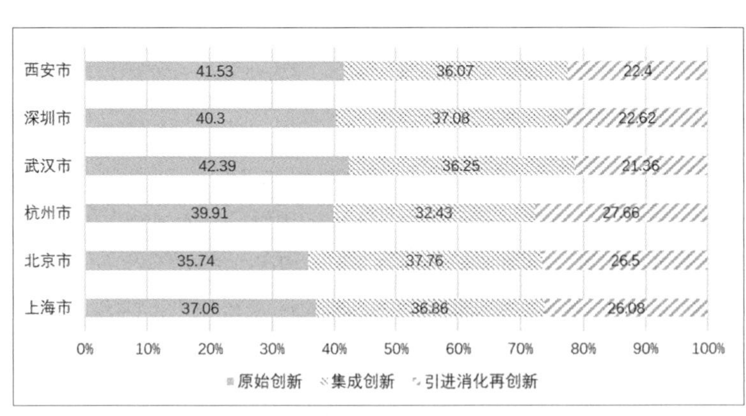

图5-13　分城市创业企业自主创新类型分布情况

（三）创新组织方式

创业企业的创新组织方式主要包含内部创新和外部合作。其中，内部创新包括企业内部个人创新、团队创新和成立事业部；外部合作包括但不限于与相关企业联合成立研究机构、与科研机构联合成立研究机构和加入产业创新联盟的形式。调查数据显示，创业企业技术创新组织方式仍以团队创新为主，近五成的创业企业以团队创新为主要方式。从整体情况来看，创业企业依托于内部组织方式创新的企业数量有 2981 家，占比为 74.49%，选择外部合作的企业有 764 家，占比为 19.09%，不足依托内部组织方式创新企业的三成，表明创业企业与外部创新资源链接情况仍然不够紧密。

表 5-48　创业企业技术创新组织方式分布情况

技术创新的组织方式	频数	占比（%）
个人创新	446	11.14
团队创新	1894	47.33
成立事业部	641	16.02
与相关企业联合成立研究机构	337	8.42
与科研机构联合成立研究机构	279	6.97
加入产业创新联盟	148	3.70
其他	257	6.42

从行业角度分析，企业内部创新组织方式在不同行业之间差异较小，团队创新成为各行业的主要创新组织方式，其中，在团队创新企业中新材料行业比例最高为 58.54%，与之极为接近的是生物医药行业和新能源行业，分别占比为 53.87% 和 50%，三个行业的企业比重均高于 50%。其余行业的团队创新企业占比不足 50%，但差异较小，除节能环保行业团队创新企业比例与各行业相比略低，为 37.50% 外，软件行业、现代农业、专业技术服务业、金融服务业、信息技术行业、文化创意行业和高端装备制造业的企业占比均位于 44% 至 49%。选择个人创新和成立事业部为技术创新组织方式的创业企业中，节能环保行业的企业占比最高分别为 14.29% 和 21.43%，其余行业略有不同，其中在个人创新中，文化创意行业企业占比 13.23%、专业技术服务行业企业占比 12.64%、信息技术行业企业占比 11.84%、高端装备制造业企业占比 10.89%、生物医药行业企业占比 10.65%、金融服务行业企业占比 10.63%、软件行业企业占比 10.08%、现代农业企业占比 10%，均高于 10%；新能源行业和新材料行业的企业占比为 5.17% 和 2.44%，占比不足 10%，分别低于企业均值 5.97% 和 8.70%；在成立事业部的企业占比中，除生物医药行业占比 10.97%，低于企业均值 5.05% 之外，文化创意行业、专业技术服务业、信息技术、高端装备制造、金融服务、软件、现代农业和新能源新材料都在企业均值 16.02% 附近分布，且差异极小。

在外部资源链接方面，分行业来看，与相关企业联合成立研究机构的企业占比最高的为金融服务行业，其创业企业占比为 10.43%，剩余行业按照企业占比从高到低，依次为新材料 9.76%、信息技术 9.34%、文化创意 8.07%、软件 7.95%、专业技术服务业 7.66%、高端装备制造 7.59%、节能环保 7.14%、新能源 6.90%、现代农业 6.67%、生物医药 5.81%；与科研机构联合成立研究机构的企业占比最高的为新能源行业，其创业企业占比为13.79%，显著高于其余行业，与新能源行业差值较大的行业为新材料行业和现代农业，两个行业企业占比分别为4.88%和3.33%；加入产业创新联盟的企业占比最高的为现代农业行业，其创业企业占比为7.78%，其次为节能环保行业，企业占比为7.14%，新材料行业企业占比2.44%和新能源行业占比1.72%，两者略低，剩余高端装备制造业、信息技术、软件、金融服务行业、生物医药、文化创意和专业技术服务业的企业占比集中在3.1%至4.1%，表明各个行业与外部创新资源缺少紧密合作，尽管企业间合作、与科研机构合作或者加入产业联盟中存在个别行业的企业占比较高，但这样的比例仍然还有很大的提升空间，充分利用好企业内、外两方面创新资源，才会更高效助推创业企业实现爆发成长。

表5-49 分行业创业企业技术创新组织方式分布情况（%）

创新组织方式	个人创新	团队创新	成立事业部	与相关企业联合成立研究机构	与科研机构联合成立研究机构	加入产业创新联盟	其他
高端装备制造	10.89	44.55	16.17	7.59	5.94	4.62	10.23
节能环保	14.29	37.50	21.43	7.14	7.14	7.14	5.36
金融服务	10.63	47.05	16.54	10.43	5.51	3.35	6.50
软件	10.08	48.99	15.18	7.95	7.59	3.56	6.64
生物医药	10.65	53.87	10.97	5.81	8.39	3.23	7.10
文化创意	13.23	45.07	16.59	8.07	8.07	3.14	5.83
现代农业	10.00	48.89	17.78	6.67	3.33	7.78	5.56
新材料	2.44	58.54	19.51	9.76	4.88	2.44	2.44
新能源	5.17	50.00	17.24	6.90	13.79	1.72	5.17
信息技术	11.84	45.61	16.84	9.34	6.94	3.89	5.55
专业技术服务业	12.64	47.89	16.48	7.66	5.75	3.07	6.51

从不同地域企业内部创新组织方式来看，北京市团队创新企业占比49.65%，成立事业部的企业占比为15.93%，个人创新的企业占比为11.19%。杭州市团队创新企业占比为44.44%，成立事业部和个人创新分别为16.55%和12.93%。上海市团队创新企业数量最多，占比为47.28%，成立事业部和个人创新分别为15.40%和9.87%。深圳市团队创新企业占比为45.74%，成立事业部和个人创新分别为17.55%和12.48%。武汉市团队创新企业占比为48.54%，成立事业部和个人创新分别为12.62%和10.03%。西安市团队创新企业占比为43.17%，成立事业部和个人创新分别为17.49%和9.29%。各城市中，北京市团队创新的企业占比在6个城市中最高，为49.65%；深圳市成立事业部企业占比在6个城市中最高，为17.55%；杭州市个人创新企业占比最高为12.93%。

从外部资源链接方式看，北京市与相关企业联合成立研究机构的企业占比为8%，与科研机构联合成立研究机构的企业占比为7.07%，加入产业创新联盟的企业占比为3.42%。杭州市与相关企业联合成立研究机构的企业占比为7.26%，与科研机构联合成立研究机构的企业占比为5.44%，加入产业创新联盟的企业占比为5.22%。上海市与相关企业联合成立研究机构的企业占比为9.66%，与科研机构联合成立研究机构的企业占比为7.09%，加入产业创新联盟的企业占比为3.19%。深圳市与相关企业联合成立研究机构的企业占比为7.91%，与科研机构联合成立研究机构的企业占比为6.67%，加入产业创新联盟的企业占比为3.58%。武汉市与相关企业联合成立研究机构的企业占比为7.77%，与科研机构联合成立研究机构的企业占比为8.74%，加入产业创新联盟的企业占比为4.53%。西安市与相关企业联合成立研究机构的企业占比为10.93%，与科研机构联合成立研究机构的企业占比为7.65%，加入产业创新联盟的企业占比为3.83%。各城市中杭州加入产业创新联盟企业占比为5.22%，占比在6个城市中最高；西安市与相关企业联合成立研究机构企业占比在6个城市最高为10.93%；武汉市与科研机构联合成立研究机构的企业占比在6个城市中占比最高为8.74%。

习近平总书记主持召开中央全面深化改革委员会会议，审议通过了《关于加强创新能力开放合作的若干意见》，提出要聚焦关键核心技术，整合部门、高校、企业的创新资源，组建集中攻关平台，完善机制、协同联动，把高校的科技创新优势转化为产业发展的优势，调查数据显示创业企业与科研机构联合成立研究机构的企业不足7%，各个创新城市中占比最高的武汉仅为8.74%，企业与高校及科研院所的联动创新效用还有待于进一步激活。

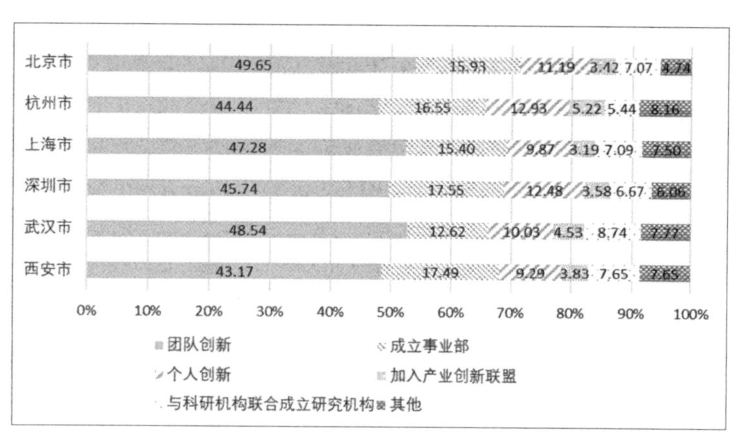

图5-14 分城市创业企业创新组织方式分布情况（%）

专题2 我国新型研发机构典型案例

一、江苏省产业技术研究院——全省科技体制改革试验田

江苏省产业技术研究院（以下简称“产研院”）于2013年12月成立，定位于从科学到技术转化的关键环节，是全额拨款的省属事业单位，是全省科技体制改革“试验田”。产研院在江苏省政府组建的理事会领导下工作，不隶属于任何部门。总院不承担具体的研究任务，主要负责科技资源引进、专业研究所建设、重大研发项目组织等。截至目前，总院管理41家专业研究所、7家产业技术创新中心和1家研发产业园。专业研究所以加盟制或共建制形成，主要承担技术研发功能。加盟制于2013年启动申请，共分三批从省内遴选出23家研发机构加盟研究所。共建制始于2016年，由省产研院、领军人才及团队、地方政府（园区）累计共建18家专业研究所。总院从技术投资、技术服务和技术转让等维度，每三年对专业研究所进行综合性绩效考核，给予优秀与合格的专业研究所奖励，退出不合格的专业研究院。产研院聚焦先进材料、生物与医药、能源与环保、信息技术和先进制造等产业领域，集聚人才、技术、资本等高端创新资源，打造集技术交易服务、知识产权服务、科技金融服务等为一体的完整科技服务体系。

二、深圳清华大学研究院——全国首家新型科研机构

深圳清华大学研究院（以下简称研究院）是深圳市政府和清华大学于1996年12月共建的、以企业化方式运作的正局级事业单位，双方各占50%股份，实行理事会领导下的院长负责制。研究院创立了“四不像”理论，即：研究院既是大学又不完全像大学，文化不同；研究院既是科研机构又不完全像科研院所，内容不同；研究院既是企业又不完全像企业，目标不同；研究院既是事业单位又不完全像事业单位，机制不同。截至2017年年底，研究院已引进和孵化企业近1600家、上市公司21家、新三板企业30家。拥有电子信息技术研究所、光机电与先进制造研究所、宽带无线通信研究所、新能源与环保技术研究所等7个科研平台，设有专业投融资团队以及深圳清研创业投资有限公司等8家金融创投机构。研究院自主形成的创新孵化体系包括清华科技园（珠海）、深圳清华信息港、江苏数字信息产业园等8大产业园区和北美中心（硅谷）等6大海外中心。

三、中国科学院深圳先进技术研究院——四位一体创新型综合性研究院

2006年，中国科学院、深圳市政府及香港中文大学共建中国科学院深圳先进技术研究院（以下简称“先进院”），2009年7月被中编办正式批准纳入国家研究院所系列，隶属于中科院。先进院聚焦生物技术与信息技术融合，打造集科研、教育、产业和资本“四位一体”的创新型综合性工业研究院。先进院实行理事会领导下的院长负责制，理事会由共建三方相关领导组成。经过多年发展，先进院初步构建了集科研、教育、产业、资本为一体的微型协同创新生态系统。截至目前，建有生物医学与健康工程研究所、先进计算与数字工程研究所等九个研发平台，在高端医疗影像、医疗机器人等领域形成创新源头。拥有深圳龙华、平湖及上海嘉定等多个特色产业育成基地，以及珠海中科先进技术研究院、天津中科先进技术研究院等多个具有独立法人资质的新型专业科研机构。建立天使投资、风险投资、并购重组等基金体系，基金规模超30亿元。国科大深圳先进技术学院作为人才教育平台，设有4个博士学位授予点、10个硕士学位授予点，累计培养学生超过7000人。

四、北京生命科学研究所——一流基础生命科学研究所

北京生命科学研究所是2001年由国务院批准组建，由北京市政府和国家科技部等8个部委共同建立的一流基础生命科学研究所。实行理事会领导下的院长负责制，理事会由北京市政府和国家8个部委成员共同组成，院长聘任实行国际公开招聘。核心聚焦生命科学技术领域的基础研究，领域涵盖感染及自身免疫、程序性细胞死亡、神经生物学、表观遗传学、干细胞、计算及医学化学等。研究所采用国际公开招聘制度聘任实验室主任，依托王晓东、饶毅、邵峰等博士设立24个实验室，聚焦生命科学某一领域从多个角度开展系统研究，成为科学研究的基本单元。设立影像中心、蛋白质组中心、转基因动物中心、抗体中心等13个科研辅助中心，配备国际先进的仪器设备，为科研人员提供及时高效的科研服务。研究所在生命科学多个重要领域开展原创性研究，包括王晓东院士在研究细胞凋亡过程中发现的新化合物有望治愈全球数百万人的神经退行性疾病、李文辉博士在世界上首次发现了乙型肝炎病毒受体等。

五、南京先进激光技术研究院——激光产业界的创新引擎

南京先进激光技术研究院作为中国科学院上海光学精密机械研究所的唯一分所，由中科院上海光机所与南京经济技术开发区管委会双方共建，于2014年加盟江苏省产业技术研究院。研究院围绕激光应用装备、激光显示、激光检测仪器、激光加工、激光与光电子材料等领域，打造集产业技术研发、技术转移转化、技术服务和中小型科技企业孵化“四位一体”的激光产业技术研究院。研究院“一次买断”上海光机所的基础研究和原始创新成果，在公共服务技术平台、六大技术研发中心上进行二次开发。现有研发及孵化场地超过4万平方米，建有智能激光制造公共服务技术平台和激光精密检测公共服务技术平台，已建成激光显示组件与系统研发中心、激光检测仪器研发中心、先进全固态激光技术研发中心等六个技术研发中心。建有激光技术国家级专业化众创空间，实现激光行业专业资源、专业技术、专项基金的全方位对接，累计孵化中科煜宸激光近40家企业。

六、武汉光电工业技术研究院——光电产业科技服务提供商

武汉光电工业技术研究院是2012年由武汉市政府和华中科技大学合作共建，集共性技术研发、中试熟化对接、高端产业孵化、企业研发服务等功能于一体的协同创新创业平台。聚焦光电子产业细分领域，坚持以“体制机制创新，高端产业孵化”为使命，致力打造“中国光电产业科技服务首席提供商”。研究院依托武汉光电国家实验室研发资源，设立光电子器件与集成产业研究部、能源光电子产业研究部、生物医学光电子产业研究部等五个研究部门，提供产业化必需的工程技术研发、成果对接、投资运作和企业孵化服务，推动科研成果完成小试、中试阶段的设计研发。建立了标志雪铁龙（PSA）光电国际开放实验室、湖北省医疗器械产业技术创新战略联盟、武汉集成电路技术及产业服务中心（武汉ICC）等省市级平台。设立育成基金专项，首期规模1.33亿元人民币，重点投向光电子领域高科技创业企业，其中投入武汉光电工研院孵化或技术对接产业项目超60%。截至目前，研究院孵化企业年产值突破2.2亿元，税收突破1400万元。

七、广东华中科技大学工业技术研究院——科技成果异地转化典型代表

2007年，东莞市政府、广东省科技厅和华中科技大学签约共建东莞华中科技大学工业技术研究院。2015年更名为广东华中科技大学工业技术研究院。依托华中科技大学国家级科技创新平台，借力教师长期入驻，围绕数控装备、电子制造、制造信息技术以及材料和模具等优势学科方向，面向东莞市产业转型升级需求，研究院开展科技创新、技术服务、产业孵化和人才培养。研究院采用“事业单位、企业化运作”方式运营，实施理事会领导下的院长负责制，并设有技术咨询委员会和企业顾问委员会。下设东莞华科工研高新技术投资有限公司等四家投资平台进行产业化运作。华中科技大学以专利权益部分转让实现成果转移，成果转化及收益分配按照学校规定执行，形成了完善的科技成果异地转化收益分配机制。研究院发起成立东莞首支面向先进制造业的华科松湖基金，与市辖下镇签约共建产业升级示范区，与企业和镇街共建创新平台支持特色产业发展。截至2019年1月，研究院形成600余人的技术团队和1000余人

的产业化团队，打造了华科城科技孵化器品牌，为10000余家企业提供了高端技术服务。

八、宁波新材料联合研究院——全国首个新材料技术服务平台

宁波新材料联合研究院于2016年正式成立，由宁波高新区主导，整合中国兵器科学研究院宁波分院及中国科学院宁波材料技术与工程研究所三方资源共建，属副局级事业单位，是全国首个新材料技术服务平台。研究院整合兵科院、中科院宁波材料所资源，以新材料应用研究和成果转化为主导，重点承载公共检测、应用研究、成果转化、创业孵化、产业加速、科技金融等六大功能。打造"一平台六中心"为新材料领域企业提供公共检测及应用研究服务。"一平台"指材料公共试验检测平台，设有材料力学性能分析、化学成分分析、金相检测等七个专业主体，配套完善的高精尖检测设备，为企业提供试验检测服务。"六中心"指有机功能材料工程技术中心、轻量化材料工程技术中心、增材制造工程技术中心、能源材料工程技术中心（筹）、电子信息材料工程技术中心（筹）和生物医用材料工程技术中心（筹）等六大应用研究技术中心，瞄准通用高分子材料、超导材料等方向，面向研发机构、新材料企业和创业者等提供研究平台与设备服务。

九、中国科学院西安光学精密机械研究所——硬科技创新创业先锋

中国科学院西安光学精密机械研究所是以战略高技术创新与应用基础研究为主，聚焦基础光学、空间光学和光电工程三大领域，集基础和应用基础研究、开发研究及高新技术产业化为一体的高科技企业集团公司。研究所围绕"硬科技"创新进行改革，结合择机退出和反哺接力机制，探索"人才＋技术＋服务＋资本"四位一体科技成果产业化及服务模式，打造集"研究机构＋天使基金＋孵化器＋创业培训"为一体的科技创业生态网络体系。研究院下设西科控股，专业从事经营性资产运营管理和高科技企业投资孵化等职能。西科控股与社会投资机构共同发起创办中科创星，搭建专业从事高新技术产业孵化和创业投资的国家级一站式硬科技创业投资孵化平台，打造了向全社会科技创业者开放的培训服务体系，孵化了西安奇芯光电、睿芯电子等科技企业。中科创星打造的硬科技创业营成为全国性科技创业培训品牌。中科创星旗下西科天使是国内第一家专注于硬科技成果产业化的天使基金，光电子集成先导基金规模达10亿元。

十、西北有色金属研究院——转制院所"三位一体"模式

西北有色金属研究院是首批转制科研院所之一，是由国家级重点研究院、工程研究中心和若干产业化公司组成的大型科技集团。研究院组建了14个研究所／中心及36个创新平台，参与控（参）股公司29家，聚焦发展战略高技术新材料、改造和提升基础原材料，采用基础研究、工程化和产业化"三位一体"的发展模式，形成了有效的联动机制。该院依托国家工程中心、国家重点试验室等科技创新平台夯实科技成果转化基础；挑选成熟的科研成果进行中试验证，给予大量投入，使科研与生产之间建立有效衔接；建立以创新为导向的研发体系，依托公共创新平台强化中试环节，以市场机制培育新兴产业；采用学习与研究相结合、研发与生产相

结合、国内与国外相结合的“三结合”人才培养方式，培育创新型人才队伍。以国有资产控股、战略投资者参股、企业经营层和技术骨干持股的方式，激励源头创新和技术成果转化。2017 年，全院综合收入达 105.38 亿元。

四、创业困难及核心竞争力

创业好比登山，创业成功就是登上山顶，爬到顶峰的过程中必然会存在诸多因素阻碍了创业者的前进步伐，也同时会存在诸多机遇助力创业者登顶。调查数据对创业者在创业过程中所遇到的困难、制约因素及核心竞争力进行调研，同时梳理创业领域各层面制度，结合其落实情况，对创业过程中普遍存在的制度障碍进行论述。

（一）创业困难

1. 创业群体困难主要来自资金约束和缺乏创意

创业往往面临多方面的压力和因素制约，创业群体在创业过程中会遇到来自资金、资源、流量、人才等一系列困难。根据对创业困难程度的调查，数据显示，从 1—9 分的打分情况来看，均值为 5.8 分且呈现右偏态分布，选择 1—3 分认为不是很困难的创始人占比 16.25%，选择 4—6 分认为一般困难的占比 42.86%，选择 7—9 分认为较为困难的占 40.89%。可以看出，八成以上创始人都承受着较大的创业压力。

具体来看，创业群体对困难因素的排序为，缺资金 > 缺创意 > 缺伙伴 > 风险大 > 缺技术 > 缺知识产权保护 > 外界反对。资金约束仍是创业最主要的制约因素，43.5% 的人将其排在了困难第一位，将其排在前三位的人数占六成以上，相比 2016 年，此比例上升 13%，资金不足对于创业者的制约越来越大。分别有 17.9%、16.74% 的创业者将“没有好的想法”“难以找到创业合作伙伴”列为最困难的因素，相比 2016 年，“没有好的想法”占比下降 4%。“风险太大”、“缺少关键技术”和“概念容易被模仿”占比分别为 11.4%、10.08%、7.72%。“家庭反对”、“原工作单位不让离开”和“政策不支持”等来自外界反对因素对创业制约相对较小，分别有 5.01%、3.46% 和 2.05% 的创始人将其列为最重要因素。

随着创业对创新的依赖性逐步增加，创新创业互补关系日益显现、趋于融合，创意是创业的灵魂，也是创业成功的关键之一，“没有更好的想法”对于创业者的制约仅次于资金约束，虽此项制约因素占比有下降趋势，但依旧反映出创业市场创新活力仍需进一步被挖掘。其次，稳定的合作关系是创业的基本条件，“难以找到创业合作伙伴”排在制约因素的第三位，当今社会信任关系的形成需要较长时间，信用体系、信息交流机制、创业沟通机制的建设和完善对于推动创业具有重要意义。再次，“关键技术”是创始人在创业之初对“我能做什么”的考虑，技术是将知识运用到实践中的手段、途径、工具或方法，从数据情况可以看出，技术制约对创业企业的影响已经在逐渐减小。创业中的技术不完全等同于科学家眼中的技术，创业者要寻找的是建立在科学基础上的，满足社会需求的技术。最后，来自家庭成员、原工作单位等外界反对因素在创业困难因素中占比很小，新时代创业群体不再具有社会边缘群体性质，逐步走向舞台中心，侧面反映出我国创新创业氛围逐步向好，家庭对于创业的包容度增加，社会对于创业的认可度提升，随着国家大力推动双创高质量纵深发展，创业面临的政策壁垒和制度障碍也在慢慢缩小。

表 5-50-1　创业中遇到的困难排序情况（%）

创业困难因素	难以得到资金	没有好的想法	难以找到创业合作伙伴	风险太大	缺少关键技术
第一位	43.50	17.90	16.74	11.40	10.80
第二位	16.41	15.46	26.48	14.41	9.66
第三位	11.69	17.32	16.29	15.52	9.78
第四位	7.67	8.90	14.39	12.58	10.34
第五位	5.42	9.51	7.52	17.17	8.49
第六位	3.34	7.07	4.14	7.89	8.46
第七位	2.58	6.01	2.85	5.97	6.51
第八位	1.77	3.75	3.14	3.60	7.13
第九位	2.28	4.60	1.41	3.30	18.64
无	5.34	9.48	7.05	8.16	10.19

表 5-50-2　创业中遇到的困难排序情况（%）

创业困难因素	创业的概念容易被模仿	家庭成员反对	原工作单位不让离开	政府不鼓励
第一位	7.72	5.01	3.46	2.05
第二位	12.70	6.63	4.72	3.73
第三位	11.85	7.89	4.65	4.91
第四位	18.25	6.08	4.55	5.99
第五位	12.64	8.08	5.15	7.74
第六位	11.25	19.13	7.51	10.66
第七位	7.88	12.09	20.15	13.42
第八位	4.60	12.86	15.49	25.40
第九位	2.27	10.41	20.61	12.08
无	10.84	11.83	13.70	14.03

2. 市场变化、技术、资金是制约企业效益的主要因素

创业失败是创业生态系统中必不可少的组成部分。创业公司的失败率很高，哈佛商学院高级讲师卡・高希（Shikhar Ghosh）的研究表明，创业公司真实的失败率可能在 75% 至 90%。从调查数据中，可以分析出制约我国创业企业的效益的主要因素，总体来看，市场 > 技术 > 知识产权 > 资金 > 政府 > 合作。具体来看，首先，32.5% 的创始人认为“进入市场的速度和时间”是制约企业效益最重要的因素，市场对于创业的重要性无须赘述，许多创业公司失败的最大原因就是在于开发出了没有市场需求的产品。新时代背景下，高技术、新产品并不能保障创业的成功，只有确保产品与市场的匹配，关注市场是否准备好、市场条件和时机是否成熟、市场是否有需求等问题，才能加速创业成功的步伐。

其次，分别有 22%、18.1% 的人将技术和知识产权列为最大的制约因素，技术创新是企业可持续发展的重要手段，也是企业生存和发展的基本前提。近年来，虽然创业圈经常出现

技术不重要论，认为技术是可以用钱买来的，技术人员可以拿钱招聘到，但就目前情况来看，绝大多数创业企业的情况仍是技术环节薄弱、技术人才匮乏，尤其在互联网创业热潮之下，技术性互联网公司普遍存在招聘高技术人才难的现象，技术实力不足对企业发展的制约程度依旧较大。

再次，18% 的人认为大量资金投入是制约企业经营效益最重要的因素，创业公司前期往往都处于亏损状态，在没有取得实质进展前，如果耗尽了公司资金，将直接导致创业失败，即使拿到融资的幸运公司也只是铺在面前一条很短的跑道，如何保障现金流的正常运转是每个创业企业运营最直接、最重要的问题。“资金制约”作为创业群体在创业之初面临的最大困难，在影响企业经营效益排序中位列第四，可见相对于市场和技术，资金对创业企业经营效益制约相对较弱，市场和技术绝对优势可通过融资等方式为企业缓解资金障碍。

最后，认为“政府支持”和“与其他公司合作”是制约企业经验最重要因素的创始人占比较少，分别为 13.87% 和 8.05%。政策引导扶持产业发展是目前政府工作的重心，创业企业的发展必须符合国家发展方向和战略方针，大环境间接决定了企业发展是否被社会所需要，就目前国家对创新创业的支持力度来看，除个别行业外，政策制约对创业企业的影响较小。此外，“与其他公司合作”被排在了制约因素的最后位置，大企业平台化、大中小企业融通发展是我国企业发展的重要路径，在共享经济时代，合作与开放理念深入人心，合作渠道与信息资源阻碍减小，合作难度降低，合作障碍所带来的经营情况的影响相对较小。

表 5-51　制约企业经营效益的因素排序情况（%）

制约企业效益因素	进入市场的速度 / 时间	技术	知识产权保护	大量资金投入	政府支持	与其他公司合作
第一位	32.49	22.07	18.12	17.97	13.87	8.05
第二位	15.98	17.95	21.59	23.25	14.42	11.91
第三位	18.12	14.31	14.85	17.43	14.13	18.92
第四位	11.37	10.45	19.34	11.55	18.81	14.97
第五位	9.50	9.39	13.03	17.06	16.22	16.84
第六位	8.34	19.63	6.97	6.92	15.41	22.04
无	4.20	6.21	6.11	5.82	7.15	7.27

（二）核心竞争力

一般来说，创业者大多基于一类或几类创业要素，形成了一种或多种资源优势，例如具备一定的技术基础，或是积攒了一定可以用于市场开拓的人脉关系。调查数据显示，技术、客户和市场优势为排名前三位的创业优势，52.53% 的创业企业具有技术优势，51.98% 的企业具有客户资源优势，49.64% 的企业具备市场优势，此外，31.67% 的企业具备社会资源优势。基于企业内部的管理和资金优势的占比较少，以管理水平高为优势的企业占比 30.52%，以资金为优势的企业占比 28.25%。

创业企业优势是相对于其他企业来说，本企业更具优势地位的竞争力的体现，企业优势多在企业战略的指引下基于企业特有资源形成。分别来看，技术优势仍占据创业企业优势要素的主要地位，技术是企业可持续发展的根本，新经济时代的技术创新相较之前的创新发生了一定变化，之前的技术创新只针对企业内部，是为了更好地服务企业的发展，而现在的技术创新大部分是为了满足更多企业或者个人需求的创新，这是技术创新更加商业化、市场化的体现，技术的创新更加看重的是技术的使用率而非技术的拥有价值，技术创新的优势地位和市场的联系将会更加紧密。客户和市场优势对于创业企业来说十分重要，创业的关键在于市场需求的精准把握，而与客户良好关系的维系可以保障企业在创业初期现金流的健康平稳，以及在创业中后期市场运作与拓展。

表 5-52　公司主要优势分布情况

公司优势	频数	占比（%）
技术优势	2105	52.53
客户资源	2083	51.98
市场优势	1989	49.64
社会资源	1269	31.67
管理水平高	1223	30.52
资金优势	1132	28.25
其他	291	7.26

核心竞争力是创业企业的绝对竞争能力，即其他对手很难达到或无法具备的一种能力，核心能力主要是关乎各种技术和对应组织之间的协调和配合，可以给企业带来长期竞争优势和超额利润。调查数据显示，创业企业通常以技术为核心建立核心能力，46.52% 的创业企业拥有技术领先的核心能力，分别有 43.67%、28.05% 的创业企业以领导团队、员工能力为核心竞争力，25.71% 的创业企业以企业文化为核心竞争力，仅有 21.84%、12.15% 的创业企业将市场领先和社会关系作为自身的核心竞争力。

一般来说，核心能力具备五个特点：一是价值性，能为顾客带来长期性的关键性利益，为企业创造长期竞争主动权，以及超过同行业评价利润水平的超值利润；二是独特性，企业独自拥有的核心能力；三是延展性，能够支持企业向更有生命力的新事业拓展，应变和适应市场不断变化的能力；四是难以模仿和不可替代性，企业的核心能力是内部资源、技能、知识的整合能力，对手难以模仿和复制；五是长期性，核心能力的培育建设取决于企业长期积累的经验、教训、知识、理念。从调查数据所反映出的情况来看，企业的市场和客户优势很难成转化成为企业的核心竞争力，创业企业市场领先优势对于大多数创业企业来说很难形成，与客户关系的好坏只能让创业企业成为“之一”，却没办法具备排他性，创业公司所担心的往往不是被客户否决，而是被替代。同时，核心竞争力“技术领先”和“市场领先”占比的较大差距，一方面反映出创业群体技术型人才可能多于市场型人才，技术型人才很难具备足够强的市场开发能力，技术型创业者精力往往会投入到自己擅长的领域，做更尖端的研发，陷入市场方面被忽视的恶性循环，创业企业即使拥有很多技术专利，也只有很少一部分转化成商业价值，造成技术优势的极大浪费。另一方面技术转化为市场需要一定的时间，大多数创业企业仍在商业模式上进行探索，技术领先的核心竞争力仍未全部转化为市场领先的动力。

表 5-53　公司核心竞争力分布情况

公司核心竞争力	频数	占比（%）
技术领先	1864	46.52
领导团队	1750	43.67
员工能力	1124	28.05
企业文化	1030	25.71
市场领先	875	21.84
社会关系	487	12.15

（三）制度障碍

1. 创新创业管理体系仍需完善

我国创新创业管理体系仍有待提升，顶层设计与底层落地之间存在缺位现象。主要体现在，一是政策落地实施难。“一址多照”注册数量受限，无法满足众创空间、孵化器为创新创业团队批量注册的需要。“一址多照”是指允许一个注册地址登记注册多个企业，一个地址核发多个营业执照的行为，设计本意为了减少创业成本。但国家对“一址多照”注册数量没有明确限制，研究发现，在实际执行中存在市场监管部门按照 20 或 50 平方米给一个注册地址的标准控制注册企业的数量的情况，无法满足众创空间、孵化器为创新创业团队批量注册企业的需求。

二是政策实施保障存在滞后性，双创政策不能适合快速变化的市场环境。比如创办企业容易，注销企业很难，企业经营不善注销本是一件符合流程的事情，但创业者普遍反映“根本注销不掉”，“吃闭门羹、流程麻烦、一次一次都说不清、动辄缴纳几万十几万罚金”。究其原因，一是办理注销业务程序繁琐，需要依次经过市场监管部门备案、登报、申请注销国税、申请注销地税、向市场监管部门递交注册资料、注销组织机构代码证、银行销户等程序，整个流程一般要花费 5 至 7 个月，若是公司出现一些难追溯的问题，则要花费一年时间才能注销。二是“秋后算账”补税罚款严厉，需要提供至少最近三年的凭证、账本、纳税申报表，办理所得税汇算清缴、出口退税清算，补缴租赁合同印花税、账本印花税、实收资本印花税等小税种，其中没有租赁合同的，或是从来没有缴过实收资本的，也需要补齐，而且也要准备好发票领购本、未验销的发票、空白发票、税控盘等。这令创业者注销企业时叫苦不迭，简化企业注册反而套牢了创业者。

2. 新产业、新业态、新商业模式市场保障有待健全

以新产业、新业态、新商业模式为核心内容的经济活动的集合称为“三新”经济。国家统计局指出，新产业指应用新科技成果、新兴技术而形成一定规模的新型经济活动，具体表现为新技术应用产业化直接催生的新产业、传统产业采用现代信息技术形成的新产业等；新业态指顺应多元化、多样化、个性化的产品或服务需求，依托技术创新和应用，从现有产业和领域中衍生叠加出的新环节、新链条、新活动形态，具体表现为以互联网为依托开展的经营活动等；新商业模式指为实现用户价值和企业持续盈利目标，对企业经营的各种内外要素进行整合和重组，形成高效并具有独特竞争力的商业运行模式，具体表现为将互联网与产业创新融合、把硬

件融入服务、提供消费、娱乐、休闲、服务的一站式服务等。“三新”经济正成为中国经济发展的重要组成部分，对中国经济回升向好的态势具有非常重要的支撑作用。

对于“三新”经济，国家给予了很大支持，但是发展至今，市场保障方面的问题越来越凸显。以新能源行业为例，国家出台一系列鼓励新能源产业发展政策，但缺乏在共享技术服务平台方面的支持，新能源企业在突破关键技术上能力薄弱。存在部分政策虽然明确了新能源产业发展的方向，但是在关键技术的发展上缺乏引导，相应的配套不充足等问题。我国拥有巨大的生产新能源的自然优势，但在技术领域与国外先进技术水平相比仍有较大差距，光热技术和储能技术等一系列关键技术和设备领域都严重依赖国外进口。

3. 科技管理和成果转化机制尚未理顺

科技管理和成果转化二者相辅相成，先进的科技管理加上科学的技术成果转化机制，将为创业企业插上腾飞的翅膀，越过“死亡谷”加速进入瞪羚、独角兽行列。当前，我国在科技管理和成果转化促进创业企业发展的正向创新循环链条中，仍存在一些断点，限制了其功能的发挥。首先是“人”，人才是链条的起点。科研人员的脑力劳动对科研项目能否成功往往起到决定性作用，进而影响该项成果的应用。目前存在的障碍主要为，一是国家重点研发计划等科研项目不允许正式在编人员在项目中列支人员费，智力投入在现行科研经费管理模式下很难得到充分补偿，对于调动科研人员的积极性较为不利，甚至引起科研经费报销造假等现象；二是从科研成本构成来看，科研成果 50% 以上的贡献来源于科研人员的创造性工作，以调动科研人员积极性和创造性为出发点和落脚点，加大对科研工作的绩效激励力度，获得相应的激励本无可厚非，但在实际工作中对科研人员的激励落实阻碍较多。

其次是设备，设备是关键。《国务院关于强化实施创新驱动发展战略进一步推进大众创业万众创新深入发展的意见》《国务院关于国家重大科研基础设施和大型科研仪器向社会开放的意见》文件均要求加快推进科研设施与仪器向社会开放，其中高端科研设施与仪器很多是国外进口，享受免税政策，但《科技开发用品免征进口税收暂行规定》（财政部、海关总署、国家税务总局令〔2007〕44 号）和《科学研究和教学用品免征进口税收规定》（财政部、海关总署、国家税务总局令第 45 号）针对免税科研仪器做出规定，如“将免税进口的用品擅自转让、移作他用或者进行其他处置的，按照有关规定处罚，有关单位在一年内不得享受本税收优惠政策”等。二者相矛盾致使实际设备开放共享落地出现偏差，共享免税仪器会被追责，对免税仪器的处置需要频繁向海关报备也很不便利，直接导致各科研单位向社会共享意愿不高。

最后是平台，平台是枢纽。《中华人民共和国促进科技成果转化法》（2015 年 8 月 29 日修正版）第十一条规定“国家建立、完善科技报告制度和科技成果信息系统，向社会公布科技项目实施情况以及科技成果和相关知识产权信息，提供科技成果信息查询、筛选等公益服务”。《国务院办公厅关于印发促进科技成果转移转化行动方案的通知》（国办发〔2016〕28 号）中提出要“开展科技成果信息汇交与发布，发布转化先进适用的科技成果包、建立国家科技成果信息系统、加强科技成果信息汇交、加强科技成果数据资源开发利用”等多项内容。但在落实过程中存在一定问题，一是在大型、重大科研项目和所产生成果的信息公开方面，信息开放程度不足；二是国家科技报告系统中的信息披露更新滞后，相关信息检索与应用操作复杂，很难快速和精准地找到所需信息，信息获取的便利程度不高；三是由部门各自建设的信息平台，对与其他部门实现信息共享与协作考虑不足，造成了信息公开工作难以推动。

4. 创新创业支撑平台发展不充分不平衡

随着“大众创业、万众创新”在更大范围、更深程度上的推进，主流支撑平台主要分为众创空间、孵化器等为代表的线下服务机构，运用互联网手段提供创新创业服务的网络化众创平台以及大企业主导或参与的创新创业联盟。

首先，众创空间、孵化器层面，以北京、上海、广州和深圳为代表，全国各地掀起一阵热潮，全国众创空间、孵化器遍地开花，然而繁荣背后亦有“杂音”。一是这些众创空间、孵化器的考核和评价措施缺位，难以“优胜劣汰”。二是众创平台正面临同质化严重、盈利模式单一等问题，兼并重组潮愈演愈烈。三是真正需要优惠政策的众创空间、孵化器难以获得优惠，一定程度上存在因设置的税收减免条件过高，而导致其难以真正享受到实际的优惠。

其次，网络化众创平台缺少必要的政策引导。网络化众创平台是指运用互联网手段提供创新创业服务的平台，直接在线上提供工商注册、财税服务、品牌策划、广告设计、市场传播、网站开发等服务，比如猪八戒网、腾讯创业服务平台。这类众创平台高效聚合资源，有效为创新创业者提供了服务，但目前没有相应的鼓励政策。一是网络化众创平台不是当前“双创”模式的主流，以联合办公服务模式为主的“双创”模式占据主导，包括《财政部国家税务总局关于科技企业孵化器税收政策的通知》（财税〔2016〕89 号）在内的多项政策文件享受政策优惠都有物理空间的指标考量。二是网络化众创平台需要依托成熟的服务商，并不是注册个网上就能够提供创新创业服务，这对服务商提出了更高的要求，目前大多数众创空间、孵化器都不具备条件。三是互联网监管难度较大，如果不设置好门槛和标准，涌现出大量“挂羊头卖狗肉”的网络平台会扰乱创新创业市场。

最后，大企业主导或参与的创新创业联盟仍待普及。2017 年，国务院印发《国务院关于强化实施创新驱动发展战略进一步推进大众创业万众创新深入发展的意见》（国发〔2017〕37 号）规定，“实施企业创新创业协同行动。支持大型企业开放供应链资源和市场渠道，推动开展内部创新创业，带动产业链上下游发展，促进大中小微企业融通发展”。但在实际发展过程中，仍存在诸多阻碍，一是现阶段主要是靠市场化方式推动合作，大企业具备资源和市场渠道的优势，但没有足够的利益模式达成合作，多数优势企业开放意愿不高。二是大企业在开放过程中尚未找到共赢模式，单纯的收费远不能满足大企业开放的初衷，且中小企业所能支付的费用对大企业来说远不具备吸引力。三是通常来看，大企业开放的目的大多希望以股权方式换取中小企业股权或部分核心技术，但多数中小企业并不希望大企业入股，尤其是行业相关的大企业入股，避免知识产权和核心技术流向大企业，而使自身丧失了核心竞争力，二者难以在技术和股权方面获取平衡。

5. 创新创业人才流动和激励不到位

2010 年教育部印发《关于大力推进高等学校创新创业教育和大学生自主创业工作的意见》（教办〔2010〕3 号），2012 年印发《普通本科学校创业教育教学基本要求（试行）》（教高厅〔2012〕4 号），诸多政策推动高校的创新创业蓬勃发展，与此同时，问题也在逐渐显现。

一是大部分高校开展创新创业教育缺乏明确定位，创新创业教育仅仅在理论层面开展部分课程，没有上升到指导实践的层面。同时，大部分高校对创业教育观的认识依旧停留在提高毕业生就业率，而不是把创业教育建立在引导学生发现自我，成就自我的基础之上，违背了教育初衷。二是高校开展创新创业教育缺乏系统的课程体系，没有形成专门学科，设置的创新创业课程仍停留在参加创业大赛的和就业指导层面。三是缺乏实践与理论结合的师资队伍，大部分高校实施创业教育的师资整体水平较低，很多是就业中心的老师兼任，结构不合理。

其次，2017 年 6 月，北京市人社局发布《关于支持和鼓励高校、科研机构等事业单位专业技术人员创新创业的实施意见》破除了事业单位人员流动壁垒，畅通了人才进出事业单位的通道。启动专业技术人才“共享”新机制，但高等院校在实际师资团队和管理人员团队的队伍建设过程中，仍然强调人才来源必须是体制内，非体制内优秀人才进入队伍的选拔和流动依然存在很大阻力。创新创业是一件全社会参与的事情，同时具备很强的操作性，创新创业并不仅仅在理论层面，还需要大量的实操和市场的检验，体制内人才虽具有一定优势，但社会化人才在实际操作、市场检验等方面更具经验，创新创业教育的实质是为社会培养更多的既懂理论知识，又懂实际操作的人，仅仅依靠短期的课程培训显然无法达到这样的效果，只有将创新创业根植于创新创业教育才能有显著改善。

6. 创新创业的财税扶持力度有待加强

根据《国务院关于强化实施创新驱动发展战略进一步推进大众创业万众创新深入发展的意见》（国发〔2017〕37 号）要求，“要健全完善创新券、创业券的管理制度和运行机制，在全面创新改革试验区域探索建立创新券、创业券跨区域互通互认机制”，创新券给创业企业研发生产带来了诸多优惠，但政策落实存在不到位、设计不合理等问题。一是创新券、创业券通常是当地财政扶持双创的产物，只能在本市的区县使用而无法跨省，造成资源只能在小范围内流动，无法满足创业企业开发式发展需求，造成资源错配与浪费。二是区域政府可调动的资源有限，驻区国家级、省级高校及科研院所不属于当地政府管辖范围，在资源协调方面存在制度障碍，导致只能在区域内使用的创新券和创业券无法发挥其作用，可选择的服务机构和服务内容性有限，无法满足创新创业者真正需求的服务。三是服务机构兑付流程冗长，兑付程序繁琐，有些地区在兑现期间的费用要企业自行承担，导致企业使用创新券的积极性不高。

其次，小微企业参与政府采购存在需缴纳较高保证金的问题，急需引导商业银行、保险机构积极支持有政府采购合同的项目。2015 年，国务院印发《国务院关于进一步做好新形势下就业创业工作的意见》（国发〔2015〕23 号），明确提出“创新政府采购支持方式，消除中小企业享受相关优惠政策面临的条件认定、企业资质等不合理限制门槛”，但该政策没有得到有效落实。一是小微企业参与政府采购的投标保证金规定依然高，《招标投标法实施条例》“投标保证金不得超过招标项目估算价的 2%”，这项标准 15 年没有变更，按照对传统项目的标准衡量新产业新业态项目不合理，尤其对国家重点扶持、发展前景良好的高新技术产业小微企业应该适当降低投标保证金缴纳标准或免缴，同时探索投标保证金外的新方式。二是政府采购合同融资产品不成熟，需要政府引导商业银行研发风险可控、覆盖小微企业标前和标后全流程的政府采购融资产品，支持保险机构开展创新理赔业务。三是没有适用于信用记录良好和有违约记录的小微企业的奖惩细则。

7. 创新创业投融资渠道亟待拓展

企业在不同的发展阶段具有不同的资金需求特征、风险与融资条件。初创期的高新技术企业处于研发阶段，尚没有经营活动的现金流入，主要融资渠道依靠引入创业投资。随着我国“大众创业、万众创新”的持续推进，仅靠创业投资不能满足所有创业企业对资金的需求，迫切需要开辟新的融资渠道。知识产权质押融资是知识产权资本化的方式之一，是知识密集型企业融资渠道的新的探索，极大盘活了企业尤其是创业企业和金融机构的生态。我国法律对知识产权质押作出了明确规定，但知识产权质押融资仍面临各种困境，特别是中小企业要实现知识产权质押融资困难重重。在知识产权质押过程中，金融机构最担心的就是债权到期无法实现，届时“再转让”也很难，更多选择的合作伙伴是行业有威望、信誉良好或有担保的企业，这样的现状并未实现真正的知识产权质押，而是“换汤不换药”，假借知识产权质押之名，实为信誉、实产、担保融资。从现有知识产权质押融资业务链来看，我国知识产权质押融资仍为市场导向型，而相关市场的不成熟与不完善是无法真正实现市场导向的，知识产权质押融资业务还是一个初生待哺的婴儿，因此政府的介入与引导很有必要。

此外，合理赋予大型银行县支行信贷业务权限的政策落实不到位，科技型中小企业融资依然难。《国务院关于强化实施创新驱动发展战略进一步推进大众创业万众创新深入发展的意见》（国发〔2017〕37 号）明确规定“在有效防控风险的前提下，合理赋予大型银行县支行信贷业务权限。支持地方性法人银行在符合条件的情况下在基层区域增设小微支行、社区支行，提供普惠金融服务。支持商业银行改造小微企业信贷流程和信用评价模型，提高审批效率”，切实促进创新创业发展。应该说，国发〔2017〕37 号文的相应政策能够有效缓解科技型中小企业融资难的问题，但没有得到很好的落实，存在大型银行县支行为科技型中小企业提供信贷业务的审批权限偏小，有关的地方政府风险池、保险公司担保等配套扶持政策难也以落到实处等问题。同时，银行内部缺乏“容错机制”，对员工考核机械、严苛、保守，一朝出险，终身追责，很不利于具有一定风险的科技型中小企业通过信贷业务获取融资。

五、小结

新时代创业企业多为轻资产运营、中小型规模的科技型企业，企业盈利周期普遍较长，制度建设大多较为完善。从资产、销售额及人员规模来看，多数创业企业资产分布于 300 万—1000 万元，占比超过六成的创业企业年度销售额在 300 万元以下，近八成企业员工人数在 50 人以下。从盈利周期来看，半数以上的创业企业销售收入增长率集中在 0 及 0 以下，仅有不到三成企业销售收入增长率增幅较大，创业企业的市场发展潜力仍有待挖掘。制度建设方面，超八成创业企业在文化建设方面制定了相关制度，同时，企业研发制度在提高企业自主创新能力，推动创新型人才培养，激励创业团队的创新活力正在发挥越来越重要的作用。

融资和创新是影响创业企业发展的关键因素。从融资情况看，天使投资占企业首次融资方式比例较高，股权融资成为多数创业企业长期发展重点选择的融资途径。虽然九成以上创业企业有融资需求，而仅有不到半数企业有过融资行为，创业企业外部融资难的问题仍然较为普遍。从企业创新情况看，技术创新、产品创新是当前创业企业主要创新类型，远远高于服务创新和商业模式创新。同时，自主开发、合作开发是创业企业的主要技术来源，外部购买、技术入股的比例较低。绝大多数创业企业仍然依托于内部组织方式开展研发创新，选择与相关企业联合成立研究机构、与科研机构联合成立研究机构等外部合作方式开展创新的企业不多，企业与外部创新资源连接仍然不够紧密。

第三篇　重点产业创新创业

第六章　高新技术产业

本章所涉及的高新技术产业包括新一代信息技术、节能环保、高端装备制造、新能源、新材料和生物医药产业。以下从高新技术产业发展规律出发，结合调查数据所反映出的各指标情况，分别从企业发展情况、创新情况和创业难易程度三个维度对各领域内企业创业情况进行全面分析。

一、新一代信息技术：以技术研发类企业为主

新一代信息技术行业是一个综合概念，它是运用信息手段和技术，收集、整理、储存、传递信息情报，并提供相应的信息手段、信息技术等服务的产业。从行业细分来看，包含上游的通信设备，中游的通信网络以及下游的通信、技术和行业应用，进一步还可以分成半导体、光纤、运营商、互联网、大数据、云计算、人工智能、物联网等若干子行业。21 世纪，人类将步入智能时代，智能社会由三个战略核心组成，一是芯片 / 半导体，信息智能社会的心脏，负责信息计算和处理；二是软件 / 操作系统，信息智能社会的大脑，负责信息的规划和决策、资源的调度；三是信息通讯，信息智能社会的神经纤维，负责信息的传输和接收。

中国位于全球新一代信息技术产业第二梯队，互联网应用层面长板优势明显，不仅在数据挖掘、人工智能、网络技术等单一信息技术方向纵向升级，更重视信息技术与产业的融合，推动以信息服务平台为特征的整体代际变迁，中国新一代信息技术产业发展态势迅猛，2014 年销售收入约为 14 万亿元，2017 年增长至 18.4 万亿元，年均复合增长率约为 8.35%，预计 2021 年达 25.4 万亿元。未来，中国在 5G 通信技术的应用，将推动新一代信息技术产业进入快速发展期，中国在全球信息技术产业链中的地位将持续提升。

调查数据共调研新一代信息技术产业创业企业 1924 家，其中信息技术企业 1081 家、软件企业 843 家。在信息技术产业创业企业中，企业性质多以技术研发类为主，生产性企业、平台性企业和服务类企业较少，绝大多数企业创业方向为以信息技术赋能传统行业，以数字化推动生活服务、文娱活动、智慧农业等多领域发展，产业融合趋势明显。创业企业年度销售额多在 300 万元以下，盈利水平低于创业企业平均水平。企业创新类型多为产品创新，技术自主研发类型以原始创新和集成创新居多，专利技术积累不足，参与国际和国家标准制定的企业比重较高。研发团队规模较小，多数创业企业研发经费呈上升趋势。在企业创业过程中，初期寻找合作伙伴难度较大，人才与市场是制约信息技术产业创业企业效益的重要因素。

在软件产业创业企业中，企业性质同样以技术研发类企业居多，创业方向多为软件开发，少部分涉及与教育、网游、文创、金融等产业融合。企业年度销售额多在 300 万元以下，盈利水平略低于创业企业平均水平。企业创新类型多为技术创新，原始创新较多，近半数企业拥有

软件注册权。从研发潜力来看，多数企业研发经费呈上升趋势，半数以上企业技术引进费用呈上升趋势。在企业创业过程中，初期找到好的想法难度较大，人才与市场是制约软件产业企业效益的重要因素。

（一）产业竞争激烈，经营潜力向好

1. 创业企业经营情况

（1）技术研发类企业居多，信息技术企业产业融合趋势明显，软件企业多以软件开发为主

在本次创业数据调查中，共调研信息技术产业领域企业 1081 家，企业性质以技术研发类为主，共有 1072 家，占比 99.17%；生产性企业、平台性企业和服务类企业占比较少，均占到总数的 0.28%。梳理调研企业经营范围发现，技术研发类企业专业从事计算机网络技术占比较少，绝大多数创业方向为以信息技术赋能传统行业，以数字化推动生活服务、文娱活动、智慧农业等多领域发展，在产业融合中找到新的创业机遇。在创业者对企业所处行业位置自评中，37.84% 的创业企业认为自己处于行业的中游位置，27.20% 的创业企业认为自己已达到行业的领先水平，有 14.15% 的创业企业自评已达到行业龙头水平。

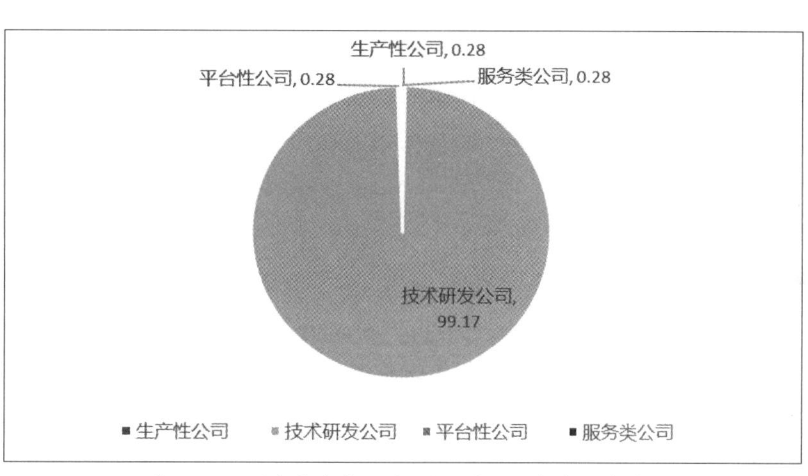

图6-1-1 信息技术产业创业企业类型分布情况（%）

软件产业领域中，共调研企业 843 家，技术研发类企业达 836 家，占比 99.17%。服务类企业、平台性企业和生产性企业分别有 3 家、2 家和 1 家。梳理软件行业创业企业经营范围后发现，技术研发类公司以从事软件开发为主，少部分涉及与教育、网游、文创、金融等产业融合，产品多以 APP 形式呈现。创业者对企业所处位置自评中，处于产业中游水平的企业居多，占比达 36.85%，27.13% 的创业企业认为自己处于行业领先水

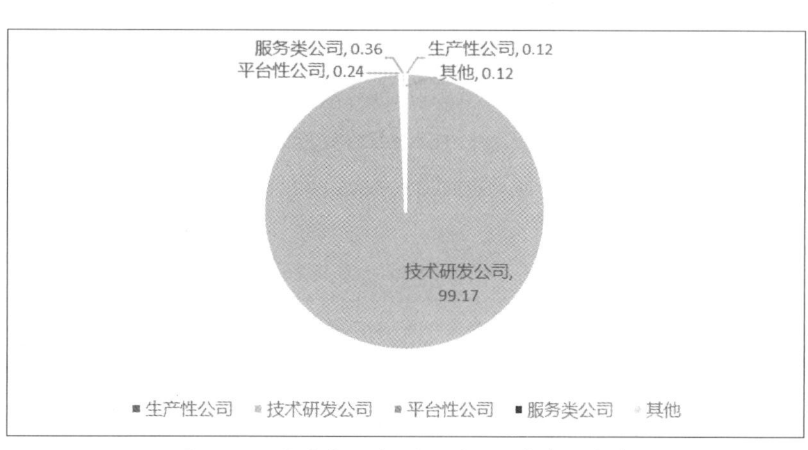

图6-1-2 软件产业创业企业类型分布情况（%）

平，10.84% 的创业企业行业处于龙头地位。

（2）企业年度销售额偏低，多处于 300 万元以下

信息技术产业中，从创业企业整体情况来看，年度销售额在 300 万元以下的居多，共有 728 家，占比 67.35%；销售额在 300 万—2000 万元的企业为 283 家，占比 26.18%；销售额在 2000 万元以上的企业为 70 家，占比 6.48%。分企业性质来看，技术研发类企业年度销售额依旧在低位徘徊，67.44% 的创业企业销售额在 300 万元以下，26.12% 的创业企业销售额在 300 万—2000 万元，仅有 6.44% 的创业企业销售额在 2000 万元以上。生产性公司、平台性公司、服务类企业由于样本个数较少，占比不具有数据统计意义，故不做赘述。

表 6-1-1　信息技术产业分性质企业销售额情况（%）

企业销售额（元）	生产性公司	技术研发公司	平台性公司	服务类公司
300 万以下	100	67.44	33.33	33.33
300 万—2000 万	0	26.12	33.33	66.67
2000 万以上	0	6.44	33.33	0

软件产业中，从创业企业整体情况来看，年度销售额在 300 万元以下居多，共有 545 家，占比 64.65%；销售额在 300 万—2000 万元的企业为 233 家，占比 27.64%；销售额在 2000 万元以上的企业为 65 家，占比 7.71%。从企业性质来看，技术研发类企业年度销售额偏低，64.83% 的创业企业销售额在 300 万元以下，27.39% 的创业企业销售额在 300 万—2000 万元，仅有 7.78% 的创业企业销售额在 2000 万元以上。与信息技术产业类似，生产性公司、平台性公司、服务类企业由于样本个数较少，占比不具有数据统计意义，故不做赘述。

表 6-1-2　软件产业分性质企业销售额情况（%）

企业销售额（元）	生产性公司	技术研发公司	平台性公司	服务类公司	其他
300 万以下	0	64.83	50	33.33	100
300 万—2000 万	100	27.39	50	66.67	0
2000 万以上	0	7.78	0	0	0

信息技术、软件产业创业企业年度销售额相较其他行业平均水平来看处于偏低状态。眼下是科技创业最好的时代，也是最坏的时代，政策利好、技术飞速发展，为科技企业提供优渥的土壤，但与此同时，人们对科技产品的要求也越来越高，互联网巨头的垄断性越来越强，一批互联网创业的企业家已经成为业界巨头，而新一批的互联网创业公司正大浪淘沙，竞争激烈，生存空间相对较小。

（3）盈利能力不足，多数企业未实现盈利

信息技术产业中，技术研发类企业多数未实现盈利，利润额为负的企业有 810 家，占比 75.56%；利润为 0 的企业有 168 家，占比 15.67%；已实现盈利的企业为 94 家，占比 8.77%。

表 6-1-3 信息技术产业分性质企业利润额情况（%）

企业利润额（元）	生产性公司	技术研发公司	平台性公司	服务类公司
0 以下	66.67	75.56	0	66.67
0	33.33	15.67	0	0
0 以上	0	8.77	100	33.33

软件产业中，技术研发类企业未实现盈利的创业企业依旧占大多数，但盈利情况略好于信息技术产业。具体来看，利润为负的企业有 618 家，占比 74.01%；利润为 0 的企业有 133 家，占比 15.93%；已实现盈利的企业为 84 家，占比 10.06%。

表 6-1-4 软件产业分性质企业利润额情况（%）

企业利润额（元）	生产性公司	技术研发公司	平台性公司	服务类公司	其他
0 以下	0	74.01	0	100	100
0	100	15.93	50	0	0
0 以上	0	10.06	50	0	0

信息技术、软件产业盈利情况同样略低于创业企业平均水平，实现盈利的企业凤毛麟角。这与行业本身属性有关，信息技术与软件行业的盈利关键在于形成规模效应，只有产品的边际成本尽可能低的情况下，才能为用户提供低廉乃至免费的服务，而在互联网行业“721 生存法则”之下，即行业龙头市场份额占比 70%、第二占比 20%，其他仅有 10%，只有少数找到风口，迎合市场需求的创业企业才能实现爆发式成长。在行业竞争同质化越来越严重的情况下，多数信息技术与软件创业企业依靠烧钱进行扩张的模式，在资本撤出后无法形成闭环，创业失败案例比比皆是。调查数据显示，信息技术和软件行业的创新集中于技术创新和产品创新，在服务和商业模式创新方面有所突破的占比不足 10%，而创业阶段的信息技术或软件公司，只有形成独特的商业模式才可常胜，单纯的产品型或技术型创业，存在风险高、投入周期长，亏损状态持续时间久的特点，极少的企业会迎来爆发期。

2. 创业企业融资情况

（1）融资目的以市场扩展和技术研发居多，市场扩展融资企业占比高达近四成

从融资目的来看，信息技术行业以市场扩展融资居多，市场扩展融资企业占比高达四成以上，技术研发次之，占比不足三成。信息技术行业创业企业多为科技型企业，在完成起步后，会迅速发展至扩大规模高速发展的阶段，培养用户粘性、进行市场扩展资金就成了发展的最大瓶颈。

表 6-1-5 信息技术产业创业企业融资目的分布情况

融资目的	频数	占比（%）
技术研发	282	26.09
企业收购	84	7.77
市场扩展	461	42.65
服务采购	110	10.18
其他	144	13.32

在软件行业中，近四成创业企业以市场扩展为融资目的，技术研发融资占比两成以上，略低于信息技术行业。软件行业对技术创新的需求相对较高，技术创新产生高回报率，但技术创新的早期阶段需要投入大量资金，成功率却比较低，伴随着较高的投资风险。

表 6-1-6　软件行业创业企业融资目的分布情况

融资目的	频数	占比（%）
技术研发	196	23.25
企业收购	70	8.3
市场扩展	342	40.57
服务采购	84	9.96
其他	151	17.91

（2）融资方式以股权融资和天使融资为主

从融资方式来看，信息技术行业创业企业以股权融资和天使融资居多，占比均达三成以上，债权融资、私人借贷、众筹等融资方式占比很少。股权融资是企业的股东让出部分企业所有权，通过企业增资的方式引进新的股东，同时使总股本增加的融资方式，股权融资所获得的资金会变成企业法人拥有所有权的资产，对于以市场扩展为主要融资目的，且行业发展极其迅速、最容易诞生独角兽企业的信息技术行业来说，吸引新股东与创始团队一同分享企业的盈利与未来公司的成长收益，无疑是快速获得融资的最优选择。

表 6-1-7　信息技术产业创业企业融资方式分布情况

融资方式	频数	占比（%）
债权融资	32	2.96
股权融资	388	35.86
私人借贷	45	4.16
众筹	24	2.22
天使投资	361	33.36
政府支持	22	2.03
其他	210	19.41

在软件行业中，以天使投资和股权融资为主要融资方式的企业居多，占比均约两成，值得注意的是，相比信息技术行业，软件行业选择其他融资方式的占比较多，达四成以上。其他融资方式具体包含哪些从问卷中不得而知，但不可忽视的是，融资模式随着大数据技术的不断发展，金融机构利用网络平台向互联网领域拓展发展了多样的融资形式，一定程度上，降低了具有网络业务的中小企业融资壁垒，解决了传统融资过程中中小企业与银行之间信息不对称的障碍，使担保质押不再是必需环节，为规模小、财务制度不完善的中小企业带来融资机会，而大多数以网络业务为主、担保质押较为困难的软件行业的融资，越来越青睐于新兴融资平台与融资模式。

表 6-1-8　软件产业创业企业融资方式分布情况

融资方式	频数	占比（%）
债权融资	35	4.16
股权融资	149	17.72
私人借贷	59	7.02
众筹	16	1.9
天使投资	184	21.88
政府支持	50	5.95
其他	348	41.38

（3）信息技术企业融资状况优于软件企业，未融资企业占比仅为三成左右

从融资轮次来看，七成信息技术行业创业企业获得融资，约四成企业获得一轮融资，明显高于平均水平。从私募通相关数据来看，投资数量方面，2013 至 2018 年上半年，信息技术领域投资案例数累计最多，达到 2391 起，大幅领先于其他领域。

表 6-1-9　信息技术产业创业企业融资轮次分布情况

融资轮次	频数	占比（%）
未融资	323	29.91
一轮	427	39.54
两轮	273	25.28
三轮及以上	57	5.28

在软件产业领域，仅有不足三成创业企业获得了融资，且都集中于一轮融资，很少有企业能完成二轮以上融资。这与样本数息息相关，但相比信息技术行业，足以看出软件行业融资困境。相关研究显示，在统计 17 年的融资纪录后发现，企业相邻两轮融资时间的平均间隔处在 12 至 20 个月。在软件创业企业中，刚融完资的企业，大概融资后的一年内，对额外资金没有很大需求，一般所融资金都可满足其一年左右的业务发展和战略安排，而下轮融资与上轮融资时间间隔过长，企业又可能面临缺少资金支持其业务延伸或其他战略性决策，这就易被竞争者赶超。

表 6-1-10　软件产业创业企业融资轮次分布情况

融资轮次	频数	占比（%）
未融资	635	75.42
一轮	132	15.68
两轮	63	7.48
三轮及以上	12	1.43

（4）融资规模多处于 100 万—1000 万元

从融资规模来看，信息技术行业创业企业融资规模以 100 万—1000 万居多，占比近四成；融资规模在 100 万元以下和 1000 万—1 亿的企业占比均达两成以上。2019 年，在经历了上半年新三板整体冷清的定增市场后，后半年“回暖”现象中，信息技术行业毫无意义地成为新三板定增市场主角，无论定增数量还是融资规模均居于领先地位。

表 6-1-11　信息技术产业创业企业融资规模分布情况

融资规模（元）	频数	占比（%）
100 万以下	165	25.35
100 万—1000 万	273	41.94
1000 万—1 亿	176	27.04
1 亿以上	37	5.68

在软件行业创业企业融资规模与信息技术行业相似，以 100 万—1000 万居多，占比近四成；融资规模在 100 万元以下和 1000 万—1 亿的企业占比均近三成。由于融资企业数量相对较少，不具有统计学意义上的代表性和规律性，不再赘述。

表 6-1-12　软件产业创业企业融资规模分布情况

融资规模（元）	频数	占比（%）
100 万以下	28	28
100 万—1000 万	39	39
1000 万—1 亿	28	28
1 亿以上	5	5

3. 创业企业发展潜力

（1）信息技术、软件企业销售收入增长率高于平均水平，信息技术企业利润收入状况优于软件企业

将销售收入增长率作为衡量创业企业市场潜力的指标之一，调查数据显示，信息技术产业创业企业销售收入增长率实现 100% 以上的占比较高。具体来看，销售收入增长率为负的企业数量为 169 家，占比 15.63%，远低于 34% 的创业企业平均水平；销售收入增长率为 0 的企业数量为 447 家，占比为 41.35%；销售收入增长率在 0—50% 的企业数量为 96 家，占比为 8.88%；销售收入增长率在 51%—100% 的企业数量为 72 家，占比为 6.66%；销售收入增长率达 100% 以上的企业数量为 297 家，占比为 27.47%。

表 6-1-13　信息技术产业创业企业销售收入增长率分布情况

销售收入增长率（%）	频数	占比（%）
小于 0	169	15.63
0	447	41.35
0—50	96	8.88
51—100	72	6.66
100 以上	297	27.47

软件产业创业企业销售收入增长率为负的占比相对较高。具体来看，销售收入增长率为负的企业数量为 200 家，占比 23.75%；销售收入增长率为 0 的企业数量为 307 家，占比为 36.46%；销售收入增长率在 0—50% 的企业数量为 80 家，占比为 9.5%；销售收入增长率在 51%—100% 的企业数量为 63 家，占比为 7.48%；销售收入增长率在 100 以上的企业数量为 192 家，占比为 22.8%。

表 6-1-14　软件产业创业企业销售收入增长率分布情况

销售收入增长率（%）	频数	占比（%）
小于 0	200	23.75
0	307	36.46
0—50	80	9.5
51—100	63	7.48
100 以上	192	22.8

从利润增长率水平来看，信息技术产业利润增长突破 100% 以上的占比高于创业企业平均水平，达 18.78%。具体来看，利润增长率为负的企业数量为 273 家，占比为 25.25%；利润增长率为 0 的企业数量为 341 家，占比为 31.54%；利润增长率在 0—50% 的企业数量为 169 家，占比为 15.63%；利润增长率在 51%—100% 的企业数量为 95 家，占比为 8.79%；利润增长率达 100% 以上的企业数量为 203 家，占比 18.78%。

表 6-1-15　信息技术产业创业企业利润增长率分布情况

利润增长率（%）	频数	占比（%）
小于 0	273	25.25
0	341	31.54
0—50	169	15.63
51—100	95	8.79
100 以上	203	18.78

在软件产业中，利润增长率为 0 的创业企业占比达总样本的 1/3。具体来看，利润增长率为负的企业数量为 251 家，占比为 29.77%；利润增长率为 0 的企业数量为 279 家，占比为 33.1%；利润增长率在 0—50% 的企业数量为 131 家，占比为 15.54%；利润增长率在 51%—100% 的企业数量为 79 家，占比为 9.37%；利润增长率在 100 以上的企业数量为 103 家，占比 12.22%。

表 6-1-16　软件产业创业企业利润增长率分布情况

利润增长率（%）	频数	占比（%）
小于 0	251	29.77
0	279	33.1
0—50	131	15.54
51—100	79	9.37
100 以上	103	12.22

（2）信息技术与软件企业研发投入多呈上升趋势，研发活跃度较高

将研发潜力用研发经费增长率衡量，结果显示，在信息技术领域中，半数以上的创业企业研发经费呈上升趋势。具体来看，研发经费增长率为负的企业数量为 64 家，占比 5.92%；研发经费增长率为 0 的企业占比较高，为 38.67%；研发经费增长率在 0—50% 的企业数量为 268 家，占比为 24.79%；研发经费增长率在 51%—100% 的企业数量为 217 家，占比为 20.07%；研发经费增长率达 100% 以上的企业数量为 114 家，占比为 10.55%。

表 6-1-17 信息技术产业创业企业研发经费增长率分布情况

研发经费增长率（%）	频数	占比（%）
小于 0	64	5.92
0	418	38.67
0—50	268	24.79
51—100	217	20.07
100 以上	114	10.55

软件产业领域，六成以上的创业企业研发经费呈上升趋势。具体来看，研发经费增长率为负的企业数量为 80 家，占比 9.49%；研发经费增长率为 0 的企业数量为 242 家，占比为 28.71%；研发经费增长率在 0—50% 的企业数量为 229 家，占比为 27.16%；研发经费增长率在 51%—100% 的企业数量为 222 家，占比为 26.33%；研发经费增长率在 100 以上的企业数量为 70 家，占比为 8.3%。

表 6-1-18 软件产业创业企业研发经费增长率分布情况

研发经费增长率（%）	频数	占比（%）
小于 0	80	9.49
0	242	28.71
0—50	229	27.16
51—100	222	26.33
100 以上	70	8.3

技术引进费用是指购买企业外部的技术知识、经验和技艺所花费的费用，旨在借助外部力量提高企业技术水平和管理能力。从技术引进费用增长率状况来看，在信息技术行业中，四成以上企业技术引进费用与去年持平。技术引进费用增长率为负的企业数量为 145 家，占比为 13.41%；技术引进费用增长率为 0 的企业数量为 475 家，占比为 43.94%；技术引进费用增长率在 0—50% 的企业数量为 213 家，占比为 19.7%；技术引进费用增长率在 51%—100% 的企业为 174 家，占比为 16.1%；技术引进费用增长率达 100% 以上的企业为 74 家，占比为 6.85%。

表 6-1-19 信息技术产业创业企业技术引进费用增长率分布情况

技术引进费用增长率	频数	占比（%）
小于 0	145	13.41
0	475	43.94
0—50	213	19.7
51—100	174	16.1
100 以上	74	6.85

在软件行业中，半数以上企业技术引进费用呈上升趋势，三成以上企业技术引进费用与去年持平。具体来看，技术引进费用增长率为负的企业数量为 107 家，占比为 12.69%；技术引进费用增长率为 0 的企业数量为 297 家，占比为 35.23%；技术引进费用增长率在 0—50% 的企

业数量为 188 家，占比为 22.3%；技术引进费用增长率在 51%—100% 的企业为 207 家，占比为 24.56%；技术引进费用增长率达 100% 以上的企业为 44 家，占比为 5.22%。

表 6-1-20　软件产业创业企业技术引进费用增长率分布情况

技术引进费用增长率（%）	频数	占比（%）
小于 0	107	12.69
0	297	35.23
0—50	188	22.3
51—100	207	24.56
100 以上	44	5.22

从新增研发数量状况来看，多数信息技术行业创业企业研发活动较为活跃，六成以上创业企业上一年度新增研发数量在 1—10 项。具体来看，信息技术行业的创业企业中，上一年度新增研发数量为 0 的企业数量为 367 家，占比为 34.33%；研发数量在 1—10 项的企业数量为 697 家，占比为 65.2%；研发数量在 10 项以上的企业数量为 5 家，占比 0.47%，高于行业平均水平。

表 6-1-21　信息技术产业创业企业上一年度新增研发数量情况

上一年度新增研发项目数量	频数	占比（%）
0	367	34.33
1—10	697	65.2
10 以上	5	0.47

在软件产业领域，五成以上创业企业新增研发数量在 1—10 项，四成以上企业并未新增研发项目。具体来看，上一年度新增研发数量为 0 的企业数量为 393 家，占比为 46.95%；研发数量在 1—10 项的企业数量为 442 家，占比为 52.81%；研发数量在 10 项以上的企业数量为 2 家，占比 0.24%。

表 6-1-22　软件产业创业企业上一年度新增研发数量情况

上一年度新增研发项目数量	频数	占比（%）
0	393	46.95
1—10	442	52.81
10 以上	2	0.24

（3）信息技术、软件行业员工人数增长率显著高于平均水平，信息技术优于软件产业

从员工人数增长率状况来看，在信息技术行业员工人数持续增长，规模适中，增长率突破 100% 的企业占比仅为 2.13%。具体来看，员工人数增长率为负的企业数量为 67 家，占比为 6.2%；员工人数增长率为 0 的企业数量为 318 家，占比为 29.42%；员工人数增长率在 0—50% 的企业数量为 358 家，占比为 33.12%；员工人数增长率在 51%—100% 的企业数量为 315 家，占比为 29.14%；员工人数增长率在 100 以上的企业数量为 23 家，占比为 2.13%。

表 6-1-23　信息技术产业创业企业员工人数增长率分布情况

员工人数增长率（%）	频数	占比（%）
小于 0	67	6.2
0	318	29.42
0—50	358	33.12
51—100	315	29.14
100 以上	23	2.13

在软件行业，六成以上企业员工人数与去年相比有所增长，增长率突破 100% 的企业占比不足 1%。具体来看，员工人数增长率为负的企业数量为 73 家，占比为 8.66%；员工人数增长率为 0 的企业数量为 243 家，占比为 28.83%；员工人数增长率在 0—50% 的企业数量为 289 家，占比为 34.28%；员工人数增长率在 51%—100% 的企业数量为 235 家，占比为 27.88%；员工人数增长率在 100 以上的企业较少，占比为 0.36%。

表 6-1-24　软件产业创业企业员工人数增长率分布情况

员工人数增长率（%）	频数	占比（%）
小于 0	73	8.66
0	243	28.83
0—50	289	34.28
51—100	235	27.88
100 以上	3	0.36

（二）研发投入强度仍有提升空间

1. 创业企业创新类型

在信息技术行业中，创业企业大部分以技术创新和产品创新作为主要的创新类型。创新类型为产品创新的企业数量为 444 家，占比为 41.11%；技术创新的企业数量为 441 家，占比为 40.83%；服务创新的企业数量为 35 家，占比为 3.24%；商业模式创新的企业数量为 56 家，占比为 5.19%；其他创新类型的企业数量为 104 家，占比 9.63%。

表 6-1-25　信息技术产业创业企业创新类型分布情况

创新类型	频数	占比（%）
技术创新	441	40.83
产品创新	444	41.11
服务创新	35	3.24
商业模式创新	56	5.19
其他	104	9.63

软件产业中创新类型为技术创新的企业数量为 358 家，占比为 42.47%；产品创新的企业数量为 335 家，占比为 39.74%；服务创新的企业数量为 20 家，占比为 2.37%；商业模式创新的企业数量为 32 家，占比为 3.80%；其他创新类型的企业数量为 98 家，占比 11.63%。软件行业作为技术密集型行业，包括基础软件、中间件、应用软件、嵌入式应用软件、信息安全产品、

支撑软件、软件定制服务的等主要产品的发展都建立在技术的进步之上，而每一次技术的进步只有反应在推出新的产品或实现新的功能上，因此软件行业技术创新企业和产品创新企业最多且比重差异不明显。

表 6-1-26　软件产业创业企业创新类型分布情况

创新类型	频数	占比（%）
技术创新	358	42.47
产品创新	335	39.74
服务创新	20	2.37
商业模式创新	32	3.80
其他	98	11.63

从技术来源角度分析，信息技术企业中技术来源为自主开发的企业数量为 493 家，占比为 45.61%；技术来源为合作开发的企业数量为 343 家，占比为 31.73%；技术来源为外部购买的企业数量为 75 家，占比为 6.94%；技术来源为技术入股的企业数量为 104 家，占比为 9.62%；其他技术来源的企业数量为 66 家，占比为 6.11%。自主开发和合作开发是信息技术企业主要创新来源，但技术入股这种现在比较热的形式占比较低。

表 6-1-27　信息技术产业创业企业技术来源分布情况

技术来源	频数	占比（%）
自主开发	493	45.61
合作开发	343	31.73
外部购买	75	6.94
技术入股	104	9.62
其他	66	6.11

在软件企业中，技术来源为自主开发的企业数量为 367 家，占比为 43.53%；技术来源为合作开发的企业数量为 284 家，占比为 33.69%；技术来源为外部购买的企业数量为 42 家，占比为 4.98%；技术来源为技术入股的企业数量为 85 家，占比为 10.08%；其他技术来源的企业数量为 65 家，占比为 7.71%。软件行业的创业企业，技术来源大多是源自自主开发，选择外部购买的企业比重较低，表明创业企业对核心技术的态度越来越重视自主和可控，但是技术入股这种热度很高的形式，在企业占比中“遇冷”，说明其被市场认可还有很长的路要走。

表 6-1-28　软件行业创业企业技术来源分布情况

技术来源	频数	占比（%）
自主开发	367	43.53
合作开发	284	33.69
外部购买	42	4.98
技术入股	85	10.08
其他	65	7.71

从技术自主研发类型角度分析，信息技术企业中自主创新类型为原始创新的企业数量为

422 家，占比 39.04%；自主创新类型为集成创新的企业数量为 381 家，占比 35.25%；自主创新类型为引进消化再创新的企业数量为 278 家，占比 25.72%。新一代信息技术中创业企业各研发类型占比存在一定的差异，原始创新类型企业占比较集成创新类型高 3.79%，同时高出引进消化再创新企业占比 13.32%，表明信息技术行业的创业企业中以原始创新为主，其次是选择集成创新，选择原始创新之路有利于保证企业核心技术自主可控符合当前大多数创业企业利益，也是未来的创新趋势。

表 6-1-29　信息技术产业创业企业自主创新类型分布情况

自主创新类型	频数	占比（%）
原始创新	422	39.04
集成创新	381	35.25
引进消化再创新	278	25.72

在软件企业中，自主创新类型为原始创新的企业数量为 329 家，占比 39.07%；自主创新类型为集成创新的企业数量为 317 家，占比 37.65%；自主创新类型为引进消化再创新的企业数量为 196 家，占比 23.28%。原始创新类型企业占比和集成创新类型企业占比非常接近，皆高于引进消化再创新，表明软件行业的创业企业中以原始创新为主，其次是选择集成创新，引进消化再创新的自主研发类型未来可能呈现退出主流研发类型的趋势。

表 6-1-30　软件产业创业企业自主创新类型分布情况

自主创新类型	频数	占比（%）
原始创新	329	39.07
集成创新	317	37.65
引进消化再创新	196	23.28

2. 创业企业创新要素投入

在研发人员投入方面，新一代信息技术行业中研发人员数量在 10 人以下的企业数量为 786 家，占比为 72.78%；研发人员数量在 10—50 人的企业数量为 268 家，占比为 24.81%；研发人员数量在 50—100 人的企业数量为 13 家，占比为 1.20%；研发人员数量在 100 人以上的企业数量为 13 家，占比为 1.20%。在新一代信息技术行业中的创业企业中，其研发团队多数规模较小，一般在 10 人以下，精简的研发团队便于创业企业控住人力成本，集中力量攻关，但在一定程度上也限制了创业企业创新的广度。

表 6-1-31　信息技术产业创业企业研发人员数量分布情况

研发人员数量（人）	频数	占比（%）
10 以下	786	72.78
10—50	268	24.81
50—100	13	1.20
100 以上	13	1.20

在软件产业领域中，研发人员数量在 10 人以下的企业数量为 673 家，占比为 79.83%；研

发人员数量在 10—50 人的企业数量为 159 家，占比为 18.86%；研发人员数量在 50—100 人的企业数量为 6 家，占比为 0.71%；研发人员数量在 100 人以上的企业数量为 5 家，占比为 0.59%。

表 6-1-32　软件产业创业企业研发人员数量分布情况

研发人员数量（人）	频数	占比（%）
10 以下	673	79.83
10—50	159	18.86
50—100	6	0.71
100 以上	5	0.59

从研发经费投入角度看，上一年度未投入研发经费的信息技术企业有 345 家，占信息技术企业总数的 31.94%；研发投入在 10 万元以下的企业数量为 319 家，占比为 29.54%；研发投入在 10 万—100 万元的企业数量为 267 家，占比 24.72%；研发经费超过 100 万元的有 149 家企业，占调查信息技术企业总数的 13.80%。新一代信息技术行业中，接近七成的企业设置了研发经费，且在此次调查的上年度 38.52% 的创业企业投入超过 10 万元。但是，新一代信息技术行业还有 31.94% 的创业企业在此次调查的上年度未有研发经费投入，研究这些尚未投入科研经费企业将是下一阶段重点，通过进一步分析企业没有投入研发经费的原因，从而定制化为企业服务，有利于帮助企业解决创新难点和痛点。

表 6-1-33　信息技术产业创业企业研发经费分布情况

上一年度研发经费（元）	频数	占比（%）
0	345	31.94
0—10 万	319	29.54
10 万—100 万	267	24.72
100 万以上	149	13.80

在软件产业领域中，上一年度未投入研发经费的软件企业有 190 家，占软件企业总数的 22.54%；研发投入在 10 万元以下的企业数量为 244 家，占比为 28.94%；研发投入在 10 万—100 万元的企业数量为 258 家，占比 30.60%；研发经费超过 100 万元的有 151 家企业，占调查软件企业总数的 17.91%。软件行业的创业企业重视研发经费的投入，接近七成的企业设置了研发经费，且超过此次调查的上年度投入超过 10 万元的企业占比为 48.51%。

表 6-1-34　软件产业创业企业研发经费分布情况

上一年度研发经费投入（元）	频数	占比（%）
0	190	22.54
0—10 万	244	28.94
10 万—100 万	258	30.60
100 万以上	151	17.91

从技术引进费用角度看，信息技术行业的创业企业技术引进费用为 0 元的企业数量为 414 家，占比为 38.30%；技术引进费用为 10 万元以下的企业数量为 482 家，占比 44.59%；技术引进费用为 10 万—100 万元的企业数量为 145 家，占比 13.41%；技术引进费用为 100 万元以上

的企业数量为 40 家，占比为 3.70%；多数创业企业上一年度技术引进费用较低。

表 6-1-35　信息技术产业创业企业技术引进费用分布情况

上一年度技术引进费用（元）	频数	占比（%）
0	414	38.30
0—10 万	482	44.59
10 万—100 万	145	13.41
100 万以上	40	3.70

在软件行业的创业企业中，技术引进费用为 0 元的企业数量为 238 家，占比为 28.27%；技术引进费用为 10 万元以下的企业数量为 411 家，占比 48.81%；技术引进费用为 10 万—100 万元的企业数量为 157 家，占比 18.65%；技术引进费用为 100 万元以上的企业数量为 36 家，占比为 4.28%；多数创业企业上一年度技术引进费用较低，研发费用集中在 10 万元以下。

表 6-1-36　软件产业创业企业技术引进费用分布情况

上一年度技术引进费用（元）	频数	占比（%）
0	238	28.27
0—10 万	411	48.81
10 万—100 万	157	18.65
100 万以上	36	4.28

3. 创业企业创新产出效益

从商标保有量角度看，信息技术行业中，尚未拥有商标的企业有 303 家，占比为 28.03%；拥有商标数量在 10 个以下的企业分布最多有 774 家，占企业总数的 71.60%；企业拥有商标数量在 10 个以上的企业有 4 家，占比为 0.37%。

表 6-1-37　信息技术产业创业企业商标数量分布情况

商标数量	频数	占比（%）
0	303	28.03
10 以下	774	71.60
10 以上	4	0.37

在软件行业受调查企业中，尚未拥有商标的企业有 350 家，占比为 41.52%；拥有商标数量在 10 个以下的企业分布最多有 493 家，占企业总数的 58.48%；企业拥有商标数量在 10 个以上的企业有 0 家。

表 6-1-38　软件行业创业企业商标数量分布情况

商标数量	频数	占比（%）
0	350	41.52
1—10	493	58.48
10 以上	0	0

从工业专利角度看，信息技术行业的各类专利保有量有待进一步提升。首先，从发明专利来看，尚未拥有发明专利的信息技术企业数量为1050，占受调查企业的97.13%；其次，对于实用新型专利的积累，尚未拥有实用新型发明专利的企业数量为1015，占受调查企业的93.98%；此外，在外观专利申请上，尚未拥有外观专利的企业数量为1015，占受调查企业的93.98%。信息技术企业对于专利技术积累不足，在所有专利技术中，拥有外观专利的企业占比最高。

表6-1-39　信息技术产业创业企业专利技术数量分布情况

专利数量	发明专利		实用型专利		外观专利	
	频数	占比（%）	频数	占比（%）	频数	占比（%）
0	1050	97.13	1015	93.98	1015	93.98
1—10	30	2.78	62	5.74	64	5.93
10以上	1	0.09	3	0.28	1	0.09

在软件行业领域，拥有工业专利的企业不多，主要集中在实用型专利和外观专利上，有发明专利的企业数量不多。首先，从发明专利来看，尚未拥有发明专利的软件企业数量为833，占受调查企业的99.05%；其次，对于实用新型专利的积累，尚未拥有实用新型发明专利的企业数量为821，占受调查企业的97.51%；最后，在外观专利申请上，尚未拥有外观专利的企业数量为825，占受调查企业的98.10%。软件企业对于专利技术积累不足，在所有专利技术中，拥有实用型专利的企业占比最高。

表6-1-40　软件产业创业企业专利技术数量分布情况

专利数量	发明专利		实用型专利		外观专利	
	频数	占比（%）	频数	占比（%）	频数	占比（%）
0	833	99.05	821	97.51	825	98.10
1—10	8	0.95	19	2.26	16	1.90
10以上	0	0	2	0.24	0	0

从著作权角度分析，信息技术行业中拥有软件注册权的企业占比较高。就影视（文化）版权方面，尚未拥有影视（文化）版权的信息技术企业数量为1074家，占受调查企业的99.44%。在软件注册权方面，尚未拥有软件注册权的企业为535家，占比为49.54%；软件注册权在1到10的企业数量为541，占比为50.09%；10个以上的企业有4家，占比为0.37%。在统计口径内的著作权存量看，信息技术行业的创业企业几乎没有企业申请影视（文化）版权，其拥有的著作权主要集中在软件注册权上，近半数企业拥有软件注册权。

表6-1-41　信息技术产业创业企业著作权及其他类型知识产权数量分布情况

专利数量	影视文化版权		软件注册权		其他	
	频数	占比（%）	频数	占比（%）	频数	占比（%）
0	1074	99.44	535	49.54	1069	99.17
1—10	6	0.56	541	50.09	8	0.74
10以上	0	0	4	0.37	1	0.09

软件行业领域中，拥有软件注册权的企业数量最多，有影视（文化）版权的企业占比较少。在影视（文化）版权方面，尚未拥有影视（文化）版权的软件企业数量为836家，占受调查企业的99.17%。在软件注册权方面，尚未拥有软件注册权的企业为535家，占比为63.54%。软件行业创业企业近半数企业拥有软件注册权，尤其对于做应用软件的企业来说，软件注册权是其高质量发展中绕不过的环节。

表6-1-42 软件产业创业企业著作权及其他类型知识产权数量分布情况

专利数量	影视文化版权		软件注册权		其他	
	频数	占比（%）	频数	占比（%）	频数	占比（%）
0	836	99.17	535	63.54	838	99.64
1—10	7	0.83	305	36.22	3	0.36
10以上	0	0	4	0.24	0	0

从参与制定标准角度看，信息技术行业各级别标准的制定都有企业参与，且参与国际和国家标准制定的企业比重较高。首先，在参与国际标准制订中信息技术创业企业尚未参与国际标准制订的企业数量为767家，占受调查企业的71.02%；其次，在参与国家标准制订上，尚未参与国家标准制订的企业数量为675，占受调查企业的62.44%；再次，在参与行业标准制订上，尚未参与行业标准制订的企业数量为638，占受调查企业的59.02%；最后，在参与公司标准制订上，尚未参与公司标准制订的企业数量为358家，占受调查企业的33.12%。

表6-1-43 信息技术产业创业企业制定标准数量分布情况

标准数量	国际标准		国家标准		行业标准		公司标准	
	频数	占比（%）	频数	占比（%）	频数	占比（%）	频数	占比(%)
0	767	71.02	675	62.44	638	59.02	358	33.12
1—10	281	26.02	374	34.6	404	37.37	607	56.15
10以上	32	2.96	32	2.96	39	3.61	116	10.73

在软件行业创业企业中，参与制订公司标准的企业数量最多，参与国际、国家标准的企业占比不高。首先，在参与国际标准制订中软件创业企业尚未参与国际标准制订的企业数量为654家，占受调查企业的77.58%；其次，在参与国家标准制订上，尚未参与国家标准制订的企业数量为619，占受调查企业的73.60%；再次，在参与行业标准制订上，尚未参与行业标准制订的企业数量为604，占受调查企业的71.73%；最后，在参与公司标准制订上，尚未参与公司标准制订的企业数量为336家，占受调查企业的39.86%；软件企业参与的标准制订主要集中在公司标准，国际标准、国家标准的制订上，创业企业参与的较少。

表6-1-44 软件行业创业企业制定标准数量分布情况

标准数量	国际标准		国家标准		行业标准		公司标准	
	频数	占比（%）	频数	占比(%)	频数	占比(%)	频数	占比（%）
0	654	77.58	619	73.60	604	71.73	336	39.86
1—10	174	20.64	201	23.90	211	25.06	443	52.55
10以上	15	1.78	21	2.50	27	3.21	64	7.59

从技术交易情况来看，多数信息技术企业进行过技术交易，而且选择行业交易中心的企业占比最高，另外新一代信息技术行业中多数企业的技术交易收入不高。首先新一代信息技术企业有632家参与过技术交易，占比为58.46%；尚未进行技术交易的企业有449家，占比为41.54%。

在软件行业中，尚未进行过技术交易的软件企业有290家，占比为34.40%；进行过技术交易的企业有553家，占比为65.60%。

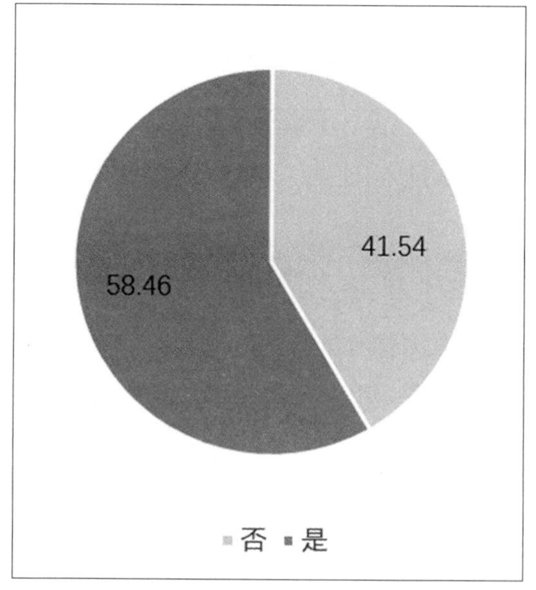

图6-1-3 信息技术产业创业企业技术交易情况（%）

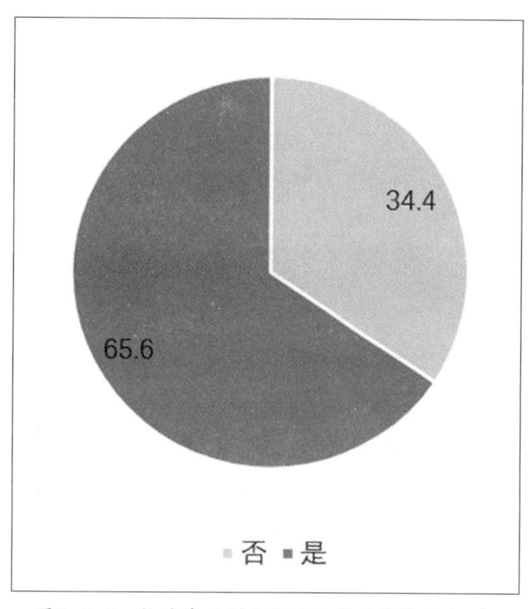

图6-1-4 软件产业创业企业技术交易情况（%）

在选择交易渠道方面，信息技术创业企业中选择国家交易中心进行技术交易的共有148家，占受调查企业总数的15.95%；选择地方交易中心的企业有198家，占比为21.34%；选择行业交易中心的企业数量为201，占比为21.66%；选择服务平台的企业有186家，占比为20.04%；有162家企业选择企业间接交易，占比为17.46%；另外有33家企业，选择其他方式进行交易，占比为3.56%。在国家交易中心、地方交易中心、行业交易中心、服务平台和企业间直接交易这5类传统交易渠道中，信息技术行业企业大多选择行业交易中心进行技术交易。

表6-1-45 信息技术产业创业企业技术交易渠道分布情况

技术交易渠道	频数	占比（%）
国家交易中心	148	15.95
地方交易中心	198	21.34
行业交易中心	201	21.66
服务平台	186	20.04
企业间直接交易	162	17.46
其他	33	3.56

在软件创业企业中，选择国家交易中心进行技术交易的共有118家，占受调查企业总数的16.21%；选择地方交易中心的企业有148家，占比为20.33%；选择行业交易中心的企业数量

为 167，占比为 22.94%；选择服务平台的企业有 141 家，占比为 19.37%；有 128 家企业选择企业间接交易，占比为 17.58%；另外有 26 家企业，选择其他方式进行交易，占比为 3.57%。在国家交易中心、地方交易中心、行业交易中心、服务平台和企业间直接交易这 5 类传统交易渠道中，软件行业企业大多选择行业交易中心进行技术交易，剩余交易渠道中，选择国家交易中心的企业占比最低。

表 6-1-46　软件产业创业企业技术交易渠道分布情况

技术交易渠道	频数	占比（%）
国家交易中心	118	16.21
地方交易中心	148	20.33
行业交易中心	167	22.94
服务平台	141	19.37
企业间直接交易	128	17.58
其他	26	3.57

在信息交易收入方面，信息技术行业在此次调查的上年度未获得技术交易收入的企业数量为 504 家，占信息技术企业的 46.62%；技术交易收入不足 100 万元的企业有 486 家，占比为 44.96%；技术交易收入介于 100 万至 1000 万元的企业数量为 80 家，占比 7.40%；技术交易收入在 1000 万元以上的企业有 11 家，占比为 1.02%。信息技术产业创业企业在此次调查的上年度获得技术交易收入的企业数量超过一半，表明信息技术行业中存在很多创新能力高，科研实力强的企业，但技术交易收入大多集中在 100 万元以下，表明拥有的可交易技术市场议价能力有限。

表 6-1-47　信息技术产业创业企业技术交易收入情况

上一年度技术交易收入（元）	频数	占比（%）
0	504	46.62
0—100 万	486	44.96
100 万—1000 万	80	7.40
1000 万以上	11	1.02

在软件行业领域，在此次调查的上年度未获得技术交易收入的企业数量为 363 家，占软件企业的 43.06%；技术交易收入不足 100 万元的企业有 421 家，占比为 49.94%；技术交易收入介于 100 万至 1000 万元的企业数量为 56 家，占比 6.64%；技术交易收入在 1000 万元以上的企业有 3 家，占比为 0.36%。超过一半的软件业创业企业在此次调查的上年度获得技术交易收入，表明软件行业中存在很多创新能力高，科研实力强的企业，但技术交易收入大多集中在 100 万元以下，表明拥有的可交易技术市场议价能力有限。

表 6-1-48　软件产业创业企业技术交易收入情况

上一年度技术交易收入（元）	频数	占比（%）
0	363	43.06

表 6-1-48　软件产业创业企业技术交易收入情况（续表）

上一年度技术交易收入（元）	频数	占比（%）
0—100 万	421	49.94
100 万—1000 万	56	6.64
1000 万以上	3	0.36

（三）资金和人才成为核心关注点

1. 创业初期困难因素

信息技术产业中，对调查问卷中的创业者创业初期困难程度自评情况进行统计，在 1—9 分的创业困难程度评分中，样本均值为 5.78。具体来看，打分在 1—3 分，认为创业难度较小的企业数量为 181 家，占比 16.74%；评价为 4—6 分，认为难度一般的企业数量为 447 家，占比 41.35%；评价为 7—9 分，认为创业难度较大的企业数量为 453 家，占比 41.91%。

从创建公司的困难因素排序情况来看，在信息技术行业中，创建公司的重要因素排序为：难以得到资金 > 难以找到创业合作伙伴 > 没有好的想法 > 风险太大 > 缺少关键技术 > 创业的概念容易被模仿 > 家庭成员反对 > 原工作单位不让离开 > 政府政策不鼓励。资金问题是制约信息技术行业创业的首要因素，有 40.85% 的人将其排在第一位，“难以找到创业合作伙伴”、“没有好的想法”、“风险太大”和“缺少关键技术”分列第二、三、四、五位，占比分别为 16.74%、14.9%、12.03% 和 11.45%。近年来，在互联网时代成长起来的年轻人登上创业舞台，进入信息技术领域创业是最多的选择，信息技术创业门槛相对较低，技术难度排在创业难度的第五位，掌握基本技术，两三人的团队就能搭建一个平台。对于年轻的创业者来说，其想法更为新颖，创业更加超前，个性较为多样，寻找志同道合的合作伙伴成为除资金外排在第二位的困难因素。

表 6-1-49　信息技术产业企业创业困难因素排序情况（%）

创业困难因素	难以得到资金	难以找到创业合作伙伴	没有好的想法	风险太大	缺少关键技术
第一位	40.85	16.74	14.9	12.03	11.45
第二位	15.98	25.53	15.01	12.78	10.13
第三位	11.53	16.42	17.44	15.47	8.37
第四位	7.48	13.67	8.61	13.1	11.34
第五位	6.57	6.99	10.04	15.36	7.71
第六位	4.04	5.08	8.06	7.36	6.83
第七位	2.33	3.18	6.18	6.34	5.62
第八位	1.72	2.54	3.64	3.54	7.6
第九位	2.12	0.95	3.97	2.26	17.62
无	7.38	8.9	12.14	11.49	13.33

表 6-1-50　信息技术产业企业创业困难因素排序情况（%）

创业困难因素	创业的概念容易被模仿	家庭成员反对	原工作单位不让离开	当时政府政策不鼓励
第一位	7.01	5.01	4.36	2.86
第二位	11.65	7.29	4.12	4.05

表 6-1-50 信息技术产业企业创业困难因素排序情况（%）（续表）

创业困难因素	创业的概念容易被模仿	家庭成员反对	原工作单位不让离开	当时政府政策不鼓励
第三位	10.07	8.77	3.89	4.4
第四位	16.74	5.81	3.53	4.88
第五位	13.12	7.29	3.77	7.74
第六位	13.01	15.72	6.83	9.29
第七位	7.35	11.62	17.67	14.17
第八位	3.85	11.85	16.61	23.45
第九位	2.6	11.39	21.55	10.71
无	14.59	15.26	17.67	18.45

软件产业中，对调查问卷对创业者创业初期困难程度自评情况进行统计，在 1—9 分的创业困难程度评分中，样本均值为 5.82 分。具体来看，打分区间在 1—3 分，认为创业难度较小的企业数量为 138 家，占比 16.39%；评价为 4—6 分，认为难度一般的企业数量为 367 家，占比 43.59%；评价为 7—9 分，认为创业难度较大的企业数量为 337 家，占比 40.02%。

从创建公司的困难因素排序情况来看，在软件行业中，创建公司的重要因素排序为：难以得到资金 > 没有好的想法 > 难以找到创业合作伙伴 > 风险太大 > 缺少关键技术 > 创业的概念容易被模仿 > 家庭成员反对 > 原工作单位不让离开 > 政府政策不鼓励。资金问题是制约软件行业创业的首要因素，近半数的人将其排在第一位，“没有好的想法”、“难以找到创业合作伙伴”和“风险太大”位列其后，占比分别为 19.35%、16.08%、和 11.19%。软件产业多以 APP（应用程序）为创业方向，随着智能手机的普及，更是成为国内绝大多数年轻人创业的首选，目前我国主要应用商店的应用规模已累计超过 400 万个。有分析指出，App 的生命周期平均只有十个月，85% 的用户会在一个月内将其下载的应用程序从手机中删除， 五个月后，这些应用程序的留存率仅有 5%。国内的应用商店普遍存在审查不严的情况，据相关报告显示，在 App Store 中，中国僵尸应用占比高达 81.3%，为全球最高。创业的低门槛造就了高死亡率，软件应用领域的竞争越来越激烈，“没有好的想法”是缺乏资金外对于软件创业者来说难度最大的因素，在新的创业环境下，企业想要生存，就必须找到新的商业模式，另辟蹊径找到发展方向和生存空间。

表 6-1-51 软件行业企业创业困难因素排序情况（%）

创业困难因素	难以得到资金	没有好的想法	难以找到创业合作伙伴	风险太大	缺少关键技术
第一位	45.08	19.35	16.08	11.19	7.68
第二位	14.36	16.64	26.29	14.45	8.71
第三位	10.77	16.79	15.94	14.59	11.37
第四位	8.38	8.68	14.99	15.01	9.01
第五位	7.18	7.25	6.4	15.44	9.75
第六位	2.93	6.26	4.22	8.78	8.71
第七位	1.86	6.12	2.59	6.23	6.35
第八位	1.86	3.27	3.95	2.27	8.42
第九位	2.26	5.55	2.04	2.83	18.91
无	5.32	10.1	7.49	9.21	11.08

表 6-1-52 软件产业企业创业困难因素排序情况（%）

创业困难因素	创业的概念容易被模仿	家庭成员反对	原工作单位不让离开	当时政府政策不鼓励
第一位	7.26	5.38	3.42	2.05
第二位	12.59	8.22	5.29	2.52
第三位	11.41	7.92	6.22	3.46
第四位	16.89	4.78	4.51	6.46
第五位	13.63	9.57	5.29	7.24
第六位	10.37	18.98	7	11.81
第七位	8.3	13.75	19.91	11.97
第八位	5.04	11.66	15.71	24.57
第九位	2.37	7.32	19.13	15.12
无	12.15	12.41	13.53	14.8

2. 创业中期制约因素

调查数据对制约创业企业效益因素进行统计，结果显示，人才、市场和技术是制约信息技术产业创业企业效益最为重要的因素，占比分别为 18.66%、17.25% 和 15.24%；资金和管理位列其后，占比分别为 13.86% 和 12.33%；此外，政策与成本受到部分创业者的关注，占比分别为 11.01% 和 9.74%。

表 6-1-53 信息技术产业制约企业效益因素分布情况

制约企业效益的因素	频数	占比（%）
技术	540	15.24
人才	661	18.66
资金	491	13.86
市场	611	17.25
政策	390	11.01
管理	437	12.33
成本	345	9.74
其他	68	1.92

就软件产业的调查结果来看，人才与市场是制约软件产业创业企业效益最为重要的因素，占比分别为 19.31%、16.79%；技术、资金和管理分列第三、四、五位，占比分别为 14.38%、14.06% 和 12.26%；政策与成本占比相对较低，分别为 10.79% 和 10.43%。

人才在任何时代都是支撑社会、产业和企业发展的栋梁，尤其对于信息技术产业来说，随着云计算、大数据、人工智能等的兴起，我国从“人口红利”逐渐向“工程师红利”转变，“抢人大战”进入白热化阶段，领域内面向未来智能化社会的人才需求巨大。在信息技术与制造业、服务业深度融合的趋势下，落地应用更需要既懂得工业运营、又了解网络信息技术的跨界人才。网络服务平台对工业理解不深，抓不住企业的痛点，提出的解决方案容易流于表面；工业企业没有专业信息化人才，说不清改造需求，导致许多创业企业即使找到了创业方向，却无法获得可持续长久的发展。软件企业的竞争力高度依赖包括开发人员、软件市场人员和企业管理人员等研发人员，当前我国软件产业人才紧缺问题突出，根据《软件产业人才白皮书》，我国软件人才缺口大概在 500 万—1000 万左右，多学科交叉的复合型人才更是处于极度短缺状态。

表 6-1-54　软件产业制约企业效益因素分布情况

制约企业效益的因素	频数	占比（%）
技术	400	14.38
人才	537	19.31
资金	391	14.06
市场	467	16.79
政策	300	10.79
管理	341	12.26
成本	290	10.43
其他	55	1.98

3. 创业企业发展重要因素

调查数据对信息技术产业领域内企业在创建公司时的重要因素进行排序统计，结果显示，市场与技术是该领域创业企业高度关注的重要因素。从重要性排序结果来看，进入市场的速度 / 时间 > 技术 > 资金投入 > 知识产权保护 > 政府支持 > 与其他公司合作。其中，有 35.25% 的创业者将进入市场的速度 / 时间排在第一位，20.9% 的创业者将知识产权排在第二位，资金、知识产权保护和政府支持分列第三、四、五位，占比分别为 17.83%、17.12% 和 14.64%。

表 6-1-55　信息技术产业企业创业重要因素排序情况（%）

创建公司的重要因素	进入市场的速度 / 时间	技术	大量资金投入	知识产权保护	政府支持	与其他公司合作
第一位	35.25	20.9	17.83	17.12	14.64	7.22
第二位	15.11	18.01	21.2	21.43	14	12.31
第三位	15.51	16.83	17.62	13.87	13.68	17.41
第四位	11.28	9.97	11.92	20.27	17.41	12.31
第五位	9.67	8.04	16.56	11.87	15.71	16.88
第六位	7.35	17.79	6.22	6.51	14.53	23.25
无	5.84	8.47	8.65	8.93	10.04	10.62

软件产业结果显示，市场与技术同样为该领域创业企业更为重视的重要因素。从重要性排序结果来看，进入市场的速度 / 时间 > 技术 > 知识产权保护 > 资金投入 > 政府支持 > 与其他公司合作。其中，有 33.16% 的人将进入市场的速度 / 时间排在首位，其次为技术因素，占比 23.57%；知识产权保护、资金和政府支持分列第三、四、五位，占比分别为 18.03%、15.11% 和 11.78%。

表 6-1-56　软件产业企业创业重要因素排序情况（%）

创建公司的重要因素	进入市场的速度 / 时间	技术	知识产权保护	大量资金投入	政府支持	与其他公司合作
第一位	33.16	23.57	18.03	15.11	11.78	9.18
第二位	17.67	15.71	21.53	22.47	14.59	11.47
第三位	16.9	12.78	16.82	18.4	13.92	19.03
第四位	11.14	10.52	17.23	11.56	20.75	16.06

表 6-1-56　软件产业企业创业重要因素排序情况（%）（续表）

创建公司的重要因素	进入市场的速度 / 时间	技术	知识产权保护	大量资金投入	政府支持	与其他公司合作
第五位	9.35	10.25	12.79	19.05	16.87	14.44
第六位	7.55	21.3	7	7.23	15.26	22.54
无	4.23	5.86	6.59	6.18	6.83	7.29

二、节能环保：经营情况优于全行业平均水平

节能环保产业是以节能环保的技术、设备、产品的研发和制造为核心，配套营销、工程、金融、信息服务等一系列辅助业务以及一体化的节能环保服务业务的统称。我国节能环保产业主要分为节能、环保、资源循环利用三大领域。从产品和装备角度，节能环保产业主要包括节能技术和装备、高效节能产品、节能服务、先进环保技术和装备、环保产品与环保服务、资源综合利用、再生资源利用等。节能环保是典型的政策密集型行业，政府政策是环保行业的第一推动力，该领域创业企业很多客户是政府、国有企业，而真正意义上的节能环保市场仍处于市场化进程中，处于由环保意识到环保思维的转变过程中。《"十三五"节能环保产业发展规划》提出发展节能环保产业，加强大气、水、土壤等污染防治工作。同时提出，到 2020 年，节能环保产业成为国民经济的一大支柱产业。节能环保领域创业前景广阔，环保思维一旦产生，便会将市场推到新的高度，在社会生产生活的方方面面产生出大量新的需求。

中国处于该产业第二梯队，近年来节能环保产业发展迅猛，产业结构向装备制造和服务业并重升级。据统计，2010 年节能环保产业产值达 2 万亿元，到 2018 年产值突破 7 万亿元，2020 年有望突破 8 万亿元。2018 年，我国节能环保产业中高效低耗的先进环保技术装备与产品的市场占有率为 13%，主要以传统装备制造业为主。随着产业规模进一步扩张，节能环保装备制造业仍会占有很大比重，节能环保服务业所占比重将进一步增加。节能服务业总产值由 2008 年的 417.3 亿元增至 2015 年的 3127.34 亿元，环保服务业年收入总额从 2010 年的 1500 亿元，增长到 2015 年 5000 亿元，发展速度高于节能环保产业的其他领域。

创业调查数据对 56 家节能环保创业企业进行了深入调研，总体来看，节能环保创业多聚集于二线城市，初期项目更受资本市场青睐。节能环保产业生产性企业占比达九成以上，多数为环保设备和节能产品制造类企业。企业年销售额和盈利情况均高于创业平均水平，近两成年销售额突破 2000 万元，近三成企业实现盈利。企业销售收入增速高于创业平均水平，两成以上企业突破 100%。企业利润增速低于创业平均水平，近四成呈现负增长。企业以技术创新和产品创新为主，缺乏商业模式创新的企业，其技术主要来自自主开发，现阶段集成创新为主导创新方向，知识产权拥有量较少，半数以上企业参与过公司标准制订，近九成企业进行过技术交易，技术交易渠道以行业交易中心和服务平台为主。对于早期创业者来说，资金资本存在一定程度的断层问题，大型国有企业及成熟的节能环保公司在资金、技术、服务网络、市场层面等优势显著。未来节能环保产业创业将存在大量蓝海，比如在环保检测领域，我国环境监测相关政策已经逐渐打开，未来移动环境监测及数据预警方面，无论政府还是大企业

都将产生大量需求；随着智慧城市战略提出，城市资源回收利用等层面需求进一步增加，找准项目和定位十分关键;智能终端领域,家用小型智能终端与技术未来将会有市场井喷的过程，形成“终端＋软件＋云端”模式，从终端切入，云端累计数据，梳理更多的商业模式将会带来大量创业机会。

（一）产业整体经营业绩较好

1. 创业企业经营情况

（1）生产性企业居多，多以生产节能环保装备、节能产品和环保监测装备等为主

在本次创业数据调查中，共调研节能环保产业领域企业56家，其中，生产性企业居多，共52家，占比92.86%；技术研发类企业与服务类企业占比较少，均为3.57%。对企业经营范围进行检索后发现，节能环保行业生产类企业主要以节能环保装备、节能产品、环保监测装备的生产为主。从企业在产业中所处位置来看，创业企业多处于产业的中游水平，占比为44.64%。

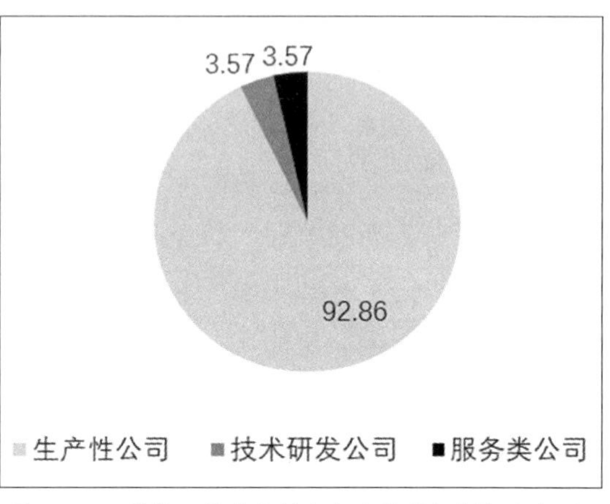

图6-2-1　节能环保产业创业企业类型分布情况（%）

（2）企业年销售额高于创业平均水平，近两成突破2000万

节能环保产业创业企业年度销售额多集中在300万元以下和300万—2000万元，占比均为39.29%，销售额在2000万元以上的企业为12家，占比相对较高，为21.43%，企业规模普遍偏小，产业集中度低。分企业性质来看，生产性企业年度销售额主要集中在300万元以下和300万—2000万元，占比均为40.38%；19.23%的创业企业销售额在2000万元以上；技术研发类企业销售额在300万元以下和2000万元以上居多，占比均为50%；服务类企业销售额集中分布在300万—2000万元与2000万元以上，占比均为50%。

表6-2-1　节能环保产业分性质企业销售额分布情况（%）

企业销售额（元）	生产性公司	技术研发公司	服务类公司
300万以下	40.38	50	0
300万—2000万	40.38	0	50
2000万以上	19.23	50	50

（3）企业盈利情况优于创业平均水平，近三成实现盈利

从节能环保产业不同性质企业的盈利状况来看，生产性企业中，利润为负的企业有37家，占比71.15%，利润为0的企业较少，占比仅为1.92%，已实现盈利的企业为14家，占比26.92%；技术研发类企业利润额为负占比较高；服务类公司利润额分布多在0以上及0以下，占比各为50%。

表 6-2-2　节能环保产业分性质企业利润额分布情况（%）

企业利润额	生产性公司	技术研发公司	服务类公司
0 以下	71.15	100	50
0	1.92	0	0
0 以上	26.92	0	50

2. 创业企业融资情况

（1）融资目的以市场扩展和技术研发居多，市场扩展融资企业占比近三成

从融资目的来看，节能环保行业创业企业多以市场扩展和技术研发为主要融资目的，以市场扩展、技术研发为融资目的的企业占比分别为 30.36%、25%。

表 6-2-3　节能环保产业创业企业融资目的分布情况

融资目的	频数	占比（%）
技术研发	14	25
企业收购	3	5.36
市场扩展	17	30.36
服务采购	7	12.5
其他	15	26.79

（2）融资方式多以其他方式为主，股权融资与天使投资占比均近两成

从融资方式来看，近半数节能环保行业创业企业采取其他融资方式，股权融资占比达两成以上，天使投资占比近两成。节能环保企业有投资周期长、资金需求大、融资渠道有限的特点，目前我国国内该产业融资渠道主要有五种，分别为政策性融资、VC/PE 风险资本融资、债权融资、股权融资、项目融资等。从本次调查数据结果来看，股权融资依旧是该产业融资主要模式。自 2009 年 11 月 8 日，国家发改委表示支持符合条件的节能环保企业发行企业债券，鼓励有条件的节能环保企业上市融资以来，全国各地有条件的节能环保企业跃跃欲试，登上了 A 股节能环保板块，进行上市公开募股融资之旅。同时，随着“低碳”概念的提倡，环保新经济也将成为一支新兴的市场力量，相关资料显示，目前已经上市的节能环保企业主要集中于四类，分别是污水处理、废气处理、垃圾处理及综合利用、节能建材和节能用具。选择其他融资方式的创业企业占比半数，结合领域实际情况，节能环保领域一直在倡导呼吁的一种融资模式为项目融资。指以项目的名义筹措一年期以上的资金，以项目营运收入承担债务偿还责任的融资形式，主要包括六种融资形式：产品支付、融资租赁、BOT 融资、TOT 融资、PPP 融资和 PFI 融资。

表 6-2-4　节能环保产业创业企业融资方式分布情况

融资方式	频数	占比（%）
债权融资	1	1.79
股权融资	13	23.21
私人借贷	0	0
众筹	1	1.79
天使投资	10	17.86
政府支持	3	5.36

表 6-2-4　节能环保产业创业企业融资方式分布情况（续表）

融资方式	频数	占比（%）
其他	28	50

（3）未融资企业占比近六成，融资轮次以一轮融资为主

从融资轮次来看，近六成节能环保行业创业企业未获得融资，获得一轮融资的企业占比两成以上。节能环保产业作为一个正在发展中的新生事物，它的前景是光明的，由于投资周期长，收效慢，科技含量高，各项指标要求、环境要求高等特点，节能环保的投融资问题依旧是产业发展和公司成长的瓶颈问题。

表 6-2-5　节能环保产业创业企业融资轮次分布情况

融资轮次	频数	占比（%）
未融资	34	60.71
一轮	14	25
两轮	7	12.5
三轮及以上	1	1.79

（4）融资规模小，多集中在 100 万元以下

从融资规模来看，节能环保行业创业企业融资规模多集中在 100 万元以下，占比多达六成以上。但由于样本量有限，结论不具有统计学代表性和说服力，在此不再赘述。

表 6-2-6　节能环保产业创业企业融资规模分布情况

融资规模（元）	频数	占比（%）
100 万以下	10	66.67
100 万—1000 万	1	6.67
1000 万—1 亿	4	26.67

3. 创业企业发展潜力

（1）市场潜力较大，近六成企业利润收入呈上升趋势

从企业销售收入增长状况来看，节能环保行业中，企业销售收入增长呈现两极分化趋势，利润率集中在 0 以下及 100% 以上。具体来看，销售收入增长率为负的企业数量为 26 家，占比为 46.43%，销售收入增长率为 0 的企业数量为 3 家，占比为 5.36%；销售收入增长率在 0—50% 的企业数量为 8 家，占比为 14.29%；销售收入增长率在 51%—100% 的企业数量为 6 家，占比为 10.71%；销售收入增长率达 100% 以上的企业数量为 13 家，占比为 23.21%。

表 6-2-7　节能环保产业创业企业销售收入增长率分布情况

销售收入增长率（%）	频数	占比（%）
小于 0	26	46.43
0	3	5.36
0—50	8	14.29
51—100	6	10.71

表 6-2-7　节能环保产业创业企业销售收入增长率分布情况（续表）

销售收入增长率（%）	频数	占比（%）
100 以上	13	23.21

从利润增长情况来看，在节能环保行业，近六成企业利润额比去年有所增加，利润增长率多集中在 0 以下及 0—50%。具体来看，利润增长率为负的企业占比较高，为 37.5%；利润增长率为 0 的企业数量为 1 家，占比为 1.79%；利润增长率在 0—50% 的企业数量为 19 家，占比为 33.93%；利润增长率在 51%—100% 的企业数量为 11 家，占比为 19.64%；利润增长率达 100% 以上的企业数量为 4 家，占比为 7.14%。

表 6-2-8　节能环保产业创业企业利润增长率分布情况

利润增长率（%）	频数	占比（%）
小于 0	21	37.5
0	1	1.79
0—50	19	33.93
51—100	11	19.64
100 以上	4	7.14

（2）研发投入多呈上升趋势，新增研发数量偏低

从研发经费增长率状况来看，节能环保领域对研发较为重视，多数创业企业的研发经费呈上升趋势。具体来看，研发经费增长率为负的企业数量为 8 家，占比为 14.29%，研发经费增长率为 0 的企业数量为 2 家，占比为 3.57%；研发经费增长率在 0—50% 的企业数量为 23 家，占比为 41.07%；研发经费增长率在 51%—100% 的企业数量为 17 家，占比为 30.36%；研发经费增长率为 100 以上的企业数量为 6 家，占比为 10.71%。

表 6-2-9　节能环保产业创业企业研发经费增长率分布情况

研发经费增长率（%）	频数	占比（%）
小于 0	8	14.29
0	2	3.57
0—50	23	41.07
51—100	17	30.36
100 以上	6	10.71

从技术引进费用增长率状况来看，节能环保行业对技术引进重视程度较高，七成以上企业技术引进费用与去年相比有所上升。调查数据显示，技术引进费用增长率为负的企业数量为 10 家，占比为 17.86%，技术引进费用增长率为 0 的企业较少，占比为 5.36%；技术引进费用增长率在 0—50% 的企业数量为 19 家，占比为 33.93%；技术引进费用增长率在 51%—100% 的企业数量为 16 家，占比为 28.57%；技术引进费用增长率在 100% 以上的企业数量为 8 家，占比为 14.29%。

表 6-2-10　节能环保产业创业企业技术引进费用增长率分布情况

技术引进费用增长率（%）	频数	占比（%）
小于 0	10	17.86
0	3	5.36
0—50	19	33.93
51—100	16	28.57
100 以上	8	14.29

从新增研发数量状况来看，八成以上节能环保行业创业企业上一年度并未新增研发项目。具体来看，上一年度新增研发数量为 0 的企业数量为 49 家，占比为 87.5%，明显高于平均水平；研发数量在 10 项以下的企业数量为 7 家，占比为 12.5%。

表 6-2-11　节能环保产业创业企业上一年度新增研发数量分布情况

上一年度新增研发项目数量	频数	占比（%）
0	49	87.5
1—10	7	12.5

（3）员工规模增势平稳，近四成企业呈上升趋势

从员工人数增长率状况来看，在节能环保行业，企业员工人数增长率多集中在 0 以下和 0—50%。具体来看，员工人数增长率为负的企业数量为 18 家，占比为 32.14%，员工人数增长率为 0 的企业数量为 15 家，占比为 26.79%；员工人数增长率在 0—50% 的企业数量为 19 家，占比为 33.93%；员工人数增长率在 51%—100% 的企业数量为 4 家，占比为 7.14%。

表 6-2-12　节能环保产业企业员工人数增长率分布情况

员工人数增长率（%）	频数	占比（%）
小于 0	18	32.14
0	15	26.79
0—50	19	33.93
51—100	4	7.14

（二）企业研发投入强度较高

1. 创业企业创新类型

从企业创新类型角度分析，节能环保行业中创新类型为技术创新的企业数量为 23 家，占比为 41.07%；产品创新的企业数量为 26 家，占比为 46.43%，节能环保行业以技术创新和产品创新为主，受调查节能环保行业中没有商业模式创新的企业，服务创新企业凤毛麟角。节能环保行业相较于制造业、资源开发企业或者使用企业来说是落后的。作为环境治理企业的参与者来说，环保产业现状和要处理现在污染相比较而言，能力上、技术上或者服务的模式上也不相适应。诸多“不匹配”之下，不仅要在技术和产品上进行创新，更需要创新服务、商业模式，结合节能环保，最大限度利用残余价值，并从全链条、多领域做综合服务。

表 6-2-13　节能环保产业创业企业创新类型分布情况

创新类型	频数	占比（%）
技术创新	23	41.07
产品创新	26	46.43
服务创新	1	1.79
商业模式	0	0
其他	6	10.71

从企业技术来源角度分析，自主开发和合作开发是节能环保企业主要创新来源，外部购买和技术入股占形式比较低。创业者选择该领域创业，大多具有主观能动性去投入人力物力去研发、创新，现在环保企业之所以能力不够匹配，还是核心技术不足，除自己进行大量的研发投入外，更应借力，自主筹建，或积极融入研发共享平台，探索新型产学研模式，进一步提升技术研发能力。

表 6-2-14　节能环保产业创业企业技术来源分布情况

技术来源	频数	占比（%）
自主开发	21	37.50
合作开发	14	25.00
外部购买	7	12.50
技术入股	10	17.86
其他	4	7.14

从自主创新类型角度分析，节能环保行业的创业企业中以集成创新为主。节能环保企业中自主创新类型为原始创新的企业数量为 16 家，占比 28.57%；自主创新类型为集成创新的企业数量为 21 家，占比 37.50%；自主创新类型为引进消化再创新的企业数量为 19 家，占比 33.93%。

表 6-2-15　节能环保产业创业企业自主创新类型分布情况

自主创新类型	频数	占比（%）
原始创新	16	28.57
集成创新	21	37.50
引进消化再创新	19	33.93

2. 创业企业创新要素投入

从研发人员投入角度分析，节能环保企业的研发团队规模不大，一般在 10 人以下，占比为 94.64%。

表 6-2-16　节能环保产业创业企业研发人员数量分布情况

研发人员数量	频数	占比（%）
10 以下	53	94.64
10—50	2	3.57
50—100	0	0
100 以上	1	1.79

从研发经费角度分析，研发投入集中在超过10万至100万元，企业占比53.57%。行业内企业研发投入意识比较强，重视研发经费的投入，超过九成的企业设置了研发经费，且超过在此次调查的上年度投入超过10万元的企业占比为75.00%。可以预测，在未来的5到10年，拥有先进技术和技术开发能力的企业将成为这个行业的主流，并大放光彩，这些企业不一定非常庞大，但一定拥有非常高效的盈利能力，并受人尊敬。

表6-2-17 节能环保产业创业企业研发经费分布情况

上一年度研发经费投入（元）	频数	占比（%）
0	2	3.57
0—10万	12	21.43
10万—100万	30	53.57
100万以上	12	21.43

从技术引进费用角度分析，节能环保行业的创业企业技术引进费用为0元的企业数量为1家，占比为1.79%；技术引进费用为10万元以下的企业数量为37家，占比66.07%；技术引进费用为10万—100万元的企业数量为10家，占比17.86%；技术引进费用为100万元以上的企业数量为8家，占比为14.29%。节能环保行业注重研发费用投入的同时，技术引进费用投入也比较普遍，这与该行业自主创新方式主要为集成创新和引进消化再创新有很大关系。

表6-2-18 节能环保产业创业企业技术引进费用分布情况

上一年度技术引进费用（元）	频数	占比（%）
0	1	1.79
0—10万	37	66.07
10万—100万	10	17.86
100万以上	8	14.29

3. 创业企业创新产出效益

从企业商标拥有量看，节能环保行业的创业企业中，尚未拥有商标的企业有22家，占比为39.29%；拥有商标数量在10个以下的企业分布最多有29家，占企业总数的51.79%；企业拥有商标数量在10个以上的企业有5家，占比为8.93%。总的来看，拥有商标数不少于1个的企业有34家，占比为60.72%，六成节能环保产业的创业企业拥有商标，说明行业整体商标意识比较强，但仍有39.29%的企业尚未拥有商标，将在企业后续发展中埋下隐患。

表6-2-19 节能环保产业创业企业商标数量分布情况

商标数量	频数	占比（%）
0	22	39.29
1—10	29	51.79
10以上	5	8.93

从工业专利角度分析，节能环保行业拥有工业专利的企业不多，主要集中在实用型专利上，有外观专利的企业数量和有发明专利的企业数量基本相当。首先，从发明专利来看，尚未拥有发明专利的节能环保企业占受调查企业的91.07%。其次，对于实用新型专利的积累，尚未拥

有实用新型发明专利的企业占受调查企业的60.71%。此外，在外观专利申请上，尚未拥有外观专利的企业占受调查企业的85.71%。可见，节能环保企业对于专利技术积累不足，在所有专利技术中，拥有实用型专利的企业占比最高。2018年，我国节能环保行业发明专利授权量排名世界靠前，其中虽有大量与污染排放、能源节约、新能源应用相关的专利技术，但在高技术环保产品方面，我国与发达国家差距甚远，发达国家掌握着90%以上的先进环保技术。只有通过持续的科技创新，才能优化产业结构，达到资源节约、排放降低和污染减少的目标。

表6-2-20　节能环保产业创业企业专利技术数量分布情况

专利数量	发明专利		实用型专利		外观专利	
	频数	占比（%）	频数	占比（%）	频数	占比（%）
0	51	91.07	34	60.71	48	85.71
1—10	5	8.93	21	37.5	8	14.29
10以上	0	0	1	1.79	0	0

就著作权及其他专利拥有量看，节能环保行业拥有软件注册权的企业数量较多，尚未拥有软件注册权的企业占比为64.29%，软件注册权在1到10的企业占比为28.57%，10个以上的企业占比为7.17%。

表6-2-21　节能环保产业创业企业著作权及其他类型知识产权数量分布情况

专利数量	影视文化版权		软件注册权		其他	
	频数	占比（%）	频数	占比（%）	频数	占比（%）
0	51	92.73	36	64.29	55	100
1—10	4	7.27	16	28.57	0	0
10以上	0	0	4	7.14	0	0

从参与标准制订量来看，参与制订公司标准的企业数量最多，参与国际、国家和行业标准的企业占比不高。在参与国际标准制订中节能环保创业企业尚未参与国际标准制订的企业数量为52家，占受调查企业的96.30%；在参与国家标准制订上，尚未参与国家标准制订的企业数量为54，占受调查企业的98.18%；在参与行业标准制订上，尚未参与行业标准制订的企业数量为52，占受调查企业的94.55%；在参与公司标准制订上，尚未参与公司标准制订的企业数量为24家，占受调查企业的43.64%。

表6-2-22　节能环保产业创业企业制定标准数量分布情况

标准数量	国际标准		国家标准		行业标准		公司标准	
	频数	占比（%）	频数	占比（%）	频数	占比（%）	频数	占比（%）
0	52	96.3	54	98.18	52	94.55	24	43.64
1—10	2	3.70	1	1.82	3	5.45	20	36.36
10以上	0	0	0	0	0	0	11	20.00

从技术交易情况角度分析，进行过技术交易的节能环保企业有49家，占比为87.50%；尚未进行技术交易的企业有7家，占比为12.50%。

从技术交易渠道分析，节能环保创业企业中选择国家交易中心进行技术交易的共有13家，占受调查企业总数的 15.48%；选择地方交易中心的企业有 14 家，占比为 16.67%；选择行业交易中心的企业数量为 18，占比为 21.43%；选择服务平台的企业有 22 家，占比为 26.19%；有 15 家企业选择企业间接交易，占比为 17.86%；另外有 2 家企业，选择其他方式进行交易，占比为 2.38%。在国家交易中心、地方交易中心、行业交易中心、服务平台和企业间直接交易这 5 类传统交易渠道中，节能环保行业企业大多选择服务平台和行业交易中心进行技术交易，选择国家交易中心和地方交易中心的企业基本相当。

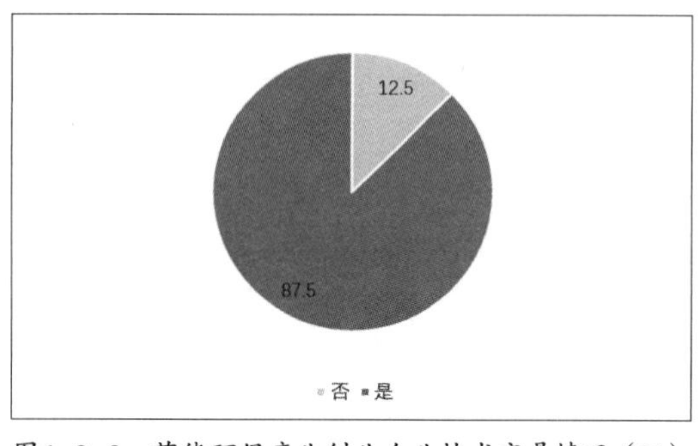

图6-2-2 节能环保产业创业企业技术交易情况（%）

表 6-2-23 节能环保产业创业企业技术交易渠道分布情况

技术交易渠道	频数	占比（%）
国家交易中心	13	15.48
地方交易中心	14	16.67
行业交易中心	18	21.43
服务平台	22	26.19
企业间直接交易	15	17.86
其他	2	2.38

从技术交易收入分析，节能环保行业在此次调查的上年度未获得技术交易收入的企业数量为 14 家，占节能环保企业的 25.00%；技术交易收入不足 100 万元的企业有 33 家，占比为 58.93%；技术交易收入在 100 万—1000 万元的企业数量为 7 家，占比 12.50%；技术交易收入在 1000 万元以上的企业有 2 家，占比为 3.57%。节能环保产业创业企业在此次调查的上年度获得技术交易收入的企业数量超过 7 成，表明节能环保行业中存在很多创新能力高，科研实力强的企业，但技术交易收入大多集中在 100 万元以下，表明拥有的交易技术市场议价能力有限。

表 6-2-24 节能环保产业创业企业技术交易收入分布情况

上一年度技术交易收入（元）	频数	占比（%）
0	14	25
0—100 万	33	58.93
100 万—1000 万	7	12.50
1000 万以上	2	3.57

（三）产业整体创业难度较大

1. 创业初期困难因素

调查问卷对创业者创业困难程度自评情况进行统计，结果显示，创业者普遍认为节能环保领域创业难度较大，在 1—9 分的创业困难程度评分中，样本均值为 5.57。具体来看，打分区间在 1—3 分，认为创业难度较小的企业数量为 11 家，占比 19.64%；评价为 4—6 分，认为难度一般的企业数量为 25 家，占比 44.64%；评价为 7—9 分，认为创业难度较大的企业数量为 20 家，占比 35.71%。

从创建公司的困难因素情况来看，在节能环保行业中，创建公司的重要因素排序为：难以得到资金 / 时间 > 创业概念容易被模仿 > 没有好的想法 > 难以找到创业合作伙伴 > 缺少关键技

术 > 家庭成员反对 > 风险太大 > 原工作单位不让离开 > 政府政策不鼓励。资金和创意成为制约节能环保行业创业的较为重要的因素。近一半的人将资金排在第一位，其次为创意和合作伙伴的缺乏，选择“创业概念容易被模仿”和“没有好的想法”的企业占比均为 20.83%，选择“难易找到创业合作伙伴”的企业占比 17.78%。此外，有 9.09% 的人认为“缺少关键技术”是制约创业的重要因素，而“家庭成员反对”、“原工作单位不让离开”和“政府政策不鼓励”等外界制约因素占比较小，分别为 5.14%、2.5% 和 2.5%。

节能环保领域是一个从技术到资金门槛比较高的创业领域，这个领域在过去这些年长期以来得到了资本、社会、媒体和孵化器等各个创业服务领域的关注比较少，行业资质较难取得，技术壁垒较高，科研院所在该领域的成果转化率低。“创意容易被模仿”是节能环保产业除资金缺乏外最为困难的创业因素，这是因为近年来，随着该领域逐渐被全社会关注，大量创业者涌入造成项目同质性变高，环保创业者往往要颠覆人们固有的生活习惯和认知理念，创新十分重要，在提升人们生活质量、节能减排、提高大众生活品质方面，好的产品创意会显著增加创业的成功率。但目前节能环保行业依旧存在“创新源”不够 丰富的问题，项目的可复制性很强，知识产权保护仍需加强。

表 6-2-25-1　节能环保产业企业创业困难因素排序情况（%）

创业困难程度	难以得到资金	创业的概念容易被模仿	没有好的想法	难以找到创业合作伙伴	缺少关键技术
第一位	44.9	20.83	20.83	17.78	9.09
第二位	22.45	16.67	16.67	35.56	11.36
第三位	10.2	20.83	20.83	20	9.09
第四位	4.08	4.17	4.17	8.89	6.82
第五位	6.12	10.42	10.42	4.44	2.27
第六位	2.04	10.42	10.42	2.22	13.64
第七位	4.08	6.25	6.25	6.67	2.27
第八位	4.08	4.17	4.17	2.22	9.09
第九位	0	4.17	4.17	2.22	34.09
无	2.04	2.08	2.08	0	2.27

表 6-2-25-2　节能环保产业企业创业困难因素排序情况（%）

创业困难程度	家庭成员反对	风险太大	原工作单位不让离开	当时政府政策不鼓励
第一位	5.41	2.5	2.5	2.5
第二位	2.7	5	10	2.5
第三位	5.41	10	7.5	10
第四位	8.11	32.5	5	15
第五位	10.81	22.5	2.5	10
第六位	24.32	12.5	17.5	15
第七位	16.22	5	22.5	27.5
第八位	16.22	5	12.5	12.5
第九位	8.11	0	15	5
无	2.7	5	5	0

2. 创业中期制约因素

调查数据对制约节能环保产业创业企业效益因素进行统计，结果显示，市场和人才是制约节能环保产业创业企业效益最为重要的因素，占比分别为 20.36% 和 18.56%；其次为技术、资金和管理三个因素，占比分别为 14.97%、13.77% 和 13.17%；政策与成本因素占比相对较低，分别为 11.38% 和 7.19%。市场是企业经济效益的重要源泉，在当前我国节能环保市场中，大型国有企业凭借其在资金、技术、服务网络等方面的绝对优势，以及国家政策的倾斜，对优质的市场资源形成了垄断效应，占据了节能环保市场的主要份额，极大挤压了创业企业的生产空间。同时，节能环保产业存在专业人才壁垒较高的问题，近年来，我国仍未形成节能环保人才培训体系，专有人才缺乏且集聚科研院所及大型国有企业，创业企业人才资源储备不足。

表 6-2-26　节能环保产业制约企业效益因素分布情况

制约企业效益的因素	频数	占比（%）
技术	25	14.97
人才	31	18.56
资金	23	13.77
市场	34	20.36
政策	19	11.38
管理	22	13.17
成本	12	7.19
其他	1	0.6

3. 创业企业发展重要因素

从创建公司的重要因素情况来看，市场和技术是节能环保行业创业较为重要的因素。在节能环保行业中，创建公司的重要因素排序为：进入市场的速度 / 时间 > 技术 > 资金投入 > 政府支持 > 知识产权保护 > 与其他公司合作。“进入市场的速度 / 时间”是节能环保行业企业关注的首要因素，有 30.19% 的人将其排在第一位。其次，技术、资金和政府支持分列第二、三、四位，占比分别为 24.44%、20% 和 15.22%。此外，以“知识产权保护”和“与其他公司合作”占比分别为 14.29% 和 10.42%。

中国正处于经济社会发展的战略转型期和全面建设小康社会的关键时期，工业化城镇化加速发展，面临着日趋紧迫的人口、资源、环境压力，现有经济发展方式、经济结构状况的局限性使资源环境矛盾越来越突出。面对资源和环境的巨大压力，节能环保势在必行。节能环保产业的发展，最终依赖于政策的强行推动。政策的推动下，潜在的节能环保需求将变为真实存在的巨大市场空间，吸引各种资本和企业的汇聚，拉动新的就业需求。当节能环保产业发展到一定规模时，必将实现社会效益和经济效益的双赢。

表 6-2-27　节能环保产业企业创业重要因素排序情况（%）

创建公司的重要因素	进入市场的速度 / 时间	技术	大量资金投入	政府支持	知识产权保护	与其他公司合作
第一位	30.19	24.44	20	15.22	14.29	10.42
第二位	18.87	8.89	28	15.22	30.61	8.33
第三位	16.98	6.67	22	19.57	24.49	14.58

表 6-2-27　节能环保产业企业创业重要因素排序情况（%）（续表）

创建公司的重要因素	进入市场的速度 / 时间	技术	大量资金投入	政府支持	知识产权保护	与其他公司合作
第四位	16.98	13.33	6	13.04	18.37	20.83
第五位	11.32	8.89	20	19.57	8.16	20.83
第六位	5.66	35.56	2	15.22	4.08	22.92
无	0	2.22	2	2.17	0	2.08

三、高端装备制造：智能制造为主要创业方向

高端装备制造业是指生产制造高技术、高附加值的先进工业设施设备的行业，主要包括航空装备、卫星及应用、轨道交通装备、海洋工程装备、智能制造装备五大领域。从产业链的角度看，包括研发设计、加工装配、营销和服务等环节。高端装备制造业以高新技术为引领，处于价值链高端和产业链核心环节，决定着整个产业链综合竞争力的战略性新型产业，是现代产业体系的脊梁、推动工业转型升级的引擎，同时也是抢占未来经济和科技发展制高点的战略选择。高端装备制造业的“高端”主要表现在三个方面：一是技术含量高，表现为知识、技术密集，体现多学科和多领域高精尖技术集成；二是处于价值链高端，具有高附加值的特征；三是在产业链占据核心部位，其发展水平决定产业链整体竞争力。

近年来，随着新一轮科技革命与产业变革的不断推进，云计算、大数据、人工智能等新一代信息技术与先进制造技术加速融合，推动装备制造业加快向数字化、网络化、智能化转变。高端装备产业应用领域已经率先从汽车、电子、视频包装等传统领域，逐渐向新能源、环保设备、高端装备、仓储物流等新兴领域加快转变；同时各地的高端装备产业企业解决方案，也在从跟传统汽车及 3C 制造向新场景和新行业延伸，加速“机器换人”进程。

调查数据对 304 家高端装备制造产业创业企业进行了深入调研，总体来看，该领域以生产性公司居多，创业企业主要围绕智能制造领域，以生产智能零部件和整机为主要创业方向，企业年销售额多集中在 300 万—2000 万元，市场发展潜力较大，近四成企业销售收入呈增加趋势，高于平均水平，半数以上企业利润呈现增长趋势。企业多以技术创新为主，自主开发是主要创新来源，技术自主研发类型以原始创新和集成创新居多，专利技术积累不足，拥有实用型专利的企业相对较多。企业对研发重视程度较高，研发经费投入力度大，近六成企业技术引进费用呈上升趋势，企业员工规模增速低于平均水平。在企业创业过程中，难以获得足够资金是企业创业面临的主要困难，人才和技术应用是制约企业创业发展的主要因素。

（一）经营业绩和发展潜力向好

1. 创业企业经营情况

（1）生产性公司居多，多以智能制造为创业方向

在本次创业数据调查中，共调研高端装备制造产业领域企业 304 家，其中，生产性公司居多，共 302 家，占比 99.34%；平台性企业占比较少，仅为 0.66%。对企业经营范围检索后发现，

高端装备制造行业创业企业主要围绕智能制造领域，以生产智能零部件和整机为主要创业方向。37.29% 的创业企业处于产业内中游水平，28.38% 达到行业领先地位，行业龙头企业多为大疆、旷世等独角兽企业。

（2）企业年销售额在 300 万—2000 万元占比高于平均水平

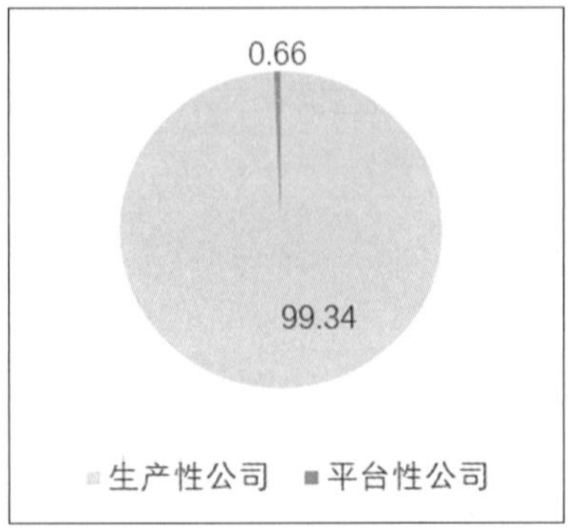

图6-3-1 高端装备制造业创业企业类型分布情况（%）

高端装备制造产业创业企业年度销售额多集中 300 万元以下及 300 万—2000 万元。其中，销售额在 300 万元以下的创业企业有 154 家，占比 50.66%；销售额在 300 万—2000 万元的企业为 125 家，占比 41.12%；销售额在 2000 万元以上的企业为 25 家，占比 8.22%。分企业性质来看，高端装备制造产业类型最多的生产性创业企业年度销售额偏低，近半数的创业企业销售额在 300 万元以下，41.06% 的创业企业销售额在 300 万—2000 万元，8.28% 的创业企业销售额在 2000 万元以上。

表 6-3-1 高端装备制造业分性质企业销售额分布情况（%）

企业销售额（元）	生产性公司	平台性公司
300 万以下	50.66	50
300 万—2000 万	41.06	50
2000 万以上	8.28	0

（3）已盈利企业占比不足一成，低于平均水平

从高端装备制造产业不同性质企业的盈利状况来看，生产性智能制造企业利润为负的有 244 家，占比 80.79%；利润为 0 的企业有 31 家，占比 10.26%；已实现盈利的企业为 27 家，占比 8.94%；平台性企业利润额集中分布在 0 以下。

表 6-3-2 高端装备制造业分性质企业利润额分布情况（%）

企业利润额	生产性公司	平台性公司
0 以下	80.79	100
0	10.26	0
0 以上	8.94	0

2. 创业企业融资情况

（1）融资目的多以市场扩展与技术研发为主，市场扩展融资占比近四成

从融资目的来看，近四成高端装备制造业创业企业以市场扩展为融资目的，两成以上企业以技术研发为融资目的。高端装备制造是装备制造产业中技术密集度最高的产业，创业企业需不断的研发更新技术、新产品，设备更新换代较快、市场扩展速度要求高。

表 6-3-3 高端装备制造业创业企业融资目的分布情况

融资目的	频数	占比（%）
技术研发	70	23.03

表 6-3-3　高端装备制造业创业企业融资目的分布情况（续表）

融资目的	频数	占比（%）
企业收购	23	7.57
市场扩展	121	39.8
服务采购	36	11.84
其他	54	17.76

（2）融资方式以股权融资和天使融资居多

从融资方式来看，高端装备制造业中，近三成创业企业采取其他融资方式，以股权融资和天使融资为主要融资方式的企业占比均达两成以上。高端装备制造业需投入的技术及资本非常巨大，一方面企业需要大量的资金购置设备，另一方面又要承担因技术研发而导致设备无形损耗的风险，融资租赁业可有效解决高端装备制造业融资难的困境，将可能成为高端装备制造业更新设备的主要融资手段之一。融资租赁是设备融资模式、设备销售模式、投资方式的创新，在高端装备制造业中融资租赁的运用相比传统的融资模式拥有很多的优势。

表 6-3-4　高端装备制造业创业企业融资方式分布情况

融资方式	频数	占比（%）
债权融资	10	3.29
股权融资	87	28.62
私人借贷	21	6.91
众筹	13	4.28
天使投资	70	23.03
政府支持	11	3.62
其他	92	30.26

（3）未融资企业占比达六成以上，高于平均水平

从融资轮次来看，六成以上高端装备制造行业创业企业未获得融资，融资难问题较创业平均水平来说较为严重，近两成企业获得一轮融资。据 36 氪研究院研究表明，高端装备制造业融资轮次相隔时间为 14.7 个月，两轮融资金额相差倍数为 4.5 倍，无论融资速度还是融资潜力，该行业创业企业都处于较为吃力的状态。

表 6-3-5　高端装备制造业创业企业融资轮次分布情况

融资轮次	频数	占比（%）
未融资	193	63.49
一轮	58	19.08
两轮	43	14.14
三轮及以上	10	3.29

（4）融资规模多处于 100 万—1 亿元

从融资规模来看，高端装备制造业创业企业融资规模以 100 万—1000 万和 1000 万—1 亿居多，占比共计达七成以上。一般认为，相邻两轮融资金额差额大，企业估值翻倍就越高，结合上述融资轮次情况，高端装备制造业融资规模仍处于较低水平。

表 6-3-6　高端装备制造业创业企业融资规模分布情况

融资规模（元）	频数	占比（%）
100 万以下	12	17.91
100 万—1000 万	28	41.79
1000 万—1 亿	23	34.33
1 亿以上	4	5.97

3. 创业企业发展潜力

（1）两成以上企业销售收入增速突破 100%，半数企业利润收入呈上升趋势

从企业销售收入增长情况来看，在高端装备制造产业中，企业销售收入增长率近三成为负，两成以上突破 100%。具体来看，销售收入增长率为负的企业数量为 88 家，占比 28.95%；销售收入增长率为 0 的企业数量为 78 家，占比为 25.66%；销售收入增长率在 0—50% 的企业数量为 35 家，占比为 11.51%；销售收入增长率在 51%—100% 的企业数量为 31 家，占比为 10.2%；销售收入增长率达 100% 以上的企业数量为 72 家，占比为 23.68%。

表 6-3-7　高端装备制造业创业企业销售收入增长率分布情况

销售收入增长率（%）	频数	占比（%）
小于 0	88	28.95
0	78	25.66
0—50	35	11.51
51—100	31	10.2
100 以上	72	23.68

从利润增长情况来看，半数以上企业利润率与去年相比有所上升，近三成创业企业利润呈负增长趋势。具体来看，利润增长率为负的企业数量为 93 家，占比为 30.59%。利润增长率为 0 的企业数量为 54 家，占比为 17.76%；利润增长率在 0—50 的企业数量为 73 家，占比为 24.01%；利润增长率在 51%—100% 的企业数量为 34 家，占比为 11.18%；利润增长率达 100% 以上的企业数量为 50 家，占比 16.45%。

表 6-3-8　高端装备制造业创业企业利润增长率分布情况

利润增长率（%）	频数	占比（%）
小于 0	93	30.59
0	54	17.76
0—50	73	24.01
51—100	34	11.18
100 以上	50	16.45

（2）研发投入多呈上升趋势，研发活跃度较高

从研发经费增长率状况来看，高端装备制造领域对研发重视程度较高，近七成创业企业研发经费呈上升趋势。具体来看，研发经费增长率为负的企业数量为 26 家，占比 8.55%；研发经费增长率为 0 的企业数量为 63 家，占比为 20.72%；研发经费增长率在 0—50% 的企业数量为 92 家，占比为 30.26%；研发经费增长率在 51%—100% 的企业数量为 92 家，占比为

30.26%；研发经费增长率达 100% 以上的企业数量为 31 家，占比为 10.2%。

表 6-3-9　高端装备制造业创业企业研发经费增长率分布情况

研发经费增长率（%）	频数	占比（%）
小于 0	26	8.55
0	63	20.72
0—50	92	30.26
51—100	92	30.26
100 以上	31	10.2

从技术引进费用增长率状况来看，高端装备制造行业中多数企业较为重视技术引进。技术引进费用增长率为负的企业数量为 42 家，占比为 13.82%；技术引进费用增长率为 0 的企业数量为 85 家，占比为 27.96%；技术引进费用增长率在 0—50% 的企业数量为 78 家，占比为 25.66%；技术引进费用增长率在 51%—100% 的企业为 73 家，占比为 24.01%；技术引进费用增长率达 100% 以上的企业为 26 家，占比为 8.55%。

表 6-3-10　高端装备制造业创业企业技术引进费用增长率分布情况

技术引进费用增长率（%）	频数	占比（%）
小于 0	42	13.82
0	85	27.96
0—50	78	25.66
51—100	73	24.01
100 以上	26	8.55

从新增研发数量状况来看，近半数高端装备制造业创业企业研发项目在去年增加 1—10 项。具体来看，上一年度新增研发数量为 0 的企业数量为 159 家，占比为 52.48%，高于行业平均水平；研发数量在 1—10 项的企业数量为 144 家，占比为 47.52%。

表 6-3-11　高端装备制造业创业企业上一年度新增研发数量分布情况

上一年度新增研发项目数量	频数	占比（%）
0	159	52.48
1—10	144	47.52

（3）员工规模增速低于平均水平，半数以上企业呈上升趋势

从员工人数增长率状况来看，在高端装备制造行业中，半数以上企业员工人数呈上升趋势，增长率突破 100% 的企业占比不足 1%。具体来看，员工人数增长率为负的企业数量为 31 家，占比为 10.2%；员工人数增长率为 0 的企业数量为 104 家，占比为 34.21%；员工人数增长率在 0—50% 的企业数量为 88 家，占比为 28.95%；员工人数增长率在 51%—100% 的企业数量为 80 家，占比为 26.32%；员工人数增长率在 100 以上的企业较少，占比仅为 0.33%。

表 6-3-12　高端装备制造业创业企业员工人数增长率分布情况

员工人数增长率（%）	频数	占比（%）
小于 0	31	10.2

表 6-3-12　高端装备制造业创业企业员工人数增长率分布情况（续表）

员工人数增长率（%）	频数	占比（%）
0	104	34.21
0—50	88	28.95
51—100	80	26.32
100 以上	1	0.33

（二）重视持续研发投入能力

1. 创业企业创新类型

从企业创新类型分析，高端装备制造行业中创新类型以技术创新和产品创新为主，技术创新的企业占比为 43.09%，产品创新的企业占比为 39.14%，服务创新的企业占比为 2.30%，商业模式创新的企业占比为 1.97%，其他创新类型的企业占比 13.49%。高端装备制造业以高新技术为引领，处于价值链高端和产业链核心环节，表现为知识、技术密集，体现多学科和多领域高精尖技术的集成，附加值高于传统机械行业，技术创新十分重要。

表 6-3-13　高端装备制造业创业企业创新类型分布情况

创新类型	频数	占比（%）
技术创新	131	43.09
产品创新	119	39.14
服务创新	7	2.30
商业模式创新	6	1.97
其他	41	13.49

从企业技术来源角度看，高端装备制造企业中自主开发是高端装备制造企业主要创新来源。技术来源为自主开发的企业数量为 132 家，占比为 43.42%；技术来源为合作开发的企业数量为 93 家，占比为 30.59%；技术来源为外部购买的企业数量为 23 家，占比为 7.57%；技术来源为技术入股的企业数量为 30 家，占比为 9.87%；其他技术来源的企业数量为 26 家，占比为 8.55%。

表 6-3-14　高端装备制造业创业企业技术来源分布情况

技术来源	频数	占比（%）
自主开发	132	43.42
合作开发	93	30.59
外部购买	23	7.57
技术入股	30	9.87
其他	26	8.55

从自主创新类型角度分析，高端装备制造企业中自主创新类型为原始创新的企业数量为 109 家，占比 35.86%；自主创新类型为集成创新的企业数量为 101 家，占比 33.22%；自主创新类型为引进消化再创新的企业数量为 94 家，占比 30.92%。在高端装备制造企业中，原始创新类型、集成创新类型的企业占比和引进消化再创新的企业占比比较接近，原始创新的企业占比略高于集成创新和引进消化再创新，以原始创新为主。《中国制造 2025》中提到，要组织

实施大型飞机、航空发动机及燃气轮机、民用航天、智能绿色列车、节能与新能源汽车、海洋工程装备及高技术船舶、智能电网成套装备、高档数控机床、核电装备、高端诊疗设备等一批创新和产业化专项、重大工程。这些离不开包括原始创新、集成创新和引进消化再创新在内的自主创新能力，尤其是原始创新能力，高端装备制造业的创业企业当前形成的以原始创新为主导的自主创新局面，符合自身发展需求，也贴合国家发展战略。

表 6-3-15　高端装备制造业创业企业自主创新类型分布情况

自主创新类型	频数	占比（%）
原始创新	109	35.86
集成创新	101	33.22
引进消化再创新	94	30.92

2. 创业企业创新要素投入

从研发人员数量角度分析，研发人员数量在 10 人以下的企业数量为 242 家，占比为 79.61%；研发人员数量在 10—50 人的企业数量为 58 家，占比为 19.08%；研发人员数量在 50—100 人的企业数量为 4 家，占比为 1.32%；研发人员数量在 100 人以上的企业数量为 0 家。可以看出，高端装备制造企业的研发团队规模不大，在 10 人以下居多。

表 6-3-16　高端装备制造业创业企业研发人员数量分布情况

研发人员数量	频数	占比（%）
10 以下	242	79.61
10—50	58	19.08
50—100	4	1.32
100 以上	0	0

从研发经费投入角度分析，上一年度未投入研发经费的高端装备制造企业有 51 家，占高端装备制造企业总数的 16.78%；研发投入在 10 万元以下的企业数量为 75 家，占比为 24.67%；研发投入在 10 万—100 万元的企业数量为 134 家，占比 44.08%；研发经费超过 100 万元的有 44 家企业，占调查高端装备制造企业总数的 14.47%。高端装备制造行业的创业企业重视研发经费的投入，超过八成的企业设置了研发经费，且超过在此次调查的上年度投入超过 10 万元的企业占比为 58.55%。

表 6-3-17　高端装备制造业创业企业研发经费分布情况

上一年度研发经费投入（元）	频数	占比（%）
0	51	16.78
0—10 万	75	24.67
10 万—100 万	134	44.08
100 万以上	44	14.47

从技术引进费用角度分析，高端装备制造行业的创业企业技术引进费用为 0 元的企业数量为 71 家，占比为 23.36%；技术引进费用为 10 万元以下的企业数量为 172 家，占比 56.58%；

技术引进费用为10万—100万元的企业数量为51家，占比16.78%；技术引进费用为100万元以上的企业数量为10家，占比为3.29%，高端装备制造业近八成企业需要技术引进，多数创业企业上一年度技术引进费用在10万元以下。

表6-3-18　高端装备制造业创业企业技术引进费用分布情况

上一年度技术引进费用（元）	频数	占比（%）
0	71	23.36
0—10万	172	56.58
10万—100万	51	16.78
100万以上	10	3.29

3. 创业企业创新产出效益

从企业商标拥有量角度分析，高端装备制造行业的创业企业中，尚未拥有商标的企业有104家，占比为34.21%；拥有商标数量在10个以下的企业分布最多有200家，占企业总数的65.79%；企业拥有商标数量在10个以上的企业有0家。

表6-3-19　高端装备制造业创业企业商标数量分布情况

商标数量	频数	占比（%）
0	104	34.21
1—10	200	65.79
10个以上	0	0

从工业专利角度分析，高端装备制造业拥有工业专利的企业不多，主要集中在实用型专利和外观专利上，有发明专利的企业数量占比较少。首先，从发明专利来看，尚未拥有发明专利的高端装备制造企业数量为284，占受调查企业的93.42%；其次，对于实用新型专利的积累，尚未拥有实用新型发明专利的企业数量为218，占受调查企业的71.71%；此外，在外观专利申请上，尚未拥有外观专利的企业数量为223，占受调查企业的73.60%。在高端装备制造企业对于专利技术积累不足，在所有专利技术中，拥有实用型专利的企业占比最高。

表6-3-20　高端装备制造业创业企业专利技术数量分布情况

专利数量	发明专利		实用型专利		外观专利	
	频数	占比（%）	频数	占比（%）	频数	占比（%）
0	284	93.42	218	71.71	223	73.6
1—10	20	6.58	81	26.64	75	24.75
10以上	0	0	5	1.64	5	1.65

在著作权及其他专利方面，高端装备制造业拥有软件注册权的企业数量较多，有影视（文化）版权的企业占比较少。在影视（文化）版权方面，尚未拥有影视（文化）版权的高端装备制造企业数量为299家，占受调查企业的98.36%。在软件注册权方面，尚未拥有软件注册权的企业为189家，占比为62.17%；软件注册权在1到10的企业数量为115，占比为37.83%；10个以上的企业有0家。高端装备制造行业创业企业近半数企业拥有软件注册权，作为《中国制造2025》中的重点工程，智能制造是一个重点方向，离不开包括互联网、物联网、云计算等技术

的赋能，有占比近四成的拥有软件注册权的企业，表明目前市场高端装备制造业和技术结合的势头强劲。

表 6-3-21　高端装备制造业创业企业著作权及其他类型知识产权数量分布情况

专利数量	影视文化版权		软件注册权		其他	
	频数	占比（%）	频数	占比（%）	频数	占比（%）
0	299	98.36	189	62.17	300	98.68
1—10	5	1.64	115	37.83	3	0.99
10 以上	0	0	0	0	1	0.33

从参与标准制订量来看，参与制订公司标准的企业数量最多，参与国际、国家和行业标准的企业占比超过 10%。在参与国际标准制订中高端装备制造创业企业尚未参与国际标准制订的企业数量为 264 家；在参与国家标准制订上，尚未参与国家标准制订的企业数量为 250，占受调查企业的 82.51%；在参与行业标准制订上，尚未参与行业标准制订的企业数量为 240，占受调查企业的 79.21%；在参与公司标准制订上，尚未参与公司标准制订的企业数量为 105 家，占受调查企业的 34.65%。

表 6-3-22　高端装备制造业创业企业制定标准数量分布情况

标准数量	国际标准		国家标准		行业标准		公司标准	
	频数	占比（%）	频数	占比（%）	频数	占比(%)	频数	占比（%）
0	264	86.84	250	82.51	240	79.21	105	34.65
1—10	38	12.50	49	16.17	58	19.14	173	57.10
10 以上	2	0.66	4	1.32	5	1.65	25	8.25

从技术交易情况分析，尚未进行过技术交易的高端装备制造企业有 80 家，占比为 26.40%；进行过技术交易的企业有 223 家，占比为 73.60%。

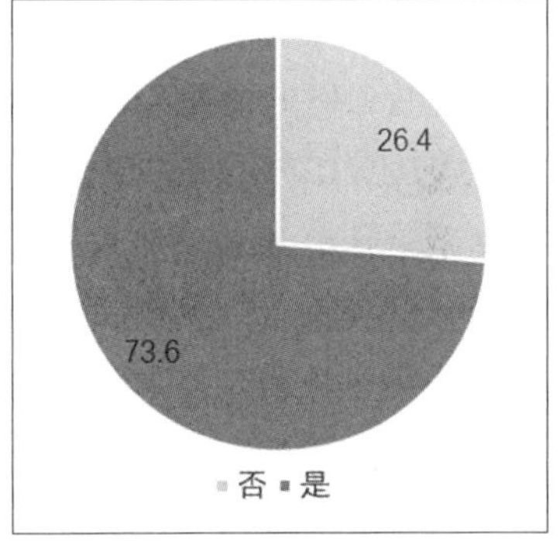

图6-3-2　高端装备制造业创业企业技术交易情况

从技术交易渠道分析，高端装备制造创业企业中选择国家交易中心进行技术交易的共有 50 家，占受调查企业总数的 14.49%；选择地方交易中心的企业有 81 家，占比为 23.48%；选择行业交易中心的企业数量为 78 家，占比为 22.61%；选择服务平台的企业有 70 家，占比为 20.29%；有 52 家企业选择企业间接交易，占比为 15.07%；另外，有 14 家企业选择其他方式进行交易，占比为 4.06%。在国家交易中心、地方交易中心、行业交易中心、服务平台和企业间直接交易这 5 类传统交易渠道中，高端装备制造行业企业大多选择地方交易中心、行业交易中心和服务平台进行技术交易，选择国家交易中心和企业间直接交易的企业占比相当。

表 6-3-23　高端装备制造业创业企业技术交易渠道分布情况

技术交易渠道	频数	占比（%）
国家交易中心	50	14.49

表 6-3-23　高端装备制造业创业企业技术交易渠道分布情况（续表）

技术交易渠道	频数	占比（%）
地方交易中心	81	23.48
行业交易中心	78	22.61
服务平台	70	20.29
企业间直接交易	52	15.07
其他	14	4.06

从技术交易收入角度分析，高端装备制造行业在此次调查的上年度未获得技术交易收入的企业数量为 114 家，占高端装备制造企业的 37.50%；技术交易收入不足 100 万元的企业有 171 家，占比为 56.25%；技术交易收入在 100 万—1000 万元的企业数量为 17 家，占比 5.59%；技术交易收入在 1000 万元以上的企业有 2 家，占比为 0.66%。高端装备制造产业创业企业在此次调查的上年度获得技术交易收入的企业数量超过六成，表明高端装备制造行业中存在一些创新能力高，科研实力强的企业，但技术交易收入大多集中在 100 万元以下，表明在实际技术交易中市场议价能力有限。

表 6-3-24　高端装备制造业创业企业技术交易收入分布情况

上一年度技术交易收入（元）	频数	占比（%）
0	114	37.5
0—100 万	171	56.25
100 万—1000 万	17	5.59
1000 万以上	2	0.66

（三）人才和技术是企业发展的关键

1. 创业初期困难因素

调查问卷对创业者创业困难程度自评情况进行统计，调查数据表明，创业者普遍认为高端装备制造领域创业难度较大，在 1—9 分的创业困难程度评分中，样本均值为 5.82 分。具体来看，打分区间在 1—3 分，认为创业难度较小的企业数量为 44 家，占比 14.47%；评价为 4—6 分，认为难度一般的企业数量为 142 家，占比 46.71%；评价为 7—9 分，认为创业难度较大的企业数量为 118 家，占比 38.82%。

从创建公司的困难因素排序情况来看，在高端装备制造行业中，创建公司的重要因素排序为：难以得到资金 > 难以找到创业合作伙伴 > 没有好的想法 > 风险太大 > 缺少关键技术 > 创业的概念容易被模仿 > 原工作单位不让离开 > 家庭成员反对 > 政府政策不鼓励。资金问题是制约高端装备制造行业创业的首要因素，有 43.13% 的人将其排在第一位，其次“难以找到创业合作伙伴”占比为 18.67%，“没有好的想法”、“风险太大”和“缺少关键技术”分列第三、四、五位，占比分别为 18.42%、13.45% 和 12.66%。

智能制造在国家大力推进、地方政府出台各项指引的情况下，热度持续升温，龙头企业加大布局，大中型行业领先企业在智能制造建设已经卓有成效，带来了丰厚的经济价值和社会价值。与此同时，创业企业受限于企业规模无法给予足够的资金支撑智能化升级改造，中国大部分制造企业，目前仍旧停留在工业 2.0 及工业 3.0 阶段，要到达 4.0 阶段实现智能制造，则意味着需要投入大量的资金去做生产设备及运营流程的改造，庞大的资金需求使一般创业企业很难承受。无可否认国家和各地政府给予企业智能化升级改造的支持力度都在增大，对企业智能化升级转型补贴也在加大，但在很多项目申报、补贴方面的资源都在向大型企业倾斜，创业企业能获取的红利非常有限。

表 6-3-25-1　高端装备制造业企业创业困难因素排序情况（%）

创业困难因素	难以得到资金	难以找到创业合作伙伴	没有好的想法	风险太大	缺少关键技术
第一位	43.13	18.67	18.42	13.45	12.66
第二位	16.79	24.48	17.98	15.97	7.86
第三位	11.83	19.09	18.42	13.45	11.35
第四位	11.45	13.28	7.02	11.76	9.61
第五位	3.82	9.54	10.53	18.07	9.61
第六位	2.29	2.49	8.77	10.5	11.35
第七位	1.53	3.73	8.77	3.78	6.11
第八位	2.67	2.49	2.63	4.62	5.24
第九位	2.29	1.66	2.19	4.2	20.09
无	4.2	4.56	5.26	4.2	6.11

表 6-3-25-2　高端装备制造业企业创业困难因素排序情况（%）

创业困难因素	创业的概念容易被模仿	原工作单位不让离开	家庭成员反对	当时政府政策不鼓励
第一位	9.69	4.33	3.74	1.96
第二位	17.18	3.37	7.48	3.92
第三位	11.89	4.81	5.61	5.88
第四位	21.15	5.29	6.07	6.37
第五位	10.13	6.73	8.88	7.35
第六位	7.93	7.69	21.96	10.78
第七位	6.61	19.23	14.02	16.67
第八位	5.73	14.9	14.95	27.94
第九位	3.52	25.48	9.35	10.29
无	6.17	8.17	7.94	8.82

2. 创业中期制约因素

调查数据对制约高端装备制造产业创业企业效益因素进行统计，结果显示，人才和市场是高端装备制造产业创业企业关注度较高的、制约企业效益最为重要的因素，占比分别为 18.63% 和 17.93%；技术、资金和管理因素位列其后，占比分别为 15.14%、13.55% 和 12.25%；政策和成本因素占比相近，分别为 10.46% 和 10.26%。

智能制造领域概念和技术众多，近几年来，从工业 4.0 的热潮开始，智能制造、CPS、工业互联网（平台）、企业上云、工业 APP、人工智能、工业大数据、数字工厂、数字经济、数字化转型、C2B（C2M）等概念接踵而至，对于大多数制造企业而言，可以说是眼花缭乱、无所适从。技术方面，智能制造涉及的技术非常多，例如云计算、边缘计算、RFID、工业机器人、机器视觉、立体仓库、AGV、虚拟现实 / 增强现实、三维打印 / 增材制造、工业安全、TSN（时间敏感网络）、深度学习、Digital twin、MBD、预测性维护更是层出不穷，但对于创业企业来说，如何应用并取得实效仍旧不得而知。在智能制造领域，创业企业中，管理依旧偏向粗放式，人员多以低技术难度的熟练工种居多，从事生产性工作，研发高端人才缺乏。

表 6-3-26　高端装备制造业制约企业效益因素分布情况

制约企业效益的因素	频数	占比（%）
技术	152	15.14
人才	187	18.63
资金	136	13.55
市场	180	17.93
政策	105	10.46
管理	123	12.25
成本	103	10.26
其他	18	1.79

3. 创业企业发展重要因素

调查数据对高端装备制造产业领域内企业在创建公司时的重要因素进行排序统计，结果显示，市场与技术是该领域创业企业高度关注的重要因素。从重要性排序结果来看，进入市场的速度 / 时间 > 技术 > 知识产权保护 > 资金投入 > 政府支持 > 与其他公司合作。其中，有 31.64% 的人将进入市场的速度 / 时间排在第一位，22.57% 的人将技术排在第二位，知识产权保护、资金和政府支持分列第三、四、五位，占比分别为 19.38%、17.05% 和 14.06%。

长期以来，我国重硬件制造、轻软件开发的思维十分普遍，智能制造装备生产企业的软件技术积累严重不足。智能制造基础软件系统的开发仍十分匮乏，国产数控机床、机器人等高端产品还大量使用国外软件系统，在跨国公司布局智能制造装备模块化生产和操作系统研发时，我国的智能制造装备产业将面临基础操作系统缺失的风险。

表 6-3-27　高端装备制造业企业创业重要因素排序情况（%）

创建公司的重要因素	进入市场的速度 / 时间	技术	知识产权保护	大量资金投入	政府支持	与其他公司合作
第一位	31.64	22.57	19.38	17.05	14.06	11.43
第二位	15.27	21.79	23.26	22.48	18.88	8.57
第三位	18.18	15.18	13.57	20.54	13.65	20.82
第四位	11.64	6.61	19.38	15.12	18.47	15.92
第五位	11.64	11.28	12.79	15.89	16.06	15.1
第六位	8.73	19.07	7.75	5.04	14.06	24.08
无	2.91	3.5	3.88	3.88	4.82	4.08

四、新能源：市场潜力有待深度挖掘

新能源是指传统能源之外的各种能源形式，一般是指在新技术基础上加以开发利用的可再生能源，包括太阳能、生物质能、风能、地热能、潮汐能、小水电，以及海洋表面与深层之间的热循环等，近年来，随着技术的进步和可持续发展观念的树立，过去一直被视作垃圾的工业与生活有机废弃物被重新认识，废弃物的资源化利用也可看作是新能源技术的一种形式。新能源产业是源于新能源的发现和应用，开发新能源的单位和企业所从事的包括新能源技术和产品的科研、实验、推广、应用及其生产、经营活动等一系列过程。新能源产业体系庞大，新能源发电、储能、智能电网和新能源应用等若干子系统构成，细分领域众多。

我国位于产业第二梯队，在风电、光伏等行业的规模已居世界首位，产业技术创新十分明显，在晶硅电池制造、风电设备综合制造等领域已具备与发达国家竞争的实力。潮汐能核能技术突破、信息技术与新材料技术的应用等充分体现了目前新能源产业的专业化、跨界融合等趋势。可以预见，未来可再生能源、能源智能网依旧是未来一段时间国际和国内产业投资热点。《能源生产和消费革命战略（2016—2030）》提出，到2030年非化石能源占一次能源消费比重应达到20%，2050年超过50%。综合研判，从满足经济社会发展需求、实现国家能源转型战略目标的角度来看，我国风电将保持年均2500万千瓦、光伏将保持年均3000万千瓦以上的新增装机规模；预计2030、2050年，我国新能源装机规模将分别达到12亿、28亿千瓦以上，逐步成为主导能源。

创业数据对58家新能源企业进行深入调研后发现，创业类型为生产性企业占比在九成以上，多集中于中游设备制造环节。企业销售额低于平均水平，半数位于300万元以下。企业盈利情况与平均数持平，两成以上企业实现盈利。企业销售收入增势较缓，集中于0—50%。企业以技术创新和产品创新为主，缺乏服务创新和商业模式创新的企业。其技术主要来自自主开发，现阶段原始创新和集成创新为主导创新方向，创新团队集中在10人以下，知识产权拥有量较少，半数以上企业参与过公司标准制订，近八成企业进行过技术交易，技术交易渠道较为分散，交易收入集中在100万元以下。企业研发经费投入增幅平稳，半数集中于0—50%。企业技术引进费用与平均水平持平，七成以上呈增加趋势。企业员工规模增幅平稳，半数集中于0—50%。开发创意产品是企业创业之初的主要困难之一。市场规模小是制约企业发展的重要因素。

（一）中游设备制造企业居多

1. 创业企业经营情况

（1）生产性企业为主，多集中于中游设备制造环节

在本次创业数据调查中，共调研新能源产业领域企业58家，其中，生产性企业居多，共57家，占比98.28%；技术研发类企业占比较少，仅为1.72%。通过检索创业企业经营范围后发现，新能源行业创业企业在分散中有集中，从事环保的企业较多，集中于产业中游的设备制造环节，可再生能源系统部件、检验检测、水污染是热点。37.93%的创业企业处于行业领先水平，29.31%的企业处于行业中游水平，龙头企业多为领域内成立较早的研发实力强劲的大企业。

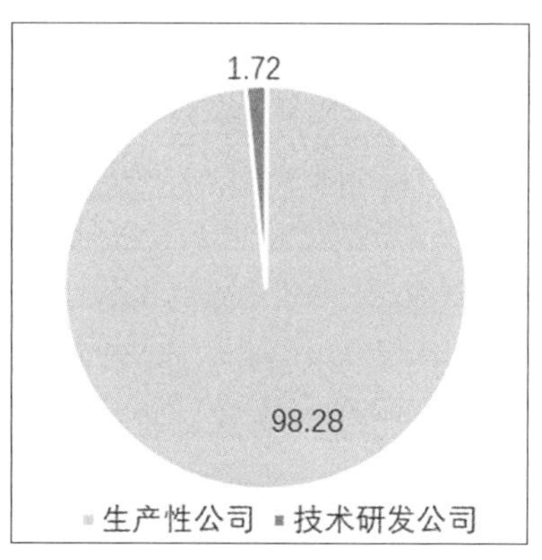

图6-4-1 新能源产业创业企业类型分布情况（%）

（2）企业销售额低于平均水平，半数位于 300 万元以下

新能源产业创业企业年度销售额在 300 万元以下居多，共有 29 家，占比 50%，其次为销售额在 2000 万元以上的企业，占比相对较高，为 27.59%；销售额在 300 万—2000 万元的企业为 13 家，占比 22.41%，分企业性质来看，生产性创业企业年度销售额偏低，50.88% 的创业企业销售额在 300 万元以下，22.81% 的创业企业销售额在 300 万—2000 万元，销售额在 2000 万元以上的企业占比相对较高，为 26.32%；技术研发类企业销售额集中在 2000 万元以上。

表 6-4-1 新能源产业分性质企业销售额分布情况（%）

企业销售额（元）	生产性公司	技术研发公司
300 万以下	50.88	0
300 万—2000 万	22.81	0
2000 万以上	26.32	100

（3）盈利情况与平均水平持平，两成以上企业实现盈利

新能源产业创业企业利润额为负居多，两成以上企业已实现盈利。从不同性质企业的盈利状况来看，生产性企业中，利润为负的企业有 43 家，占比 75.44%；利润为 0 的企业较少，占比仅为 1.75%；已实现盈利的企业为 13 家，占比 22.81%；技术研发类企业利润额集中在 0 以下。

表 6-4-2 新能源产业分性质企业利润额分布情况（%）

企业利润额	生产性公司	技术研发公司
0 以下	75.44	100
0	1.75	0
0 以上	22.81	0

2. 创业企业融资情况

（1）融资目的以市场扩展和技术研发居多，市场扩展融资占比近三成

从融资目的来看，新能源行业创业企业多以市场扩展融资和技术研发融资居多，其中近三成企业以市场扩展为融资目的，近两成企业以技术研发为融资目的。

表 6-4-3 新能源产业创业企业融资目的分布情况

融资目的	频数	占比（%）
技术研发	12	20.69
企业收购	7	12.07
市场扩展	18	31.03
服务采购	3	5.17
其他	18	31.03

（2）融资方式以股权融资居多，天使投资占比低于平均水平

从融资方式来看， 新能源行业中，近三成企业以股权融资为主，天使投资占比明显低于平均水平，仅为一成以上，选择其他融资方式的企业占比接近四成。近年来，开发风电、光伏等新能源对我国实现绿色低碳能源转型和能源安全起到至关重要的作用，但是新能源项目建设

的复杂性和系统性等因素，导致项目存在风险较大且收益不稳定，项目开发建设面临融资难的问题。新能源项目融资方式中，其实银行贷款理应首当其冲，以其使用方便和融资时间短作为主要融资方式之一，但随着金融市场不断创新，融资租赁、资产证券化等形式也将被应用且日益普及。

表 6-4-4　新能源产业创业企业融资方式分布情况

融资方式	频数	占比（%）
债权融资	1	1.72
股权融资	17	29.31
私人借贷	6	10.34
众筹	3	5.17
天使投资	8	13.79
政府支持	2	3.45
其他	21	36.21

（3）近六成企业未获得融资，多轮次融资占比较高

从融资轮次来看，近六成新能源行业创业企业未获得融资，获得三轮及以上融资的企业占比较高，达一成以上。从新能源行业的投资事件数量来看，2005 至 2017 年整体呈现增长趋势，2018 年新能源行业融资事件由 2017 年的 121 件，下降至 68 件。2019 年新能源行业的融资事件有 70 件，2020 年 1 至 3 月中旬新能源行业融资事件数量有 9 件。目前，我国新能源企业一般是中小型民营企业，银行贷款关注安全性、规避风险，而新能源产业投资周期长、风险大、技术障碍等因素，导致高端装备制造行业创业存在诸多问题，首先，银行不愿意贷款给规模不大前景不明的中小企业；其次，中国的风投或私募基金难以对某个行业进行长期深入研究，不了解技术成熟度等关键性问题，对投资新能源持观望态度；最后，中国市场变数相对较多，像市盈率等关键数据难以准确计算。新能源行业下一步的融资前景依旧严峻。

表 6-4-5　新能源产业创业企业融资轮次分布情况

融资轮次	频数	占比（%）
未融资	35	60.34
一轮	9	15.52
两轮	7	12.07
三轮及以上	7	12.07

（4）融资规模分布较为均衡，近两成企业融资规模达 1 亿以上

从融资规模来看，与其他行业相比，新能源行业创业企业融资规模分布较为均衡，融资规模在 100 万—1000 万和 1000 万—1 亿的企业占比均达三成以上，融资规模为 1 亿以上的企业占比近两成。相关数据显示，2005 至 2019 年新能源行业投资金额呈现倒 U 型；2017 年达到峰值 254.25 亿元；2019 年全年新能源行业的投资金额为 176.27 亿元，同比下降 14.78%；2020 年 1—3 月中旬新能源行业的投资金额达到 34.34 亿元。

表 6-4-6　新能源产业创业企业融资规模分布情况

融资规模（元）	频数	占比（%）
100 万以下	3	15
100 万—1000 万	6	30
1000 万—1 亿	7	35
1 亿以上	4	20

3. 创业企业发展潜力

（1）销售收入增势较缓，四成以上企业利润收入呈上升趋势

将销售收入增长率作为衡量创业企业市场潜力的指标之一，可以发现新能源产业企业销售收入增长率多集中在 0 以下及 0—50%。具体来看，销售收入增长率为负的企业数量为 13 家，占比为 22.41%；销售收入增长率为 0 的企业数量为 7 家，占比为 12.07%；销售收入增长率在 0—50% 的企业数量为 18 家，占比为 31.03%；销售收入增长率在 51%—100% 的企业数量为 10 家，占比为 17.24%；销售收入增长率达 100% 以上的企业数量为 10 家，占比为 17.24%。

表 6-4-7　新能源产业创业企业销售收入增长率分布情况

销售收入增长率（%）	频数	占比（%）
小于 0	13	22.41
0	7	12.07
0—50	18	31.03
51—100	10	17.24
100 以上	10	17.24

从利润增长情况来看，四成以上企业利润率呈现增加趋势，利润收入为负增长的企业占比较高。具体来看，利润增长率为负的企业数量为 20 家，占比为 34.48%；利润增长率为 0 的企业数量为 10 家，占比为 17.24%；利润增长率在 0—50% 的企业数量为 12 家，占比为 20.69%；利润增长率在 51%—100% 的企业数量为 15 家，占比为 25.86%；利润增长率达 100% 以上的企业较少，占比仅为 1.72%。

表 6-4-8　新能源产业创业企业利润增长率分布情况

利润增长率（%）	频数	占比（%）
小于 0	20	34.48
0	10	17.24
0—50	12	20.69
51—100	15	25.86
100 以上	1	1.72

（2）研发投入多呈上升趋势，新增研发数量偏低

从研发经费增长率状况来看，新能源领域对研发较为重视，多数创业企业的研发经费呈上升趋势。具体来看，研发经费增长率为负的企业数量为 9 家，占比为 15.52%；研发经费增长率为 0 的企业数量为 3 家，占比为 5.17%；研发经费增长率在 0—50% 的企业数量为 27 家，占比为 46.55%；研发经费增长率在 51%—100% 的企业数量为 17 家，占比为 29.31%；研发经费

增长率为达 100% 以上的企业数量为 2 家，占比为 3.45%。

表 6-4-9 新能源产业创业企业研发经费增长率分布情况

研发经费增长率（%）	频数	占比（%）
小于 0	9	15.52
0	3	5.17
0—50	27	46.55
51—100	17	29.31
100 以上	2	3.45

从技术引进费用增长率状况来看，新能源行业对技术引进重视程度较高，七成以上企业技术引进费用与去年相比有所上升。调查数据显示，技术引进费用增长率为负的企业数量为 9 家，占比为 15.52%；技术引进费用增长率为 0 的企业数量为 7 家，占比为 12.07%；技术引进费用增长率在 0—50% 的企业数量为 22 家，占比为 37.93%；技术引进费用增长率在 51%—100% 的企业数量为 18 家，占比为 31.03%；技术引进费用增长率达 100% 以上的企业数量较少，占比为 3.45%。

表 6-4-10 新能源产业创业企业技术引进费用增长率分布情况

技术引进费用增长率（%）	频数	占比（%）
小于 0	9	15.52
0	7	12.07
0—50	22	37.93
51—100	18	31.03
100 以上	2	3.45

从新增研发数量状况来看，新能源行业研发活跃度相对较低，八成以上创业企业去年无新增研发项目。具体来看，上一年度新增研发数量为 0 的企业数量为 49 家，占比为 84.48%，远高于行业平均水平；研发数量在 1—10 项的企业数量为 9 家，占比为 15.52%。

表 6-4-11 新能源产业创业企业上一年度新增研发数量分布情况

上一年度新增研发项目数量	频数	占比（%）
0	49	84.48
1—10	9	15.52

（3）企业员工规模增幅平稳，半数企业集中于 0—50%

从员工人数增长率状况来看，在新能源行业，半数以上企业员工人数呈上升趋势，且增长率多集中在 0—50%，员工人数为负增长的企业占比较高。具体来看，员工人数增长率为负的企业数量为 21 家，占比为 36.21%；员工人数增长率为 0 的企业数量为 4 家，占比为 6.9%；员工人数增长率在 0—50% 的企业数量为 26 家，占比为 44.83%；员工人数增长率在 51%—100% 的企业数量为 7 家，占比为 12.07%；员工人数增长率在 100 以上的企业数量为 0 家。

表 6-4-12　新能源产业创业企业员工人数增长率分布情况

员工人数增长率（%）	频数	占比（%）
小于 0	21	36.21
0	4	6.9
0—50	26	44.83
51—100	7	12.07
100 以上	0	0

（二）研发经费投入增幅平稳

1. 创业企业创新类型

从企业创新类型角度分析，新能源行业中以技术创新和产品创新为主，受调查的企业中没有选择服务创新和商业模式创新。创新类型为技术创新的企业数量为 25 家，占比为 43.10%；产品创新的企业数量为 25 家，占比为 43.10%；服务创新的企业数量为 0 家；商业模式创新的企业数量为 0 家；其他创新类型的企业数量为 8 家，占比 13.79%。

表 6-4-13　新能源行业创业企业创新类型分布情况

创新类型	频数	占比（%）
技术创新	25	43.1
产品创新	25	43.1
服务创新	0	0
商业模式创新	0	0
其他	8	13.79

从企业技术来源角度分析，新能源企业中技术来源为自主开发的企业数量为 26 家，占比为 44.83%；技术来源为合作开发的企业数量为 12 家，占比为 20.69%；技术来源为外部购买的企业数量为 6 家，占比为 10.34%；技术来源为技术入股的企业数量为 7 家，占比为 12.07%；其他技术来源的企业数量为 7 家，占比为 12.07%。自主开发是新能源企业主要创新来源。

表 6-4-14　新能源产业创业企业技术来源分布情况

技术来源	频数	占比（%）
自主开发	26	44.83
合作开发	12	20.69
外部购买	6	10.34
技术入股	7	12.07
其他	7	12.07

从自主创新类型分析，新能源企业中自主创新类型为原始创新的企业数量为 24 家，占比 41.38%；自主创新类型为集成创新的企业数量为 23 家，占比 39.66%；自主创新类型为引进消化再创新的企业数量为 11 家，占比 18.97%。在新能源企业中，原始创新类型和集成创新类型的企业占比最高，表明新能源行业的创业企业中以原始创新和集成创新为主。

表 6-4-15　新能源产业创业企业自主创新类型分布情况

自主创新类型	频数	占比（%）
原始创新	24	41.38
集成创新	23	39.66
引进消化再创新	11	18.97

2. 创业企业创新要素投入

从研发人员投入角度分析，研发人员数量在 10 人以下的企业数量为 47 家，占比为 81.03%；研发人员数量在 10—50 人的企业数量为 11 家，占比为 18.97%；研发人员数量在 50—100 人的企业数量为 0 家；研发人员数量在 100 人以上的企业数量为 0 家。可以看出新能源企业的研发团队规模不大，一般在 10 人以下。

表 6-4-16　新能源产业创业企业研发人员数量分布情况

研发人员数量	频数	占比（%）
1—10	47	81.03
10—50	11	18.97
50—100	0	0
100 以上	0	0

从科研经费投入角度分析，上一年度未投入研发经费的新能源企业有 2 家，占新能源企业总数的 3.45%；研发投入在 10 万元以下的企业数量为 18 家，占比为 31.03%；研发投入在 10 万—100 万元的企业数量为 18 家，占比 31.03%；研发经费超过 100 万元的有 20 家企业，占调查新能源企业总数的 34.48%。在双创背景下创业企业成长为独角兽企业，离不开科技赋能，新能源行业的创业企业非常重视研发经费的投入，超过九成的企业设置了研发经费，且超过在此次调查的上年度投入超过 10 万元的企业占比为 65.51%。

表 6-4-17　新能源产业创业企业研发经费分布情况

上一年度研发经费投入（元）	频数	占比（%）
0	2	3.45
0—10 万	18	31.03
10 万—100 万	18	31.03
100 万以上	20	34.48

从技术引进费用角度分析，新能源行业的创业企业技术引进费用为 0 元的企业数量为 4 家，占比为 6.90%；技术引进费用为 10 万元以下的企业数量为 32 家，占比 55.17%；技术引进费用为 10 万—100 万元的企业数量为 13 家，占比 22.41%；技术引进费用为 100 万元以上的企业数量为 9 家，占比为 15.52%。新能源行业的创业企业基本上都需要进行技术引进，超过七成的企业在此次调查的上年度技术引进费用集中在 100 万元以下。

表 6-4-18　新能源产业创业企业技术引进费用分布情况

上一年度技术引进费用（元）	频数	占比（%）
0	4	6.9

表 6-4-18　新能源产业创业企业技术引进费用分布情况（续表）

上一年度技术引进费用（元）	频数	占比（%）
0—10 万	32	55.17
10 万—100 万	13	22.41
100 万以上	9	15.52

3. 创业企业创新产出效益

从企业商标拥有量角度分析，新能源行业的创业企业调查数据显示，受调查企业中，尚未拥有商标的企业有 23 家，占比为 39.66%；拥有商标数量在 10 个以下的企业分布最多有 31 家，占企业总数的 53.45%；企业拥有商标数量在 10 个以上的企业有 4 家，占比为 6.90%。

表 6-4-19　新能源产业创业企业商标数量分布情况

商标数量	频数	占比（%）
0	23	39.66
1—10	31	53.45
10 以上	4	6.9

从工业专利角度分析，新能源行业拥有工业专利的企业不多，主要集中在实用型专利上，有外观专利的企业占比和有发明专利的企业占比基本相当。从发明专利来看，尚未拥有发明专利的新能源企业数量为 48，占受调查企业的 82.76%；对于实用新型专利的积累，尚未拥有实用新型发明专利的企业数量为 33，占受调查企业的 56.90%；在外观专利申请上，尚未拥有外观专利的企业数量为 50，占受调查企业的 86.21%。

表 6-4-20　新能源产业创业企业专利技术数量分布情况

专利数量	发明专利		实用型专利		外观专利	
	频数	占比（%）	频数	占比（%）	频数	占比（%）
0	48	82.76	33	56.9	50	86.21
1—10	9	15.52	17	29.31	7	12.07
10 以上	1	1.72	8	13.79	1	1.72

就著作权及其他专利拥有量看，新能源行业拥有软件注册权的企业数量最多，有影视（文化）版权的企业占比较少。在影视（文化）版权方面，尚未拥有影视（文化）版权的新能源企业数量为 56 家，占受调查企业的 96.55%。在软件注册权方面，尚未拥有软件注册权的企业为 38 家，占比为 65.52%；软件注册权在 1 到 10 的企业数量为 14，占比为 24.14%；10 个以上的企业有 6 家，占比为 10.34%。

表 6-4-21　新能源行业创业企业著作权及其他类型知识产权数量分布情况

专利数量	影视文化版权		软件注册权		其他	
	频数	占比（%）	频数	占比（%）	频数	占比（%）
0	56	96.55	38	65.52	58	100
1—10	2	3.45	14	24.14	0	0
10 以上	0	0	6	10.34	0	0

从参与标准制订量来看，参与制订公司标准的企业数量最多，参与国际、国家标准和行业标准制订的企业占比不高。在参与国际标准制订中新能源创业企业尚未参与国际标准制订的企业数量为55家，占受调查企业的94.83%；在参与国家标准制订上，尚未参与国家标准制订的企业数量为54，占受调查企业的93.10%；在参与行业标准制订上，尚未参与行业标准制订的企业数量为54，占受调查企业的93.10%；在参与公司标准制订上，尚未参与公司标准制订的企业数量为28家，占受调查企业的48.28%。

表 6-4-22　新能源产业创业企业制定标准数量分布情况

标准数量	国际标准		国家标准		行业标准		公司标准	
	频数	占比（%）	频数	占比（%）	频数	占比（%）	频数	占比（%）
0	55	94.83	54	93.1	54	93.1	28	48.28
1—10	3	5.17	4	6.9	4	6.9	23	39.66
10以上	0	0	0	0	0	0	7	12.07

从技术交易情况分析，尚未进行过技术交易的新能源企业有12家，占比为21.05%；进行过技术交易的企业有45家，占比为78.95%。

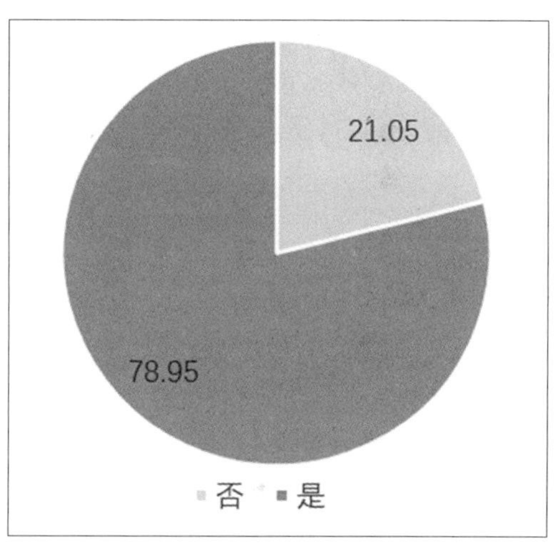

图6-4-2　新能源产业创业企业技术交易情况（%）

从技术交易渠道分析，新能源创业企业中选择国家交易中心进行技术交易的共有5家，占受调查企业总数的8.06%；选择地方交易中心的企业有13家，占比为20.97%；选择行业交易中心的企业数量为13，占比为20.97%；选择服务平台的企业有16家，占比为25.81%；有14家企业选择企业间接交易，占比为22.58%；另外，有1家企业，选择其他方式进行交易，占比为1.61%。在国家交易中心、地方交易中心、行业交易中心、服务平台和企业间直接交易这5类传统交易渠道中，新能源行业企业大多选择企业间直接交易，选择国家交易中心的企业占比最低。

表 6-4-23　新能源产业创业企业技术交易渠道分布情况

技术交易渠道	频数	占比（%）
国家交易中心	5	8.06
地方交易中心	13	20.97
行业交易中心	13	20.97
服务平台	16	25.81
企业间直接交易	14	22.58
其他	1	1.61

从技术交易收入角度分析，新能源行业在此次调查的上年度未获得技术交易收入的企业数量为21家，占新能源企业的36.21%；技术交易收入不足100万元的企业有23家，占比为

39.66%；技术交易收入介于 100 万至 1000 万元的企业数量为 13 家，占比 22.41%；技术交易收入在 1000 万元以上的企业有 1 家，占比为 1.72%。新能源产业创业企业在此次调查的上年度获得技术交易收入的企业数量超过六成，表明新能源行业中存在很多创新能力高，科研实力强的企业，但技术交易收入大多集中在 100 万元以下，表明在实际技术交易中市场议价能力有限。

表 6-4-24　新能源产业创业企业技术交易收入分布情况

上一年度技术交易收入（元）	频数	占比（%）
0	21	36.21
0—100 万	23	39.66
100 万—1000 万	13	22.41
1000 万以上	1	1.72

（三）市场和知识产权重要性突出

1. 创业初期困难因素

调查问卷对创业者创业困难程度自评情况进行统计，结果显示，创业者普遍认为新能源领域创业难度较大，在 1—9 分的创业困难程度评分中，样本均值为 5.78。具体来看，打分区间在 1—3 分，认为创业难度较小的企业数量为 11 家，占比 18.97%；评价为 4—6 分，认为难度一般的企业数量为 24 家，占比 41.38%；评价为 7—9 分，认为创业难度较大的企业数量为 23 家，占比 39.66%。

从创建公司的困难因素排序情况来看，在新能源行业中，创建公司的重要因素排序为：难以得到资金 / 时间 > 难以找到创业合作伙伴 > 没有好的想法 > 缺少关键技术 > 创业的概念容易被模仿 > 家庭成员反对 > 风险太大 > 原工作单位不让离开 > 政府政策不鼓励。资金问题成为制约新能源行业创业的首要因素，有 36.36% 的人将其排在第一位。其次为“难以找到创业合作伙伴”和“没有好的想法”，占比分别为 23.91% 和 22.45%。此外，有 17.39% 的人认为“缺少关键技术”是制约创业的重要因素，12.5% 的人认为“创业概念容易被模仿”制约创业的重要因素，而“家庭成员反对”、“原工作单位不让离开”和“政府政策不鼓励”等外界制约因素占比较小，分别为 6.82%、2.38% 和 0。

新能源挑战的是传统能源和传统消费利用方式，需要用技术优势或产品创意进一步包装，产品是技术的载体，技术是打通产品与应用的关键，在产品化过程中，不仅需要综合考虑技术的成熟性、延伸性与通用性，还要综合考虑产品的创新性、体验性与成本等，无论怎样的技术路线，都要接受市场的认可和实际应用的检验，产品创新是创业企业在创业之初首先应该明确的问题。

表 6-4-25-1　新能源产业企业创业困难因素排序情况（%）

创业困难因素	难以得到资金	难以找到创业合作伙伴	没有好的想法	缺少关键技术	创业的概念容易被模仿
第一位	36.36	23.91	22.45	17.39	12.5
第二位	20.45	23.91	14.29	15.22	18.75
第三位	15.91	13.04	16.33	8.7	18.75
第四位	9.09	15.22	16.33	4.35	12.5

表 6-4-25-1　新能源产业企业创业困难因素排序情况（%）（续表）

创业困难因素	难以得到资金	难以找到创业合作伙伴	没有好的想法	缺少关键技术	创业的概念容易被模仿
第五位	2.27	10.87	16.33	6.52	8.33
第六位	4.55	2.17	4.08	8.7	20.83
第七位	4.55	0	6.12	10.87	4.17
第八位	0	6.52	2.04	8.7	2.08
第九位	6.82	2.17	2.04	17.39	0
无	0	2.17	0	2.17	2.08

表 6-4-25-2　新能源产业企业创业困难因素排序情况（%）

创业困难因素	家庭成员反对	风险太大	原工作单位不让离开	当时政府政策不鼓励
第一位	6.82	6.52	2.38	0
第二位	4.55	10.87	2.38	4.55
第三位	11.36	13.04	2.38	9.09
第四位	9.09	13.04	2.38	6.82
第五位	9.09	17.39	9.52	9.09
第六位	22.73	10.87	4.76	13.64
第七位	6.82	10.87	28.57	18.18
第八位	20.45	4.35	14.29	29.55
第九位	6.82	10.87	30.95	6.82
无	2.27	2.17	2.38	2.27

2. 创业中期制约因素

调查数据对制约新能源产业创业企业效益因素进行统计，结果显示，人才、市场和资金是新能源产业创业企业关注度较高的制约因素，占比分别为17.82%、17.82%和16.34%；管理、政策和技术因素位列其后，占比分别为13.37%、12.87%和11.39%；成本因素占比较低，为8.42%。

新能源市场是明显的受现实问题与应用需求驱动型发展，无论是石化能源危机，还是环境保护压力，不论是防治雾霾的需求，还是新能源汽车的兴趣，新能源产业市场充满了情怀与梦想，资本也在抓紧排兵布阵、攻城略地。但新能源产业在我国起步较晚，产业需求链并没有真正形成，市场获得的持续性较强的拉动依旧较少，市场发展规模难以扩大。加之新能源产品研发、生产成本较高，其产品价格往往高于常规能源产品，难以形成广泛的市场需求，对创业企业市场的开发和培育造成一定影响。

表 6-4-26　新能源产业制约企业效益因素分布情况

制约企业效益的因素	频数	占比（%）
技术	23	11.39
人才	36	17.82
资金	33	16.34
市场	36	17.82
政策	26	12.87
管理	27	13.37
成本	17	8.42
其他	4	1.98

3. 创业企业发展重要因素

从创建公司的重要因素情况来看，市场和知识产权是新能源行业创业较为重要的因素。在新能源行业中，创建公司的重要因素排序为：进入市场的速度 / 时间 > 知识产权保护 > 政府支持 > 技术 > 资金投入 > 与其他公司合作。“进入市场的速度 / 时间”是新能源行业企业关注的首要因素，有 31.37% 的人将其排在第一位。其次，知识产权保护、政府支持和技术分列第二、三、四位，占比分别为 24.49%、22.45% 和 20.83%。此外，以“大量资金投入”和“与其他公司合作”占比分别为 10.42% 和 7.84%。

表 6-4-27　新能源产业企业创业重要因素排序情况（%）

创建公司的重要因素	进入市场的速度 / 时间	知识产权保护	政府支持	技术	大量资金投入	与其他公司合作
第一位	31.37	24.49	22.45	20.83	10.42	7.84
第二位	21.57	22.45	18.37	8.33	27.08	13.73
第三位	11.76	14.29	8.16	27.08	20.83	21.57
第四位	15.69	20.41	24.49	10.42	8.33	11.76
第五位	11.76	6.12	18.37	4.17	33.33	15.69
第六位	7.84	12.24	8.16	29.17	0	29.41

五、新材料：专利技术基础仍然薄弱

新材料一般指新出现的具有优异性能和特殊功能的材料，或是传统材料改进后性能明显提高和产生新功能的材料。新出现的新型材料主要包括电子材料、磁性材料、复合材料、纳米材料、光子材料、超导材料等；革新传统材料主要包括钢铁材料、有色金属、无机非金属、高分子材料、化工材料和建筑材料等。新材料产业包括新材料及其相关产品和技术装备，具体涵盖新材料本身形成的产业、新材料技术及其装备制造业、传统材料技术提升的产业等。产业链包括上游原材料开采供应、中游加工生产和下游行业应用。

我国处于全球产业第二梯队，高分子新材料已成为当下万亿级创业风口。全球新材料产业处于快速发展的黄金期，2018 年，全球新材料市场规模为 2.41 万亿美元，2010 至 2018 年的年复合增长率达 11.62%。2018 年全球先进基础材料产值比重占 49%，关键战略材料产值比重占 43%，受 3D 打印材料、石墨烯、超导等新兴产业技术不断突破，前沿新材料比重较上年有所上升，达到 8%。从全球产业链布局来看，形成了以美国、欧洲、日本为代表的国家和地区构成新材料产业第一梯队，俄罗斯、韩国、中国处于第二梯队的产业格局。新材料领域创业热潮，高分子新材料作为“十三五”发展规划重点材料之一，广泛运用于汽车、家电、日用品当中，是经济发展不可或缺的基石。《新材料行业发展白皮书》显示，高分子新材料已成为当下万亿级创业风口，尤其改性塑料市场需求非常大，达万亿级以上容量，且增长速度惊人，每年的速度保持在 10% 左右，未来的独角兽企业很有可能就诞生在该领域。

创业数据对新材料产业领域 41 家企业进行深入调研，总体来看，企业类型均为生产性企业，以下游应用开发为主。企业年销售额高于平均水平，近三成企业突破 2000 万元。企业盈利情况高于平均水平，近四成企业已实现盈利。企业销售收入增长较快，增长率集中于50%—100%。企业利润增长低于平均水平，较少有企业突破100%。企业以技术创新和产品创新为主，缺乏服务创新的企业。其技术主要来自自主开发和合作开发，现阶段原始创新为主导创新方向，创新团队集中在10人以下，知识产权拥有量较少，六成以上企业参与过公司标准制订，超过八成企业进行过技术交易，技术交易渠道以行业交易中心和服务平台为主，交易收入集中在100万元以下。企业研发经费增长与平均持平，集中于51%—100%。企业技术引进费用高于平均，七成以上企业呈增加趋势。企业员工规模扩展缓慢，一半企业处于负增长状态。快速获得资金是企业创业过程中的最大困难。进入市场的速度/时间、知识产权是制约企业创业发展的主要因素。

（一）产业盈利能力水平较高

1. 创业企业经营情况

（1）创业企业类型均为生产性企业，以下游应用开发为主

在本次创业数据调查中，共调研新材料产业领域企业41家，均为生产性企业。以材料加工制造为主的新材料生产企业多为中小企业，专利和技术投入少，82.93%的企业没有发明专利，41.46%的企业没有非专利技术，被挡在专利和关键技术大门之外的新材料企业，徒有“高科技”之名，只能做下游应用开发的“低科技”工作。53.66%的创业企业处于产业的中游水平，行业龙头多为拥有多项专利，从事新材料应用研发的大企业。

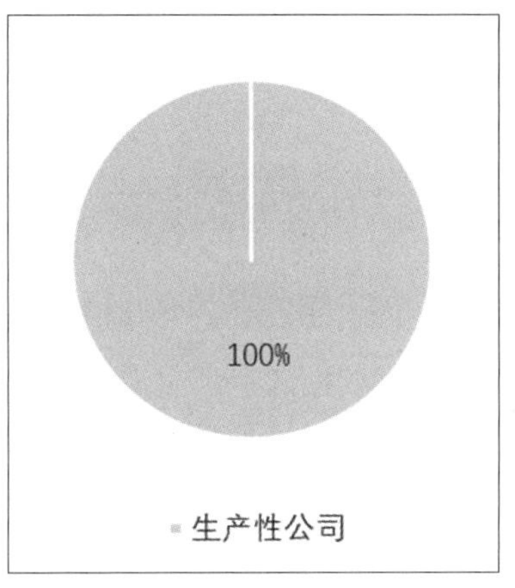

图6-5-1　新材料产业创业企业类型分布情况（%）

（2）年销售额高于平均水平，近三成企业突破2000万

新材料产业创业企业年度销售额相比创业企业平均水平来说较大，300万元以下和300万—2000万元，占比均为36.59%；销售额在2000万元以上的企业数量为11家，占比相对较高，为26.83%。

表6-5-1　新材料产业创业企业销售额分布情况（%）

企业销售额（元）	频数	占比（%）
300万以下	15	36.59
300万—2000万	15	36.59
2000万以上	11	26.83

（3）盈利情况高于平均水平，近四成企业已实现盈利

从新材料产业创业企业的盈利状况来看，多数创业企业的利润额为负，近四成企业处于盈利状态。具体来看，利润为负的企业有24家，占比58.54%；利润为0的企业有1家，占比2.44%；已实现盈利的企业为16家，占比39.02%。

表 6-5-2　新材料产业创业企业利润额分布情况（%）

企业利润额	频数	占比（%）
0 以下	24	58.54
0	1	2.44
0 以上	16	39.02

2. 创业企业融资情况

（1）融资目的以市场扩展为主，高于平均水平

从融资目的来看，五成以上新材料行业创业企业以市场扩展融资为融资目的，明显高于平均水平，近两成企业以技术研发为融资目的。

表 6-5-3　新材料产业创业企业融资目的分布情况

融资目的	频数	占比（%）
技术研发	8	19.51
企业收购	2	4.88
市场扩展	23	56.1
服务采购	2	4.88
其他	6	14.63

（2）融资方式以股权融资居多，占比近半数

从融资方式来看，近半数新材料行业创业企业以股权融资为主要融资方式，占比近半数，天使投资占比明显低于其他行业，占比仅不足一成。

表 6-5-4　新材料产业创业企业融资方式分布情况

融资方式	频数	占比（%）
债权融资	2	4.88
股权融资	20	48.78
私人借贷	1	2.44
众筹	1	2.44
天使投资	4	9.76
政府支持	1	2.44
其他	12	29.27

（3）未融资企业占比仅两成，低于平均水平

从融资轮次来看，新材料行业中，近八成创业企业获得融资，融资情况远高于平均水平，获得一轮和两轮融资的企业占比均达三成以上。相关数据显示，2013 至 2018 年上半年，从投资案例数看，新材料产业投资轮次主要分布在 A 轮、B 轮、新三板定增，占比分别为 34.2%、13.1%、15.7%，合计占比约 63%。

表 6-5-5　新材料产业创业企业融资轮次分布情况

融资轮次	频数	占比（%）
未融资	9	21.95
一轮	13	31.71

表 6-5-5　新材料产业创业企业融资轮次分布情况（续表）

融资轮次	频数	占比（%）
两轮	15	36.59
三轮及以上	4	9.76

（4）融资规模多集中在 100 万—1 亿元

从融资规模来看，新材料行业创业企业融资规模多集中在 100 万—1000 万和 1000 万—1 亿两个区间，占比共计达八成以上。受整体资本市场降温影响，新材料领域投资投资金额近年来呈下滑趋势，2018 年投资额下降至 30.1 亿元。同时，由于新材料领域风险较大，社会资本投资较为谨慎，从投资案例数来看，2013 至 2018 年上半年，新材料产业投资阶段主要分布在成熟期、扩张期，占比分别达到 45.6%、39.2%，合计占比约 84.8%；而种子期、初创期累计分别为 19 起、64 起，占比均不到两成。

表 6-5-6　新材料产业创业企业融资规模分布情况

融资规模（元）	频数	占比（%）
100 万以下	2	7.14
100 万—1000 万	14	50
1000 万—1 亿	10	35.71
1 亿以上	2	7.14

3. 创业企业发展潜力

（1）市场发展潜力较大，销售收入与利润收入多呈上升趋势

从销售收入增长率状况来看，新材料行业中，近七成的创业企业销售收入呈上升趋势，半数以上的企业销售收入涨幅在 50% 以上。销售收入增长率为负的企业占比为 21.95%，销售收入增长率为 0 的企业占比为 9.76%；销售收入增长率在 0—50% 的企业占比为 17.07%；销售收入增长率在 51%—100% 的企业占比为 26.83%；销售收入增长率达 100% 以上的企业占比为 24.39%。

表 6-5-7　新材料产业创业企业销售收入增长率分布情况

销售收入增长率（%）	频数	占比（%）
小于 0	9	21.95
0	4	9.76
0—50	7	17.07
51—100	11	26.83
100 以上	10	24.39

从利润增长率状况来看，新材料行业中，半数以上创业企业与上一年相比利润有所增加，但利润增长率为负的企业占比仍然较高，为 29.27%；利润增长率为 0 的企业占比为 17.07%；利润增长率在 0—50% 的企业占比为 26.83%；利润增长率在 51%—100% 的企业占比为 24.39%；利润增长率达 100% 以上的企业占比为 2.44%。

表 6-5-8　新材料产业创业企业利润增长率分布情况

利润增长率（%）	频数	占比（%）
小于 0	12	29.27
0	7	17.07
0—50	11	26.83
51—100	10	24.39
100 以上	1	2.44

（2）研发投入多呈上升趋势，新增研发数量偏低

从研发经费增长率状况来看，新材料行业中，企业多重视研发创新，近八成创业企业的研发经费呈上升趋势。研发经费增长率为负的企业数量占比为 17.07%，研发经费增长率为 0 的企业占比为 4.88%；研发经费增长率在 0—50% 的企业占比较高，为 34.15%；研发经费增长率在 51%—100% 的企业占比为 39.02%；研发经费增长率为达 100% 以上的企业占比为 4.88%。

表 6-5-9　新材料产业创业企业研发经费增长率分布情况

研发经费增长率（%）	频数	占比（%）
小于 0	7	17.07
0	2	4.88
0—50	14	34.15
51—100	16	39.02
100 以上	2	4.88

从技术引进费用增长率状况来看，在新材料行业中，七成以上的创业企业的研发经费与上一年相比有所增加。技术引进费用增长率为负的企业数量占比为 9.76%，技术引进费用增长率为 0 的企业占比为 14.63%；技术引进费用增长率在 0—50% 的企业占比为 31.37%；技术引进费用增长率在 51%—100% 的企业占比为 39.02%；技术引进费用增长率达 100% 以上的企业占比为 4.88%。

表 6-5-10　新材料产业创业企业技术引进费用增长率分布情况

技术引进费用增长率（%）	频数	占比（%）
小于 0	4	9.76
0	6	14.63
0—50	13	31.71
51—100	16	39.02
100 以上	2	4.88

从新增研发数量状况来看，新材料行业研发活跃度偏低，九成以上创业企业去年并未新增研发项目。具体来看，上一年度新增研发数量为 0 的企业数量为 38 家，占比为 92.68%，远高于行业平均水平；研发数量在 1—10 项的企业数量为 3 家，占比为 7.32%。

表 6-5-11　新材料产业创业企业上一年度新增研发数量分布情况

上一年度新增研发项目数量	样本企业数量（个）	占比（%）
0	38	92.68
1—10	3	7.32

（3）企业员工规模扩展缓慢，半数企业处于负增长状态

从员工人数增长率状况来看，在新材料行业中，员工人数增长率为负的企业数量占比为43.9%，员工人数增长率为 0 的企业占比为 7.32%；员工人数增长率在 0—50% 的企业占比为41.46%；员工人数增长率在 51%—100% 的企业占比为 7.32%。

表 6-5-12　新材料产业创业企业员工人数增长率分布情况

员工人数增长率（%）	频数	占比（%）
小于 0	18	43.9
0	3	7.32
0—50	17	41.46
51—100	3	7.32

（二）以原始创新为主导方向

1. 创业企业创新类型

从企业创新类型分析，新材料行业中以技术创新和产品创新为主，受调查的企业中没有选择服务创新的企业。创新类型为技术创新的企业数量为 20 家，占比为 48.78%；产品创新的企业数量为 17 家，占比为 41.46%；服务创新的企业数量为 0 家；商业模式创新的企业数量为 1 家，占比为 2.44%；其他创新类型的企业数量为 3 家，占比 7.32%。作为多个产业链的上游环节，新材料产业的发展受到下游应用场景的极大制约，很少出现新研发成果快速投入大规模使用的情况，因此往往存在前期投资大、中间环节多、转化周期长等特点，同信息等高速迭代的行业相比显得市场节奏较为缓慢。

表 6-5-13　新材料产业创业企业创新类型分布情况

创新类型	频数	占比（%）
技术创新	20	48.78
产品创新	17	41.46
服务创新	0	0
商业模式创新	1	2.44
其他	3	7.32

从技术来源角度分析，新材料企业中技术来源为自主开发的企业数量为 16 家，占比为39.02%；技术来源为合作开发的企业数量为 17 家，占比为 41.46%；技术来源为外部购买的企业数量为 6 家，占比为 14.63%；技术来源为技术入股的企业数量为 1 家，占比为 2.44%；其他技术来源的企业数量为 1 家，占比为 2.44%。自主开发和合作开发是新材料企业主要创新来源，技术入股占比较低。

表 6-5-14 新材料产业创业企业技术来源分布情况

技术来源	频数	占比（%）
自主开发	16	39.02
合作开发	17	41.46
外部购买	6	14.63
技术入股	1	2.44
其他	1	2.44

从企业自主创新类型角度分析，新材料企业中自主创新类型为原始创新的企业数量为 21 家，占比 51.22%；自主创新类型为集成创新的企业数量为 11 家，占比 26.83%；自主创新类型为引进消化再创新的企业数量为 9 家，占比 21.95%。创业企业中各研发类型占比差异不大，但在新材料企业中，原始创新类型超过集成创新类型和引进消化再创新，表明新材料行业的创业企业中以原始创新为主。

表 6-5-15 新材料产业创业企业自主创新类型分布情况

自主创新类型	频数	占比（%）
原始创新	21	51.22
集成创新	11	26.83
引进消化再创新	9	21.95

2. 创业企业创新要素投入

从研发人员投入来看，研发人员数量在 10 人以下的企业数量为 35 家，占比为 85.37%；研发人员数量在 10—50 人的企业数量为 6 家，占比为 14.63%；研发人员数量在 50—100 人的企业数量为 0 家；研发人员数量在 100 人以上的企业数量为 0 家。在新材料企业的研发团队规模不大，主要集中在 10 人以下。

表 6-5-16 新材料产业创业企业研发人员数量分布情况

研发人员数量	频数	占比（%）
1—10	35	85.37
10—50	6	14.63
50—100	0	0
100 以上	0	0

从研发经费投入角度分析，上一年度未投入研发经费的新材料企业有 2 家，占新材料企业总数的 4.88%；研发投入在 10 万元以下的企业数量为 6 家，占比为 14.63%；研发投入在 10 万—100 万元的企业数量为 15 家，占比 36.59%；研发经费超过 100 万元的有 18 家企业，占调查新材料企业总数的 43.90%。在双创背景下创业企业成长为独角兽企业，离不开科技赋能，新材料行业的创业企业重视研发经费的投入，超过九成的企业设置了研发经费，且在此次调查的上年度投入超过 10 万元的企业占比为 80.49%，但还有 4.88% 的企业在此次调查的上年度未有研发经费投入，这些企业将是下一阶段研究重点，分析企业没有投入研发经费的原因，从而定制化为企业服务，帮助企业解决创新难点和痛点助力行业又快又好发展。

表 6-5-17　新材料产业创业企业研发经费分布情况

上一年度研发经费投入（元）	频数	占比（%）
0	2	4.88
0—10 万	6	14.63
10 万—100 万	15	36.59
100 万以上	18	43.90

从技术引进费用角度分析，新材料行业的创业企业技术引进费用为 0 元的企业数量为 4 家，占比为 9.76%；技术引进费用为 10 万元以下的企业数量为 20 家，占比 48.78%；技术引进费用为 10 万—100 万元的企业数量为 10 家，占比 24.39%；技术引进费用为 100 万元以上的企业数量为 7 家，占比为 17.07%，新材料行业大部分企业都有技术引进需求，但多数创业企业上一年度技术引进费用较低，集中在 10 万元以下。

表 6-5-18　新材料产业创业企业技术引进费用分布情况

上一年度技术引进费用（元）	频数	占比（%）
0	4	9.76
0—10 万	20	48.78
10 万—100 万	10	24.39
100 万以上	7	17.07

3. 创业企业创新产出效益

从企业商标拥有量分析，新材料行业的创业企业中，拥有商标数的企业有 28 家，占比为 68.29%。

表 6-5-19　新材料产业创业企业商标数量分布情况

商标数量	频数	占比（%）
0	13	31.71
10 以下	21	51.22
10 以上	7	17.07

从工业专利角度分析，新材料企业对于专利技术积累不足，拥有工业专利的企业不多，主要集中在实用型专利上，有外观专利的企业数量略大于有发明专利的企业数量。首先，从发明专利来看，尚未拥有发明专利的新材料企业数量为 34，占受调查企业的 82.93%；其次，对于实用新型专利的积累，尚未拥有实用新型发明专利的企业数量为 27，占受调查企业的 65.85%；此外，在外观专利申请上，尚未拥有外观专利的企业数量为 37，占受调查企业的 90.24%。

表 6-5-20　新材料产业创业企业专利技术数量分布情况

	发明专利		实用型专利		外观专利	
	频数	占比（%）	频数	占比（%）	频数	占比（%）
0	34	82.93	27	65.85	37	90.24
1—10	6	14.63	12	29.27	3	7.32
10 以上	1	2.44	2	4.88	1	2.44

就著作权及其他专利拥有量看，新材料行业拥有软件注册权的企业数量和有影视（文化）版权的企业数量都较少。在就影视（文化）版权方面，尚未拥有影视（文化）版权的新材料企业数量为 39 家，占受调查企业的 95.12%；在软件注册权方面，尚未拥有软件注册权的企业为 37 家，占比为 90.24%。

表 6-5-21 新材料产业创业企业著作权及其他类型知识产权数量分布情况

	影视文化版权		软件注册权		其他	
	频数	占比（%）	频数	占比（%）	频数	占比（%）
0	39	95.12	37	90.24	41	100
1—10	2	4.88	3	7.32	0	0
10 以上	0	0	1	2.44	0	0

从参与标准制订量来看，参与制订公司标准的企业数量最多，参与国际、国家标准和行业标准制订的企业占比不高。在参与国际标准制订中新材料创业企业尚未参与国际标准制订的企业数量为 37 家，占受调查企业的 90.24%；在参与国家标准制订上，尚未参与国家标准制订的企业数量为 39，占受调查企业的 95.12%；在参与行业标准制订上，尚未参与行业标准制订的企业数量为 38，占受调查企业的 92.68%；在参与公司标准制订上，尚未参与公司标准制订的企业数量为 13 家，占受调查企业的 31.17%。

表 6-5-22 新材料产业创业企业制定标准数量分布情况

	国际标准		国家标准		行业标准		公司标准	
	频数	占比（%）	频数	占比（%）	频数	占比（%）	频数	占比（%）
0	37	90.24	39	95.12	38	92.68	13	31.17
1—10	4	9.76	2	4.88	3	7.32	19	46.34
10 以上	0	0	0	0	0	0	9	21.95

从技术交易情况角度看，尚未进行过技术交易的新材料企业有 6 家，占比为 14.63%；进行过技术交易的企业有 35 家，占比为 85.37%。

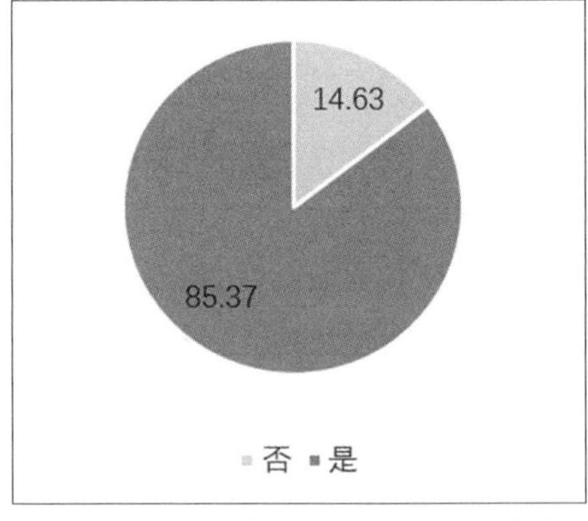

图6-5-2 新材料产业创业企业技术交易情况

从技术交易渠道角度分析，新材料创业企业中选择国家交易中心进行技术交易的共有 7 家，占受调查企业总数的 12.96%；选择地方交易中心的企业有 12 家，占比为 22.22%；选择行业交易中心的企业数量为 13，占比为 24.07%；选择服务平台的企业有 13 家，占比为 24.07%；有 8 家企业选择企业间接交易，占比为 14.81%；另外，有 1 家企业选择其他方式进行交易，占比为 1.85%。在国家交易中心、地方交易中心、行业交易中心、服务平台和企业间直接交易这 5 类传统交易渠道中，新材料行业企业大多选择行业交易中心和服务平台进行技术交易，选择国家交易中心的企业占比最低。

表 6-5-23 新材料产业创业企业技术交易渠道分布情况

技术交易渠道	频数	占比（%）
国家交易中心	7	12.96
地方交易中心	12	22.22
行业交易中心	13	24.07
服务平台	13	24.07
企业间直接交易	8	14.81
其他	1	1.85

从技术交易收入情况看，新材料行业在此次调查的上年度未获得技术交易收入的企业数量为 10 家，占新材料企业的 24.39%；技术交易收入不足 100 万元的企业有 23 家，占比为 56.10%；技术交易收入介于 100 万至 1000 万元的企业数量为 7 家，占比 17.07%；技术交易收入在 1000 万元以上的企业有 1 家，占比为 2.44%。在此次调查的新材料产业创业企业中，上年度获得技术交易收入的企业数量超过七成，表明新材料行业中存在很多创新能力高，科研实力强的企业，但技术交易收入大多集中在 100 万元以下，表明实际技术交易中市场议价能力有限。

表 6-5-24 新材料产业创业企业技术交易收入分布情况

上一年度技术交易收入（元）	频数	占比（%）
0	10	24.39
0—100 万	23	56.1
100 万—1000 万	7	17.07
1000 万以上	1	2.44

（三）普遍关注市场和知识产权

1. 创业初期困难因素

对新材料领域创业企业的创业难度进行统计分析，在 1—9 分的创业困难程度评分标准中均值为 5.76。具体来看，认为创业难度较小的企业占比 19.51%；认为难度一般的企业占比为 46.34%；认为创业难度较大的企业占比为 34.15%。

从创建公司的困难因素排序情况来看，以将各因素排在第一位的占比为基准，在新材料行业中，创建公司的重要因素排序为：难以得到资金 > 风险太大 > 没有好的想法 > 难以找到创业合作伙伴 > 家庭成员反对 > 缺少关键技术 > 创业的概念容易被模仿 > 原工作单位不让离开 > 政府政策不鼓励。资金与风险成为制约新材料行业创业的十分重要的因素，有 45.71% 的人将资金排在第一位，21.88% 的人将风险排在第二位；“没有好的想法”和“难以找到创业合作伙伴”，占比分别为 18.52% 和 13.79%；此外，11.54% 的人认为“家庭成员反对”是制约创业的重要因素，11.11% 的人认为“缺少关键技术”是制约创业的重要因素；“创业的概念容易被模仿”和“原工作单位不让离开”占比较小，分别为 7.69%、4%。

资金和风险是新材料创业者创业初期主要困难，这与新材料产业中早期项目特性有关。资本市场显示，在资本形势良好的年份，新材料创业企业只要技术和团队要素具备，80% 的项目都能够获得天使融资，但只有 20% 的项目可以进入 B 轮。究其原因，在于新材料创业的过程中，早期项目回报周期过长，资金紧张的情况下，投资机构更倾向短期项目，以便资金的快速回笼。对于想进入新材料产业领域创业的企业而言，想要在壁垒森严的存量市场打开缺口十分困难。

表 6-5-25-1 新材料产业企业创业困难因素排序情况（%）

创业困难因素	难以得到资金	风险太大	没有好的想法	难以找到创业合作伙伴	家庭成员反对
第一位	45.71	21.88	18.52	13.79	11.54
第二位	14.29	25	14.81	37.93	7.69
第三位	11.43	6.25	29.63	17.24	3.85
第四位	14.29	15.63	7.41	13.79	0
第五位	5.71	18.75	11.11	6.9	11.54
第六位	2.86	3.13	7.41	6.9	26.92
第七位	2.86	3.13	3.7	0	7.69
第八位	0	0	3.7	0	23.08
第九位	0	3.13	0	0	7.69
无	1	3.13	3.7	3.45	0

表 6-5-25-2 新材料产业企业创业困难因素排序情况（%）

创业困难因素	缺少关键技术	创业的概念容易被模仿	原工作单位不让离开	当时政府政策不鼓励
第一位	11.11	7.69	4	0
第二位	7.41	11.54	12	0
第三位	7.41	19.23	4	9.09
第四位	7.41	38.46	0	4.55
第五位	7.41	7.69	8	9.09
第六位	7.41	3.85	16	4.55
第七位	11.11	7.69	24	18.18
第八位	0	3.85	12	40.91
第九位	37.04	0	20	9.09
无	3.7	0	0	4.55

2. 创业中期制约因素

调查数据对制约创业企业效益因素进行统计，结果显示，人才是制约新材料产业创业企业效益最为重要的因素，占比分别为 19.17%；资金、技术和市场位列其后，资金制约占比为 15.83%，技术和市场同为 15%；此外，政策与成本受到部分创业者的关注，占比分别为 101% 和 8.33%。新材料至关重要，然而，我国面临着部分核心关键材料受制于人、高端材料对外依存度高等问题。据工信部对全国 30 多家大型企业 130 多种关键基础材料调研结果显示，32% 的关键材料在中国仍为空白，52% 依赖进口。

新材料创业，通常技术先行，技术打磨到一定程度，找准切入市场的时机便十分重要，从数据情况来看，技术与市场对创业企业的制约占比相同，技术不成熟，市场不接受，容易从先驱变成“先烈”，晚一步市场便会成为一片红海，难以挤入。从产业角度来看，新材料产业的发展规律植根于适应性需求。作为基础材料，它既不能滞后于关联产业的发展，又不能超越它的发展阶段。而市场意识却往往是技术创业者的短板。

表 6-5-26　新材料产业制约企业效益因素分布情况

制约企业效益的因素	频数	占比（%）
技术	18	15
人才	23	19.17
资金	19	15.83
市场	18	15
政策	12	10
管理	18	15
成本	10	8.33
其他	2	1.67

3. 创业企业发展重要因素

从创建公司的重要因素情况来看，市场是新材料行业创业较为重要的因素。在新材料行业中，创建公司的重要因素排序为：进入市场的速度 / 时间 > 知识产权保护 / 政府支持 > 资金投入 > 技术 > 与其他公司合作。“进入市场的速度 / 时间”是新材料行业企业关注的首要因素，有 40% 的人将其排在第一位。其次为知识产权保护和政府支持，占比均为 18.18%，资金投入、技术及与其他公司合作分列第四、五、六位，占比分别为 17.14%、14.71% 和 9.09%。

新材料企业要找准进入市场的时机，就要尽可能接近产业链聚集地，调查数据显示，新材料创业企业多分布在深圳和上海，分别占比 51.22% 和 26.83%，北京占比仅为 7.32%。这与我国制造业的核心高度重合，我国制造业集中于以上海为核心的华东区和以深圳和核心的华南区，产业链足够长、足够集中，材料的创新和应用最为发达。

表 6-5-27　新材料产业企业创业重要因素排序情况（%）

创建公司的重要因素	进入市场的速度 / 时间	知识产权保护	政府支持	技术	大量资金投入	与其他公司合作
第一位	40.00	18.18	18.18	14.71	17.14	9.09
第二位	15.00	27.27	9.09	17.65	25.71	21.21
第三位	12.50	12.12	21.21	0	22.86	18.18
第四位	7.50	12.12	12.12	17.65	14.29	24.24
第五位	5.00	30.30	21.21	11.76	11.43	6.06
第六位	17.50	0	15.15	20.59	8.57	18.18

六、生物医药：“互联网 + 医疗健康”成为行业风口

生物医药产业是运用现代生物技术生产用于人类疾病预防、诊断、治疗的医药产品与服务的产业，包括生物药与医药、医疗设备、生物技术研发等领域。作为国家重点扶持的战略性新兴产业，具有技术密集、投资金额大、回报周期长等特点。生物医药产业中，生物技术研发是前端动力部分，医药和医疗设备直接提供诊疗应用，健康服务是提升健康质量的环节，以药物开发、医学工程为桥梁，生物技术研发产业渗透于生物医药与医疗设备产业中，形成产业动力源。

中国处于全球生物医药产业第二梯队且增势迅猛，“互联网＋医疗健康”迎来政策红利。从全球产业链布局来看，全球生物医药产业规模不断扩大，2014 至 2018 年，全球生物医药市场规模从 1944 亿美元增加到 2618 亿美元，年均复合增长率达 7.7%。全球生物医药实力形成两大梯队，欧美众国拥有绝对竞争力，日本在亚洲领先，位于第二梯队的中国正展现出良好的增长态势。2016 至 2019 年，我国生物医药市场总体规模从 1836 亿元增加到 3172 亿元，年均复合增长率达 20%，2019 年生物医药实现产值 8666 亿元。生物技术在干细胞、合成生物学、神经生物学、纳米生物、成像技术等领域实现突破，预计 2025 年，我国生物医药市场总体规模将达到 8332 亿元。

我国围绕创新药、医疗器械、健康服务、健康食品、智能诊疗等领域，出台多项政策支持生物医药发展。2015 年《中国制造 2025 》将生物医药和高性能医疗器械定为十大重点领域之一，重点发展影像设备、医用机器人等高性能诊疗设备，全降解血管支架等高值医用耗材，可穿戴、远程诊疗等移动医疗产品。2017 年《“十三五”生物产业发展规划》，提出重点发展新药、精准医学、智能诊疗、高品质设备、植（介）入产品领域。2018 年国办发布《关于促进“互联网＋医疗健康”发展的意见》，要求大力推动互联网、人工智能等先进技术在医疗健康领域的应用，科技正在突破传统医疗的铜墙铁壁走向更高层次的协同，推动中国医疗以治疗为中心到以健康为中心的医疗保障体系转变。2019 年《“健康中国 2030”规划纲要》出台，标志我国大健康产业时代的真正来临，传统生物医药产业从原料药、医疗机械、流通、医疗服务等环节拓展到覆盖“医、康、养、健、药”五大领域。上市公司头部企业显现，互联网与医疗结合成投资热点。近年来，生物医药领域掀起投资热潮，大量投资基金向生物医药行业转移，众多创业者和投资人蜂拥而至以期挖到生物医药的“金矿”。同时，互联网进入移动时代背景下，加之疫情影响，进一步加速了“互联网＋医疗”新的商业模式发展进程，医保的助力与政策规范，为子行业和企业转型升级提供了机遇。但就上市公司情况来看，生物医药领域头部企业显现，大型公司占据主导地位，医疗健康互联网化初级市场格局基本划分完毕。

调查数据对 311 家生物医药产业领域创业企业进行了深入调研，总体来看，创业企业服务类居多，互联网的发展推动了健康管理信息化的变革。创业企业年度销售额偏低的情况依旧存在。“互联网＋医疗健康”企业盈利难仍是行业最大痛点。企业销售收入增长与平均水平持平。利润增长率突破 100% 的企业占比高于创业企业平均水平。企业以产品创新为主，其技术主要来自合作开发，现阶段集成创新为主导创新方向，创新团队集中在 10 人以下，知识产权拥有量较少，六成以上企业参与过公司标准制订，近七成企业进行过技术交易，技术交易渠道以地方交易中心为主，交易收入集中在 100 万元以下。企业研发经费投入增长率与平均水平持平，负增长占比不足十成。企业技术引进投入力度较弱，四成以上企业技术引进费用与去年持平。企业员工规模扩展力度大，近六成企业呈上升趋势。专业、制度和利益分配是生物医药行业创业三大门槛。

（一）产业发展仍属于市场培育期

1. 创业企业经营情况

（1）服务类企业居多，互联网发展推动健康管理信息化变革在本次创业数据调查中，共调研生物医药产业领域企业 311 家，其中，服务类企业居多，达 259 家，占比 83.28%；技术研发企业 30 家，占比 9.56%；平台性公司 17 家，占比 5.47%，生产性企业较少，占比 1.29%。在对调查数据中创业企业经营范围进行检索后，发现生物医药行业服务类创业企业充分借助互联网技术，以搭建平台的方式，整合线下医疗资源，为用户提供线下线上相结合的包括康复训练、医疗器械推荐、健康管理等一站式服务。积极应用移动互联网、物联网、可穿戴设备等新技术推动全民健康信息服务和智慧医疗服务，逐步转变服务模式。

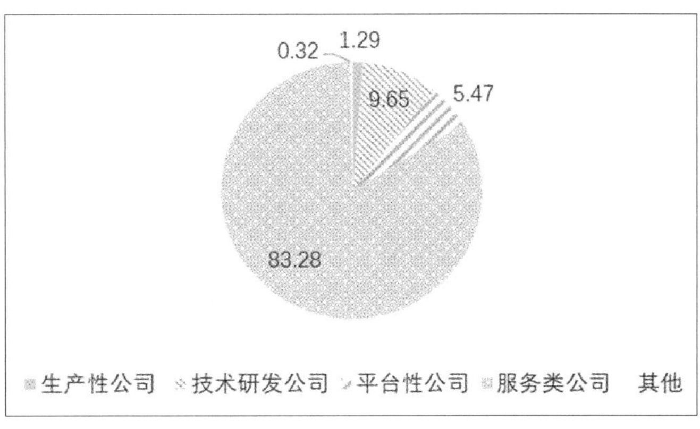

图6-6-1　生物医药产业创业企业性质分布情况（%）

调查数据中创业企业中大多处于产业中游水平，行业龙头多为阿里健康等大型互联网公司子公司，以及在“互联网 + 医疗健康”领域的独角兽企业。近年来，随着人们从被动、应对性的就医诊疗，逐渐向主动、常态性的预防保健，智慧健康产业将成生物医药领域创业热点。

（2）年度销售额多处于 300 万元以下

调查数据显示，生物医药产业创业企业年度销售额在 300 万元以下居多，占比 57.56%；300 万—2000 万元的企业占比 28.94%；2000 万元以上的企业占比 13.5%。分企业性质来看，服务类创业企业年度销售额偏低，60.23% 的创业企业销售额在 300 万元以下，28.19% 的创业企业销售额在 300 万—2000 万元，仅有 11.58% 的创业企业销售额在 2000 万元以上。

表 6-6-1　生物医药产业分性质企业销售额分布情况（%）

企业销售额（元）	生产性公司	技术研发公司	平台性公司	服务类公司	其他公司
300 万以下	50	30	64.71	60.23	100
300 万—2000 万	50	40	17.65	28.19	0
2000 万以上	0	30	17.65	11.58	0

（3）九成以上企业未实现盈利，占比高于平均水平

从创业企业的年度利润额来看，总体上 7.4% 的创业企业已实现盈利，利润为负的企业数量为 246 家，占比为 79.1%；利润为 0 的企业数量为 42 家，占比为 13.5%。分不同性质的企业来看，服务类企业利润为负的有 197 家，占比 76.06%；利润为 0 的企业有 41 家，占比 15.83%；已实现盈利的企业为 21 家，占比 8.11%。

从当前整个行业的盈利模式来看，大多数互联网医疗企业仍采用的是通过砸钱培养用户习惯来换取长线盈利的模式。但是这种“先上车后补票”的盈利模式，在无形中增加了互联网医疗服务企业的盈利周期和运营压力。疫情期间，互联网医疗迅速升温，但并不意味着整个行业能扭亏为盈，马上实现盈利。实现盈利对整个行业依旧是任重而道远。

表 6-6-2　生物医药产业分性质企业利润额分布情况（%）

企业利润额	生产性公司	技术研发公司	平台性公司	服务类公司	其他
0 以下	100	90	100	76.06	100
0	0	3.33	0	15.83	0
0 以上	0	6.67	0	8.11	0

2. 创业企业融资情况

（1）融资目的以市场扩展和技术研发为主，市场扩展融资占比近四成

从融资目的来看，近四成生物医药行业创业企业以市场扩展为融资目的，两成以上企业以技术研发为融资目的。通过对近年来生物医药行业近百例融资行为复盘后发现，获得融资的创业企业中，前沿技术和创新疗法持续领航，主要包括基因疗法、癌症疫苗、mRNA 药物、细胞疗法、膜蛋白靶向新药早期研发、利用人工智能开发药物等等。

表 6-6-3　生物医药产业创业企业融资目的分布情况

融资目的	频数	占比（%）
技术研发	72	23.15
企业收购	19	6.11
市场扩展	130	41.8
服务采购	30	9.65
其他	60	19.29

（2）融资方式多以股权融资和天使投资为主

从融资方式来看，生物医药行业创业企业多以股权融资和天使投资为主，占比均达两成以上。在复盘百余个生物医药产业融资轨迹后发展，企业在成立初期首先会选择难度较小和融资规模较小的政府支持补贴，有了初步的发展之后可以选择难度较小但规模较大的企业间合作模式，在发展到一定程度之后可以引入天使投资等私募基金的参与，企业有了一定规模之后即可申请银行贷款的支持，在满足了新三板 / 创业板 / 中小板等资本市场的要求后，可以选择 IPO 上市融资。

表 6-6-4　生物医药产业创业企业融资方式分布情况

融资方式	频数	占比（%）
债权融资	11	3.54
股权融资	83	26.69
私人借贷	15	4.82
众筹	8	2.57
天使投资	78	25.08
政府支持	13	4.18
其他	103	33.12

（3）近半数企业未获得融资，融资轮次以一轮融资为主

从融资轮次来看，生物医药行业中，半数企业未获得融资，获得一轮融资企业居多，占比

近三成。中国生物医药企业多为中小型企业，融资难问题长期以来十分突出。

表 6-6-5 生物医药产业创业企业融资轮次分布情况

融资轮次	频数	占比（%）
未融资	161	51.77
一轮	90	28.94
两轮	51	16.4
三轮及以上	9	2.89

（4）融资规模多集中在 1000 万元以下

从融资规模来看，生物医药行业融资规模分布相对较为均衡，融资规模在 100 万元以下和 100 万—1000 万元的企业占比均达三成以上，融资规模在 1 亿以上的企业占比近一成。近年来资本市场遭遇坎坷，但从全球视角来看，生物制药行业在融资方面并没有遇到什么困难，BioWorld 的数据显示，2018 年全球生物医药公司从公众和私人方面筹集的资金为 671 亿美元，仅略低于 2015 年的 684 亿美元，是这一行业史上融资总额的榜眼。

表 6-6-6 生物医药产业创业企业融资规模分布情况

融资规模（元）	频数	占比（%）
100 万以下	39	35.78
100 万—1000 万	34	31.19
1000 万—1 亿	27	24.77
1 亿以上	9	8.26

3. 创业企业发展潜力

（1）利润收入多呈上升趋势，两成企业销售收入增速突破 100%

将销售收入增长率作为衡量创业企业市场潜力的指标之一，可以发现生物医药产业销售潜力呈现两极分化，增长率在 100% 以上和 0 及 0 以下的企业居多。具体来看，销售收入增长率为负的企业数量为 74 家，占比 23.79%；销售收入增长率为 0 的企业数量为 95 家，占比为 30.55%；销售收入增长率在 0—50% 的企业数量为 33 家，占比为 10.61%；销售收入增长率在 51%—100% 的企业数量为 30 家，占比为 9.65%；销售收入增长率达 100% 以上的企业数量为 79 家，占比为 25.4%。

表 6-6-7 生物医药产业企业销售收入增长率分布情况

销售收入增长率（%）	频数	占比（%）
小于 0	74	23.79
0	95	30.55
0—50	33	10.61
51—100	30	9.65
100 以上	79	25.40

从利润增长情况来看，近三成创业企业利润呈负增长，18% 的企业增长率突破 100%。具体来看，利润增长率为负的企业数量为 91 家，占比为 29.26%。利润增长率为 0 的企业数量为

69 家，占比为 22.19%；利润增长率在 0—50% 的企业数量为 57 家，占比为 18.33%；利润增长率在 51%—100% 的企业数量为 38 家，占比为 12.22%；利润增长率达 100% 以上的企业数量为 56 家，占比 18.01%。

表 6-6-8　生物医药产业企业利润增长率分布情况

利润增长率（%）	频数	占比（%）
小于 0	91	29.26
0	69	22.19
0—50	57	18.33
51—100	38	12.22
100 以上	56	18.01

（2）研发投入多呈上升趋势，研发活跃度较高

从研发经费增长率状况来看，生物医药领域创业企业对研发重视程度较大，约半数创业企业的研发经费呈上升趋势。具体来看，研发经费增长率为负的企业数量为 31 家，占比 9.97%，研发经费增长率为 0 的企业占比较高，为 34.73%；研发经费增长率在 0—50% 的企业占比为 26.69%；研发经费增长率在 51%—100% 的企业占比为 26.05%；研发经费增长率达 100% 以上的企业占比为 2.57%。

表 6-6-9　生物医药产业创业企业研发经费增长率分布情况

研发经费增长率（%）	频数	占比（%）
小于 0	31	9.97
0	108	34.73
0—50	83	26.69
51—100	81	26.05
100 以上	8	2.57

从技术引进费用增长率状况来看，在生物医药行业中，近六成的创业企业的研发经费与上一年相比有所增加。技术引进费用增长率为负的企业数量为 45 家，占比为 14.47%，技术引进费用增长率为 0 的企业数量为 134 家，占比为 43.09%；技术引进费用增长率在 0—50% 的企业数量为 61 家，占比为 19.61%；技术引进费用增长率在 51%—100% 的企业为 64 家，占比为 20.58%；技术引进费用增长率达 100% 以上的企业为 7 家，占比为 2.25%。

表 6-6-10　生物医药产业创业企业技术引进费用增长率分布情况

技术引进费用增长率（%）	频数	占比（%）
小于 0	45	14.47
0	134	43.09
0—50	61	19.61
51—100	64	20.58
100 以上	7	2.25

从新增研发数量状况来看，近半数创业企业去年新增研发项目1—10项。具体来看，上一年度新增研发数量为0的企业数量为153家，占比为49.2%，高于行业平均水平；研发数量在1—10项的企业数量为158家，占比为50.8%。

表6-6-11　生物医药产业创业企业上一年度新增研发数量分布情况

上一年度新增研发项目数量	频数	占比（%）
0	153	49.2
1—10	158	50.8

（3）员工规模增势明显，近六成企业呈上升趋势

从员工人数增长率状况来看，在生物医药行业员工人数持续增长，规模适中，增长率突破100%的企业占比不足1%。具体来看，员工人数增长率为负的企业数量为37家，占比为11.9%；员工人数增长率为0的企业数量为88家，占比为28.3%；员工人数增长率在0—50%的企业数量为111家，占比为35.69%；员工人数增长率在51%—100%的企业数量为73家，占比为23.47%；员工人数增长率在100以上的企业数量为2家，占比为0.64%。

表6-6-12　生物医药产业创业企业员工人数增长率分布情况

员工人数增长率（%）	频数	占比（%）
小于0	37	11.9
0	88	28.3
0—50	111	35.69
51—100	73	23.47
100以上	2	0.64

（二）创新投入强度较为稳定

1. 创业企业创新类型

从企业创新类型来看，生物医药行业中创新类型为技术创新的企业数量为92家，占比为29.58%；产品创新的企业数量为121家，占比为38.91%；服务创新的企业数量为39家，占比为12.54%；商业模式创新的企业数量为15家，占比为4.82%；其他创新类型的企业数量为44家，占比14.15%。可以看出在生物医药行业中以产品创新和技术创新为主。

表6-6-13　生物医药产业创业企业创新类型分布情况

创新类型	频数	占比（%）
技术创新	92	29.58
产品创新	121	38.91
服务创新	39	12.54
商业模式创新	15	4.82
其他	44	14.15

从技术来源角度分析，显示生物医药企业中技术来源为自主开发的企业数量为77家，占比为24.76%；技术来源为合作开发的企业数量为112家，占比为36.01%；技术来源为外部

购买的企业数量为34家，占比为10.93%；技术来源为技术入股的企业数量为55家，占比为17.68%；其他技术来源的企业数量为33家，占比为10.61%。合作开发是生物医药企业主要创新来源。

表6-6-14　生物医药产业创业企业技术来源分布情况

技术来源	频数	占比（%）
自主开发	77	24.76
合作开发	112	36.01
外部购买	34	10.93
技术入股	55	17.68
其他	33	10.61

从企业自主创新角度分析，生物医药企业中自主创新类型为原始创新的企业数量为108家，占比34.73%；自主创新类型为集成创新的企业数量为121家，占比38.91%；自主创新类型为引进消化再创新的企业数量为82家，占比26.37%。在生物医药企业中，集成创新高于原始创新类型和引进消化再创新，表明生物医药行业的创业企业中以集成创新为主，其次是选择原始创新，选择原始创新之路保证企业核心技术自主可控符合企业对于自身长远发展的考虑。

表6-6-15　生物医药产业创业企业自主创新类型分布情况

自主创新类型	频数	占比（%）
原始创新	108	34.73
集成创新	121	38.91
引进消化再创新	82	26.37

2. 创业企业创新要素投入

从研发人员投入角度分析，研发人员数量在10人以下的企业数量为252家，占比为81.03%；研发人员数量在10—50人的企业数量为59家，占比为18.97%；研发人员数量在50—100人的企业数量为0家；研发人员数量在100人以上的企业数量为0家。生物医药企业的研发团队规模不大，大都集中在10人以下。

表6-6-16　生物医药产业创业企业研发人员数量分布情况

研发人员数量	频数	占比（%）
1—10	252	81.03
10—50	59	18.97
50—100	0	0
100以上	0	0

从研发经费投入角度分析，上一年度未投入研发经费的生物医药企业有101家，占生物医药企业总数的32.48%；研发投入在10万元以下的企业数量为105家，占比为33.76%；研发投入在10万—100万元的企业数量为82家，占比26.37%；研发经费超过100万元的有23家企业，占调查生物医药企业总数的7.40%。生物医药行业的创业企业重视研发经费的投入，

接近七成的企业设置了研发经费，且超过在此次调查的上年度投入超过 10 万元的企业占比为 33.77%。

表 6-6-17　生物医药产业创业企业研发经费分布情况

上一年度研发经费投入（元）	频数	占比（%）
0	101	32.48
0—10 万	105	33.76
10 万—100 万	82	26.37
100 万以上	23	7.40

从技术引进费用角度分析，生物医药行业的创业企业技术引进费用为 0 元的企业数量为 128 家，占比为 41.29%；技术引进费用为 10 万元以下的企业数量为 153 家，占比 49.35%；技术引进费用为 10 万—100 万元的企业数量为 24 家，占比 7.74%；技术引进费用为 100 万元以上的企业数量为 5 家，占比为 1.61%。近六成企业有技术引进需求，多数创业企业上一年度技术引进费用集中在 10 万元以下。

表 6-6-18　生物医药产业创业企业技术引进费用分布情况

上一年度技术引进费用	频数	占比（%）
0	128	41.29
0—10	153	49.35
10—100	24	7.74
100 以上	5	1.61

3. 创业企业创新产出效益

从企业商标拥有量来看，生物医药行业的创业企业调查数据显示，受调查企业中，拥有商标数不少于 1 个的企业有 206 家，占比为 66.46%。有 33.55% 的企业尚未拥有商标，创业企业商标保有量低于平均水平。

表 6-6-19　生物医药行业创业企业商标数量分布情况

商标数量	频数	占比（%）
0	104	33.55
10 以下	204	65.81
10 以上	2	0.65

从工业专利角度分析，生物医药行业拥有工业专利的企业不多，主要集中在实用型专利上，有外观专利的企业数量大于有发明专利的企业数量。从发明专利来看，尚未拥有发明专利的生物医药企业数量为 302，占受调查企业的 97.11%；对于实用新型专利的积累，尚未拥有实用新型发明专利的企业数量为 288，占受调查企业的 92.60%；在外观专利申请上，尚未拥有外观专利的企业数量为 296，占受调查企业的 95.18%。

表 6-6-20　生物医药产业创业企业专利技术数量分布情况

专利数量	发明专利		实用型专利		外观专利	
	频数	占比（%）	频数	占比（%）	频数	占比（%）
0	302	97.11	288	92.6	296	95.18
1—10	9	2.89	21	6.75	15	4.82
10 以上	0	0	2	0.64	0	0

就著作权及其他专利拥有量看，生物医药行业拥有软件注册权的企业数量占比较高。在软件注册权方面，尚未拥有软件注册权的企业为 193 家，占比为 62.06%；软件注册权在 1 到 10 的企业数量为 117，占比为 37.62；10 个以上的企业有 1 家，占比为 0.32%。

表 6-6-21　生物医药产业创业企业著作权及其他类型知识产权数量分布情况

专利数量	影视文化版权		软件注册权		其他	
	频数	占比（%）	频数	占比（%）	频数	占比（%）
0	308	99.68	193	62.06	299	96.45
1—10	1	0.32	117	37.62	11	3.55
10 以上	0	0	1	0.32	0	0

从参与标准制订量来看，参与制订公司标准的企业数量最多，参与国家标准和行业标准制订的企业占比参与国际标准制订的企业占比高。在参与国际标准制订中生物医药创业企业尚未参与国际标准制订的企业数量为 265 家，占受调查企业的 85.48%；在参与国家标准制订上，尚未参与国家标准制订的企业数量为 247，占受调查企业的 79.42%；在参与行业标准制订上，尚未参与行业标准制订的企业数量为 243，占受调查企业的 78.14%；在参与公司标准制订上，尚未参与公司标准制订的企业数量为 118 家，占受调查企业的 37.94%；参与制订公司标准的数量不足 10 个的企业有 157 家，占比为 50.48%；参与制订的公司标准数量超过 10 个的企业数量为 36 家，占比 11.58%。

表 6-6-22　生物医药产业创业企业制定标准数量分布情况

标准数量	国际标准		国家标准		行业标准		公司标准	
	频数	占比（%）	频数	占比（%）	频数	占比（%）	频数	占比（%）
0	265	85.48	247	79.42	243	78.14	118	37.94
1—10	38	12.26	62	19.94	63	20.26	157	50.48
10 以上	7	2.26	2	0.64	5	1.61	36	11.58

从技术交易情况看，尚未进行过技术交易的生物医药企业有 96 家，占比为 30.87%；进行过技术交易的企业有 215 家，占比为 69.13%。

从技术交易渠道分析，生物医药创业企业中选择国家交易中心进行技术交易的共有 42 家，占受调查企业总数的 13%；选择地方交易中心的企业有 79 家，占比为 24.46%；选择行业交易中心的企业数量为 74，占比为 22.91%；选择服务平台的企业有 65 家，占比为 20.12%；有 54 家企业选择企业间接交易，占比为 16.72%；另外，有 9 家企业选择其他方式进行交易，占比为 2.79%。在国家交易中心、地方交易中心、行业交易中心、服务平台和企业间直接交易这 5

类传统交易渠道中，生物医药行业企业大多选择地方交易中心和行业交易中心进行技术交易，选择国家交易中心的企业占比最低。

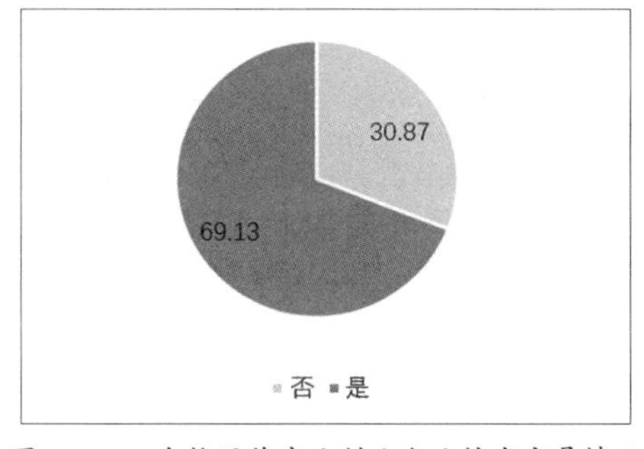

图6-6-2　生物医药产业创业企业技术交易情况

表 6-6-23　生物医药产业创业企业技术交易渠道分布情况

技术交易渠道	频数	占比（%）
国家交易中心	42	13
地方交易中心	79	24.46
行业交易中心	74	22.91
服务平台	65	20.12
企业间直接交易	54	16.72
其他	9	2.79

从技术交易收入角度分析，生物医药行业在此次调查的上年度未获得技术交易收入的企业数量为 126 家，占生物医药企业的 40.65%；技术交易收入不足 100 万元的企业有 156 家，占比为 50.32%；技术交易收入介于 100 万至 1000 万元的企业数量为 27 家，占比 8.71%；技术交易收入在 1000 万元以上的企业有 1 家，占比为 0.32%。生物医药产业创业企业在此次调查的上年度获得技术交易收入的企业数量超过一半，表明生物医药行业中存在一些创新能力高，科研实力强的企业，但技术交易收入主要集中在 100 万元以下，表明实际技术交易中市场议价能力有限。

表 6-6-24　生物医药产业创业企业技术交易收入分布情况

上一年度技术交易收入（元）	频数	占比（%）
0	126	40.65
0—100 万	156	50.32
100 万—1000 万	27	8.71
1000 万以上	1	0.32

（三）不同类型企业创业难度存在差异

1. 创业初期困难因素

调查问卷对创业者创业困难程度自评情况进行统计，调查数据表明，在 1—9 分的创业困难程度评分中，样本均值为 5.96 分。具体来看，打分区间在 1—3 分，认为创业难度较小的企业数量为 41 家，占比 13.81%；评价为 4—6 分，认为难度一般的企业数量为 141 家，占比 45.34%；评价为 7—9 分，认为创业难度较大的企业数量为 129 家，占比 41.48%。不同性质的企业创业困难程度呈现一定的差异，生产性公司创业者创业困难度均值为 4.25 分、技术研发公司均值为 4.97 分、平台性公司为 6.65 分、服务类公司为 6.06 分。

从创建公司的困难因素排序情况来看，在生物医药行业中，创建公司的重要因素排序为：难以得到资金 > 没有好的想法 > 难以找到创业合作伙伴 > 创业的概念容易被模仿 > 缺少关键技术 > 风险太大 > 家庭成员反对 > 原工作单位不让离开 > 政府政策不鼓励。资金问题是制约创业企业的首要因素，有 44.96% 的人将其排在第一位，“没有好的想法”、“难以找到创业合作伙伴”和“创业的概念容易被模仿”位列其后，占比分别为 18.77%、17.23% 和 12.11%，此外，9.49% 的人认为“缺少关键技术”是制约创业的重要因素，“家庭成员反对”、“原工作单位不让离开”和“政府政策不鼓励”等外界制约因素占比较小，分别为 2.92%、1.28% 和 1.28%。

与其他行业相比，生物医药领域创新创业通常需要更长的时间才能获得成功，投资人往往倾向快速赚钱，对较长的投资回报期没有耐心，融资难问题在生物医药领域更加严重。同时，生物医药领域创业存在三大创业门槛：一是专业门槛，生物医药和其他创业领域的运行逻辑不同，具有很强的专业性，不仅体现在该领域知识积累需要花费更多的时间和成本，更体现在其存在知识更新速度快、跨学科的特点，找到专业的合作伙伴或人才合作渠道十分重要。二是制度门槛，该领域与人民生命安全密切相关，为保证医疗服务和产品的安全性和有效性，政府进行高度监管。医疗健康领域中的许多板块并不对民营资本开放，或者政策上开放，执行中玻璃天花板很多。这给创业者带来了极大的制度风险和政策风险，一旦缺乏对政策动态的及时了解和掌握，创业项目便会前功尽弃。三是利益门槛，与其他行业相比，生物医药是利益相关方众多和冲突高发的行业，存在服务方与需求方、支付方与供求双方、监管方与其他利益相关方的冲突。“好的想法”十分重要，对创业者来说，如何使更多相关方受益，使不利影响尽可能减小，是创业成功的重要条件。

表 6-6-25-1　生物医药产业企业创业困难因素排序情况（%）

创业困难因素	难以得到资金	没有好的想法	难以找到创业合作伙伴	创业的概念容易被模仿	缺少关键技术
第一位	44.96	18.77	17.23	12.11	9.49
第二位	14.39	11.88	26.59	13.67	9.49
第三位	10.79	16.48	14.98	11.33	9.49
第四位	6.83	9.58	12.36	17.58	8.7
第五位	5.4	9.58	9.74	10.16	8.7
第六位	3.24	6.51	4.87	11.33	11.07
第七位	2.88	6.13	2.25	10.16	6.32
第八位	1.8	4.6	3.37	3.91	5.53
第九位	4.32	5.75	1.87	0.78	21.34
无	5.4	10.73	6.74	8.98	9.88

表 6-6-25-2　生物医药产业企业创业困难因素排序情况（%）

创业困难因素	风险太大	家庭成员反对	原工作单位不让离开	当时政府政策不鼓励
第一位	9.16	2.92	1.28	1.28
第二位	15.27	6.25	6.41	7.66
第三位	14.89	15.42	5.13	5.53
第四位	12.98	4.58	8.55	9.36
第五位	19.47	6.67	7.69	5.96
第六位	7.63	20.83	5.98	8.51
第七位	6.11	10	23.08	10.64

表 6-6-25-2　生物医药产业企业创业困难因素排序情况（%）（续表）

创业困难因素	风险太大	家庭成员反对	原工作单位不让离开	当时政府政策不鼓励
第八位	4.58	11.25	14.1	28.51
第九位	3.44	12.08	14.53	10.21
无	6.49	10	13.25	12.34

2. 创业中期制约因素

调查数据对制约生物医药产业创业企业效益因素进行统计，结果显示，人才和市场是制约生物医药产业创业企业效益最为重要的因素，占比均为18.93%；技术、资金和管理分列第三、四、五位，占比分别为15.19%、13.81和12.33%；政策及成本因素占比较低，分别为9.86%和9.27%。

人才是制约当前生物医药创业的主要因素之一。这里的人才包含两个层面：一是创业团队专业人才及合作伙伴，生物医药领域本身是一个范围很广的综合领域，专业技术知识十分重要，同时，政府管制的政策、制度、体制等社会法律知识的了解和掌握，也是构成行业专业知识的重要组成部分。二是医生遥不可及，在我国目前的医疗健康领域中，公立机构起着非常重要的作用，特别是在医疗服务中，公立医院控制着85%医疗服务的市场份额。“互联网＋医药健康”领域创业，获得线下医生的重视十分不易，同时，公立医院医生更适应传统医疗服务模式，更倾向遵循自己的运作流程，对新兴技术的接受度和应用度依旧不足。

市场对生物医药产业发展制约更强，医药产品作为关系个人生命健康的特殊的商品，患者在消费过程中，往往会选择品牌知名度较高的产品，新进入的创业企业要想进入市场并取得一定的市场份额，需要对产品研发、营销推广方面进行大规模投资，并经过市场较长时期的考验。

表 6-6-26　生物医药产业制约企业效益因素分布情况

制约企业效益的因素	频数	占比（%）
技术	154	15.19
人才	192	18.93
资金	140	13.81
市场	192	18.93
政策	100	9.86
管理	125	12.33
成本	94	9.27
其他	17	1.68

3. 创业企业发展重要因素

调查数据对生物医药产业领域内企业在创建公司时的重要因素进行排序统计，结果显示，市场和知识产权是该领域创业企业更为关注的重要因素。从重要性排序结果来看，进入市场的速度 / 时间 > 知识产权保护 > 资金投入 > 技术 > 政府支持 > 与其他公司合作。其中，有26.87% 的人将进入市场的速度 / 时间排在第一位，22.68% 的人将知识产权排在第二位，资金、技术和政府支持分列第三、四、五位，占比分别为20.29%、19.78% 和16.79%。

除进入市场的时机和技术外，资金以及政府支持对“互联网＋医疗健康”至关重要重要。近年来，我国出台了规范“互联网＋医疗健康”发展的多项新规，推动互联网医疗快速发展，让医疗服务更加便民惠民。与此同时，“互联网 + 医疗健康”的诸多“痛点”，也对医保、医院、企业等相关各方提出了新的挑战。在互联网医疗机构遍地开花、形态丰富的热潮下，政策为互联网医疗松绑、指路，是推进分级诊疗、解决看病难问题的重要途径。

表 6-6-27　生物医药产业企业创业重要因素排序情况（%）

创建公司的重要因素	进入市场的速度 / 时间	知识产权保护	大量资金投入	技术	政府支持	与其他公司合作
第一位	26.87	22.68	20.29	19.78	16.79	5.2
第二位	19.39	18.96	24.64	17.63	11.57	13.75
第三位	22.79	11.9	12.32	16.55	15.67	18.96
第四位	9.18	18.96	11.96	11.87	16.79	18.96
第五位	6.12	15.61	15.94	11.15	16.04	17.84
第六位	12.24	6.69	9.06	16.91	17.54	18.22
无	3.4	5.2	5.8	6.12	5.6	7.06

七、小结

新一代信息技术、高端装备制造、新材料、新能源、节能环保和生物医药等战略性新兴产业领域，是我国在“创新驱动”和“科技强国”国策下重点支持的产业领域，也是科创板重点支持的六大领域。总体来看，以上产业领域创业热度高、与前沿技术结合较为紧密、“互联网 +”趋势显著，资金和人才缺乏是创业普遍存在的困难，产业跨界带来了大量跨领域专业化人才需求，目前来看，此类人才供给远不能满足创业市场需求。同时，在大企业对创业企业生存空间的压缩下，进入市场的时机对于创业企业发展来说是最为重要的因素。

分别来看，新一代信息技术产业领域，我国互联网应用长板优势显著，创业方向以技术研发为主，但不仅是在数据挖掘、人工智能、网络技术等单一信息技术方向纵向升级，同时也注重与传统产业融合。调查数据显示，该产业领域创业企业销售额偏低，盈利能力普遍不强，九成未实现盈利，多处于试错验证发展阶段，但市场潜力和研发潜力较大，销售和利润增长率高，员工规模增长较快，对就业的带动意义较大。同时，该领域创业门槛较低、死亡率较高，找到好商业模式难度较大。节能环保产业领域，我国产业结构正向节能装备制造和服务业并重升级，对初期项目的政策支持力度大，创业方向以环保设备和节能产品制造为主，较智能化还有一定距离。调查数据显示，该产业领域创业企业销售额普遍较高，利润也显著优于平均水平，市场潜力较大，研发潜力足，各指标增势较好。同时，该领域创业门槛高，大型国有企业垄断效应强，创业难度高于其他行业。高端装备制造产业领域，我国布局力度大，但在核心软件技术和关键零部件仍存在受制于人的情况，该领域创业方向多为智能制造生产性企业，新科技革命为创业者带来重大机遇。调查数据显示，该领域销售额相对较高，但利润低于平均水平，市场潜力、研发潜力较大，研发经费和技术引进费用增速突破 100% 的企业较多。同时，资金是该领域创业者的最大问题，庞大的重资产投入和智能化设备改造一般创业者很难承受。新能源产业领域，我国在风电、光伏领域规模居世界首位，新能源技术在新材料技术、信息技术等领域应用广泛，专业化、跨界融合趋势显著，创业者创业方向集中于产业链中游设备制造环节。调查数据显示，该领域创业企业销售额偏低，盈利情况与平均水平持平，市场潜力不足，销售额增速偏低，利润额下降显著，研发投入吃力，开发创意产品十分困难，创业企业市场规模较小。新材料产业领域，我国处于快速发展阶段，高分子新材料已成为当下万亿级创业风口，创业方向为生产性企业，新材料创业领域鲜有与互联网思维融合的典范，工业媒体尚未形成气候。调查数据显示，该领域创业企业销售额、盈利情况均呈现良好态势，四成创业企业实现盈利，但利润增长率低于平均水平，员工规模增速缓慢。该产业领域与互联网结合较弱，接近产业集聚地是企业创业的重要因素。生物医药产业领域，“互联网 + 医疗健康”迎来政策红利，上市公司头部企业显现，互联网与医疗结合成为投资热点，该领域创业方向多为互联网医疗服务业。调查数据显示，在创业热潮下，企业普遍存在销售额偏低的情况，企业盈利难仍是行业最大痛点，通过砸钱培养用户习惯来换取长线盈利的模式依旧不够成熟，员工规模增速快，对就业拉动作用明显。同时，专业、制度和利益分配是该领域创业三大门槛，“资本 + 政策红利”对“互联网 + 医疗健康”创业至关重要。

第七章　现代服务业

本章所涉及产业包括文化创意产业、金融服务业、专业技术服务业等。以下从这三个产业的发展规律出发，结合调查数据所反映的各指标情况，分别从企业发展情况、创新情况和创业难易程度三个维度对各领域内企业创业情况进行全面分析。

一、文化创意：提高创意的商业变现能力是关键

文化创意产业是以创作、创造、创新为根本手段，以文化内容和创意成果为核心价值，以知识产权实现或消费为交易特征，为社会公众提供文化体验的具有内在联系的行业集群，包括文化艺术、新闻出版、广播、电视、电影等九个大类。文化创意产业作为新兴文化产业，具有知识要素密集、附加值高、产业关联度强、风险性高等特点。

近年来，我国文化产业发展处于稳步上升态势。据统计，2012 至 2018 年，我国文化及相关产业增加值由 18071 亿元增长至 41171 亿元，年均复合增长率达 14.7%，占 GDP 比重由 3.48% 上升至 4.48%。同时，文化创意产业分布呈现集群化趋势，形成了具有区域特色的六大文化产业集群，包括以上海为中心的长三角创意产业集群；以深圳、广州为中心的珠三角创意产业集群；以北京为中心的环渤海创意产业集群；以重庆、成都、西安为中心的川陕创意产业集群；以长沙、武汉为中心的中部创意产业集群；以昆明为中心的滇海创意产业集群。在以 5G、“互联网＋”、大数据、云计算、物联网等为代表的新经济发展阶段，文化、创意要素成了新经济发展的重要因素。文化创意产业的特色和优势就在于其内在文本内容不断更新的驱动，随着我国公民素质教育的不断提升，大众审美水平日趋提高。2019 年 8 月，科技部等六大部门联合印发的《关于促进文化和科技深度融合的指导意见》提出，到 2025 年，基本形成覆盖重点领域和关键环节的文化和科技融合创新体系，实现文化和科技深度融合。文化创意产业是投资回报最好的行业之一。当代社会各种产业利润主要靠领先的自主创新和技术进步来实现，而文化产业正是自主创造和技术含量高的一个门类。加上政策因素和市场因素的作用，文化产业的资本盈利率比较高，文化产业方面投资热将会长期存在。

调查数据对 446 家文化创意产业领域创业企业进行了深入调研，总体来看，文创产业不同于其他产业类型，主要以内容创作、价值输出及娱乐活动为主要经营类型。文创企业以微型创业为主，年销售额多位于 300 万元以下。企业盈利状况低于创业平均，八成以上企业未实现盈利。企业销售收入增速高于创业平均，近三成突破 100%，企业利润增速与平均持平，近四成呈上升趋势。企业以产品创新为主，其技术主要来自自主开发，现阶段原始创新为主导创新方向，创新团队集中在 10 人以下，知识产权拥有量较少，半数以上企业参与过公司标准制订，超六成企业进行过技术交易，技术交易渠道较为分散，交易收入集中在 100 万元以下。

企业研发经费投入低于创业平均，半数以上呈上升趋势。企业技术引进费用较少，近半数与去年持平。企业员工规模增速较快，六成以上呈上升趋势。创意与商业的最佳化组合是企业创业之初的困难所在。

（一）创业企业以中小企业为主

1. 创业企业经营情况

（1）内容创作、价值输出及娱乐活动等为创业企业主要经营类型

在本次创业数据调查中，共调研文化创意产业领域企业 446 家，主要为服务类企业和其他类型企业，其他类型企业居多，共 444 家，占比 99.55%；服务类企业占比较少，仅为 0.45%。检索文化创意产业创业企业主要经营范围后发现，调查数据所涉及的经营范围包括广播影视、动漫、传媒、软件服务、文案策划等多种类型，多数创业企业处于产业的中游位置。

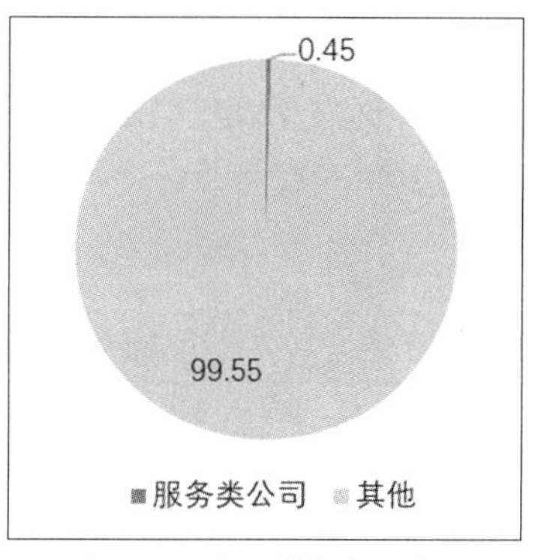

图7-1-1 文化创意产业创业企业性质分布情况（%）

（2）微型创业居多，年销售额多位于 300 万元以下

文化创意产业创业企业年度销售收入偏低，多集中在 300 万元以下，共有 299 家，占比 67.04%；销售额在 300 万—2000 万元的企业为 129 家，占比 28.92%；销售额在 2000 万元以上的企业占比较低，为 4.04%。分企业性质来看，“其他”类型创业企业中，年度销售额在 300 万以下的创业企业占比为 67.12%，29.05% 的创业企业销售额在 300 万—2000 万元，3.83% 的创业企业销售额在 2000 万元以上。文创产业创业人群年龄均值较平均来说较低，怀抱艺术梦想的年轻族群在资源相对较少的情况下，多选择从事微型创业，有效降低创业成本。

表 7-1-1 文化创意产业分性质企业销售额分布情况（%）

企业销售额（元）	服务类公司	其他
300 万以下	50	67.12
300 万—2000 万	0	29.05
2000 万以上	50	3.83

（3）盈利状况低于平均水平，八成以上企业未实现盈利

从文化创意产业创业企业的盈利状况来看，多数企业利润额为负，占比为 75.23%；利润额为 0 的企业占比为 11.09%；已实现盈利的创业企业占比 13.80%。从公司性质来看，在数量较多的其他类型企业中，11.09% 的企业已实现盈利；利润额为负的企业有 332 家，占比 75.11%；利润额为 0 的企业有 49 家，占比 11.09%。

表 7-1-2 文化创意产业分性质企业利润额分布情况（%）

企业利润额	服务类公司	其他
0 以下	100	75.11

表 7-1-2　文化创意产业分性质企业利润额分布情况（%）（续表）

企业利润额	服务类公司	其他
0	0	11.09
0 以上	0	13.8

2. 创业企业融资情况

（1）融资目的以市场扩展和技术研发居多，市场扩展融资占比达四成以上

从融资目的来看，文化创意行业创业企业多以市场扩展融资和技术研发融资居多，四成以上创业企业以市场扩展为融资目的，两成以上企业以技术研发为融资目的。文创企业在初期发展并不需要大量烧钱，而是需要长期积累优质内容，吸引大量用户，提高自己的影响力，随之也会拥有广告收入，之后再通过融资来拓展其他业务。

表 7-1-3　文化创意产业创业企业融资目的分布情况

融资目的	频数	占比（%）
技术研发	104	23.32
企业收购	40	8.97
市场扩展	202	45.29
服务采购	37	8.3
其他	63	14.13

（2）融资方式以股权融资和天使融资居多

从融资方式来看，文化创意行业创业企业多以股权融资和天使投资为主，占比均为两成以上。

表 7-1-4　文化创意产业创业企业融资方式分布情况

融资方式	频数	占比（%）
债权融资	17	3.81
股权融资	112	25.11
私人借贷	35	7.85
众筹	14	3.14
天使投资	116	26.01
政府支持	12	2.69
其他	140	31.39

（3）近六成企业未获得融资，融资轮次以一轮融资和两轮融资为主

从融资轮次来看，文化创意行业中，近六成创业企业未获得融资，获得一轮和两轮融资的企业占比均接近两成。文化创新产业高回报率在不断吸引投资者的目光，但其无形资产的高度不确定性却总令投资者望而却步，加之国内知识产权保护的不完善，该领域可回收、能带来收益的部分难以控制。导致已经具备一定发展条件、状态稳定的企业不缺乏 PE 和 VC 的青睐，但最需要资本帮助、也最具发展潜力、处于起步阶段的中小文化企业，难以吸引投资者的关注。

表 7-1-5　文化创意产业创业企业融资轮次分布情况

融资轮次	频数	占比（%）
未融资	265	59.42
一轮	99	22.2
两轮	77	17.26
三轮及以上	5	1.12

（4）融资规模多集中在 100 万—1000 万元

从融资规模来看，文化创意行业创业企业融资规模以 100 万—1000 万为主，占比达四成以上。中国·广州 2019 文创（美业）产业独角兽峰会指出，文创产业的创业界、投资界人士，对整个行业的感知仍然是“寒冷”，2019 年国内文化创意产业的融资仍然延续下降的趋势。受新冠肺炎的持续影响，产业链上的所有企业收入锐减，甚至归零，缺钱、融资恐难将成为文创产业的常态。但与此同时，因为疫情而衍生出的新技术、新渠道和新消费习惯又给文化企业带来重新选择赛道的机会，互联网影视、短视频、知识付费、动漫二次元和教育体育等泛娱乐行业五大赛道仍值得期待。

表 7-1-6　文化创意产业创业企业融资规模分布情况

融资规模（元）	频数	占比（%）
100 万以下	34	24.64
100 万—1000 万	61	44.2
1000 万—1 亿	38	27.54
1 亿以上	5	3.62

3. 创业企业发展潜力

（1）市场销售潜力较大，近三成企业销售收入增速突破 100%

从企业销售收入增长状况来看，文化创意产业中，四成以上企业销售收入比去年有所上升，近三成企业与去年持平。具体来看，销售收入增长率为负的企业数量为 93 家，占比 20.85%；销售收入增长率为 0 的企业数量为 146 家，占比为 32.74%；销售收入增长率在 0—50% 的企业数量为 45 家，占比为 10.09%；销售收入增长率在 51%—100% 的企业数量为 31 家，占比为 6.95%；销售收入增长率达 100% 以上的企业数量为 131 家，占比为 29.37%。

表 7-1-7　文化创意产业创业企业销售收入增长率分布情况

销售收入增长率（%）	频数	占比（%）
小于 0	93	20.85
0	146	32.74
0—50	45	10.09
51—100	31	6.95
100 以上	131	29.37

从企业利润增长情况来看，近四成企业利润率呈现上升趋势，利润增长率在 0 和 0 以下占比较高。具体来看，利润增长率为负的企业数量为 126 家，占比为 28.25%。利润增长率为

0 的企业数量为 138 家，占比为 30.94%；利润增长率在 0—50% 的企业数量为 69 家，占比为 15.47%；利润增长率在 51%—100% 的企业数量为 51 家，占比为 11.43%；利润增长率达 100% 以上的企业数量为 62 家，占比 13.9%。

表 7-1-8　文化创意产业创业企业利润增长率分布情况

利润增长率（%）	频数	占比（%）
小于 0	126	28.25
0	138	30.94
0—50	69	15.47
51—100	51	11.43
100 以上	62	13.9

（2）研发投入多呈上升趋势，研发活跃度较高

从研发经费增长率状况来看，文化创意领域中，半数以上的创业企业研发经费呈上升趋势，研发经费投入与去年持平的企业占比较高。具体来看，研发经费增长率为负的企业数量为 40 家，占比 8.97%；研发经费增长率为 0 的企业数量为 168 家，占比为 37.67%；研发经费增长率在 0—50% 的企业数量为 117 家，占比为 26.23%；研发经费增长率在 51%—100% 的企业数量为 93 家，占比为 20.85%；研发经费增长率在 100% 以上的企业数量为 28 家，占比为 6.28%。

表 7-1-9　文化创意产业创业企业研发经费增长率分布情况

研发经费增长率（%）	频数	占比（%）
小于 0	40	8.97
0	168	37.67
0—50	117	26.23
51—100	93	20.85
100 以上	28	6.28

从技术引进费用增长率状况来看，在文化创意行业中，近半数企业技术引进费用与去年持平。具体来看，技术引进费用增长率为负的企业数量为 77 家，占比为 17.26%；技术引进费用增长率为 0 的企业数量为 224 家，占比为 50.22%；技术引进费用增长率在 0—50% 的企业数量为 71 家，占比为 15.92%；技术引进费用增长率在 51%—100% 的企业为 64 家，占比为 14.35%；技术引进费用增长率达 100% 以上的企业为 10 家，占比为 2.24%。

表 7-1-10　文化创意产业创业企业技术引进费用增长率分布情况

技术引进费用增长率（%）	频数	占比（%）
小于 0	77	17.26
0	224	50.22
0—50	71	15.92
51—100	64	14.35
100 以上	10	2.24

从新增研发数量状况来看，文化创意行业研发活动较为活跃，近六成创业企业去年新增研发数量 1—10 项。具体来看，上一年度新增研发数量为 0 的企业数量为 171 家，占比为 38.86%；研发数量在 1—10 项的企业数量为 267 家，占比为 60.68%，研发数量在 10 项以上的企业数量为 2 家，占比 0.45%。

表 7-1-11　文化创意产业创业企业上一年度新增研发数量分布情况

上一年度新增研发项目数量	频数	占比（%）
0	171	38.86
1—10	267	60.68
10 以上	2	0.45

（3）企业员工规模增速较快，六成以上企业呈上升趋势

从员工人数增长率状况来看，在文化创意行业，六成以上员工人数与去年相比有所上升，1.12% 的企业增长率突破 100%。具体来看，员工人数增长率为负的企业数量为 32 家，占比为 7.17%；员工人数增长率为 0 的企业数量为 132 家，占比为 29.6%；员工人数增长率在 0—50% 的企业数量为 134 家，占比为 30.04%；员工人数增长率在 51%—100% 的企业数量为 143 家，占比为 32.06%；员工人数增长率在 100 以上的企业数量为 5 家，占比为 1.12%。

表 7-1-12　文化创意产业创业企业员工人数增长率分布情况

员工人数增长率（%）	频数	占比（%）
小于 0	32	7.17
0	132	29.6
0—50	134	30.04
51—100	143	32.06
100 以上	5	1.12

（二）产品创新企业占比较大

1. 创业企业创新类型

从企业创新类型分析，文化创意行业中创新类型为技术创新的企业数量为 112 家，占比为 25.11%；产品创新的企业数量为 183 家，占比为 41.03%；服务创新的企业数量为 56 家，占比为 12.56%；商业模式创新的企业数量为 22 家，占比为 4.93%；其他创新类型的企业数量为 73 家，占比 16.37%。可以看出，在文化创意行业中以产品创新和技术创新为主。

表 7-1-13　文化创意产业创业企业创新类型分布情况

创新类型	频数	占比（%）
技术创新	112	25.11
产品创新	183	41.03
服务创新	56	12.56
商业模式创新	22	4.93
其他	73	16.37

从技术来源角度分析，文化创意企业中技术来源为自主开发的企业数量为 186 家，占比为

41.70%；技术来源为合作开发的企业数量为 139 家，占比为 31.17%；技术来源为外部购买的企业数量为 51 家，占比为 11.43%；技术来源为技术入股的企业数量为 36 家，占比为 8.07%；其他技术来源的企业数量为 34 家，占比为 7.62%。自主开发和合作开发是文化创意企业主要创新来源，技术入股占比较低。

表 7-1-14　文化创意产业创业企业技术来源分布情况

技术来源	频数	占比（%）
自主开发	186	41.70
合作开发	139	31.17
外部购买	51	11.43
技术入股	36	8.07
其他	34	7.62

从自主创新类型分析，文化创意企业中自主创新类型为原始创新的企业数量为 181 家，占比 40.58%；自主创新类型为集成创新的企业数量为 164 家，占比 36.77%；自主创新类型为引进消化再创新的企业数量为 101 家，占比 22.65%。在文化创意企业中，原始创新类型超过集成创新类型和引进消化再创新，表明文化创意行业的创业企业多以原始创新为主。

表 7-1-15　文化创意产业创业企业自主创新类型分布情况

自主创新类型	频数	占比（%）
原始创新	181	40.58
集成创新	164	36.77
引进消化再创新	101	22.65

2. 创业企业创新要素投入

从研发人员投入来看，研发人员数量在 10 人以下的企业数量为 405 家，占比为 90.81%；研发人员数量在 10—50 人的企业数量为 40 家，占比为 8.97%；研发人员数量在 50—100 人的企业数量为 0 家；研发人员数量在 100 人以上的企业数量为 1 家，占比为 0.22%。文化创意企业的研发团队规模不大，主要集中在 10 人以下。

表 7-1-16　文化创意产业创业企业研发人员数量分布情况

研发人员数量	频数	占比（%）
1—10	405	90.81
10—50	40	8.97
50—100	0	0
100 以上	1	0.22

从研发经费投入来看，上一年度未投入研发经费的文化创意企业有 154 家，占文化创意企业总数的 34.53%；研发投入在 10 万元以下的企业数量为 176 家，占比为 39.46%；研发投入在 10 万—100 万元的企业数量为 95 家，占比 21.30%；研发经费超过 100 万元的有 21 家企业，占调查文化创意企业总数的 4.71%。文化创意行业的创业企业重视研发经费的投入，接近七成的企业设置了研发经费，且超过在此次调查的上年度投入超过 10 万元的企业占比为 26.01%，

但还有 34.53% 的企业在此次调查的上年度未有研发经费投入，这些企业将是下一阶段研究重点，分析企业没有投入研发经费的原因，从而定制化为企业服务，帮助企业解决创新难点和痛点，助力行业又快又好发展。

表 7-1-17　文化创意产业创业企业研发经费分布情况

上一年度研发经费投入（元）	频数	占比（%）
0	154	34.53
0—10 万	176	39.46
10 万—100 万	95	21.30
100 万以上	21	4.71

从技术引进费用投入来看，文化创意行业的创业企业技术引进费用为 0 元的企业数量为 205 家，占比为 45.96%；技术引进费用为 10 万元以下的企业数量为 213 家，占比 47.76%；技术引进费用为 10 万—100 万元的企业数量为 24 家，占比 5.38%；技术引进费用为 100 万元以上的企业数量为 4 家，占比为 0.9%。超过半数创业企业有技术引进需求，创业企业上一年度技术引进费用较低，集中在 10 万元以下。

表 7-1-18　文化创意产业创业企业技术引进费用分布情况

上一年度技术引进费用（元）	频数	占比（%）
0	205	45.96
0—10 万	213	47.76
10 万—100 万	24	5.38
100 万以上	4	0.9

3. 创业企业创新产出效益

从企业商标拥有量分析，文化创意行业的创业企业调查数据显示，受调查企业中，尚未拥有商标的企业有 161 家，占比为 36.10%；拥有商标数量在 10 个以下的企业分布最多有 285 家，占企业总数的 63.90%。文创产业商标保有量与平均水平持平略低于其他产业商标拥有情况，文创领域知识产权意识的培养任重道远。

表 7-1-19　文化创意产业创业企业商标数量分布情况

商标数量	频数	占比（%）
0	161	36.1
1—10	285	63.9
10 以上	0	0

从工业专利角度分析，文化创意行业拥有工业专利的企业不多，主要集中在实用型专利上，有外观专利的企业占比略高于有发明专利的企业占比。首先，从发明专利来看，尚未拥有发明专利的文化创意企业数量为 443 家，占受调查企业的 99.55%；其次，对于实用新型专利的积累，尚未拥有实用新型发明专利的企业数量为 430 家，占受调查企业的 96.41%；此外，在外观专利申请上，尚未拥有外观专利的企业数量为 441 家，占受调查企业的 98.88%。

表 7-1-20　文化创意产业创业企业专利技术数量分布情况

专利数量	发明专利		实用型专利		外观专利	
	频数	占比（%）	频数	占比（%）	频数	占比（%）
0	443	99.55	430	96.41	441	98.88
1—10	2	0.45	16	3.59	5	1.12
10 以上	0	0	0	0	0	0

就著作权及其他专利拥有量看，近四分之一的文化创意企业拥有软件注册权。就影视（文化）版权方面，尚未拥有影视（文化）版权的文化创意企业数量为 444 家，占受调查企业的 99.55%；具有影视（文化）版权数量在 1 到 10 的企业有 2 家，占比为 0.45%；影视（文化）版权数量超过 10 个的企业数量为 0 个，作为影视（文化）版权的主力，文创领域的情况并不乐观，远不如软件注册情况。其次，在软件注册权方面，尚未拥有软件注册权的企业为 335 家，占比为 75.28%，软件注册权在 1 到 10 的企业数量为 110，占比为 24.72%，10 个以上的企业有 0 家。

表 7-1-21　文化创意产业创业企业著作权及其他类型知识产权数量分布情况

专利数量	影视文化版权		软件注册权		其他	
	频数	占比（%）	频数	占比（%）	频数	占比（%）
0	444	99.55	335	75.28	445	100
1—10	2	0.45	110	24.72	0	0
10 以上	0	0	0	0	0	0

从参与标准制订量来看，参与制订公司标准的企业数量最多，参与国家标准和行业标准的企业占比高于参与国际标准的企业占比。首先，在参与国际标准制订中，文化创意创业企业尚未参与国际标准制订的企业数量为 338 家，占受调查企业的 75.78%；参与制订国际标准的数量处于 10 以下的企业有 97 家，占比为 21.75%；参与制订的国际标准数量在 10 以上的企业数量为 11 家，占比 2.47%；其次，在参与国家标准制订上，尚未参与国家标准制订的企业数量为 304 家，占受调查企业的 68.16%；参与制订国家标准的数量不足 10 个的企业有 127 家，占比为 28.48%；参与制订的国家标准数量超过 10 个的企业数量为 15 家，占比 3.36%；再次，在参与行业标准制订上，尚未参与行业标准制订的企业数量为 287 家，占受调查企业的 64.35%；参与制订行业标准的数量在 10 以下的企业有 147 家，占比为 32.96%；参与制订的行业标准数量在 10 以上的企业数量为 12 家，占比 2.69%；最后，在参与公司标准制订上，尚未参与公司标准制订的企业数量为 156 家，占受调查企业的 34.98%；参与制订公司标准的数量不足 10 个的企业有 246 家，占比为 55.16%；参与制订的公司标准数量超过 10 个的企业数量为 44 家，占比 9.87%。

表 7-1-22　文化创意产业创业企业制定标准数量分布情况

标准数量	国际标准		国家标准		行业标准		公司标准	
	频数	占比（%）	频数	占比（%）	频数	占比（%）	频数	占比（%）
0	338	75.78	304	68.16	287	64.35	156	34.98

表 7-1-22 文化创意产业创业企业制定标准数量分布情况（续表）

标准数量	国际标准		国家标准		行业标准		公司标准	
	频数	占比（%）	频数	占比（%）	频数	占比（%）	频数	占比（%）
1—10	97	21.75	127	28.48	147	32.96	246	55.16
10 以上	11	2.47	15	3.36	12	2.69	44	9.87

从技术交易情况看，尚未进行过技术交易的文化创意企业有 155 家，占比为 34.75%；进行过技术交易的企业有 291 家，占比为 65.25%。

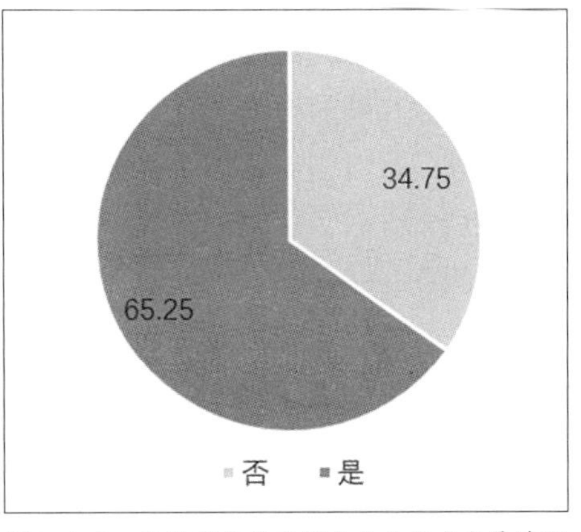

图7-1-2 文化创意产业创业企业技术交易情况

从技术交易渠道分析，文化创意创业企业中选择国家交易中心进行技术交易的共有 66 家，占受调查企业总数的 15.64%；选择地方交易中心的企业有 88 家，占比为 20.85%；选择行业交易中心的企业数量为 95 家，占比为 22.51%；选择服务平台的企业有 87 家，占比为 20.62%；有 72 家企业选择企业间接交易，占比为 17.06%；另外有 14 家企业，选择其他方式进行交易，占比为 3.32%。在国家交易中心、地方交易中心、行业交易中心、服务平台和企业间直接交易这 5 类传统交易渠道中，文化创意行业企业大多选择行业交易中心进行技术交易，选择国家交易中心的企业占比最低。

表 7-1-23 文化创意产业创业企业技术交易渠道分布情况

技术交易渠道	频数	占比（%）
国家交易中心	66	15.64
地方交易中心	88	20.85
行业交易中心	95	22.51
服务平台	87	20.62
企业间直接交易	72	17.06
其他	14	3.32

从技术交易收入分析，文化创意行业在此次调查的上年度未获得技术交易收入的企业数量为 197 家，占文化创意企业的 44.17%；技术交易收入不足 100 万元的企业有 212 家，占比为 47.53%；技术交易收入在 100 万—1000 万元的企业数量为 33 家，占比 7.40%；技术交易收入在 1000 万元以上的企业有 4 家，占比为 0.90%。文化创意产业创业企业在此次调查的上年度获得技术交易收入的企业数量超过一半，文化创意行业中存在一些创新能力高，科研实力强的企业，但技术交易收入大多集中在 100 万元以下，表明实际技术交易中市场议价能力有限。

表 7-1-24 文化创意产业创业企业技术交易收入分布情况

上一年度技术交易收入（元）	频数	占比（%）
0	197	44.17

表 7-1-24　文化创意产业创业企业技术交易收入分布情况（续表）

上一年度技术交易收入（元）	频数	占比（%）
0—100 万	212	47.53
100 万—1000 万	33	7.40
1000 万以上	4	0.90

（三）创意的商业变现能力有待强化

1. 创业初期困难因素

调查问卷对创业者创业困难程度自评情况进行统计，调查数据表明，创业者普遍认为文化创意领域创业较为困难，在 1—9 分的创业困难程度评分中，样本均值为 5.76 分。具体来看，打分区间在 1—3 分，认为创业难度较小的企业数量为 69 家，占比 15.51%；评价为 4—6 分，认为难度一般的企业数量为 200 家，占比 44.94%；评价为 7—9 分，认为创业难度较大的企业数量为 176 家，占比 39.55%。

从创建公司的困难因素排序情况来看，在文化创意行业中，创建公司的重要因素排序为：难以得到资金 > 没有好的想法 > 难以找到创业合作伙伴 > 风险太大 > 缺少关键技术 > 创业的概念容易被模仿 > 家庭成员反对 > 原工作单位不让离开 > 政府政策不鼓励。资金问题是制约文化创意行业创业的首要因素，近半数的人将其排在第一位，其次为“没有好的想法”和“难以找到创业合作伙伴”，占比分别为 17.8% 和 17.43%；“风险太大”、“缺少关键技术”和“创业的概念容易被模仿”位列其后，占比分别为 11.51%、10.89% 和 5.97%；此外，“家庭成员反对”、“原工作单位不让离开”和“政府政策不鼓励”等外界制约因素占比较小，分别为 4.13%、3.53% 和 2.13%。

除资金外，“没有好的想法”和“难以找到好的创业伙伴”是文创产业创业的初期的主要困难。文创产业创业模式本颠覆了一般的创业思维，艺术与商业本身存在两种截然不同的价值观，品牌以创作本身为出发点，而非以市场为出发点，此本质将永远存在。文创产业创始人多为对艺术有独特偏好的青年群体，当核心价值与资源围绕创作及设计开展时，对市场经营和品牌存续便会产生负面影响，这是文创产业困难重重的最大根本。找到精于市场又忠于艺术的合作伙伴，探索艺术与商业的最佳化组合，将文化艺术转变为商业中的好想法，讲出一个受资本青睐的好故事是破题之道。

表 7-1-25-1　文化创意产业企业创业困难因素排序情况（%）

创业困难因素	难以得到资金	没有好的想法	难以找到创业合作伙伴	风险太大	缺少关键技术
第一位	45.57	17.8	17.43	11.51	10.89
第二位	15.19	18.08	24.4	15.62	11.73
第三位	12.41	13.28	15.01	20	7.82
第四位	7.85	9.04	13.94	5.21	11.73
第五位	4.3	10.17	8.04	19.73	8.1
第六位	2.03	6.5	3.75	7.4	7.26
第七位	3.54	4.8	3.22	4.11	7.54

表 7-1-25-1　文化创意产业企业创业困难因素排序情况（%）（续表）

创业困难因素	难以得到资金	没有好的想法	难以找到创业合作伙伴	风险太大	缺少关键技术
第八位	2.03	3.67	4.02	4.93	7.82
第九位	2.28	5.93	1.61	3.01	15.08
无	4.81	10.73	8.58	8.49	12.01

表 7-1-25-2　文化创意产业企业创业困难因素排序情况（%）

创业困难因素	创业的概念容易被模仿	家庭成员反对	原工作单位不让离开	当时政府政策不鼓励
第一位	5.97	4.13	3.53	2.13
第二位	11.08	5.01	4.71	4.56
第三位	13.35	8.26	4.71	5.47
第四位	21.02	7.37	5.59	5.17
第五位	11.93	5.9	4.71	6.38
第六位	9.09	20.06	10.88	10.94
第七位	7.39	10.91	19.71	14.59
第八位	5.11	10.91	14.71	22.8
第九位	3.13	14.45	16.47	12.16
无	11.93	12.98	15	15.81

2. 创业中期制约因素

调查数据显示，在文化创意产业中，人才和市场是制约企业效益最为重要的因素，占比分别为 19.15% 和 17.9%；技术、资金和管理位列其后，占比分别为 14.5%、13.74% 和 13.39%；政策及成本因素占比较低，分别为 10.41% 和 9.02%。

文化创意产业是与个人创意、知识和技能高度关联的产业，人才是文化创意产业最核心的生产要素。文创公司的起源可能是不愿向市场低头的设计师、艺术家，但懂市场、善营销、精管理的人才在创作上却可能后劲不足。一款好的文创产品，必然会历经研发、生产、营销和服务等多个环节，需要在全链条上都匹配最佳的人选。同时，目前的文创产业领域内，原创性、高层次复合型人才依旧缺乏，大部分从业人员仍处于低端复制和简单模仿阶段，文创产品同质化现象严重。在文化创意产业与数字技术、互联网等新技术的深度融合下，掌握多领域知识和技能的高层次复合型人才同样难以满足文创企业未来发展的需要。

表 7-1-26　文化创意产业制约企业效益因素分布情况

制约企业效益的因素	频数	占比（%）
技术	209	14.5
人才	276	19.15
资金	198	13.74
市场	258	17.9
政策	150	10.41
管理	193	13.39
成本	130	9.02
其他	27	1.87

3. 创业企业发展重要因素

调查数据对文化创意产业领域内企业在创建公司时的重要因素进行排序统计，结果显示，市场、技术与资金是该领域创业企业高度关注的重要因素。从重要性排序结果来看，进入市场的速度 / 时间 > 技术 > 资金投入 > 知识产权保护 > 政府支持 > 与其他公司合作。其中，有 29.73% 的人将进入市场的速度 / 时间排在第一位，26.1% 的人将技术排在第二位，21.91% 的人将资金排在第三位，知识产权保护、政府支持和与其他公司合作位列其后，占比分别为 15.92%、12.53% 和 6.67%。

市场、技术、资金等是创业企业普遍较为重视的要素，文创企业也不例外，但相对于其他产业来说，情怀决定着初创企业的高度和文化内核。文创领域创业公司擅长讲故事、抒发情怀，品牌的核心优势在于其价值传递与精神内涵。是否能贴近市场，引起受众共鸣，又是否能将自我价值充分展现，抓住资本的眼球，在做好自身品牌传递的同时，收集数据、做好市场调研十分重要。

表 7-1-27　文化创意产业企业创业重要因素排序情况（%）

创建公司的重要因素	进入市场的速度 / 时间	技术	大量资金投入	知识产权保护	政府支持	与其他公司合作
第一位	29.73	26.1	21.91	15.92	12.53	6.67
第二位	15.23	20.16	24.18	21.89	12.79	11.54
第三位	22.6	11.37	16.88	15.42	13.58	16.41
第四位	10.32	8.79	9.82	18.66	19.58	17.95
第五位	8.11	10.59	15.37	14.18	14.36	18.46
第六位	8.6	16.02	7.3	6.72	19.58	21.03
无	5.41	6.98	4.53	7.21	7.57	7.95

二、金融服务：科技赋能金融产业效果显著

金融服务业是指金融机构通过开展业务活动为客户提供包括融资投资、储蓄、信贷、结算、证券买卖、商业保险和金融信息咨询等多方面服务的产业。作为现代服务业的关键性环节，金融服务业具有实物资本投入较少、知识与人力资本密集、高风险性和高负债经营性的特点。当前我国已建立以银行、信托、保险、证券为四大支柱、以其他非银行金融业为补充的金融服务业体系，金融服务业市场规模持续扩大，2015 年我国金融服务行业的市场规模约为 72.01 亿美元，到 2017 年增长至 113.87 亿美元，年均复合增长率超过 20%。

科技对金融产业赋能效果显著，互联网金融应运而生。科技赋能金融产业的趋势下，互联网巨头开始打造金融平台，从目前趋势来看，巨头在综合金融领域的优势明显，理财领域，形成了余额宝、微信理财通、百度百发三家领先优势，BAT 三巨头在入口端占据优势；支付领域，阿里、支付宝 PC 端积聚优势保持到了移动端，微信支付则借助微信平台在移动互联网时代强势崛起，未来巨头们在移动支付领域的优势将继续保持。消费金融是当下创业热点，通过互联网的平台和技术改善传统服务的空间依旧存在，互联网巨头所打造的综合平台无法满足所有客户需要，传统行业、互联网和金融三者之间的结合诞生的垂直领域消费金融依旧大有可为，汽

车金融、房产金融、农村金融等不同垂直领域的金融平台逐渐崛起，尤其在房产和汽车两大细分领域，涌现不少互联网金融新秀。

调查数据对508家互联网金融领域创业企业进行了深入调研，总体来看，服务类企业占比九成以上，大多创业方向为互联网金融。互联网金融经营规模较小，六成年销售额在300万元以下。企业盈利情况低于平均水平，近一成企业实现盈利。企业销售收入增长潜力较大，近三成企业突破100%。企业利润增长与创业平均持平，四成企业呈现增长趋势。企业以技术创新和产品创新为主，其技术主要来自合作开发，现阶段集成创新为主导创新方向，创新团队集中在10人以下，知识产权拥有量较少，半数以上企业参与过公司标准制订，超过六成企业进行过技术交易，技术交易渠道以行业交易中心为主，交易收入集中在100万元以下。企业研发经费投入稳步增长，半数以上呈上升趋势。企业技术引进费用投入力度不大，四成以上与去年持平。企业员工规模持续扩大，六成以上呈增加趋势。找寻创业方向是企业创业初期面临的主要问题，人才是企业创业过程中主要制约因素，提升平台的风险控制能力对企业来说至关重要。

（一）企业盈利能力有待挖掘

1. 创业企业经营情况

（1）服务类企业居多，多以互联网金融公司为主

在本次创业数据调查中，共调研金融服务产业领域企业508家，其中，服务类企业居多，共475家，占比93.69%；其次为平台性企业，占比6.11%，其他类型企业占比较少，仅为0.2%。通过对企业经营范围进行检索后发现，当代金融创业企业多为互联网金融公司，主要涉及消费金融、财富管理、支付、征信、供应链金融、互联网证券、互联网保险、虚拟货币、P2P等九大创业方向。38.39%的创业企业处于产业的中游水平，行业龙头多为京东金融、小米金融等互联网龙头公司子公司。

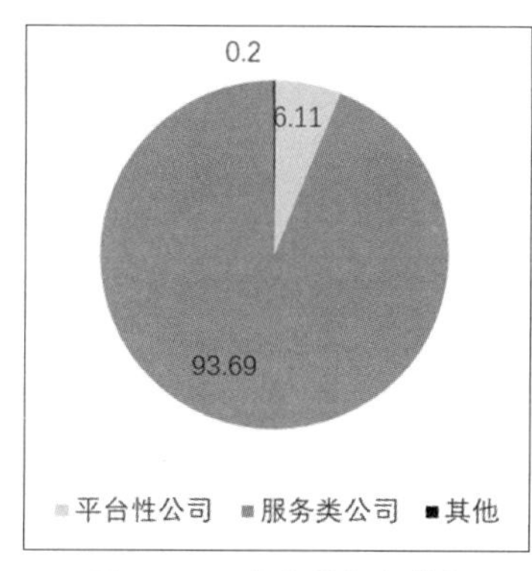

图7-2-1 金融服务业创业企业性质分布情况（%）

（2）经营规模较小，六成企业年销售额在300万元以下

总体来看，金融服务产业创业企业年度销售额在300万元以下居多，共有306家，占比60.24%；销售额在300万—2000万元的企业为155家，占比30.51%；销售额在2000万元以上的企业为47家，占比9.25%。分企业性质来看，以服务类企业为主，61.26%的创业企业销售额在300万元以下，29.89%的创业企业销售额在300万—2000万元，8.84%的创业企业销售额在2000万元以上；平台性企业销售额在300万元以下的占比45.16%，在300万—2000万元的占比38.71%，在2000万元以上的占比16.13%。

表7-2-1 金融服务业分性质企业销售额分布情况（%）

企业销售额（元）	平台性公司	服务类公司	其他
300万以下	45.16	61.26	0
300万—2000万	38.71	29.89	100
2000万以上	16.13	8.84	0

（3）盈利情况低于平均水平，近一成企业实现盈利

从金融服务产业创业企业盈利状况来看，利润为负的企业占比较高，为 77.32%；利润为 0 的企业为 54 家，占比 10.65%；利润为正的企业为 61 家，占比 12.03%。从不同性质的企业来看，服务类企业中，利润为负的企业有 362 家，占比 76.21%；利润为 0 的企业有 60 家，占比 12.63%，已实现盈利的企业为 53 家，占比 11.16%；平台性企业利润额多集中在 0 以下，占比为 93.33%。

表 7-2-2　金融服务业分性质企业利润额分布情况（%）

企业利润额	平台性公司	服务类公司	其他
0 以下	93.33	76.21	100
0	3.33	12.63	0
0 以上	3.33	11.16	0

2. 创业企业融资情况

（1）融资目的多以市场扩展和技术研发为主，市场扩展融资占比达四成以上

从融资目的来看，四成以上金融服务行业创业企业以市场扩展为融资目的，近两成企业以技术研发为融资目的。金融服务业创业企业主要围绕金融科技创业展开，短期以业务赋能为主，对市场扩展融资需求较大，长期以模式创新为主，对技术研发的要求较高，同时随着业务渗透的逐渐加深，监管难度增加，监管科技将逐渐落地。

表 7-2-3　金融服务业创业企业融资目的分布情况

融资目的	频数	占比（%）
技术研发	111	21.85
企业收购	45	8.86
市场扩展	219	43.11
服务采购	49	9.65
其他	84	16.54

（2）融资方式以股权融资和天使投资为主

从融资方式来看，近三成金融服务业创业企业以股权融资为主，近两成企业以天使投资为主。金融机构的科技创新背后有着众多金融科技公司的推动，金融科技公司背后亦有众多投资机构助力。据埃森哲数据统计，2019 年金融科技在大多数主要市场的融资增长都表现强劲。据零壹智库不完全统计，2019 年全球金融科技领域公开披露的融资总额约 2619 亿人民币，较 2018 年减少 1212 亿人民币。

表 7-2-4　金融服务业创业企业融资方式分布情况

融资方式	频数	占比（%）
债权融资	20	3.95
股权融资	147	29.05
私人借贷	25	4.94
众筹	21	4.15

表 7-2-4 金融服务业创业企业融资方式分布情况（续表）

融资方式	频数	占比（%）
天使投资	104	20.55
政府支持	19	3.75
其他	170	33.6

（3）近六成企业未获得融资，略高于平均水平

从融资轮次来看，近六成金融服务业创业企业未获得融资，获得一轮融资的企业占比近两成。具体来看，未融资的企业数量为 296 家，占比为 58.38%；获得一轮融资的企业数量为 104 家，占比为 20.51%；获得两轮融资的企业数量为 82 家，占比为 16.17%；获得三轮及以上融资的企业数量为 25 家，占比为 4.93%。

表 7-2-5 金融服务业创业企业融资轮次分布情况

融资轮次	频数	占比（%）
未融资	296	58.38
一轮	104	20.51
两轮	82	16.17
三轮及以上	25	4.93

（4）融资规模多集中在 100 万—1 亿元

从融资规模来看，金融服务业创业企业融资规模多集中在 100 万—1000 万和 1000 万—1 亿两个区间内，占比均达三成以上，显著高于其他行业。2019 年中国金融科技行业研究报告显示，中国金融科技企业融资规模已占全球的 16.4%，与欧美等发达国家相比，我国金融基础要薄弱许多，但正是我国金融市场尚未成熟这一特点给予了我国金融科技快速发展的土壤。

表 7-2-6 金融服务业创业企业融资规模分布情况

融资规模（元）	频数	占比（%）
100 万以下	26	17.11
100 万—1000 万	56	36.84
1000 万—1 亿	48	31.58
1 亿以上	22	14.47

3. 创业企业发展潜力

（1）两成以上企业销售收入增速突破 100%，近四成企业利润额呈上升趋势

从销售收入增长情况来看，金融服务产业企业销售收入增长率多集中在 0、0 以下及 100% 以上。具体来看，销售收入增长率为负的企业数量为 133 家，占比 26.18%；销售收入增长率为 0 的企业数量为 158 家，占比为 31.1%；销售收入增长率在 0—50% 的企业数量为 44 家，占比为 8.66%；销售收入增长率在 51%—100% 的企业数量为 37 家，占比为 7.28%；销售收入增长率达 100% 以上的企业数量为 136 家，占比为 26.77%。

表 7-2-7 金融服务业创业企业销售收入增长率分布情况

销售收入增长率（%）	频数	占比（%）
小于 0	133	26.18
0	158	31.1
0—50	44	8.66
51—100	37	7.28
100 以上	136	26.77

从利润增长情况来看，四成以上企业利润额呈现上升趋势，呈负增长趋势的企业占比较高，15.75% 的企业利润增长率突破 100%。具体来看，利润增长率为负的企业数量为 156 家，占比为 30.71%；利润增长率为 0 的企业数量为 129 家，占比为 25.39%；利润增长率在 0—50% 的企业数量为 101 家，占比为 19.88%；利润增长率在 51%—100% 的企业数量为 42 家，占比为 8.27%；利润增长率达 100% 以上的企业数量为 80 家，占比 15.75%。

表 7-2-8 金融服务业创业企业利润增长率分布情况

利润增长率（%）	频数	占比（%）
小于 0	156	30.71
0	129	25.39
0—50	101	19.88
51—100	42	8.27
100 以上	80	15.75

（2）研发投入多呈上升趋势，研发活跃度较高

从研发经费增长率状况来看，金融服务领域中，半数以上企业研发经费投入呈上升趋势，增长率在 0 和 0—50% 的企业占比较高。具体来看，研发经费增长率为负的企业数量为 35 家，占比 6.89%；研发经费增长率为 0 的企业数量为 187 家，占比 36.81%；研发经费增长率在 0—50% 的企业数量为 167 家，占比为 32.87%；研发经费增长率在 51%—100% 的企业数量为 95 家，占比为 18.7%；研发经费增长率达 100% 以上的企业数量为 24 家，占比为 4.72%。

表 7-2-9 金融服务业创业企业研发经费增长率分布情况

研发经费增长率（%）	频数	占比（%）
小于 0	35	6.89
0	187	36.81
0—50	167	32.87
51—100	95	18.7
100 以上	24	4.72

从技术引进费用增长率状况来看，在金融服务行业中，四成以上企业技术引进费用与去年持平，近四成企业与去年相比有所上升。技术引进费用增长率为负的企业数量为 70 家，占比为 13.78%；技术引进费用增长率为 0 的企业数量为 232 家，占比为 45.67%；技术引进费用增长率在 0—50% 的企业数量为 91 家，占比为 17.91%；技术引进费用增长率在 51%—100% 的企业为 93 家，占比为 18.31%；技术引进费用增长率达 100% 以上的企业为 22 家，占比为 4.33%。

表 7-2-10　金融服务业创业企业技术引进费用增长率情况

技术引进费用增长率（%）	频数	占比（%）
小于 0	70	13.78
0	232	45.67
0—50	91	17.91
51—100	93	18.31
100 以上	22	4.33

从新增研发数量状况来看，近六成创业企业上一年度新增研发数量在 1—10 项，研发活跃度相对较高。具体来看，上一年度新增研发数量为 0 的企业数量为 200 家，占比为 39.6%；研发数量在 1—10 项的企业数量为 305 家，占比为 60.4%。

表 7-2-11　金融服务业创业企业上一年度新增研发数量分布情况

上一年度新增研发项目数量	频数	占比（%）
0	200	39.6
1—10	305	60.4

（3）企业员工规模持续扩大，六成以上企业呈增加趋势

从员工人数增长率状况来看，在金融服务行业，多数企业员工人数呈增加趋势，近三成企业员工数量无变化，增长率突破 100% 的企业占比不足 1%。具体来看，员工人数增长率为负的企业数量为 22 家，占比为 4.33%；员工人数增长率为 0 的企业数量为 151 家，占比为 29.72%；员工人数增长率在 0—50% 的企业数量为 177 家，占比为 34.84%；员工人数增长率在 51%—100% 的企业数量为 154 家，占比为 30.31%；员工人数增长率在 100% 以上的企业较少，占比仅为 0.79%。

表 7-2-12　金融服务业企业员工人数增长率分布情况

员工人数增长率（%）	频数	占比（%）
小于 0	22	4.33
0	151	29.72
0—50	177	34.84
51—100	154	30.31
100 以上	4	0.79

（二）研发经费投入稳步增长

1. 创业企业创新类型

从企业创新类型分析，在金融行业企业中以产品创新和技术创新为主。创新类型为技术创新的企业数量为 142 家，占比为 27.95%；产品创新的企业数量为 193 家，占比为 37.99%；服务创新的企业数量为 69 家，占比为 13.58%；商业模式创新的企业数量为 17 家，占比为 3.35%；其他创新类型的企业数量为 87 家，占比 17.13%。金融作为帮助实体企业的工具，能够切实惠

及中小企业群体，这便是创新金融的意义所在。

表 7-2-13　金融服务业创业企业创新类型分布情况

创新类型	频数	占比（%）
技术创新	142	27.95
产品创新	193	37.99
服务创新	69	13.58
商业模式创新	17	3.35
其他	87	17.13

从技术来源看，金融行业中技术来源为自主开发的企业数量为 113 家，占比为 22.29%；技术来源为合作开发的企业数量为 182 家，占比为 35.90%；技术来源为外部购买的企业数量为 69 家，占比为 13.61%；技术来源为技术入股的企业数量为 105 家，占比为 20.71%；其他技术来源的企业数量为 38 家，占比为 7.50%。合作开发是金融企业主要创新来源，技术入股和自主开发的企业占比基本相当。

表 7-2-14　金融服务业创业企业技术来源分布情况

技术来源	频数	占比（%）
自主开发	113	22.29
合作开发	182	35.9
外部购买	69	13.61
技术入股	105	20.71
其他	38	7.5

从企业自主创新角度分析，金融行业中自主创新类型为原始创新的企业数量为 181 家，占比 35.63%；自主创新类型为集成创新的企业数量为 202 家，占比 39.76%；自主创新类型为引进消化再创新的企业数量为 125 家，占比 24.61%。金融行业的创业企业中以原始创新为主，其次是选择集成创新。

表 7-2-15　金融服务业创业企业自主创新类型分布情况

自主创新类型	频数	占比（%）
原始创新	181	35.63
集成创新	202	39.76
引进消化再创新	125	24.61

2. 创业企业创新要素投入

从企业研发人员投入看，研发人员数量在 10 人以下的企业数量为 383 家，占比为 75.54%；研发人员数量在 10—50 人的企业数量为 116 家，占比为 22.88%；研发人员数量在 50—100 人的企业数量为 4 家，占比为 0.79%；研发人员数量在 100 人以上的企业数量为 4 家，占比为 0.79%。可以看出，金融企业的研发团队规模不大，主要集中在 10 人以下。

表 7-2-16　金融服务业创业企业研发人员数量分布情况

研发人员数量	频数	占比（%）
1—10	383	75.54
10—50	116	22.88
50—100	4	0.79
100 以上	4	0.79

从企业研发经费投入看，上一年度未投入研发经费的金融企业有 160 家，占金融企业总数的 31.50%；研发投入在 10 万元以下的企业数量为 197 家，占比为 38.78%；研发投入在 10 万—100 万元的企业数量为 109 家，占比 21.46%；研发经费超过 100 万元的有 42 家企业，占调查金融企业总数的 8.27%。金融行业的创业企业重视研发经费的投入，接近七成的企业设置了研发经费，且在此次调查的上年度投入超过 10 万元的企业占比为 29.73%。

表 7-2-17　金融服务业创业企业研发经费分布情况

上一年度研发经费投入（元）	频数	占比（%）
0	160	31.50
0—10 万	197	38.78
10 万—100 万	109	21.46
100 万以上	42	8.27

从技术引进费用投入看，金融行业的创业企业技术引进费用为 0 元的企业数量为 203 家，占比为 39.36%；技术引进费用为 10 万元以下的企业数量为 253 家，占比 49.80%；技术引进费用为 10 万—100 万元的企业数量为 43 家，占比 8.46%；技术引进费用为 100 万元以上的企业数量为 9 家，占比为 1.77%。近六成企业有技术引进需求，创业企业上一年度技术引进费用较低，集中在 10 万元以下。

表 7-2-18　金融服务业创业企业技术引进费用分布情况

上一年度技术引进费用（元）	频数	占比（%）
0	203	39.96
0—10 万	253	49.8
10 万—100 万	43	8.46
100 万以上	9	1.77

3. 创业企业创新产出效益

从企业商标拥有量分析，金融行业的创业企业调查数据显示，受调查企业中，尚未拥有商标的企业有 165 家，占比为 32.54%；拥有商标数量在 10 个以下的企业分布最多有 342 家，占企业总数的 67.46%；企业拥有商标数量在 10 个以上的企业有 0 家。金融产业的创业企业商标意识比较强，拥有商标数不少于 1 个的企业占比为 67.46%，但仍有 32.54% 的企业尚未拥有商标，将在企业后续发展中埋下隐患。

表 7-2-19　金融服务业创业企业商标数量分布情况

商标数量	频数	占比（%）
0	165	32.54
1—10	342	67.46
100	0	0

从工业专利角度分析，金融服务业拥有工业专利的企业不多，主要集中在实用型专利上，有外观专利的企业数量和有发明专利的企业数量相当。从发明专利来看，尚未拥有发明专利的金融企业数量为 504 家，占受调查企业的 99.21%；对于实用新型专利的积累，尚未拥有实用新型发明专利的企业数量为 507 家，占受调查企业的 99.80%；在外观专利申请上，尚未拥有外观专利的企业数量为 504 家，占受调查企业的 99.21%。

表 7-2-20　金融服务业创业企业专利技术数量分布情况

专利数量	发明专利		实用型专利		外观专利	
	频数	占比（%）	频数	占比（%）	频数	占比（%）
0	504	99.21	507	99.8	504	99.21
1—10	4	0.79	1	0.2	4	0.79
10 以上	0	0	0	0	0	0

就著作权及其他专利拥有量看，金融服务行业拥有软件注册权的企业数量最多，占比超过三成。在软件注册权方面，尚未拥有软件注册权的企业为 334 家，占比为 65.75%；软件注册权在 1 到 10 的企业数量为 174 家，占比为 34.25%；10 个以上的企业有 0 家。

表 7-2-21　金融服务业创业企业著作权及其他类型知识产权数量分布情况

专利数量	影视文化版权		软件注册权		其他	
	频数	占比（%）	频数	占比（%）	频数	占比（%）
0	507	99.8	334	65.75	508	100
1—10	1	0.2	174	34.25	0	0
10 以上	0	0	0	0	0	0

从参与标准制订量来看，参与制订公司标准的企业数量最多，参与国家标准和行业标准的企业占比高与参与国际标准的企业占比。在参与国际标准制订中金融创业企业尚未参与国际标准制订的企业数量为 422 家，占受调查企业的 83.23%；在参与国家标准制订上，尚未参与国家标准制订的企业数量为 393，占受调查企业的 77.36%；在参与行业标准制订上，尚未参与行业标准制订的企业数量为 379 家，占受调查企业的 74.61%；参与制订行业标准的数量在 10 以下的企业有 124 家，占比为 24.41%；在参与公司标准制订上，尚未参与公司标准制订的企业数量为 198 家，占受调查企业的 39.05%。

表 7-2-22　金融服务业创业企业制定标准数量分布情况

标准数量	国际标准		国家标准		行业标准		公司标准	
	频数	占比（%）	频数	占比（%）	频数	占比（%）	频数	占比（%）
0	422	83.23	393	77.36	379	74.61	198	39.05
1—10	81	15.98	113	22.24	124	24.41	271	53.45
10 以上	4	0.79	2	0.39	5	0.98	38	7.5

从技术交易情况看，尚未进行过技术交易的金融企业有183 家，占比为 36.09%；进行过技术交易的企业有 324 家，占比为 63.91%。

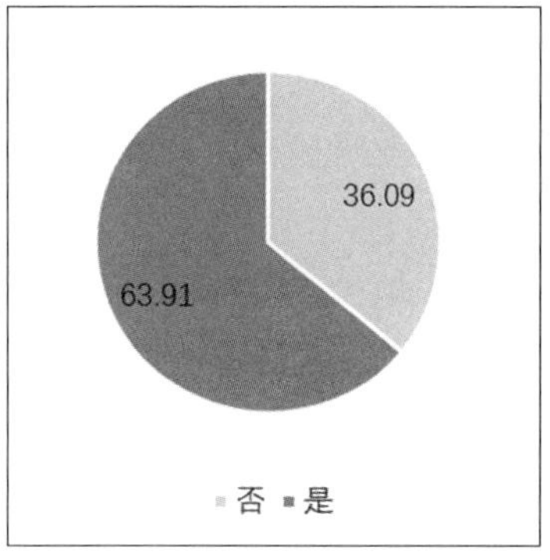

图7-2-2　金融服务业创业企业技术交易情况分布情况

从技术交易渠道分析，在国家交易中心、地方交易中心、行业交易中心、服务平台和企业间直接交易这 5 类传统交易渠道中，金融行业企业大多选择行业交易中心进行技术交易。

其中金融创业企业中选择国家交易中心进行技术交易的共有 84 家，占受调查企业总数的 17.50%；选择地方交易中心的企业有 97 家，占比为 20.21%；选择行业交易中心的企业数量为 120 家，占比为 25.00%；选择服务平台的企业有 90 家，占比为 18.75%；有 75 家企业选择企业间接交易，占比为 15.63%；另外，有 14 家企业选择其他方式进行交易，占比为 2.92%。

表 7-2-23　金融服务业创业企业技术交易渠道分布情况

技术交易渠道	频数	占比（%）
国家交易中心	84	17.5
地方交易中心	97	20.21
行业交易中心	120	25
服务平台	90	18.75
企业间直接交易	75	15.63
其他	14	2.92

从技术交易收入看，金融行业在此次调查的上年度未获得技术交易收入的企业数量为 223 家，占金融企业的 43.90%；技术交易收入不足 100 万元的企业有 244 家，占比为 48.03%；技术交易收入在 100 万—1000 万元的企业数量为 38 家，占比 7.48%；技术交易收入在 1000 万元以上的企业有 3 家，占比为 0.59%。金融产业创业企业在此次调查的上年度获得技术交易收入的企业数量超过一半，表明金融行业中存在一些创新能力高，科研实力强的企业，但技术交易收入大多集中在 100 万元以下，表明实际技术交易中市场议价能力有限。

表 7-2-24　金融服务业创业企业技术交易收入分布情况

上一年度技术交易收入（元）	频数	占比（%）
0	223	43.9
0—100 万	244	48.03

表 7-2-24　金融服务业创业企业技术交易收入分布情况（续表）

上一年度技术交易收入（元）	频数	占比（%）
100 万—1000 万	38	7.48
1000 万以上	3	0.59

（三）企业创业难度较大

1. 创业初期困难因素

调查问卷对创业者创业困难程度自评情况进行统计，结果显示，创业者普遍认为金融服务领域创业难度较大，在 1—9 分的创业困难程度评分中，样本均值为 5.85 分。具体来看，打分区间在 1—3 分，认为创业难度较小的企业数量为 87 家，占比 17.13%；评价为 4—6 分，认为难度一般的企业数量为 197 家，占比 38.78%；评价为 7—9 分，认为创业难度较大的企业数量为 224 家，占比 44.09%。

从创建公司的困难因素排序情况来看，在金融服务行业中，创建公司的重要因素排序为：难以得到资金 > 没有好的想法 > 难以找到创业合作伙伴 > 缺少关键技术 > 风险太大 > 创业的概念容易被模仿 > 家庭成员反对 > 原工作单位不让离开 > 政府政策不鼓励。资金问题是制约金融服务行业创业的首要因素，有 44.07% 的人将其排在第一位，其次“没有好的想法”占比 20.43%；“难以找到创业合作伙伴”、“缺少关键技术”和“风险太大”位列其后，占比分别为 15.55%、12.02% 和 10.68%；此外，7.2% 的人认为“创业的概念容易被模仿”是制约创业的重要因素，“家庭成员反对”、“原工作单位不让离开”和“政府政策不鼓励”等外界制约因素占比分别为 5.5%、1.91% 和 2.15%。

除资金外，好的想法和合作伙伴是金融服务业创业者创业初期面临的主要困难。近几年，互联网巨头纷纷打造综合互联网金融平台，创业者在资金及其他实力方面，远无法与巨头同台较量。对于互联网金融子领域而言，支付格局已经较为稳固，支付牌照停发；网贷和理财经近几年发展，模式也已基本确立，主流投资机构的布局已经基本完成；而股票相关项目、区块链项目、众筹与股权融资项目等还处于早期阶段，受众较小，商业模式仍需进一步完善。目前，互联网金融的创业机会集中于消费金融等细分领域，对于互联网金融创业来说，找到传统行业、互联网和金融三者之间的行业痛点，是创业之初的关键。同时，金融行业是一个较为特殊的行业，政策管制较为严格，创业者或合作伙伴需有高度的政策敏感性和理解力才能保证创业项目平稳度过初创时期。

表 7-2-25-1　金融服务业企业创业困难因素排序情况（%）

创业困难因素	难以得到资金	没有好的想法	难以找到创业合作伙伴	缺少关键技术	风险太大
第一位	44.07	20.43	15.55	12.02	10.68
第二位	20.36	13.22	30.39	9.86	14.56
第三位	14.32	19.95	16.94	11.3	13.35
第四位	5.59	9.86	16.24	11.3	13.59
第五位	2.91	9.86	6.03	6.73	20.15
第六位	2.91	5.05	3.94	8.65	6.8

表 7-2-25-1　金融服务业企业创业困难因素排序情况（%）（续表）

创业困难因素	难以得到资金	没有好的想法	难以找到创业合作伙伴	缺少关键技术	风险太大
第七位	3.58	5.53	2.09	8.65	6.31
第八位	1.12	5.05	2.55	5.29	3.88
第九位	1.57	4.33	1.62	19.47	5.34
无	3.58	6.73	4.64	6.73	5.34

表 7-2-25-2　金融服务业企业创业困难因素排序情况（%）

创业困难因素	创业的概念容易被模仿	家庭成员反对	原工作单位不让离开	当时政府政策不鼓励
第一位	7.2	5.5	1.91	2.15
第二位	12.6	4.45	4.37	2.15
第三位	11.83	4.45	3.55	6.18
第四位	19.79	6.81	3.01	5.65
第五位	14.65	8.9	6.01	10.75
第六位	12.6	22.51	7.38	13.71
第七位	7.2	12.83	23.77	11.29
第八位	4.88	13.87	16.12	29.03
第九位	1.8	11.78	23.22	9.68
无	7.46	8.9	10.66	9.41

2. 创业中期制约因素

调查数据对制约金融服务业创业企业效益因素进行统计，结果显示，人才和市场是制约金融服务业创业企业效益最为重要的因素，占比分别为 18.69% 和 17.97%；技术、资金和管理位列其后，占比分别为 15.52%、13.78% 和 12.28%；政策及成本因素占比较低，分别为 10.84% 和 9.29%。

互联网金融行业人才缺口较大，《互联网金融人才白皮书》显示，未来三年，互联网金融企业的高管需求率每年在 4.2% 左右，风控、技术、营销人才需求率每年大约分别在 21.1%、16.4%、58.3%。同时，随着移动应用和大数据逐渐普及，互联网金融行业对移动端开发、金融产品设计、大数据分析等技术人才的需求也在随之增加。人才的供给已跟不上互联网金融扩张的步伐，短期内复合型人才更是“一将难求”。尤其对于创业企业来说，互联网金融人才不仅需要具备网络信息技术、金融业务和产品销售等方面的知识技能，更需要以独特的互联网思维指引相关工作，具有用户思维、平台思维、跨界思维、大数据思维，以及迭代思维等思维模式。既懂金融又懂互联网的人才是制约互联网金融创业发展的关键。

表 7-2-26　金融服务业制约企业效益因素分布情况

制约企业效益的因素	频数	占比（%）
技术	259	15.52
人才	312	18.69
资金	230	13.78
市场	300	17.97
政策	181	10.84
管理	205	12.28
成本	155	9.29

表 7-2-26　金融服务业制约企业效益因素分布情况（续表）

制约企业效益的因素	频数	占比（%）
其他	27	1.62

3. 创业企业发展重要因素

调查数据对金融服务产业领域内企业在创建公司时的重要因素进行排序统计，结果显示，市场是该领域创业企业高度关注的重要因素。从重要性排序结果来看，进入市场的速度 / 时间 > 技术 > 知识产权保护 > 资金投入 > 政府支持 > 与其他公司合作。其中，有 33.54% 的人将进入市场的速度 / 时间排在第一位，20% 的人将技术排在第二位，知识产权保护、资金和政府支持位列其后，占比分别为 18.49%、17.72% 和 12.96%。

金融服务业作为现代服务业中的核心产业，对创业企业来说，市场和技术的重要性不言而喻。但不同于其他产业领域，对于金融服务产业，尤其是互联网金融创业企业来说，风险控制能力至关重要，金融与个人财产直接挂钩，对于开拓市场而言，获取大众信任是首位。大众在选择互联网理财产品时也并不是价高优先，信任比价格更重要。在建立信任之后金融产品和用户体验才能可进一步优化升级。

表 7-2-27　金融服务业企业创业重要因素排序情况（%）

创建公司的重要因素	进入市场的速度 / 时间	技术	知识产权保护	大量资金投入	政府支持	与其他公司合作
第一位	33.54	20	18.49	17.72	12.96	8.78
第二位	14.14	19.12	21.83	24.07	14.81	12.39
第三位	18.57	13.19	14.03	16.63	13.89	22.07
第四位	12.03	11.43	20.94	12.04	20.37	13.51
第五位	10.97	9.01	12.47	17.94	18.06	17.57
第六位	8.23	22.2	8.24	7.44	14.58	21.17
无	2.53	5.05	4.01	4.16	5.32	4.5

三、专业技术服务：以线下技术服务中介为主

专业技术服务业是指由专门为客户或社会提供职业化和科技服务活动的机构所组成的现代服务行业，包括气象服务、地震服务、海洋服务、测绘地理信息服务、质检技术服务、环境与生态监测检测服务、地质勘察、工程技术与设计服务以及工业与专业设计及其他专业技术服务等，这些活动要求有高度的专业技能和培训。从市场准入的角度来看，专业技术服务业可以分为两类：一是需要由政府授予执业资格的，二是无须政府批准即可执业。专业服务业不仅直接创造经济价值，更有利于推动经济结构调整和产业优化升级，促进经济社会协调发展，在维护市场经济秩序、实现社会公平正义等方面发挥着无可替代的重要作用，扮演了“市场经济的润滑剂”和“社会管理的助推器”角色。

我国专业技术服务业起步较晚，发展空间较大。近几年间，我国专业服务的市场规模在不断地增长，但起步晚、起点低导致总体发展滞后仍是当前的主要特点。专业服务业作为发达国

家和地区的战略性支柱产业，大型专业服务跨国公司多，主导了专业服务技术国际化标准的制定，垄断了全球主要专业服务市场，为其经济全球化扩张提供了有力支撑，其中美国专业服务业增加值占 GDP 的比重都在 10% 以上，并逐年攀升。我国专业技术服务业在国内发展几十年，发展速度一直比较缓慢，且服务企业众多，竞争比较激烈，没有形成具备绝对优势的龙头企业，专业技术服务业比重还远未达到，与国际先进水平相比，还有很大的赶超空间。我国第四次全国经济普查数据显示，截至 2018 年年底，全国从事专业技术服务业的企业法人单位 216.0 万家，较 2013 年末增加 157.9 万家，增长 271.9%；从业人员 2063.2 万人，增加 902.8 万人，增长 77.8%。

调查数据对 261 家专业技术服务产业领域创业企业进行了深入调研，总体来看，平台性企业占比近九成，多为线下技术服务中介。企业年销售额偏低，六成以上处于在 300 万元以下。平台性企业盈利状况优于技术研发、生产与服务类企业，一成企业实现盈利。企业销售收入增长速度缓慢，近五成企业增长率为零。企业利润增长低于平均水平，四成企业增长率为零。企业以技术创新和产品创新为主，其技术主要来自合作开发和自主开发，现阶段原始创新为主导创新方向，创新团队集中在 10 人以下，知识产权拥有量较少，半数以上企业参与过公司标准制订，近 6 成企业进行过技术交易，技术交易渠道以行业交易中心为主，交易收入集中在 100 万元以下。企业研发经费增长与平均水平持平，六成呈上升趋势。企业技术引进费用投入力度较少，近半数企业增长为零。资金是创业企业创业初期面临的主要困难。人才是制约企业创业发展的重要因素。开拓市场对于企业创业发展来说至关重要。

（一）平台型创业企业占比高

1. 创业企业经营情况

（1）平台性企业居多，多为线下技术服务中介

在本次创业数据调查中，共调研专业技术服务产业领域企业 261 家，其中，多以平台性企业为主，共 229 家，占比 87.74%；其次为服务类企业，占比 6.9%，生产性企业、平台性企业和其他类型企业占比较少，分别为 1.92%、3.07% 和 0.38%。对创业企业经营范围进行检索后发现，专业技术服务产业专业从事研发和服务类的创业企业较少，大多数创业者选择成立平台性企业，利用专业技术服务行业信息不对称特点，提供对接渠道，链接用户需求与专业技术服务，业务涵盖范围广泛，包含产品设计、室内装修、汽车维修、餐饮娱乐、教育、翻译等诸多范围。

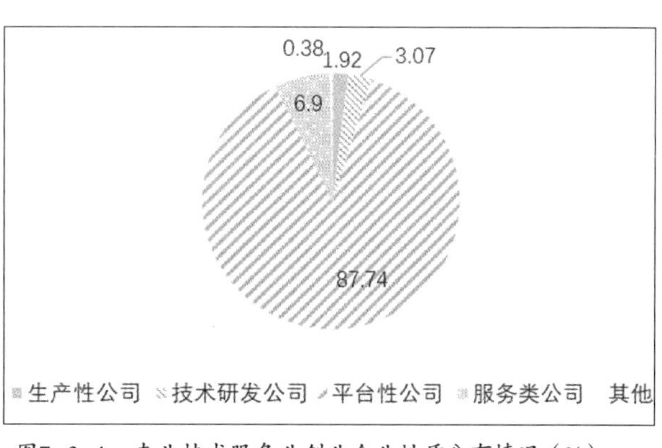

图7-3-1　专业技术服务业创业企业性质分布情况（%）

（2）企业年销售额偏低，六成以上企业处于在 300 万元以下

专业技术服务产业创业企业年度销售额在 300 万元以下居多，共有 174 家，占比 66.67%；

销售额在300万—2000万元的企业为65家，占比24.9%；销售额在2000万元以上的企业为22家，占比8.43%。分企业性质来看，平台类创业企业年度销售额低于行业平均，68.56%的创业企业销售额在300万元以下，24.02%的创业企业销售额在300万—2000万元，7.42%的创业企业销售额在2000万元以上；在服务类企业中，企业销售额在300万元以下的占比55.56%，销售额在300万—2000万元的占比27.78%，销售额在2000万元以上的占比16.67%；技术研发类企业中，销售额在300万—2000万元的企业占比为50%，销售额在300万元以下的企业占比37.5%，销售额在2000万元以上的企业占比12.5%。

表7-3-1　专业技术服务业分性质企业销售额分布情况（%）

企业销售额（元）	生产性公司	技术研发公司	平台性公司	服务类公司	其他
300万以下	80	37.5	68.56	55.56	0
300万—2000万	0	50	24.02	27.78	100
2000万以上	20	12.5	7.42	16.67	0

（3）盈利能力不足，仅一成企业已实现盈利

从专业技术服务业创业企业的盈利状况来看，多数企业利润额为负，占比为72.03%；11.11%的创业企业已实现盈利。分公司性质来看，在数量较多的平台性企业中，利润额为负的企业有160家，占比69.87%；利润额为0的企业有43家，占比18.78%；已实现盈利的企业为26家，占比11.35%；88.89%的服务类企业未实现盈利；生产性企业、技术研发类企业中，实现盈利的企业为零。

表7-3-2　专业技术服务业分性质企业利润额分布情况（%）

企业利润额	生产性公司	技术研发公司	平台性公司	服务类公司	其他
0以下	100	87.5	69.87	88.89	0
0	0	12.5	18.78	0	0
0以上	0	0	11.35	11.11	100

2. 创业企业融资情况

（1）融资目的以市场扩展为主，高于平均水平

从融资目的来看，四成以上专业技术服务业创业企业以市场扩展为融资目的，略高于行业平均水平，两成以上企业以技术研发为融资目的。具体来看，以技术研发为融资目的的企业数量为65家，占比24.9%；以企业收购为融资目的的企业数量为20家，占比7.66%；以市场扩展为融资目的的企业数量为115家，占比44.06%；以服务采购为融资目的的企业数量为24家，占比9.2%；有其他融资目的的企业数量为37家，占比14.18%。

表7-3-3　专业技术服务业创业企业融资目的分布情况

融资目的	频数	占比（%）
技术研发	65	24.9
企业收购	20	7.66
市场扩展	115	44.06
服务采购	24	9.2

表 7-3-3　专业技术服务业创业企业融资目的分布情况（续表）

融资目的	频数	占比（%）
其他	37	14.18

（2）融资方式多以股权融资和天使融资为主，占比低于平均水平

从融资方式来看，专业技术服务业中，以股权融资和天使融资为主的创业企业占比低于平均水平，而私人借贷与债权融资占比相对较高。具体来看，采取债权融资的企业数量为 19 家，占比 7.25%；采取股权融资的企业数量为 40 家，占比 15.27%；采取私人借贷的企业数量为 26 家，占比 9.92%；采取众筹的企业数量为 4 家，占比为 1.53%；采取天使投资的企业数量为 60 家，占比 22.9%；采取政府支持的企业数量为 14 家，占比为 5.34%；采取其他融资方式的企业数量为 99 家，占比为 37.79%。

表 7-3-4　专业技术服务业创业企业融资方式分布情况

融资方式	频数	占比（%）
债权融资	19	7.25
股权融资	40	15.27
私人借贷	26	9.92
众筹	4	1.53
天使投资	60	22.9
政府支持	14	5.34
其他	99	37.79

（3）未融资企业占比达七成以上，高于平均水平

从融资轮次来看，七成以上专业技术服务业创业企业未获得融资，明显高于平均水平，获得一轮融资企业占比仅达一成以上。具体来看，未融资的企业数量为 201 家，占比为 77.01%；获得一轮融资的企业数量为 39 家，占比为 14.94%；获得两轮融资的企业数量为 15 家，占比为 5.75%；获得三轮及以上融资的企业数量为 6 家，占比为 2.3%。

表 7-3-5　专业技术服务业创业企业融资轮次分布情况

融资轮次	频数	占比（%）
未融资	201	77.01
一轮	39	14.94
两轮	15	5.75
三轮及以上	6	2.3

（4）融资规模多集中在 1000 万元以下

从融资规模来看，专业技术服务业创业企业融资规模以 100 万元以下和 100 万—1000 万居多，占比均达四成以上。具体来看，在获得融资的创业企业中，融资规模在 100 万元以下的企业数量为 14 家，占比 40%；融资规模在 100—1000 万元的企业数量为 16 家，占比 45.71%；融资规模在 1000 万—1 亿的企业数量为 2 家，占比为 5.71%；融资规模在 1 亿以上的企业数量为 3 家，占比 8.57%。

表 7-3-6 专业技术服务业创业企业融资规模分布情况

融资规模（元）	频数	占比（%）
100 万以下	14	40
100 万—1000 万	16	45.71
1000 万—1 亿	2	5.71
1 亿以上	3	8.57

3. 创业企业发展潜力

（1）两成以上企业销售收入增长率突破 100%，利润增长缓慢

从企业销售收入增长状况来看，专业技术服务领域中，四成以上企业销售收入与去年持平，近四分之一的企业销售收入增长率突破 100%。具体来看，销售收入增长率为负的企业数量为 44 家，占比 16.92%；销售收入增长率为 0 的企业数量为 112 家，占比为 43.08%；销售收入增长率在 0—50% 的企业数量为 23 家，占比为 8.85%；销售收入增长率在 51%—100% 的企业数量为 14 家，占比为 5.38%；销售收入增长率达 100% 以上的企业数量为 67 家，占比为 25.77%。

表 7-3-7 专业技术服务业创业企业销售收入增长率分布情况

销售收入增长率（%）	频数	占比（%）
小于 0	44	16.92
0	112	43.08
0—50	23	8.85
51—100	14	5.38
100 以上	67	25.77

从利润增长情况来看，在专业技术服务业中，创业企业利润增长率集中在 0 和 0 以下。具体来看，利润增长率为负的企业数量为 69 家，占比为 26.44%；利润增长率为 0 的企业数量为 105 家，占比较高，为 40.23%；利润增长率在 0—50% 的企业数量为 37 家，占比为 14.18%；利润增长率在 51%—100% 的企业数量为 25 家，占比为 9.58%；利润增长率达 100% 以上的企业数量为 25 家，占比 9.58%。

表 7-3-8 专业技术服务业创业企业利润增长率分布情况

利润增长率（%）	频数	占比（%）
小于 0	69	26.44
0	105	40.23
0—50	37	14.18
51—100	25	9.58
100 以上	25	9.58

（2）研发投入力度持续加大，研发活跃度较高

从研发经费增长率状况来看，专业技术服务领域对研发重视程度较高，六成以上的创业企业研发经费比去年有所增加。具体来看，研发经费增长率为负的企业数量为 23 家，占比

8.81%；研发经费增长率为 0 的企业数量为 94 家，占比为 36.02%；研发经费增长率在 0—50% 的企业数量为 65 家，占比为 24.9%；研发经费增长率在 51%—100% 的企业数量为 57 家，占比为 21.84%；研发经费增长率达 100% 以上的企业数量为 22 家，占比为 8.43%。

表 7–3–9　专业技术服务业创业企业研发经费增长率分布情况

研发经费增长率（%）	频数	占比（%）
小于 0	23	8.81
0	94	36.02
0—50	65	24.9
51—100	57	21.84
100 以上	22	8.43

从技术引进费用增长率状况来看，在专业技术服务行业中，近半数企业技术引进费用与去年持平。技术引进费用增长率为负的企业数量为 19 家，占比为 7.28%；技术引进费用增长率为 0 的企业数量为 128 家，占比为 49.04%；技术引进费用增长率在 0—50% 的企业数量为 47 家，占比为 18.01%；技术引进费用增长率在 51%—100% 的企业为 52 家，占比为 19.92%；技术引进费用增长率在 100% 以上的企业为 15 家，占比为 5.75%。

表 7–3–10　专业技术服务业创业企业技术引进费用增长率分布情况

技术引进费用增长率（%）	频数	占比（%）
小于 0	19	7.28
0	128	49.04
0—50	47	18.01
51—100	52	19.92
100 以上	15	5.75

从新增研发数量状况来看，近六成创业企业新增研发数量在 1—10 项，新增研发数量达 10 项以上的企业不足 1%。具体来看，上一年度新增研发数量为 0 的企业数量为 101 家，占比为 39.15%；研发数量在 1—10 项的企业数量为 156 家，占比为 60.47%；研发数量在 10 项以上的企业数量为 1 家，占比 0.39%。

表 7–3–11　专业技术服务业创业企业上一年度新增研发数量分布情况

上一年度新增研发项目数量	频数	占比（%）
0	101	39.15
1—10	156	60.47
10 以上	1	0.39

（3）企业员工规模增长缓慢，近半数企业员工人数增长率为零

从员工人数增长率状况来看，在专业技术服务行业，近六成企业员工人数呈上升趋势。具体来看，员工人数增长率为负的企业数量为 28 家，占比为 10.73%；员工人数增长率为 0 的企业数量为 65 家，占比为 24.90%；员工人数增长率在 0—50% 的企业数量为 90 家，占比为 29.89%；员工人数增长率在 51%—100% 的企业数量为 78 家，占比为 34.48%。

表 7-3-12　专业技术服务业创业企业员工人数增长率分布情况

员工人数增长率	频数	占比（%）
小于 0	28	10.73
0	65	24.90
0—50	90	34.48
51—100	78	29.89

（二）技术来源以合作和自主开发为主

1. 创业企业创新类型

从企业创新类型看，专业技术服务行业中创新类型为技术创新的企业数量为 120 家，占比为 45.98%；产品创新的企业数量为 91 家，占比为 34.87%；服务创新的企业数量为 9 家，占比为 3.45%；商业模式创新的企业数量为 16 家，占比为 6.13%；其他创新类型的企业数量为 25 家，占比 9.58%。可以看出，在专业技术服务行业中以技术创新和产品创新为主。

表 7-3-13　专业技术服务业创业企业创新类型分布情况

创新类型	频数	占比（%）
技术创新	120	45.98
产品创新	91	34.87
服务创新	9	3.45
商业模式创新	16	6.13
其他	25	9.58

从技术来源看，合作开发和自主开发是专业技术服务企业主要创新来源。专业技术服务企业中技术来源为自主开发的企业数量为 73 家，占比为 27.97%；技术来源为合作开发的企业数量为 96 家，占比为 36.78%；技术来源为外部购买的企业数量为 35 家，占比为 13.41%；技术来源为技术入股的企业数量为 36 家，占比为 13.79%；其他技术来源的企业数量为 21 家，占比为 8.05%。

表 7-3-14　专业技术服务业创业企业技术来源分布情况

技术来源	频数	占比（%）
自主开发	73	27.97
合作开发	96	36.78
外部购买	35	13.41
技术入股	36	13.79
其他	21	8.05

从企业自主创新类型分析，原始创新是专业技术服务业的主导方向。专业技术服务企业中自主创新类型为原始创新的企业数量为 100 家，占比 38.31%；自主创新类型为集成创新的企业数量为 95 家，占比 36.40%；自主创新类型为引进消化再创新的企业数量为 66 家，占比 25.29%。

表 7-3-15　专业技术服务业创业企业自主创新类型分布情况

自主创新类型	频数	占比（%）
原始创新	100	38.31
集成创新	95	36.4
引进消化再创新	66	25.29

2. 创业企业创新要素投入

从研发人员投入分析，研发人员数量在 10 人以下的企业数量为 202 家，占比为 77.39%；研发人员数量在 10—50 人的企业数量为 57 家，占比为 21.84%；研发人员数量在 50—100 人的企业数量为 2 家，占比为 0.77%；研发人员数量在 100 人以上的企业数量为 0 家。专业技术服务企业的研发团队规模不大，主要集中在 10 人以下。

表 7-3-16　专业技术服务业创业企业研发人员数量分布情况

研发人员数量	频数	占比（%）
1—10	202	77.39
10—50	57	21.84
50—100	2	0.77
100 以上	0	0

从研发经费投入分析，上一年度未投入研发经费的专业技术服务企业有 80 家，占专业技术服务企业总数的 30.65%；研发投入在 10 万元以下的企业数量为 83 家，占比为 31.80%；研发投入在 10 万—100 万元的企业数量为 65 家，占比 24.90%；研发经费超过 100 万元的有 33 家企业，占调查专业技术服务企业总数的 12.64%。专业技术服务行业的创业企业重视研发经费的投入，接近七成的企业设置了研发经费，且超过在此次调查的上年度投入超过 10 万元的企业占比为 37.54%。

表 7-3-17　专业技术服务业创业企业研发经费分布情况

上一年度研发经费投入（元）	频数	占比（%）
0	80	30.65
0—10 万	83	31.80
10 万—100 万	65	24.90
100 万以上	33	12.64

从技术引进费用投入看，专业技术服务行业的创业企业技术引进费用为 0 元的企业数量为 101 家，占比为 38.70%；技术引进费用为 10 万元以下的企业数量为 121 家，占比 46.36%；技术引进费用为 10 万—100 万元的企业数量为 34 家，占比 13.03%；技术引进费用为 100 万元以上的企业数量为 5 家，占比为 1.92%。超过六成企业有技术引进需求，多数创业企业上一年度技术引进费用较低，集中在 10 万元以下。

表 7-3-18　专业技术服务业创业企业技术引进费用分布情况

上一年度技术引进费用（元）	频数	占比（%）
0	101	38.7

表 7-3-18　专业技术服务业创业企业技术引进费用分布情况（续表）

上一年度技术引进费用（元）	频数	占比（%）
0—10 万	121	46.36
10 万—100 万	34	13.03
100 万以上	5	1.92

3. 创业企业创新产出效益

从企业商标拥有量看，专业技术服务行业的创业企业调查数据显示，受调查企业中，尚未拥有商标的企业有 91 家，占比为 34.87%；拥有商标数量在 10 个以下的企业分布最多有 168 家，占企业总数的 64.37%；企业拥有商标数量在 10 个以上的企业有 2 家，占比为 0.77%。专业技术服务产业的创业企业商标意识比较强，拥有商标数不少于 1 个的企业有 170 家，占比为 65.14%；但仍有 34.87% 的企业尚未拥有商标，将在企业后续发展中埋下隐患。

表 7-3-19　专业技术服务业创业企业商标数量分布情况

商标数量	频数	占比（%）
0	91	34.87
1—10	168	64.37
10 以上	2	0.77

从工业专利角度分析，专业技术服务业拥有工业专利的企业不多，主要集中在实用型专利上，有外观专利的企业占比略高于有发明专利的企业占比。首先，从发明专利来看，尚未拥有发明专利的专业技术服务企业数量为 257 家，占受调查企业的 98.47%；具有发明专利数量在 1 到 10 的企业有 4 家，占比为 1.53%；发明专利数量超过 10 个的企业数量为 0 个。其次，对于实用新型专利的积累，尚未拥有实用新型发明专利的企业数量为 248 家，占受调查企业的 95.38%；具有实用新型发明专利数量在 1 到 10 的企业有 11 家，占比为 4.23%；实用新型发明专利数量超过 10 个的企业数量为 1 家，占比为 0.38%。此外，在外观专利申请上，尚未拥有外观专利的企业数量为 253 家，占受调查企业的 96.93%；具有外观专利数量在 1 到 10 的企业有 8 家，占比为 3.07%；外观专利数量超过 10 个的企业数量为 0 个。

表 7-3-20　专业技术服务业创业企业专利技术数量分布情况

专利数量	发明专利		实用型专利		外观专利	
	频数	占比（%）	频数	占比（%）	频数	占比（%）
0	257	98.47	248	95.38	253	96.93
1—10	4	1.53	11	4.23	8	3.07
10 以上	0	0	1	0.38	0	0

就著作权及其他专利拥有量看，近三成专业技术服务业企业拥有软件注册权。就影视（文化）版权方面，尚未拥有影视（文化）版权的专业技术服务企业数量为 259 家，占受调查企业的 99.62%；具有影视（文化）版权数量在 1 到 10 的企业有 1 家，占比为 0.38%；影视（文化）版权数量超过 10 个的企业数量为 0 个；在软件注册权方面，尚未拥有软件注册权的企业为 182 家，占比为 69.73%，软件注册权在 1 到 10 的企业数量为 79 家，占比为 30.27%，10 个

以上的企业有 0 家；尚未拥有其他专利的企业数量为 260 家，占受调查企业的 99.62%；具有其他专利数量在 1 到 10 的企业有 0 个；其他专利数量超过 10 个的企业数量为 1 家，占比 0.38%。

表 7-3-21　专业技术服务业创业企业著作权及其他类型知识产权数量分布情况

专利数量	影视文化版权		软件注册权		其他	
	频数	占比（%）	频数	占比（%）	频数	占比（%）
0	259	99.62	182	69.73	260	99.62
1—10	1	0.38	79	30.27	0	0
10 以上	0	0	0	0	1	0.38

从参与标准制订量来看，参与制订公司标准的企业数量最多，参与国家标准和行业标准的企业占比高与参与国际标准的企业占比。在参与国际标准制订中，专业技术服务创业企业尚未参与国际标准制订的企业数量为 178 家，占受调查企业的 68.20%；参与制订国际标准的数量处于 10 以下的企业有 79 家，占比为 30.27%；参与制订的国际标准数量在 10 以上的企业数量为 4 家，占比 1.53%。在参与国家标准制订上，尚未参与国家标准制订的企业数量为 157，占受调查企业的 60.15%；参与制订国家标准的数量不足 10 个的企业有 97 家，占比为 37.16%；参与制订的国家标准数量超过 10 个的企业数量为 7 家，占比 2.68%。在参与行业标准制订上，尚未参与行业标准制订的企业数量为 154 家，占受调查企业的 59.00%；参与制订行业标准的数量在 10 以下的企业有 96 家，占比为 36.78%；参与制订的行业标准数量在 10 以上的企业数量为 11 家，占比 4.21%。在参与公司标准制订上，尚未参与公司标准制订的企业数量为 93 家，占受调查企业的 35.63%；参与制订公司标准的数量不足 10 个的企业有 149 家，占比为 57.09%；参与制订的公司标准数量超过 10 个的企业数量为 19 家，占比 7.28%。

表 7-3-22　专业技术服务业创业企业制定标准数量分布情况

标准数量	国际标准		国家标准		行业标准		公司标准	
	频数	占比（%）	频数	占比（%）	频数	占比（%）	频数	占比（%）
0	178	68.2	157	60.15	154	59	93	35.63
1—10	79	30.27	97	37.16	96	36.78	149	57.09
10 以上	4	1.53	7	2.68	11	4.21	19	7.28

从技术交易情况看，尚未进行过技术交易的专业技术服务企业有 110 家，占比为 42.15%；进行过技术交易的企业有 151 家，占比为 57.85%。

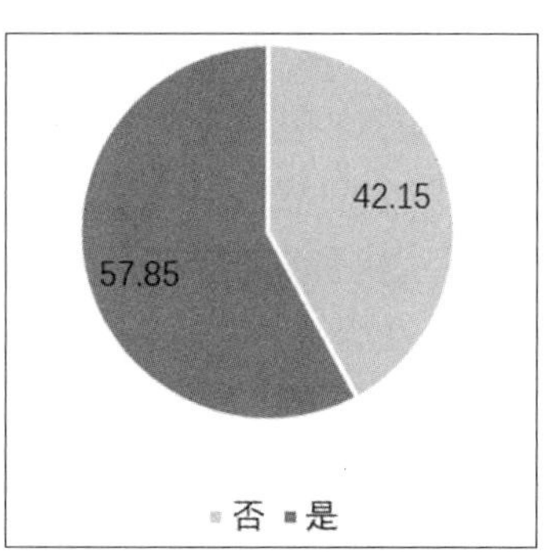

图7-3-2　专业技术服务业创业企业技术交易情况（%）

从技术交易渠道分析，专业技术服务创业企业中，选择国家交易中心进行技术交易的企业共有 39 家，占受调查企业总数的 15.48%；选择地方交易中心的企业有 41 家，占比为 16.27%；选择行业交易中心的企业数量为 64 家，占比为 25.40%；选择服务平台的企业有 48 家，占比为 19.05%；有 51 家企业选择企业间接交易，占比为 20.24%；另外有 9 家企业，选择其他方式进行交易，占比为 3.57%。在国家交易中心、地方交易中心、行业交易中心、服务平台和企业间直接交易这 5 类传统交易渠道中，专业技术服务行业企业大多选择行业交易中心进行技术交易，选择国家交易中心的企业占比最低。

表 7-3-23　专业技术服务业创业企业技术交易渠道分布情况

技术交易渠道	频数	占比（%）
国家交易中心	39	15.48
地方交易中心	41	16.27
行业交易中心	64	25.4
服务平台	48	19.05
企业间直接交易	51	20.24
其他	9	3.57

从技术交易收入情况看，专业技术服务行业在此次调查的上年度未获得技术交易收入的企业数量为 124 家，占专业技术服务企业的 47.69%；技术交易收入不足 100 万元的企业有 115 家，占比为 44.23%；技术交易收入在 100 万—1000 万元的企业数量为 19 家，占比 7.31%；技术交易收入在 1000 万元以上的企业有 2 家，占比为 0.77%。专业技术服务产业创业企业在此次调查的上年度获得技术交易收入的企业数量超过一半，表明专业技术服务行业中存在一些创新能力高，科研实力强的企业，但技术交易收入大多集中在 100 万元以下，表明实际技术交易中市场议价能力有限。

表 7-3-24　专业技术服务业创业企业技术交易收入分布情况

上一年度技术交易收入（元）	频数	占比（%）
0	124	47.69
0—100 万	115	44.23
100 万—1000 万	19	7.31
1000 万以上	2	0.77

（三）产业发展缺乏高素质人才

1. 创业初期困难因素

调查问卷对创业者创业困难程度自评情况进行统计，调查数据表明，创业者普遍认为专业技术服务领域创业难度较大，在 1—9 分的创业困难程度评分中，样本均值为 5.75 分。具体来看，打分区间在 1—3 分，认为创业难度较小的企业数量为 44 家，占比 16.86%；评价为 4—6 分，认为难度一般的企业数量为 114 家，占比 43.68%；评价为 7—9 分，认为创业难度较大的企业数量为 103 家，占比 39.46%。

从创建公司的困难因素排序情况来看，在专业技术服务行业中，创建公司的重要因素排序为：难以得到资金 > 没有好的想法 > 难以找到创业合作伙伴 > 缺少关键技术 > 风险太大 > 创业的概念容易被模仿 > 家庭成员反对 > 原工作单位不让离开 > 政府政策不鼓励。资金是专业技术服务行业创业的首要制约因素，近半数的人将其排在第一位，“没有好的想法”、“难以找到创业合作伙伴”和“缺少关键技术”分列第二、三、四位，占比分别为16.43%、15.07%、12.14%。此外，8.46%的人认为“创业的概念容易被模仿”是制约创业的重要因素，“家庭成员反对”、“原工作单位不让离开”和“政府政策不鼓励”等外界制约因素占比分别为7%、5.58%和0.53%。

表7-3-25-1 专业技术服务业企业创业困难因素排序情况（%）

创业困难因素	难以得到资金	没有好的想法	难以找到创业合作伙伴	缺少关键技术	风险太大
第一位	46.09	16.43	15.07	12.14	9.17
第二位	16.09	14.55	26.94	8.25	16.06
第三位	10.43	14.08	17.81	9.71	16.51
第四位	6.09	10.33	14.61	11.17	13.3
第五位	3.48	9.39	10.05	10.68	14.68
第六位	5.65	9.39	2.28	9.22	7.8
第七位	3.04	5.16	3.65	4.37	7.8
第八位	1.74	4.69	1.83	9.22	3.21
第九位	1.74	6.1	0	15.53	3.67
无	5.65	9.86	7.76	9.71	7.8

表7-3-25-2 专业技术服务业企业创业困难因素排序情况（%）

创业困难因素	创业的概念容易被模仿	家庭成员反对	原工作单位不让离开	当时政府政策不鼓励
第一位	8.46	7	5.58	0.53
第二位	14.43	6	4.06	4.21
第三位	16.42	5	4.57	4.74
第四位	13.93	9	5.08	4.21
第五位	10.45	9.5	3.05	8.42
第六位	9.95	16.5	5.08	11.58
第七位	9.95	10	18.27	14.21
第八位	4.98	17	13.71	21.05
第九位	1.49	6.5	23.86	15.79
无	9.95	13.5	16.75	15.26

2. 创业中期制约因素

调查数据对制约专业技术服务业创业企业效益因素进行统计，结果显示，在专业技术服务业中，人才、市场和技术是制约创业企业效益最为重要的因素，占比分别为18.14%、16.98%和16.16%；资金、管理和政策位列其后，占比分别为14.19%、11.74%和11.4%；成本因素占比较低，仅为9.53%。

专业技术服务业属于典型的知识和技术密集型服务业。在人才素质方面，要求从业人员具有高度的专业技能和素质，或充分的专业性训练才有能力提供这些服务。但当前多数从业人员学历层次偏低，缺乏专业化的技术和经验，企业的研究和开发服务水平较为有限。从事该领域的创业企业以具有平台性企业性质，由于高端技术人才多聚集于大企业或体制内，在制度上难以形成链接，创业企业难以获得高水平的专业技术支撑，对企业经营效益的提升造成不利影响。

表 7-3-26 专业技术服务业制约企业效益因素分布情况

制约企业效益的因素	频数	占比（%）
技术	139	16.16
人才	156	18.14
资金	122	14.19
市场	146	16.98
政策	98	11.4
管理	101	11.74
成本	82	9.53
其他	16	1.86

3. 创业企业发展重要因素

调查数据对专业技术服务产业领域内企业在创建公司时的重要因素进行排序统计，结果显示，市场与技术是该领域创业企业较为重视的因素。从重要性排序结果来看，进入市场的速度/时间 > 技术 > 知识产权保护 > 资金投入 > 政府支持 > 与其他公司合作。其中，有 28.57% 的人将进入市场的速度/时间排在首位，21.33% 的人将技术排在第二位，知识产权保护、资金和政府支持分列第三、四、五位，占比分别为 20.8%、20.7% 和 16.06%。

表 7-3-27 专业技术服务业企业创业重要因素排序情况（%）

创建公司的重要因素	进入市场的速度/时间	技术	知识产权保护	大量资金投入	政府支持	与其他公司合作
第一位	28.57	21.33	20.8	20.7	16.06	7.69
第二位	14.29	20	19.91	25.11	15.14	12.22
第三位	19.33	10.22	17.7	18.06	14.68	20.36
第四位	14.71	14.67	17.26	10.13	16.51	12.67
第五位	9.66	8	12.39	14.54	13.3	20.36
第六位	8.82	18.22	7.52	6.17	15.6	19.91
无	4.62	7.56	4.42	5.29	8.72	6.79

四、小结

文化创意、金融服务、专业技术服务与“互联网+”结合紧密，同样呈现与其他产业交互融合态势。分别来看，文化创意产业领域，生活美学化是文化创意产业发展的重要契机，创业方向以内容创作、价值输出及娱乐活动为主。调查数据显示，该产业领域创业企业以微型企业为主，销售额偏低，盈利能力普遍不强，八成以上未实现盈利，市场潜力较大；三成企业销售增速突破 100%，员工规模增速很快，对就业的带动作用强。不同于其他行业的是，该产业领域艺术与商业的最佳化组合是企业创业的困难所在。金融服务产业领域，近年来，科技对金融产业赋能效果显著，互联网金融应运而生，消费金融成创业热点，创业企业创业方向也多为互联网金融服务类企业，传统行业、互联网和金融三者之间的结合诞生的垂直领域大有可为。调查数据显示，该产业领域创业企业销售规模较小，盈利情况低于平均水平，九成企业未实现盈利，市场潜力大、研发潜力足，三成企业销售额增速突破100%，员工规模增速高，对就业拉动作用强。找到合适的创业方向依旧是该领域创业者面临的主要困难，不同于其他产业，互联网金融信任大于产品，提升平台的风险控制能力在创业过程中对企业来说至关重要。专业技术服务产业领域，我国起步较晚、发展空间较大，目前创业方向多为平台性企业，主要以线下专业技术服务中介为主。调查数据显示，该领域年销售额偏低，六成以上处于300万元以下，盈利情况低于平均水平，九成企业未实现盈利。销售额、利润额增速缓慢，近半数增长率为零，员工规模增速同样趋于停滞。

第八章　现代农业

现代农业是与传统农业相对应的发达农业，多指应用现代科学技术、普遍使用现代生产工具、全过程实现现代管理的 “大农业”。现代农业产业从产业划分的角度，不仅包括传统农业生产部门，还包括农资生产、农产品加工等第二产业，以及技术研发、农产品流通等第三产业的内容。农业作为关系民生的产业，近年来受到中央一号文件高频次提及。从 2007 年，中央一号文件首次提出发展现代农业，到 2013 年提出加速发展现代农业，2020 年再次提到的加强现代农业设施建设。为配合中央一号文件实施，国家还制定了一系列配套的政策内容，2020 年 7 月发布的全国《全国乡村产业发展规划（2020—2025 年）》中明确，要坚持立农为农、市场导向、融合发展、绿色引领和创新驱动，引导资源要素更多向乡村汇聚，加快农业与现代产业要素跨界配置，推进农业产业化和农村茶叶融合发展，支持农产品加工业向产地下沉，把第二、第三产业留在乡村。

2019 年我国农产品加工业营业收入超过 22 万亿元，规模以上农产品加工企业 8.1 万家，吸纳 3000 多万人就业；乡村特色产业蓬勃发展，建设了一批产值超 10 亿元的特色产业镇（乡）和超 1 亿元的特色产业村，发掘了一批乡土特色工艺，成功打造 10 万多个“乡字号”“土字号”乡土特色品牌；乡村休闲旅游业快速发展，建设了一批休闲旅游精品景点，推介了一批休闲旅游精品线路。乡村新型服务业加快发展，2019 年，农林牧渔专业及辅助性活动产值 6500 亿元，各类涉农电商超过 3 万家，农村网络销售额 1.7 万亿元，其中农产品网络销售额达 4000 亿元，农业产业化深入推进。

调查数据对 90 家现代农业领域创业企业进行了深入调研，总体来看，生产性企业占比达八成以上，企业年销售额高于平均水平，四成以上企业在 300 万—2000 万元，企业盈利情况较好，近三成企业已开始实现盈利企业销售收入增长较快，三成企业增长率突破 100%，企业利润增长缓慢，近四成企业增长率为负。企业以技术创新和产品创新为主，缺乏服务创新和商业模式创新的企业。其技术主要来自自主开发和合作开发，现阶段原始创新为主导创新方向，创新团队集中在 10 人以下，知识产权拥有量较少，半数以上企业参与过公司标准制订，近九成企业进行过技术交易，技术交易渠道较为分散，交易收入集中在 100 万元以下。企业研发投入增长缓慢，四成企业增长在 0—50%。企业技术引进费用投入较大，七成以上呈上升趋势。企业员工规模持续增长，半数以上呈上升趋势。资金缺乏是企业创业初期最为困难的因素，人才对企业创业发展的制约性较大。

一、整体经营业绩表现良好

1. 创业企业经营情况

（1）农业生产性企业居多

在本次创业数据调查中，共调研现代农业领域企业90家，其中，生产性企业居多，共74家，占比83.15%；其次为技术研发类企业，占比10.11%，平台性企业和服务类企业占比较少，分别为5.62%和1.12%。在检索企业经营范围后发现，现代农业生产性创业企业主要依托于特色农产品或者地理标志性农产品，辅以信息化技术，在种植和加工方面追求无公害、绿色的健康农产品及初级农产品制成品，运行农产品质量安全控制系统和农产品质量追溯体系，充分实现农产品源头可追溯、风险可管控、流向可跟踪、信息可查询、责任可追究，保证农产品安全优质同时吸引消费者青睐。

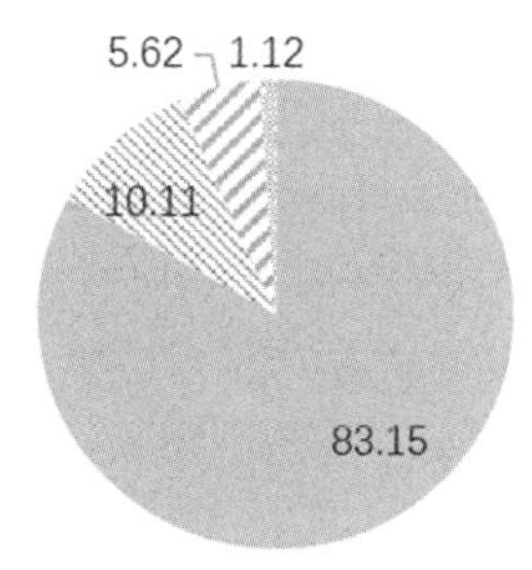

图8-1 现代农业创业企业性质分布情况（%）

（2）年销售额高于平均水平，四成以上企业在300万—2000万元

现代农业创业企业年度销售额相对较高，多集中在300万—2000万元，共有41家，占比45.56%；销售额在300万元以下的企业为35家，占比38.89%；销售额在2000万元以上的企业为14家，占比15.56%。分企业性质来看，在生产性创业企业中，年度销售额在300万—2000万元的创业企业居多，占比为44.59%；39.19%的创业企业销售额在300万元以下，16.22%的创业企业销售额在2000万元以上；在技术研发类企业中，企业销售额集中在300万元以下和300万—2000万元，占比分别为44.44%和55.56%；平台性公司企业销售额多在300万—2000万元，服务类公司销售额集中在300万元以下。

表8-1 现代农业分性质企业销售额分布情况（%）

企业销售额（元）	生产性公司	技术研发公司	平台性公司	服务类公司
300万以下	39.19	44.44	20	100
300万—2000万	44.59	55.56	60	0
2000万以上	16.22	0	20	0

（3）盈利状况较好，两成以上企业已开始盈利

从现代农业创业企业的盈利状况来看，多数企业利润额为负，占比为67.78%；23.23%的创业企业已实现盈利。分公司性质来看，在数量较多的生产性企业中，近三成企业已实现盈利，利润额为负的企业有47家，占比63.51%；利润额为0的企业有7家，占比9.46%；在技术研发类企业中，88.89%的企业利润额为负，11.11%的企业处于盈利状态。此外，平台性企业与服务类企业的利润额多集中在0以下。

表8-2 现代农业分性质企业利润额分布情况（%）

企业利润额	生产性公司	技术研发公司	平台性公司	服务类公司
0以下	63.51	88.89	80	100

表 8-2　现代农业分性质企业利润额分布情况（%）（续表）

企业利润额	生产性公司	技术研发公司	平台性公司	服务类公司
0	9.46	0	20	0
0 以上	27.03	11.11	0	0

2. 创业企业融资情况

（1）融资目的多以市场扩展和技术研发为主，市场扩展融资占比达四成以上

从融资目的来看，四成以上现代农业创业企业以市场扩展为融资目的，近两成企业以技术研发为融资目的。农村资金流失现象较为严重，由于我国农民收入普遍不高以及传统节俭思想使得农民将大部分收入用于储蓄，现代农业产业领域内融资意愿本身不高，农民贷款困难重重。

表 8-3　现代农业创业企业融资目的分布情况

融资目的	频数	占比（%）
技术研发	17	18.89
企业收购	6	6.67
市场扩展	38	42.22
服务采购	8	8.89
其他	21	23.33

（2）融资方式以天使融资居多，股权融资占比低于平均水平

从融资方式来看，现代农业多以天使融资为主，仅一成创业企业选择股权融资，明显低于平均水平，私人借贷方式占比相对较高。但值得一提的是，选择其他融资方式的企业较多，长期以来，由于融资渠道单一，在金融机构撤离村镇的背景下，供应链金融与信托的结合，通过信息流、商流、物流以及资金流来确定融资方案，一度有效地解决了农业企业及农户融资难、融资贵的问题，还有效地降低了融资风险，提高了相关产业链的竞争力，另一方面，信托公司凭借制度优势，打破传统抵押、信用融资模式，供应链信托融资成为现代农业融资的新道路。

表 8-4　现代农业创业企业融资方式分布情况

融资方式	频数	占比（%）
债权融资	2	2.22
股权融资	9	10
私人借贷	8	8.89
众筹	4	4.44
天使投资	22	24.44
政府支持	2	2.22
其他	43	47.78

（3）未融资企业占比达七成以上，高于平均水平

从融资轮次来看，七成以上现代农业创业企业未获得融资，仅一成以上企业获得一轮融资。农业是一个没有爆发性想象空间的行业，投资周期相对较长，收益相对稳定但却不高。农业也是一个相对脆弱的产业，受自然条件影响大，一些特别的细分领域很大程度的“靠天吃饭”，

受市场行情的波动以及政策调控的影响较大。总之，该产业周期性长、市场不稳定、标准化难、仓储运输难等特点导致资本进入农业行业非常谨慎，融资更是困难。

表 8–5　现代农业创业企业融资轮次分布情况

融资轮次	频数	占比（%）
未融资	70	77.78
一轮	14	15.56
两轮	6	6.67
三轮	0	0

（4）融资规模多集中在 100 万元以下和 1000 万—1 亿

从融资规模来看，现代农业产业创业企业融资规模多集中在 100 万元以下和 1000 万—1 亿两个区间，近半数企业融资规模在 100 万元以下，四成以上企业融资规模在 1000 万—1 亿。由于样本量过小，呈现数据不具有统计学代表性，不再赘述。

表 8–6　现代农业创业企业融资规模分布情况

融资规模（元）	频数	占比（%）
100 万以下	6	50
100 万—1000 万	1	8.33
1000 万—1 亿	5	41.67

3. 创业企业发展潜力

（1）三成以上企业销售收入增长率突破 100%，利润收入增长缓慢

从企业销售收入增长状况来看，现代农业产业企业销售收入增长率多集中在 0 以下及 100% 以上，呈现两极分化的特征。相较传统农业，现代农业通过信息技术与传统农业深度融合，帮助农业生产提高土地亩产，稳定产品品质、减低生产成本、节约自然资源、减少环境污染。特别近三年，智慧农业商业化的时间节点已经来临，企业市场潜力极大。

表 8–7　现代农业企业销售收入增长率分布情况

销售收入增长率（%）	频数	占比（%）
小于 0	35	38.89
0	5	5.56
0—50	9	10
51—100	12	13.33
100 以上	29	32.22

从利润增长情况来看，半数以上企业利润率与去年相比有所增加，增幅多在 100% 以下。具体来看，利润增长率为负的企业数量为 35 家，占比为 38.89%；利润增长率为 0 的企业数量为 6 家，占比为 6.67%；利润增长率在 0—50% 的企业数量为 23 家，占比为 25.56%；利润增长率在 51%—100% 的企业数量为 24 家，占比为 26.67%；利润增长率达 100% 以上的企业数量为 2 家，占比 2.22%。

表 8-8　现代农业企业利润增长率分布情况

利润增长率（%）	频数	占比（%）
小于 0	35	38.89
0	6	6.67
0—50	23	25.56
51—100	24	26.67
100 以上	2	2.22

（2）研发投入力度持续加大，新增研发数量较少

从研发经费增长率状况来看，现代农业领域对研发重视程度较高，八成创业企业研发经费呈上升趋势，8.89% 的企业研发经费增长率突破 100%。具体来看，研发经费增长率为负的企业数量为 14 家，占比 15.56%；研发经费增长率为 0 的企业较少，占比 4.44%；研发经费增长率在 0—50% 的企业数量为 37 家，占比为 41.11%；研发经费增长率在 51%—100% 的企业数量为 27 家，占比为 30%；研发经费增长率达 100% 以上的企业数量为 8 家，占比为 8.89%。

表 8-9　现代农业企业研发经费增长率分布情况

研发经费增长率（%）	频数	占比（%）
小于 0	14	15.56
0	4	4.44
0—50	37	41.11
51—100	27	30
100 以上	8	8.89

从技术引进费用增长率状况来看，现代农业产业较为重视技术引进，七成以上企业技术引进费用呈上升趋势。技术引进费用增长率为负的企业数量为 13 家，占比为 14.44%；技术引进费用增长率为 0 的企业数量为 10 家，占比为 11.11%；技术引进费用增长率在 0—50% 的企业数量为 28 家，占比为 31.11%；技术引进费用增长率在 51%—100% 的企业为 35 家，占比为 38.89%；技术引进费用增长率达 100% 以上的企业为 4 家，占比为 4.44%。

表 8-10　现代农业企业技术引进费用增长率分布情况

技术引进费用增长率（%）	频数	占比（%）
小于 0	13	14.44
0	10	11.11
0—50	28	31.11
51—100	35	38.89
100 以上	4	4.44

从新增研发数量状况来看，多数现代农业创业企业上一年度并未新增研发项目，研发活跃度较低。具体来看，数量为 0 的企业数量为 78 家，占比为 86.67%，远高于行业平均水平；研发数量在 1—10 项的企业数量为 12 家，占比为 13.33%。

表 8-11 现代农业创业企业上一年度新增研发数量分布情况

上一年度新增研发项目数量	样本企业数量（个）	占比（%）
0	78	86.67
1—10	12	13.33

（3）企业员工规模持续增长，半数以上企业呈上升趋势

从员工人数增长率状况来看，在现代农业产业中，四成以上企业员工人数增长率在 0—50%，38.89% 的企业员工人数呈负增长。具体来看，员工人数增长率为负的企业数量为 35 家，占比为 38.89%；员工人数增长率为 0 的企业数量为 6 家，占比为 6.67%；员工人数增长率在 0—50% 的企业数量为 42 家，占比为 46.67%；员工人数增长率在 51%—100% 的企业数量为 7 家，占比为 7.78%，员工人数增长率在 100 以上的企业数量为 0。

表 8-12 现代农业创业企业员工人数增长率分布情况

员工人数增长率（%）	频数	占比（%）
小于 0	35	38.89
0	6	6.67
0—50	42	46.67
51—100	7	7.78
100 以上	0	0

二、研发投入重视程度较高

1. 创业企业创新类型

从企业创新类型分析，现代农业产业中以技术创新和产品创新为主，受调查的现代农业企业没有选择服务创新和商业模式创新的企业。创新类型为技术创新的企业数量为 37 家，占比为 41.11%；产品创新的企业数量为 37 家，占比为 41.11%；服务创新的企业数量为 0 家；商业模式创新的企业数量为 0 家；其他创新类型的企业数量为 16 家，占比 17.78%。

表 8-13 现代农业创业企业创新类型分布情况

创新类型	频数	占比（%）
技术创新	37	41.11
产品创新	37	41.11
服务创新	0	0
商业模式创新	0	0
其他	16	17.78

从技术来源看，自主开发和合作开发是现代农业企业主要创新来源，技术入股和外部购买的企业占比相当。技术来源为自主开发的企业数量为 43 家，占比为 47.78%；技术来源为合作开发的企业数量为 26 家，占比为 28.89%；技术来源为外部购买的企业数量为 9 家，占比为 10.00%；技术来源为技术入股的企业数量为 9 家，占比为 10.00%；其他技术来源的企业数量为 3 家，占比为 3.33%。

表 8-14　现代农业创业企业技术来源分布情况

技术来源	频数	占比（%）
自主开发	43	47.78
合作开发	26	28.89
外部购买	9	10
技术入股	9	10
其他	3	3.33

从企业自主创新类型分析，原始创新成为现代农业自主创新中的主导方向。现代农业企业中自主创新类型为原始创新的企业数量为 37 家，占比 41.11%；自主创新类型为集成创新的企业数量为 29 家，占比 32.22%；自主创新类型为引进消化再创新的企业数量为 24 家，占比 26.67%。

表 8-15　现代农业创业企业自主创新类型分布情况

自主创新类型	频数	占比（%）
原始创新	37	41.11
集成创新	29	32.22
引进消化再创新	24	26.67

2. 创业企业创新要素投入

从企业研发人员投入看，研发人员数量在 10 人以下的企业数量为 79 家，占比为 87.78%；研发人员数量在 10—50 人的企业数量为 10 家，占比为 11.11%；研发人员数量在 50—100 人的企业数量为 0 家；研发人员数量在 100 人以上的企业数量为 1 家，占比为 1.11%。可以看出，现代农业企业的研发团队规模不大，主要集中在 10 人以下。

表 8-16　现代农业创业企业研发人员数量分布情况

研发人员数量	频数	占比（%）
10 以下	79	87.78
10—50	10	11.11
50—100	0	0
100 以上	1	1.11

从研发经费投入看，上一年度未投入研发经费的现代农业企业有 4 家，占现代农业企业总数的 4.44%；研发投入在 10 万元以下的企业数量为 18 家，占比为 20%；研发投入在 10 万—100 万元的企业数量为 44 家，占比 48.89%；研发经费超过 100 万元的有 24 家企业，占调查现代农业企业总数的 26.67%。现代农业产业的创业企业重视研发经费的投入，超过九成的企业设置了研发经费，还有 4.44% 的企业在此次调查的上年度未有研发经费投入，这些企业将是下一阶段研究重点，分析企业没有投入研发经费的原因，从而定制化为企业服务，帮助企业解决创新难点和痛点助力行业又快又好发展。

表 8-17　现代农业创业企业研发经费分布情况

上一年度研发经费投入（元）	频数	占比（%）
0	4	4.44

表 8-17 现代农业创业企业研发经费分布情况（续表）

上一年度研发经费投入（元）	频数	占比（%）
0—10 万	18	20
10 万—100 万	44	48.89
100 万以上	24	26.67

从企业技术引进费用投入看，现代农业产业的创业企业技术引进费用为 0 元的企业数量为 9 家，占比为 10.00%；技术引进费用为 10 万元以下的企业数量为 53 家，占比 58.89%；技术引进费用为 10 万—100 万元的企业数量为 22 家，占比 24.44%；技术引进费用为 100 万元以上的企业数量为 6 家，占比为 6.67%。近九成企业有技术引进需求，多数现代农业创业企业上一年度技术引进费用集中在 10 万元以下。

表 8-18 现代农业创业企业技术引进费用分布情况

上一年度技术引进费用（元）	频数	占比（%）
0	9	10
0—10 万	53	58.89
10 万—100 万	22	24.44
100 万以上	6	6.67

3. 创业企业创新产出效益

从企业商标拥有量分析，现代农业行业的创业企业调查数据显示，受调查企业中，拥有商标数不少于 1 个的企业有 65 家，占比为 72.22%；现代农业产业的创业企业商标意识比较强，仅有 27.78% 的企业尚未拥有商标，远高于行业平均水平。

表 8-19 现代农业创业企业商标数量分布情况

商标数量	频数	占比（%）
0	25	27.78
1—10	51	56.67
10 以上	14	15.56

从工业专利角度看，现代农业企业对于专利技术积累不足，拥有工业专利的企业不多，主要集中在实用型专利上，有外观专利的企业数量略大于有发明专利的企业数量。从发明专利来看，尚未拥有发明专利的现代农业企业数量为 87 家，占受调查企业的 96.67%；对于实用型专利的积累，尚未拥有实用型发明专利的企业数量为 78 家，占受调查企业的 86.67%；在外观专利申请上，尚未拥有外观专利的企业数量为 83 家，占受调查企业的 92.22%。

表 8-20 现代农业创业企业专利技术数量分布情况

专利数量	发明专利		实用型专利		外观专利	
	频数	占比（%）	频数	占比（%）	频数	占比（%）
0	87	96.67	78	86.67	83	92.22
1—10	3	3.33	12	13.33	7	7.78
10 以上	0	0	0	0	0	0

就著作权及其他专利拥有量看，现代农业拥有软件注册权的企业数量最多。在软件注册权方面，尚未拥有软件注册权的企业为 78 家，占比为 86.67%；软件注册权在 1 到 10 的企业数量为 12 家，占比为 13.33%；10 个以上的企业有 0 家。"互联网 +"开辟农民增收新途径的作用在逐步显现，农业农村信息化发展的社会氛围有待进一步形成。

表 8-21 现代农业创业企业著作权及其他类型知识产权数量分布情况

专利数量	影视文化版权		软件注册权		其他	
	频数	占比（%）	频数	占比（%）	频数	占比（%）
0	88	97.78	78	86.67	89	100
1—10	2	2.22	12	13.33	0	0
10 以上	0	0	0	0	0	0

从参与标准制订量来看，参与制订公司标准的企业数量最多，参与国际标准制订的企业占比略大于参与国家和行业标准制订的企业占比。在参与国际标准制订中现代农业创业企业尚未参与国际标准制订的企业数量为 84 家，占受调查企业的 93.33%；在参与国家标准制订上，尚未参与国家标准制订的企业数量为 85 家，占受调查企业的 94.44%；在参与行业标准制订上，尚未参与行业标准制订的企业数量为 87 家，占受调查企业的 96.67%；在参与公司标准制订上，尚未参与公司标准制订的企业数量为 34 家，占受调查企业的 37.78%，对于行业内企业来说，参与公司标准制度具备门槛低、紧迫性强的特点。

表 8-22 现代农业创业企业制定标准数量分布情况

标准数量	国际标准		国家标准		行业标准		公司标准	
	频数	占比（%）	频数	占比（%）	频数	占比（%）	频数	占比（%）
0	84	93.33	85	94.44	87	96.67	34	37.78
1—10	6	6.67	5	5.56	3	3.33	40	44.44
10 以上	0	0	0	0	0	0	16	17.78

从技术交易情况看，尚未进行过技术交易的现代农业企业有 13 家，占比为 14.44%；进行过技术交易的企业有 77 家，占比为 85.56%。

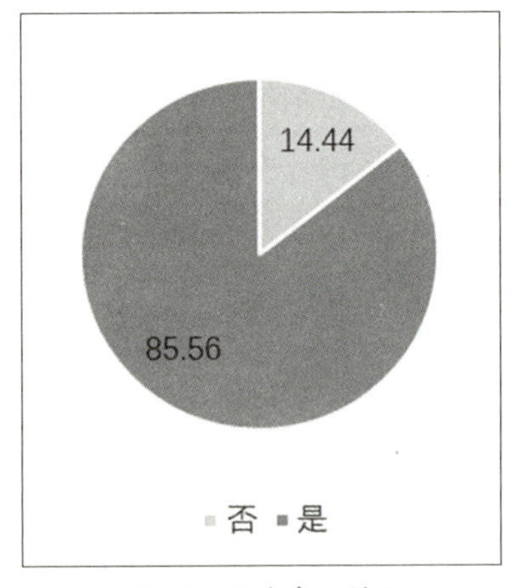

图8-2 现代农业创业企业技术交易情况

从技术交易渠道看，选择国家交易中心、地方交易中心、行业交易中心、服务平台和企业间直接交易这 5 类传统交易渠道的现代农业企业占比基本相当，地方交易中心和服务平台交易的企业占比略高。具体来看，现代农业创业企业中选择国家交易中心进行技术交易的企业共有 21 家，占受调查企业总数的 17.36%；选择地方交易中心的企业有 27 家，占比为 22.31%；选择行业交易中心的企业数量为 23 家，占比为 19.01%；选择服务平台的企业有 26 家，占比为 21.49%；

有 19 家企业选择企业间接交易，占比为 15.70%；另外，有 5 家企业选择其他方式进行交易，占比为 4.13%。

表 8-23　现代农业创业企业技术交易渠道分布情况

技术交易渠道	频数	占比（%）
国家交易中心	21	17.36
地方交易中心	27	22.31
行业交易中心	23	19.01
服务平台	26	21.49
企业间直接交易	19	15.7
其他	5	4.13

从技术交易收入情况看，现代农业产业在此次调查的上年度未获得技术交易收入的企业数量为 25 家，占现代农业企业的 27.78%；技术交易收入不足 100 万元的企业有 59 家，占比为 65.56%；技术交易收入在 100 万—1000 万元的企业数量为 6 家，占比 6.67%；技术交易收入在 1000 万元以上的企业有 0 家。现代农业产业创业企业在此次调查的上年度获得技术交易收入的企业数量超过一半，说明现代农业产业中存在一些创新能力高，科研实力强的企业，但技术交易收入大多集中在 100 万元以下，表明实际技术交易中市场议价能力有限。

表 8-24　现代农业创业企业技术交易收入分布情况

上一年度技术交易收入（元）	频数	占比（%）
0	25	27.78
0—100 万	59	65.56
100 万—1000 万	6	6.67
1000 万以上	0	0

三、创业资金需求较为迫切

1. 创业初期困难因素

调查问卷对创业者创业困难程度自评情况进行统计，结果显示，创业者普遍认为现代农业领域创业难度较高，在 1—9 分的创业困难程度评分中，样本均值为 5.78 分。从创建公司的困难因素排序情况来看，在现代农业产业中，创建公司的重要因素排序为：难以得到资金 > 没有好的想法 > 难以找到创业合作伙伴 > 缺少关键技术 > 风险太大 > 创业的概念容易被模仿 > 家庭成员反对 > 原工作单位不让离开 > 政府政策不鼓励。资金与创意是制约现代农业产业创业的重要因素，有 38.96% 的人将资金排在第一位，22.97% 的人将“没有好的想法”排在第二位，“难以找到创业合作伙伴”、“缺少关键技术”和“风险太大”位列其后，占比分别为 18.18%、14.67% 和 12.33%。农村资金流失现象严重，无法构成健康的体内循环，大部分农村资金都流向邮政储蓄、商业银行和农村信用社。邮政储蓄只有吸收存款的功能，资金全部上存央行；商业银行本身具有资本的逐利性，在贷款方面不愿与农户打交道，大的商业银行不愿意在农村发放贷款；掌握“扶贫”基金分配的农村信用社，由于历史包袱沉重，不愿承担风险，大部分资金被贷给乡镇个体工商业和购买国债等。诸多因素导致农民贷款极其困难，资金短缺一直是制约农村经济发展的瓶颈。

另一方面，现代农业规模化、产业化经营的特征使现代农业创业企业对资金需求的不断扩大，产业化基地的建设、农业科技创新等方面都需要大量资金投入。但由于农业投资周期性长，风险较大，缺乏有效担保，企业融资难度较大，资金匮乏往往成为制约创业企业发展的重要障碍。同时，近年来政府的扶持使进入现代农业领域企业不断增加，市场竞争较为激烈。加之农业市场的不稳定性较强，农产品受气候、自然灾害、种植结构及规模等诸多因素的影响，市场供求波动下，价格的不确定性增强，往往为企业带来较大农业生产经营的风险。

表 8-25-1 现代农业企业创业困难因素排序情况（%）

创业困难因素	难以得到资金	没有好的想法	难以找到创业合作伙伴	缺少关键技术	风险太大
第一位	38.96	22.97	18.18	14.67	12.33
第二位	27.27	16.22	24.68	9.33	10.96
第三位	9.09	27.03	12.99	12	24.66
第四位	6.49	6.76	22.08	10.67	12.33
第五位	7.79	10.81	10.39	13.33	17.81
第六位	5.19	8.11	3.9	8	8.22
第七位	1.3	5.41	1.3	8	6.85
第八位	1.3	1.35	6.49	4	4.11
第九位	2.6	1.35	0	20	2.74
无	0	0	0	0	0

表 8-25-2 现代农业企业创业困难因素排序情况（%）

创业困难因素	创业的概念容易被模仿	家庭成员反对	原工作单位不让离开	当时政府政策不鼓励
第一位	8.22	4.69	0	0
第二位	13.7	6.25	4.69	1.64
第三位	13.7	4.69	4.69	3.28
第四位	20.55	7.81	6.25	8.2
第五位	12.33	4.69	9.38	3.28
第六位	10.96	23.44	9.38	11.48
第七位	10.96	14.06	25	18.03
第八位	5.48	20.31	15.63	34.43
第九位	2.74	14.06	25	19.67
无	1.37	0	0	0

2. 创业中期制约因素

调查数据对制约现代农业创业企业效益因素进行统计，结果显示，人才、资金和市场是制约现代农业创业企业效益最为重要的因素，占比分别为 18.75%、18.01% 和 17.28%；技术和管理位列其后，占比均为 12.87%；政策和成本因素占比较低，分别为 10.66% 和 8.82%。

与传统农业相比，现代农业对劳动力知识和技能要求较高，需要具有较高经营管理素质的农业科技人才。现代农业通常涉及生产、加工、销售以及服务等多个环节，农作物的栽培、农业机械驾驶和维修、农业物流管理和农产品储藏等方面都需要专业人才的指导和管理，从业人员除了具备农业专业知识外， 还要掌握管理、经贸等其他跨学科知识。但当前农业人才多以注重理论知识的学习，缺乏实践经验，同时经济管理方面仍存在欠缺，难以满足现代农业企业发展要求。

表 8-26　现代农业制约企业效益因素分布情况

制约企业效益的因素	频数	占比（%）
技术	35	12.87
人才	51	18.75
资金	49	18.01
市场	47	17.28
政策	29	10.66
管理	35	12.87
成本	24	8.82
其他	2	0.74

3. 创业企业发展重要因素

通过对现代农业产业领域内企业在创建公司时的重要因素进行排序统计，结果显示，市场与技术是该领域创业企业高度关注的重要因素。从重要性排序结果来看，进入市场的速度 / 时间 > 技术 > 资金投入 > 政府支持 > 知识产权保护 > 与其他公司合作。其中，有 33.33% 的人将进入市场的速度 / 时间排在第一位，23.17% 的人将技术排在第二位，资金、政府支持和知识产权保护位列其后，占比分别为 19.05%、12.5% 和 10.59%。

表 8-27　现代农业企业创业重要因素排序情况（%）

创建公司的重要因素	进入市场的速度 / 时间	技术	大量资金投入	政府支持	知识产权保护	与其他公司合作
第一位	33.33	23.17	19.05	12.5	10.59	8.33
第二位	12.64	15.85	30.95	16.25	21.18	10.71
第三位	24.14	15.85	11.9	18.75	11.76	21.43
第四位	10.34	8.54	9.52	20	31.76	15.48
第五位	11.49	8.54	14.29	18.75	18.82	22.62
第六位	8.05	28.05	14.29	13.75	5.88	21.43

四、小结

现代农业产业领域，我国现代农业产业发展态势良好，“互联网 + 农业”成绩显著，创业方向多为生产性企业，依托信息化技术为农产品或地理性农业生产赋能。调查数据显示，该领域创业企业销售额高于平均水平，盈利情况较好，三成企业已开始实现盈利，市场潜力大，三成企业销售额增速突破 100%，利润额和研发投入增长趋缓，技术引进费用投入较大，同时，员工规模持续增长，对乡村就业人群带动较大。

第四篇　创新创业环境

第九章　企业创新投入与产出

衡量企业创新情况可从创新投入和产出两个维度展开，企业创新投入是反映企业开展创新活动的主要表现，投入力度越大创新意愿及创新能力越强。创新产出是企业在一定经营周期内推出的新产品或技术的总和，一定程度上代表了创业企业的创新实力。本章结合调查问卷所涉及的各项指标，从创新投入与产出的角度进行归纳总结，对创业企业创新情况进行深入分析。

一、创业企业创新要素投入

提高自主创新能力是中国经济转型和产业升级的当务之急，2019 年我国企业研究与试验发展（R&D）经费投入达 16921.8 亿元，占全国 R&D 经费的比重达 76.4%，[1] 企业创新能力得到明显提升，以企业为主体的技术创新体系逐步完善。本节主要从研发人员投入、研发经费投入、技术引进费用投入、对外科技合作费投入等角度，对创业企业创新要素投入情况进行分析。

（一）研发创新人员

1. 创业企业研发呈现小微型团队创新的特点

表 9-1　创业企业研发人员数量分布情况

研发人员数量	频数	占比（%）
10 以下	3162	79.01
10—50	786	19.64
50—100	29	0.72
100 以上	25	0.62

表 9-2　企业研发人员比重分布情况

研发人员比重（%）	频数	占比（%）
10 以下	636	15.89
10—30	1860	46.47
30—50	1418	35.42
50—100	89	2.22

通常认为，企业研发部门承载着企业在市场上的科技创新地位，研发人员是企业创新的核心来源和企业可持续发展的不竭动力。调查数据显示，创业企业的研发团队规模普遍偏小，

1.《2019 年全国科技经费投入统计公报》。

近八成企业研发人员数量在 10 人以下，拥有 50 人以上研发团队的企业占比不足 2%。将研发人员占员工总数进行比值处理后，可以看出创业企业的研发人员占比集中于 10%—30%，研发人员占比不超过 30% 的企业占总样本的一半以上，创业企业研发呈现明显的小微型团队创新特点。基于多年来对创业企业的研究，我们认为，新经济要求企业不停创新，而企业组织庞大，容易引起组织结构僵化和官僚化，不利于应对快速变化的环境。创业企业要生存发展，就要保持小型公司创业的活力，在创业型公司中投入的研发人员数量不能过多，研发人员占员工比重也不宜过大。

创业企业的小微化创新不仅体现在研发团队上，而且体现在企业组织管理的方方面面。小微化的典型代表是阿米巴模式，阿米巴经营模式是稻盛和夫所创的管理模式。在企业经营过程中，将“阿米巴”作为一个核算单位，引申为企业中最小的基层组织，即最小的经营单元，可以是一个部门、一条生产线、一个班组甚至一名员工。阿米巴经营是指通过小集体的独立核算，实现全员参与经营，凝聚全体员工力量的经营管理模式。企业实施阿米巴经营管理就是将整个公司分割成许多个被称为阿米巴的小型组织，每个小型组织都是一个独立的利润中心，进行独立核算经营。阿米巴经营单元可以根据内外环境进行快速的分裂、合并、成长。

专栏 9–1　韩都衣舍产品小组制

韩都衣舍采用产品小组制的运营模式：三人为一小组，包括一个选款设计师、一个页面制作、一个订单的运营维护，每个小组都是一个小的经营体，独立完成设计、生产和销售等各环节。产品小组是最核心的部门，其他职能部门为产品小组服务。韩都衣舍内部共有约 270 个小组，团队成员近 800 人。小组实行日清算制度，每日奖金 = 销售额 × 毛利率 × 提成系数，每天公布前一天的小组销售额排行榜。在韩都衣舍，小组分为成熟、合格和发展中三种类型，不同小组之间有竞争也有合作。

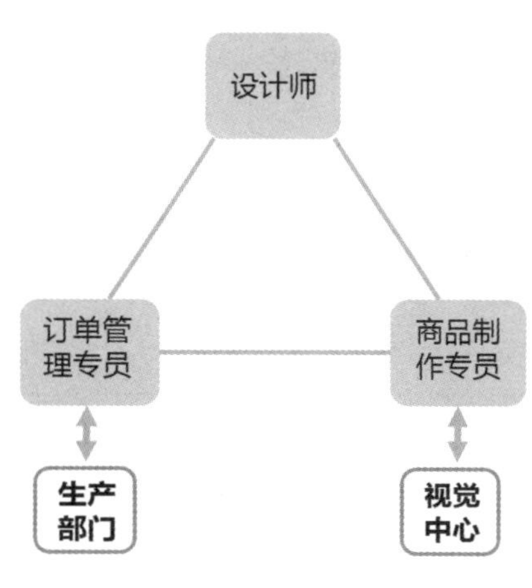

图9–1　韩都衣舍的生产小组制

韩都衣舍愿意让员工试错的耐心和充分放权，使得韩都衣舍内部的小组制自主经营又充满竞争，实现了责、权、利的统一。

专栏 9–2　海尔小微化

截至 2014 年年底，海尔集团共成立了 212 个小微公司，内部的创业热情大大提升，将会孵化出更多的“小海尔”。这些小微公司由产品经理、内部员工和外部“创客”三类成员组成，形成一个利益共同体，共同享有小微公司的股权、利润分红，还可以引入风投。小微公司承接用户的交互数据，有自己的用户，并以用户为中心，推出以用户需求的甚至是定制化产品。通过小微企业的“自我造血”功能，创造更多符合互联网时代的产品、服务、盈利模式等，最终为海尔提供附加值，成为规模和利润的再造者。

当前海尔平台已有183个小微生态圈，除了免清洗洗衣机、雷神笔记本、智胜冰箱等从传统产业孵化出的小微之外，2015年海尔平台又孕育出了有住网、蛋业生态、极车公社、快递柜、社区洗等很多新项目。

2. 人才引进是企业核心技术人员的主要来源

如表9–3所示，人才引进是企业核心技术人员的主要来源，团队创始人为技术创业者且担当企业核心技术人员的占比近三成。从行业角度来看，新材料、节能环保行业以人才引进作为核心技术人员来源的企业占比较高，分别为48.78%和46.43%；现代农业行业占比明显低于平均水平。在以团队创始人为核心技术人员的企业中，现代农业表现突出，占比明显高于其他行业，达35.56%；新能源行业占比为22.41%，远低于行业平均水平。在技术合作层面，新能源和节能环保行业以技术合作为核心技术人员来源的企业占比突出，新材料行业占比偏低。

表9–3　企业核心技术人员来源情况

核心技术人员的来源	频数	占比（%）
团队创始人	1150	28.75
人才引进	1648	41.2
聘用专家	492	12.3
技术合作	422	10.55
其他	288	7.2

表9–4　分行业创业企业核心技术人员来源情况（%）

行业	人才引进	团队创始人	技术合作	聘用专家	其他
高端装备制造	39.14	30.26	9.87	12.17	8.55
节能环保	46.43	23.21	12.50	7.14	10.71
金融服务	43.98	28.40	8.09	12.23	7.30
软件	39.98	29.54	11.27	12.34	6.88
生物医药	43.69	26.86	11.33	11.33	6.80
文化创意	41.93	28.25	10.09	12.33	7.40
现代农业	35.56	35.56	11.11	12.22	5.56
新材料	48.78	29.27	7.32	7.32	7.32
新能源	37.93	22.41	12.07	12.07	15.52
信息技术	40.28	28.43	11.02	13.43	6.85
专业技术服务业	42.15	29.89	10.73	11.11	6.13

从引进中高级技术职称人员数量来看，近七成企业上一年度存在中高级技术人才引入，六成以上企业引入数量在10人以下。拥有中高级职称的人员以创业企业为职业选择的依旧较少，四成以上的创业企业中高级职称人员占比在10%以下。

表 9-5　上一年度创业企业引进中高级技术职称人数情况

上一年度引进中高级技术职称人数	频数	占比（%）
0	1，262	31.53
0—10	2，527	63.13
10 以上	214	5.35

表 9-6　创业企业拥有中高级技术职称人员比重情况

拥有中高级技术职称人员比重（%）	频数	占比（%）
0	1，259	31.44
0—10	1，712	42.76
10—100	1，033	25.8

将中高级职称人数占比进行行业分类，并和均值进行比较后发现，不同行业领域内中高级职称人数占比呈现一定差异。在高于均值的行业中，高端装备制造、生物医药、信息技术、软件等技术密集型产业优势突出，占比分别为 8.90%、8.35%、8.42% 和 8.04%；在低于均值的行业中，文化创意、专业技术服务业占比显著偏低，仅为 5.78% 和 6.30%。近年来，文化创意产业在产业融合趋势下，存在诸多风口，复合型人才资源稀缺，同时由于人才观念淡薄、职称评定标准不清、体制机制障碍等多方面因素影响，导致文化创意产业在技术人员职称方面相较于其他行业差距明显。专业技术服务业作为专业性很强、专业职称评定路径明晰的产业，行业内人员职称占比显著低于平均水平，一定程度反映出该行业发展速度缓慢，中高级职称人才流失且新生力量进入少的问题。

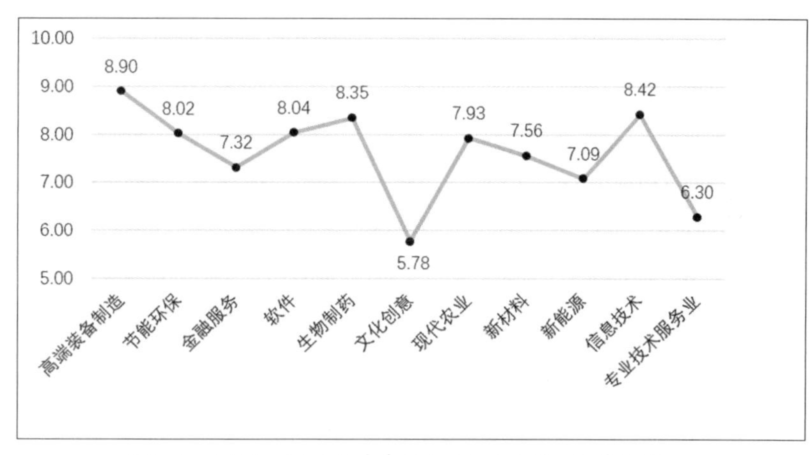

图9-2　分行业创业企业中高级职称技术人员占比情况（%）

从地域角度来看，北京市高校院所林立、国企央企分布广泛，拥有中高级职称员工选择创业企业就业的比例最低。杭州市和上海市分布相似，三到四成企业未引进中高级职称员工。深圳市、武汉市和西安市三个城市创业企业在吸引中高级职称员工方面效果较好，未拥有中高级职称员工的创业企业占比仅在一到两成，深圳市创业企业中高级职称员工占比集中在 10% 至 50%，企业占比为 49.26%。

表 9-7　分城市创业企业中高级职称员工占比情况（%）

城市	0	10 以下	10—50	50 以上
北京市	44.06	36.13	18.03	1.79
杭州市	39.46	46.94	13.15	0.45

表 9-7　分城市创业企业中高级职称员工占比情况（%）（续表）

城市	0	10 以下	10—50	50 以上
上海市	34.39	46.71	17.66	1.23
深圳市	11.60	38.89	49.26	0.25
武汉市	20.71	50.81	27.83	0.65
西安市	11.16	50.45	20.09	18.30

（二）创新经费投入

1. 多数企业都设有研发经费，数额偏少

表 9-8　创业企业上一年度研发经费投入情况

上一年度研发经费（元）	频数	占比（%）
0	1，092	27.28
0—10 万	1，255	31.35
10 万—100 万	1，119	27.95
100 万以上	537	13.41

研发经费是企业在开发新产品新工艺、新技术过程中产生的各项研究开发的费用，充足的研发经费是企业开展自主创新活动、产生创新效应的基本前提。调查数据对企业上一年度研发经费投入情况进行调研后，如图 9-8 所示，七成以上创业企业在研发经费方面有一定投入，但数额普遍偏小。

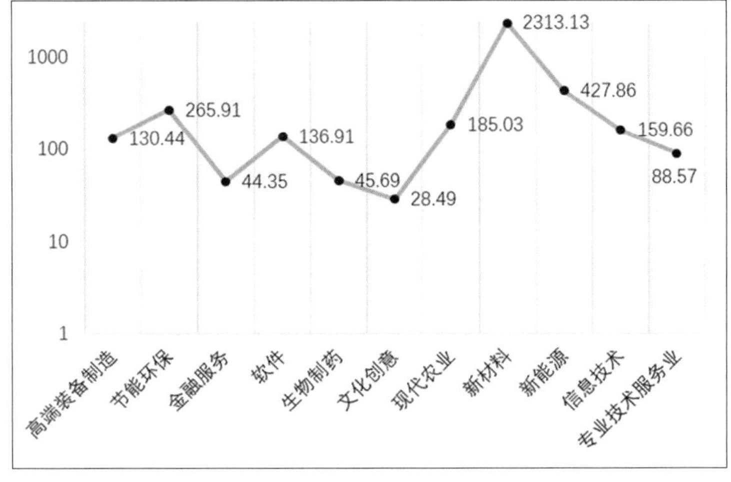

图9-3　分行业研发经费投入均值情况

将研发经费按照不同行业进行分类计算均值，得到分行业平均研发经费投入。可以看出，新材料产业研发经费投入优势十分显著，为 2313.13 万元，远高于其他行业，是唯一一个在此次调查的上年度研发经费过千万元的行业，通过梳理企业问卷填写情况后发现，新材料产业存在某大型研发集团，其研发投入量巨大，造成本行业均值偏高，考虑到其符合现实情况，故没有将其作为异常值剔除。其次是新能源行业，研发经费投入为 427.86 万元，显著高于 137.73 万元的平均水平。

2. 企业研发经费多来源于企业自筹

表 9-9　创业企业科研经费来源分布情况

科研经费来源	频数	占比（%）
企业自筹	1，827	45.64

表 9-9　创业企业科研经费来源分布情况（续表）

科研经费来源	频数	占比（%）
外部融资	931	23.26
国家项目支持	393	9.82
地方政府支持	268	6.69
其他	584	14.59

追溯研发经费来源，可进一步观察外部支持对于创业企业研发创新效果，一般认为，企业科研经费来源包括企业自筹、外部融资、国家项目支持和地方政府支持，具体来源与项目性质关系较大，内部项目多为自筹，申请政府立项则包含自筹和政府补助两部分，有其他单位共同参与则涉及外部融资等。如表 9-9 所示，目前，我国创业企业研发经费主要来自企业自筹，国家项目和地方政府支持方面占比依旧较低。

从城市角度来看，创业企业所获科研经费在国家项目支持和地方政府支持方面，地域差异显著，北京市、杭州市、上海市科研经费来自国家项目支持的企业占比显著高于其他城市，分别达到 14.61%、13.22% 和 14.01%，地方政府支持层面，三个城市同样优势明显，分别达 8.24%、9.09% 和 10.06%。深圳市科研经费来自国家项目支持和地方支持的企业占比基本相当，武汉市地方政府支持占比较低，仅为 3.66%。

表 9-10　分城市创业企业科研经费来源分布情况（%）

城市	地方政府支持	国家项目支持	企业自筹	外部融资	其他
北京市	8.24	14.61	52.42	24.73	15.23
杭州市	9.09	13.22	52.34	25.34	21.49
上海市	10.06	14.01	51.50	24.43	16.65
深圳市	5.37	5.96	56.33	32.34	20.72
武汉市	3.66	6.59	56.78	32.97	13.19
西安市	8.07	4.35	55.28	32.30	13.66

同时，问卷对"企业上年度研发经费政府支持占比"进行了统计，如表 9-11 所示，从地域角度来看，创业企业研发经费得到政府支持的情况较少，且地域差异不大，未得到政府支持的企业占比在 50% 左右，西安市情况相对较好。近年来，我国财政科技投入力度不断加大，统计显示，2018 年全国共投入研究与试验发展（R&D）经费 19677.9 亿元，增速达 11.8%；研究与试验发展（R&D）经费投入强度为 2.19%，但对于创业企业来说，政策覆盖面和获得的支持力度依旧较小，无论在国家项目申请还是地方政策申报层面，均呈现出向大企业和重点产业领域倾斜的特征。

表 9-11　分城市创业企业科研费用政府支持比例分布情况（%）

城市	0	10 以下	10—50	50—100
北京市	49.38	24.49	15.71	10.42
杭州市	58.05	19.05	12.24	10.66
上海市	56.88	22.18	10.68	10.27
深圳市	53.58	25.43	11.73	9.26

表 9-11　分城市创业企业科研费用政府支持比例分布情况（%）（续表）

城市	0	10 以下	10—50	50—100
武汉市	49.51	19.42	24.92	6.15
西安市	37.16	13.11	40.44	9.29
企业均值	52.46	22.61	15.14	9.79

3. 企业研发经费投向以新产品、新技术开发为主

表 9-12　创业企业科研经费投向分布情况

科研经费投向	频数	占比（%）
技术改造	454	11.16
技术引进	687	17.19
新技术研发	788	19.72
新产品研发	840	21.02
培训	537	13.44
其他	698	17.47

一般认为，创业企业的科研经费主要用于技术改造、技术引进、新技术研发、新产品研发以及培训，如表 9-12 所示，创业企业科研经费投向多元，开发新产品和新技术占比相对较高，为两成左右，技术引进和改造次之。

研发投入方向呈现显著的行业差异。具体来看，高端装备制造业、软件行业、现代农业和信息技术行业，科研经费投向多为新产品研发，其企业占比在 25% 至 29%；节能环保业、新材料行业和专业技术服务业在新技术研发上投入最多，其中新材料企业占比为 31.71%、节能环保业占比 28.57%，专业技术服务业占比为 25.67%；生物医药行业和文化创意行业研发经费主要投向培训方面，占比分别为 29.58% 和 21.75%；另外，金融服务业研发经费重点关注技术引进，企业占比为 26.18%；新能源行业企业在技术改造和新技术研发方向，投入科研经费的企业数量最多，占比均为 22.41%。

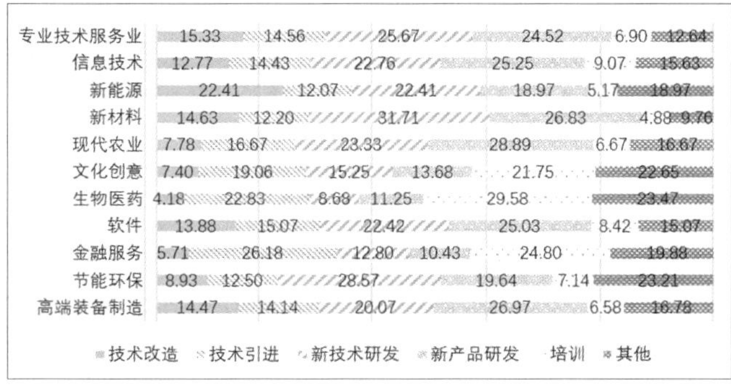

图9-4　分行业创业企业科研经费投入方向分布情况（%）

（三）技术引进费用

1. 多数企业技术引进费用偏低

表 9-13　创业企业上一年度技术引进费用情况

上一年度技术引进费用（元）	频数	占比（%）
0	1381	34.51
0—10 万	1948	48.68
10 万—100 万	534	13.34

表 9-13 创业企业上一年度技术引进费用情况（续表）

上一年度技术引进费用（元）	频数	占比（%）
100 万以上	139	3.47

技术引进费用指通过技术贸易方式引进技术时公司向技术输出方支付的费用。调查数据对创业企业技术引进费用情况进行统计后，如表 9-13 所示，六成以上创业企业存在技术引进行为，但技术引进费用普遍偏低。企业平均技术引进费用为 16.64 万元，技术引进费用均值呈现显著行业差异。新材料、新能源、节能环保等战略性新兴产业技术引进费用显著高于其他行业，分别为 66.66 万元、61.5 万元和 50.61 万元。现代农业、高端装备制造、软件、信息技术等产业技术引进费用略高于均值，分别为 23.04 万元、21.81 万元、19.5 万元和 18.93 万元。金融服务、生物医药和文化创意产业技术引进费用低于平均水平，分别为 8.55 万元、6.83 万元和 6.18 万元。

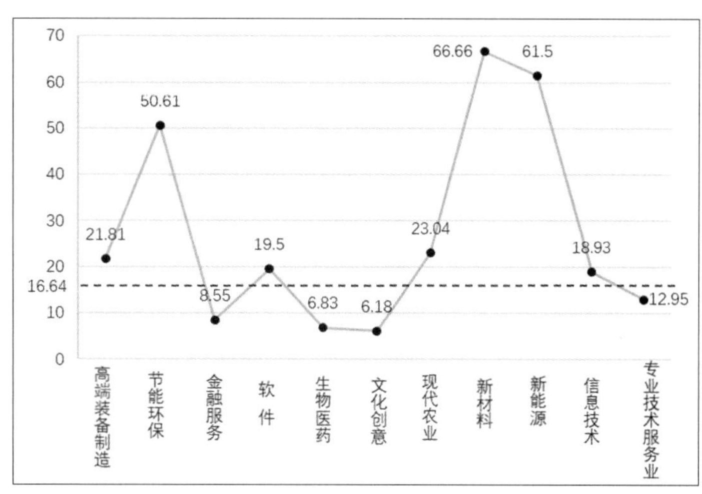

图9-5 分行业创业企业技术引进费用均值情况

2. 企业是技术引进的重要来源

表 9-14 创业企业上一年度技术引进来源分布情况

上一年度技术引进来源	频数	占比（%）
高校	697	17.42
科研院所	739	18.47
军队	78	1.95
国外机构	393	9.82
企业	1，173	29.31
其他	922	23.04

技术引进的来源一般为企业、高校科研院所、国外机构和军工院所等，调查数据显示，上一年度创业企业技术引进多发生于企业之间，与高校及科研院所合作较少，与国外相关机构的链接程度呈现相对较弱状态。

不同行业技术引进来源呈现一定差异，金融服务业与高校及科研院所合作较多，新材料产业国外机构技术引进优势突出。具体来看，从企业进行技术引进层面，高端装备制造、节能环保、新能源等产业占比较高，分别达 33.22%、32.14% 和 32.76%；生物医药、信息技术、新材料产业占比低于平均水平，分别达 28.62%、27.75%、21.95%。与高校及科研院所合作层面行业差异较大，生物医药、金融服务业、信息技术产业与高校合作的企业占比高于平均水平，分别为 19.94%、19.29%、18.50%；节能环保产业占比为 8.93%，显著低于其他行业。与国外机构合作层面，新材料产业表现突出，占比为 21.95%，显著高于其他产业，而新能源产业仅占 3.45%，明显低于平均水平。我国新材料产业发展迅速，目前处于全球第二梯队，存在关键战略材料产业链上下游脱节、成套技术不完备，部分产品对外依存度高甚至受海外管制等问题，而同样未掌握核心技术的新能源产业，一方面受传统能源消费占比高影响，新能源应用场景缺乏；另一方面我国企业大多数新能源创业企业属于技术拥有者的代工厂，企业技术引进需求不强烈，形成对外引进占比低的局面。我国经济发展正处于弯道超车的重要阶段，破解新常态下传统能源产能过剩、可再生能源发展瓶颈制约、能源系统整体运行效率不高等突出问题，必须依赖新经济企业的创新发展，但也要避免闭门造车的问题。

表 9-15　分行业创业企业技术引进来源分布情况（%）

行业	企业	高校	科研院所	国外机构	军队	其他
高端装备制造	33.22	16.78	14.80	10.53	1.97	22.70
节能环保	32.14	8.93	16.07	12.50	3.57	26.79
金融服务	27.17	19.29	21.65	9.25	0.79	21.85
软件	30.20	17.48	18.55	9.04	1.43	23.31
生物医药	28.62	19.94	18.33	9.32	1.61	22.19
文化创意	29.37	16.37	17.49	8.52	3.14	25.11
现代农业	31.11	15.56	17.78	10.00	3.33	22.22
新材料	21.95	17.07	19.51	21.95	2.44	17.07
新能源	32.76	12.07	17.24	3.45	3.45	31.03
信息技术	27.75	18.50	18.59	9.81	2.04	23.31
专业技术服务业	31.80	12.64	18.39	14.56	2.68	19.92

从城市角度来看，创业企业技术引进来源主要以企业为主，以军队为来源的技术引进情况较少，与国外机构、高校及科研院所合作情况的地域差异较大。具体来看，北京市得益于丰富的科教资源，以高校及科研院所为技术引进来源占比较高，分别为 20.67%、19.81%，与国外机构在技术引进层面合作较好，但以企业为技术引进来源相较其他城市来说占比较低，达 27.35%。杭州市互联网企业集聚，以企业为技术引进来源的企业占比较高，达 31.52%，以高校及科研院所为技术引进来源的企业占比低于平均水平，分别为 15.19%、17.01%，与国外机构合作程度显著低于平均水平。上海市国际化程度相对较高，与国外机构合作情况较好，技术来源为国外机构占比为 10.37%，以企业为技术引进来源的企业占比高于平均水平，达 29.57%。深圳市在以军队为技术引进来源方面占比略高于其他城市，以企业为技术引进来源的企业占比高于平均水平，达 29.14%。武汉市科教资源丰富，但以高校及科研院所为技术引进来源的企业占比较低，仅为 13.92%、16.18%，以企业为技术引进来源的企业占比优势显著，达 32.69%。西安市则在以国外机构为技术引进来源方面占比较高，达 13.11%，与科研院所合作程度则呈现较低的水平，占比为 13.66%。

表 9-16　分城市创业企业技术引进来源分布情况（%）

城市	高校	国外机构	军队	科研院所	企业	其他
北京市	20.67	10.72	1.63	19.81	27.35	19.81

表 9-16　分城市创业企业技术引进来源分布情况（%）（续表）

城市	高校	国外机构	军队	科研院所	企业	其他
杭州市	15.19	6.80	2.04	17.01	31.52	27.44
上海市	16.22	10.37	1.75	18.69	29.57	23.31
深圳市	16.54	9.14	2.72	18.77	29.14	23.58
武汉市	13.92	8.41	1.62	16.18	32.69	27.18
西安市	15.85	13.11	2.19	13.66	31.15	24.04

（四）对外科技合作费用

表 9-17　创业企业上一年度对外科技合作费用情况

上一年度对外科技合作费用（元）	频数	占比（%）
0	1482	37.08
0—10 万	2032	50.84
10 万—100 万	406	10.16
100 万以上	77	1.93

对外科技合作是全球视野下推动科技创新，利用国际科技创新资源，以国际合作推动自主创新的重要手段，近年来，各级政府出台多项政策指引及工作会议，推动对外科技合作科技创新项目进程。调查数据对创业企业上一年度对外科技合作费用进行统计，发现创业企业对外科技合作费用整体投入依旧不高，平均费用仅为 13.91 万元，近四成企业无此项费用支出。

分行业来看，新能源行业、新材料行业和节能环保行业对外科技合作呈现日益繁荣状态，未设置对外科技合作费用的企业占比最低分别为 6.90%、7.32% 和 8.93%。这三类行业为战略性新兴行业，我国起步较晚，基础相对薄弱，对国外技术依赖比较大，行业领域内大部分企业多会选择国际科技合作的形式，链接国外资源实现自身产业的发展。从对外科技合作费用金额来看，存在对外科技合作费用支出的企业中，费用金额大多集中在 10 万元以下。生物医药行业、文化创意行业、专业技术服务业、金融服务业和信息技术行业对外科技合作经费在 10 万元以下的企业占比集中在 46% 左右；软件行业和新材料行业企业占比超过 50%；高端装备制造业、新能源行业、节能环保行业和现代农业的企业占比均超过 60%。各行业经费设置在 10 万到 100 万元的企业中，新材料行业比例最高，为 24.39%；节能环保行业企业占比为 17.86%，文化创意行业、金融服务行业、生物医药行业和专业技术服务业企业占比均不足一成。而从对外合作经费在 100 万元以上的企业行业分布看，新材料、新能源行业企业占比分别为 12.20% 和 12.07%，远远高于其他行业。

表 9-18　此次调查的上年度创业企业对外科技合作费用行业分布情况表（%）

行业	0	0—10	10—100	100 以上
高端装备制造	22.37	64.14	11.51	1.97
节能环保	8.93	66.07	17.86	7.14
金融服务	45.85	47.23	6.32	0.59
软件	30.13	53.97	13.40	2.49

表 9-18　此次调查的上年度创业企业对外科技合作费用行业分布情况表（%）（续表）

行业	0	0—10	10—100	100 以上
生物医药	46.13	45.81	7.10	0.97
文化创意	49.78	46.19	3.81	0.22
现代农业	13.33	67.78	17.78	1.11
新材料	7.32	56.10	24.39	12.20
新能源	6.90	65.52	15.52	12.07
信息技术	39.48	47.64	10.84	2.04
专业技术服务业	42.15	46.74	9.58	1.53

二、创业企业创新产出效率

创新产出效率是指在一定的经营周期内推出的新产品或技术的总和，本章重点从企业具有的知识产权数量、参与制定的标准数量、新增研发项目数量、获得国家/省部级奖项数量、技术交易收入总额等方面分析。

（一）知识产权

知识产权指权利人在有限时间期内对其所拥有的知识资本所享有的专有权利，涵盖智力创造比如发明、文学和艺术作品，以及在商业中使用的标志、名称、图像和外观设计都被认为是某一个人或组织所拥有的知识产权。一般认为知识产权主要分为工业产权和著作权，工业产权主要包括商标和专利，而专利又可细分为发明专利、实用新型专利和外观专利等；著作权包括各类影视（文化）版权和软件注册权。通常认为，知识产权是衡量一个国家和地区经济与科技实力的核心指标。

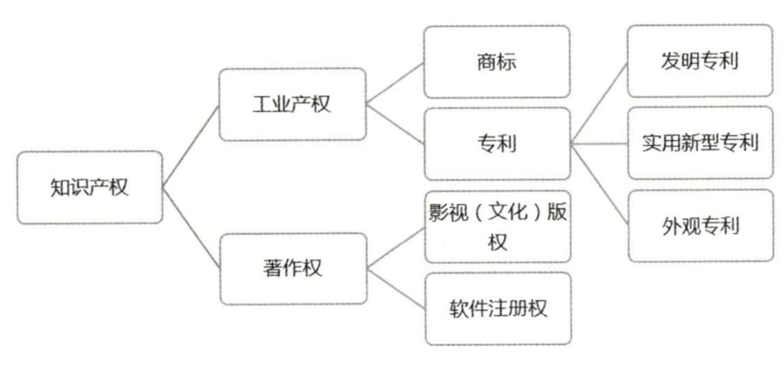

图9-6　知识产权分类图

1. 工业产权

表 9-19　企业拥有商标数量情况

商标数量	频数	占比（%）
0	1363	34.06
1—10	2601	64.99
10 以上	38	0.95

首先，在商标专利方面，如表 9-19 所示，近七成创业企业都拥有不少于一个商标，商标申请意识相对较强，拥有商标数不少于 1 个的企业有 2639 家，占比为 65.94%。商标注册的成

功几率与已注册商标近似度关系较大，相较其他专利来说，门槛相对较低。

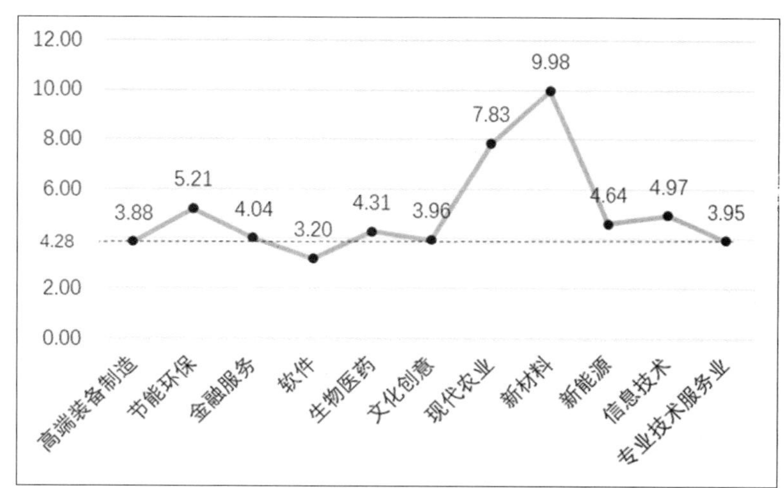

图9-7　分行业平均商标数量分布情况

将企业拥有的商标数量依照行业进行分类统计，计算出行业商标数量均值为 4.28 个，商标申请数量呈现出一定的行业差异。具体来看，新材料行业商标数量均值显著高于其他行业，达 9.98 个；现代农业、节能环保、信息技术、新能源、生物医药产业企业商标数量均值分别为 7.83 个、5.21 个、4.97 个、4.64 个和 4.31 个，高于平均水平；高端装备制造、金融服务、软件、文化创意和专业技术服务业行业商标数量均值处于平均水平以下，其中软件行业商标数量均值为 3.2 个，明显低于其他行业。

其次，在专利技术方面，如表 9–20 所示，九成以上企业未拥有专利技术，实用专利拥有情况略优于外观专利，仅有 2.52% 的创业企业拥有发明专利。此类数据反映出创业企业在专利拥有量上依旧处于较低水平，实用新型专利相较其他两项来说，情况较好。这与专利申请门槛及难度不无关系，《专利法》对实用新型的专利申请规定了比发明专利简化的审批程序，对实用新型只进行初步审查，而对发明专利除了初步审查之外，还需要进行实质审查。发明专利强调突破性、独创性、新颖性，是对某一技术方案的突破性升级或创造，中国的专利市场以政策为主导，发明专利作为科技部和国知局重点关注的对象，政策红利优势最为显著，维权更为容易，保护时间更长，申请门槛也最高，相较实用新型专利和外观专利，更能体现企业的创新实力，为企业带来竞争优势。

表 9–20　创业企业拥有的专利数量分布情况

专利数量	发明专利		实用型专利		外观专利	
	频数	占比（%）	频数	占比（%）	频数	占比（%）
0	3897	97.40	3704	92.58	3780	94.50
1—10	101	2.52	273	6.82	212	5.30
10 以上	3	0.07	24	0.60	8	0.20

2. 著作权及其他

表 9–21　创业企业拥有著作权及其他专利数量分布情况

专利数量	影视文化版权		软件注册权		其他	
	频数	占比（%）	频数	占比（%）	频数	占比（%）
0	3，966	99.17	2494	62.33	3，967	99.3
1—10	32	0.80	1489	37.22	25	0.63

表 9-21　创业企业拥有著作权及其他专利数量分布情况（续表）

专利数量	影视文化版权		软件注册权		其他	
	频数	占比（%）	频数	占比（%）	频数	占比（%）
10 以上	1	0.03	18	0.45	3	0.08

首先，在影视（文化）版权方面，调查数据显示，仅有 0.83% 的企业拥有影视（文化）版权，此比例与抽样行业体量息息相关。其次，在软件注册权方面，情况略优于影视（文化）版权，37.67% 的创业企业拥有软件注册权。拥有其他专利的企业占比不足一成。具体来看，拥有影视（文化）版权的企业十分稀少，甚至在文化产业领域中，仅有 0.45% 的企业申请了该版权，一方面，相关领域创业企业版权意识不强，本身的申请意愿不高，另一方面则从客观上来看，文化产品的版权边界相对比较模糊，容易产生纠纷，而进行法律诉讼的成本太高，远高于版权收益，造成如今市场上影视（文化）版权申请量很低。而软件注册权申请则相对较为火热同样反映出，在新经济时代，数据上升成为生产要素，互联网技术对各行各业的渗透作用明显，产业融合趋势显著，科技公司对软件注册需求旺盛。

3. 知识产权

总的来看，尚未拥有知识产权的企业数量为 1011 家，占受调查企业的 25.42%；拥有知识产权数量在 10 个以下的企业有 2079 家，占比为 52.28%；知识产权数量介于 10 到 100 的企业数量为 881 家，占比为 22.15%；拥有知识产权数量 100 以上的企业有 6 家，占比为 0.15%。拥有一个以上知识产权的企业有 2966 家，占比为 74.58%，比未拥有知识数量企业多 1955 家，高出 48.16%。

表 9-22　创业企业拥有的知识产权数量分布情况

知识产权数量	频数	占比（%）
0	1011	25.42
1—10	2079	52.28
10—100	881	22.15
100 以上	6	0.15

（二）标准制定

表 9-23　创业企业参与制订的标准总数分布情况

标准总数	频数	占比（%）
0	1343	35.72
10 以下	1557	41.41
10 以上	860	22.87

表 9-24　创业企业参与制订各类标准数量分布情况

	国际标准		国家标准		行业标准		公司标准	
	频数	占比（%）	频数	占比（%）	频数	占比（%）	频数	占比（%）
0	3125	78.05	2881	72.03	2783	69.51	1466	38.56
1—10	804	20.08	1036	25.90	1117	27.89	2150	56.55

表 9-24 创业企业参与制订各类标准数量分布情况（续表）

	国际标准		国家标准		行业标准		公司标准	
	频数	占比（%）	频数	占比（%）	频数	占比（%）	频数	占比（%）
10 以上	75	1.87	83	2.08	104	2.60	186	4.89

标准是对重复性事物和概念所做的统一规定，其以科学技术和实践经验的结合成果为基础，经有关方面协商一致，由主管机构批准，以特定形式发布作为共同遵守的准则和依据，参与行业标准制定一定程度上表明企业在某个技术或产品领域具有一定话语权。调查数据显示，创业企业参加标准制定情况较好，六成以上创业企业曾参与标准制订，参与制订的标准数量超过 10 个的企业占比达 22.87%。行业标准一般分为国际标准、国家标准、行业标准和公司标准，创业企业参与较多的为制订公司标准，参与制订国际和国家标准占比较小。

参与国际标准制订的行业差异明显，专业技术服务业、信息技术行业、文化创意行业和软件行业的企业占比较高，分别为 31.80%、28.98%、24.22% 和 22.42%；金融服务业、生物医药行业和高端装备制造业的企业占比稍低，分别为 16.77%、14.52% 和 13.16%；新材料行业、现代农业、新能源行业和节能环保行业企业占比均不足 10%，节能环保行业仅 3.70% 的创业企业参与过制订国际标准。参与制订国家标准的行业差异不大，专业技术服务业、信息技术行业、文化创意行业等行业占比相对较高，分别为 39.84%、37.56%、31.84%；金融服务业、软件行业和生物医药行业次之，三者企业占比均在 20% 以上；节能环保行业、现代农业、新材料行业和新能源行业参与国家标准制定情况较弱，四个行业企业占比均不足 10%，其中节能环保行业创业企业占比最低，为 1.82%，具体情况如表 9-25 所示。

表 9-25 分行业创业企业参与各类标准制订数量情况（%）

行业	国际标准		国家标准		行业标准		公司标准	
	0	1 个以上	0	1 个以上	0	1 个以上	0	1 个以上
高端装备制造	86.84	13.16	82.51	17.49	79.21	20.79	34.65	65.35
节能环保	96.30	3.70	98.18	1.82	94.55	5.45	43.64	56.36
金融服务	83.23	16.77	77.36	22.63	74.61	25.39	39.05	60.95
软件	77.58	22.42	73.6	26.40	71.73	28.27	39.86	60.14
生物医药	85.48	14.52	79.42	20.58	78.14	21.87	37.94	62.06
文化创意	75.78	24.22	68.16	31.84	64.35	35.65	34.98	65.03
现代农业	93.33	6.67	94.44	5.56	96.67	3.33	37.78	62.22
新材料	90.24	9.76	95.12	4.88	92.68	7.32	31.17	68.29
新能源	94.83	5.17	93.10	6.90	93.10	6.90	48.28	51.73
信息技术	71.02	28.98	62.44	37.56	59.02	40.98	33.12	66.88
专业技术服务业	68.2	31.8	60.15	39.84	59	40.99	35.63	64.37

（三）创新成果

1. 企业年度新增研发数量信息技术行业最高

表 9-26 创业企业新增研发数量分布情况

新增研发数量	频数	占比（%）
0	1760	44.30
10 以下	2203	55.45
10 以上	10	0.25

表 9-27 分行业创业企业上一年度新增研发数量分布情况（%）

行业	0	10 个以下	10 个以上
信息技术	34.33	65.20	0.47
软件	46.95	52.81	0.24
节能环保	87.50	12.50	0
高端装备制造	52.48	47.52	0
新能源	84.48	15.52	0
新材料	92.68	7.32	0
生物医药	49.20	50.80	0
文化创意	38.86	60.68	0.45
金融服务	39.60	60.40	0
专业技术服务业	39.15	60.47	0.39
现代农业	86.67	13.33	0

新增研发数量是企业创新成果的重要体现。在此次调查中，上一年度有新增研发的企业数量占比多半，达 55.7%。对在此次调查上年度新增研发企业分行业进行统计后发现，行业差异较大，信息技术、软件、金融服务新增研发情况较好，有新增研发企业达六成以上，新材料、节能环保、现代农业、新能源行业企业新增研发较为吃力，有新增研发的创业企业不足两成。

2. 企业获得国家、省部级奖项信息技术产业优势明显

表 9-28 创业企业上一年度获得国家、省部级奖项数量情况

上一年度获得国家、省部级奖项数量	频数	占比（%）
0	2349	58.73
10 以下	1623	40.58
10 以上	28	0.70

表 9-29 分行业创业企业上一年度国家、省部级奖项获奖情况（%）

行业	0	10 个以下	10 以上
新材料	95.12	4.88	0.00
节能环保	94.64	5.36	0.00
现代农业	92.22	7.78	0.00
新能源	89.66	10.34	0.00
高端装备制造	71.38	27.96	0.66
生物医药	68.17	31.51	0.32
软件	61.80	37.01	1.19
金融服务	61.81	37.20	0.98

表 9-29　分行业创业企业上一年度国家、省部级奖项获奖情况（%）（续表）

行业	0	10 个以下	10 以上
文化创意	53.81	44.17	2.02
专业技术服务业	50.96	47.89	1.15
信息技术	44.96	53.65	1.39

国家、省部级奖项旨在表彰创业企业在科研创新方面的成就，表明企业在产业链某个环节实力较强，优势明显。如表 9-28 所示，四成左右企业获得过国家、省部级奖项。分行业来看，信息技术行业、专业技术服务业和文化创意行业的获奖企业占比较高，分别为 55.04%、49.04% 和 46.19%；金融服务业、软件行业企业占比相当，分别为 38.18% 和 38.20%，生物医药行业企业占比为 31.83%，同处于 30% 以上，现代农业、节能环保行业和新材料行业获奖企业较少，创业企业占比不足 10%，新材料行业占比最低为 4.88%。

3. 企业进行技术交易情况较好，多选择行业交易中心进行

表 9-30　创业企业技术交易情况

是否进行技术交易	频数	占比（%）
是	2596	64.88
否	1405	35.12

表 9-31　创业企业上一年度技术交易收入分布情况

上一年度技术交易收入（元）	频数	占比（%）
0	1725	43.10
0—100 万	1943	48.55
100 万—1000 万	304	7.60
1000 万以上	30	0.75

技术交易是指法人、具有民事行为能力的自然人和其他经济组织，对其拥有的科技成果、专利技术、专有技术和以科技成果投资、风险投资等形成的产权及科技企业的股权在不同地区、部门、所有制之间进行的有偿转让。调查数据显示，受调查的创业企业中进行过技术交易的企业有 2596 家，占比为 64.88%。对技术交易收入进行统计后发现，五成以上企业存在此类收入，且金额普遍偏小，多在 100 万元以下，具体情况如表 9-31 所示。

一般认为企业技术交易渠道包括国家交易中心、地方交易中心、行业交易中心、服务平台和企业间直接交易。调查数据对技术交易渠道进行统计，结果如表 9-31 所示，选择地方交易中心、行业交易中心和服务平台的创业企业占比相对较多，均在两成以上。

表 9-32　创业企业技术交易渠道分布情况

技术交易渠道	频数	占比（%）
国家交易中心	594	15.63
地方交易中心	798	21
行业交易中心	866	22.79
服务平台	764	20.11
企业间直接交易	650	17.11

表 9-32 创业企业技术交易渠道分布情况（续表）

技术交易渠道	频数	占比（%）
其他	128	3.37

三、创业企业创新存在的问题

我国创业企业在企业创新方面仍然面临诸多因素制约。调查数据显示，认为制约企业创新的要素为人才、资金和关键技术的企业占比分别为 24.26%、21.13% 和 20.52%，认为技术服务体系不完善的企业占比 18.2%，认为企业欠缺与高校、科研院所合作的企业占比为 10.59%。我们将创业企业创新存在的问题归纳为以下四点。

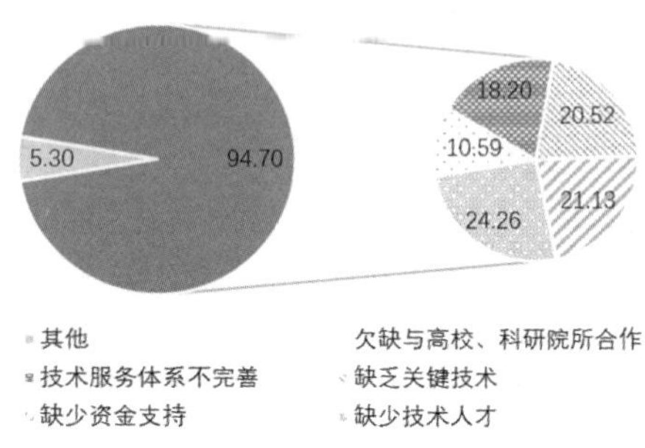

图9-8 制约企业创新的因素分布情况（%）

（一）创新人才不足

1. 创新人才缺口大

创新人才主要包括专业技术人才和创新服务人才。首先，专业技术人才作为企业创新过程中的重要力量，对科技创新、推动企业长远发展起着重要的支撑作用。近年来，企业层面技术人才缺口一直较大，就业市场结构性问题突出，每年进入市场的专业技术人才远远无法满足企业需求。高校人才培养与企业实际需求以及飞速发展的市场之间仍存在一定的差距，人才输送体现出一定的滞后性。其次，创新型服务人才指复合型高端人才，既要对某些技术领域熟悉，又要掌握专利转化有关的法律法规，还要有较强的商务交际能力、谈判技巧、市场分析能力和商业模式策划能力。目前，我国对促进科技成果转化、技术转移的科技服务人员的管理制度仍不健全，不仅尚未纳入国家职业分类大典，而且缺少能力培养、职业培训和激励机制等措施，创新服务人才队伍不稳定，人员流动性较大，直接导致创新服务时常缺位。

2. 创业企业抢人难

创业企业面临的最大问题是生存问题，企业成本投入占企业资产总额比重较大，在人才薪资、福利等方面，相比于大企业和其他就业单位缺乏竞争力。创业公司的人力资源工作更多是在招聘，对员工个人成长而言帮助较大的人才发展、胜任力模型、员工关系、绩效管理等模块，只有公司发展到一定规模才可逐步完善，加之求职者在求职过程中受传统求职观念影响依旧较大，高风险且不稳定的创业企业对高端人才吸引力相对较弱。诸多因素影响下，相较于在行业内已经取得一定成绩的大企业和稳定的就业单位，创业企业很难在人才抢夺方面与之正面抗衡。

（二）资金投入匮乏

此次调查数据显示，创业企业科研经费来源单一且投入力度不大，仍处在以企业自筹为主要方式的阶段，可获得的外部经费支持较少，自筹科研经费的创业企业占比45.64%，比重接近受调查企业的一半；科研经费来自国家项目支持的企业占比为9.82%；科研经费源于地方支持的企业占比为6.69%。企业创新需要大量的人力财力支持，从宏观层面来看，我国企业目前投入到研发方面的资金只占GDP总量的1.2%，相比于发达国家平均3%—5%的投入而言差距较大。间接反映出我国创业企业创新动力不足，满足于从国外引进先进技术，进行简单模仿或者照抄照搬，进行技术含量低下的简单重复劳动，不进行资金投入对技术进行消化和二次创新。而资金投入不足必然会导致技术等方面的创新难产甚至不产，进而影响企业长期生存发展。

（三）企业创新制度缺乏

企业制度尤其是管理制度是一个企业赖以生存的体制基础，企业的创新不仅是技术问题，也是制度和管理问题，企业的创新需要有完善合理的制度来保护和支持。当前，我国大多数企业仍然面临着产权不明晰，制度不完善和管理落后的问题。创业企业在制度层面多处于探索完善阶段，而在缺乏现代管理制度的情况下，领导层的风格将直接决定企业的发展方向。而当没有与创新相匹配的激励制度、人才引进制度等内部制度保障时，企业创新更容易受到领导风格影响。当领导风格趋于保守时，企业创新就会受限。

（四）产学研合作不紧密

1. 深层次的体制机制问题日益凸显

产学研合作，主要是基于加快科研成果向现实生产力转化的需要，按照利益共享、风险共担及优势互补的原则，企业与高校、科研院所共同开展技术创新活动。长期以来，隶属于不同系统的企业、高校及科研院所，客观上受到体制藩篱的制约，只能在体制允许的范围内开展合作，强调“企业出钱、学校和科研院所出力”，采取“点对点”的技术转让、委托研究和联合开发，多以“短、平、快”的合作项目为主，以局部的、阶段性的合作方式为主，以解决一般性、临时性的技术问题为主，可以“一手交钱一手交货”“一锤子买卖”，各方合作人员、机构、项目、经费等都不稳定，难以实现对某些重点技术领域的持续稳定联合研究、人才培养以及相应的知识创造、积累和共享，无法有效解决制约产业发展的共性问题和重大技术难题。

2. 高校院所与企业联合创新比例低

目前，企业与高校院所开展产学研合作机制仍较为僵化，作为最具创新活力的生产单位，创业企业与科研院所联合成立研究机构的占比仅为6.97%；企业技术引进源自高校的企业占比为17.42%，源自科研院所的企业占比为18.47%，多数企业创新组织方式仍为内部的团队创新。

企业与高校联动效率低问题主要在于，一是高校合作意愿不强，高校科研课题获得资助渠道主要来源于政府，所做国家项目的认可度高，与企业合作不仅课题要求高，过程繁琐，交付达标困难，同时没有强大的资金链作为后盾，极易造成研发半途而废。二是管理机制难以保障，企业与高校进行合作有多种方式可以选择，目前较为常见的校企联合模式包括专业共建、定向培养、工学结合与项目共同研发，随着合作模式的不断创新，相关制度存在滞后性，校企合作运行中缺乏及时有效的管理制度，不能对双方行为进行有效约束与保护。三是认知层面存在偏差。高校的探索式工作方式和文化与企业追求市场价值最大化存在差异，企业基层管理者对高校科研认知层次不足，产学研合作意识有待提升。同时，在产学研合作过程中还存在知识产权的问题及领导权问题，导致合作创新效率不高。

四、创业企业创新效率提升路径

企业创新能力是企业在市场中将企业要素资源进行有效内在变革，提升其内在素质、驱动企业获得更多竞争优势的能力。近年来，各部门、各地方围绕提高企业创新能力，开展了一系列探索和实践，结合调查数据所反映出的企业创新层面的问题，以下从三个方面提出企业创新效率提升路径。

（一）构建快速适应环境变化的组织方式

组织是企业为实现其战略目标的基础保障。当企业所处的外部环境和内部环境均发生了变化的时候，组织也需要从管理层次和管理幅度、部门的组合以及运行机制等方面做出相应的调整。我们认为，更适应新经济时代企业创新发展的组织形式是：合伙化、自组织和生态化。

一是合伙化，互联网时代个人与组织的关系发生巨大变化，个人作用更强，人作为一种特殊资产价值凸显，传统的晋升和加薪制度不足以体现其价值，人力资本合伙制应运而生，成为现在一种主流模式。这里所说的人力资本合伙制与人们过去所认知的法律意义上的合伙制不同，是在知识经济时代人力资本逐渐成为企业价值创造的主导要素后出现的一种新型的合伙人制。人力资本合伙制具有开放性，不受出资比例的束缚，能够为优秀人才提供一个有归属感的平台。目前常见的合伙人制分为三类，是创业团队在不同阶段的模式演进，核心是团队和个人。以后会出现更多种合伙人制度，合伙化将是未来组织演变最大的趋势。

表 9-32　三种合伙人制度

类别	常见形式	典型企业	优点	不足
商业合伙	侧重于项目，股权集中，业务决策集中，可以没有实物投资	绝大多数创业团队	商业性强，规则清晰，适合早期创业	过于看重利益，往往行为有短期效应
事业合伙	侧重于行业，股权相对分散，业务决策民主集中化	新东方、万科、京东	执行力强，有更强的环境适应性	对个人视野和格局要求高，存在个人能力瓶颈
价值合伙	侧重于产业，股权更均衡，业务决策更理性	阿里巴巴、复星、小米	生命力强，有战略预见性	对产业认识、战略、运营和文化管理的要求高

专栏 9–3　万科事业合伙人制

事业合伙人制度是万科为进一步激发经营管理团队的主人翁意识、工作热情和创造力，强化经营管理团队与股东之间共同进退的关系，为股东创造更大的价值，而于2014年推出的举措。万科的事业合伙人制主要有四个特点。

第一，共担命运。设计不同层次的合伙人制度，从而牢牢掌握公司的命运。第二，扁平团队信任。首先是架构扁平，让每一位管理者直接听到最底层的声音，其次是一个整体的团队，再次是信任，需要“我中有你，你中有我”的机制，形成背靠背的信任。第三，分享成就。以公司为平台培养亿万、千万、百万富翁，共享公司发展成就。第四，做大事业。搭建更大的舞台，吸引更多优秀人才，施展才华，使企业文化更加包容。

万科事业合伙人制度包括股权激励和项目跟投机制两种形式，对象包括公司高级管理人员，以及由总裁提名的业务骨干和有突出贡献的人员。这些人在自愿的原则下选择参与事业合伙人持股计划。股权激励又包括两种方式：一是将EP（经济利润）奖金获得者或者个人出资成为企业的合伙人，共同持有万科企业的股票（从二级市场购买），未来的奖金将转化为股票；二是设定经营目标，达到经营业绩，无偿奖励或打折出售股票（净资产）。项目跟投机制，是对于今后所有新项目，除旧改及部分特殊项目外，原则上要求项目所在一线公司管理层和该项目管理人员，必须跟随公司一起投资，公司董事、监事、高级管理人员以外的员工也可以自愿参与投资，员工初始跟投份额不超过项目峰值的5%。

万科通过盈安合伙架构实现事业合伙人的制度安排，帮助其在资本市场杠杆运作，实现万科“合伙大业”。

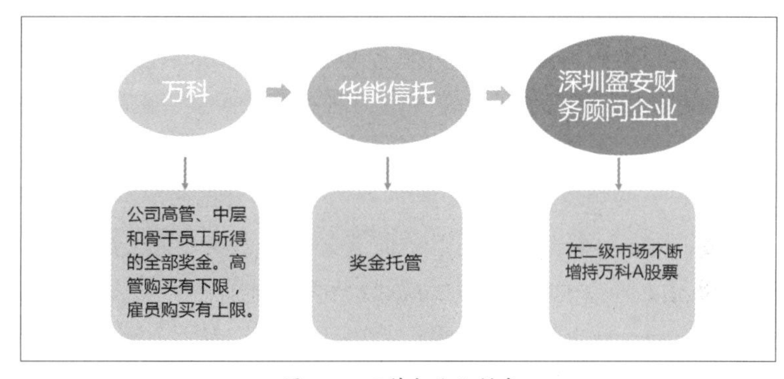

图9–9　万科合伙人制度

二是自组织与合弄制。自组织意味着企业对权力的一种“放活”，既是一个组织过程，也是一种治理模式。主要依靠成员间的合作运行，其内部成员身份是志愿性的，遵循关系逻辑，权力是自下而上组织起来的。其中关系和信任是自组织的重要因素，是人的解放的最大的标志。因此，自组织尤其适用于创业企业。

自组织有以下特点：一是去中心化，去中心化不是没有中心，而是多中心，这个中心不是原来传统意义上的“管理当局”，它会有很多小的中心单元，而每个中心单元都有可能成为公司发展的动力之一，能够快速应对外部的变化。二是去权威化，传统组织的管理当局是一种权威及其权威的组织形式，但是在自组织的情况下，管理当局的定位发生变化，它主要是确定方向，制定一些基本的规则。三是自愈能力强，自组织拥有强大的自愈能力，当外部市场环境变化时，可以通过其内部的协同关系，自动调整以达到新的平衡状态。

合弄制是自组织的一种管理模式，由企业目标出发，根据功能，将组织划分为若干圈子，圈子里可以嵌套子圈。合弄制的组织通过两种会议来进行运作，运营会议的目的是完成方案，管理会议的目的是搭建内部组织。圈子里的重大决策都由这个圈子里所有角色参加的运营会议和管理会议通过民主讨论决定。每个人根据自己的角色有相当大的自主权，没有任何人可以命令成员干什么，成员的工作由其自身依据角色、职责和权力来决定。

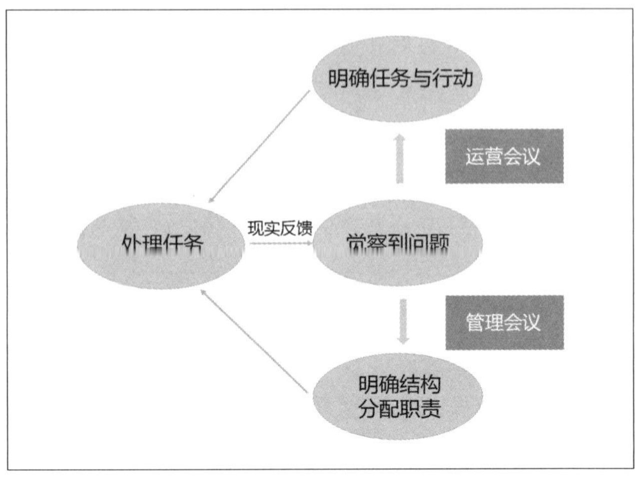

图9-10　合弄制的运营模式

专栏9-4　Medium公司的合弄制探索

Medium公司是一个内容发行平台，允许单一用户或多人协作，将自己创作的内容以主题的形式结集为专辑，分享给用户进行消费和阅读。

Medium在内部组织结构上采用了Holacracy制度，即CEO在这种管理模式中将正式放弃管理的权威，将权威转交给一个通过公司内部“宪法”成立的管理委员会，并转而承担重组公司员工小团队的职责。在这种制度之下，公司组织架构“去中心化”，公司员工重新自由组合成一个一个的小组。在小组当中，每人选择自己的职务和自己的目标。

Medium的管理原理是：“没有管理者，实现最大的自治；有机延展，当一项工作增加时，雇人；解决张力，识别人们正在面对的问题，写下来然后系统地解决；明确每件事，从休假政策到决策；分配决策，制造影响力和鼓励达成共识；消除人们额外的担心促使他们专心工作。”围绕这各项工作，会设立各种相互嵌套的圈子。比如说，阅读和发现圈子是为与阅读体验相关的要素服务的，也会嵌入到产品开发圈子；创意和反馈圈子囊括了所有与内容生产有关的要素，但也和产品开发圈子关联。在这样的体系中，产品开发圈子可以通过对内嵌在其中的各种圈子所产出的结果进行评估，来引导产品方向。小圈子中每位成员的目标均与更大一级圈子的目标保持着关联关系，而这些又服务于整个公司的大目标。因此，这种管理制度保证了一个组织内的所有人都能做到目标一致。

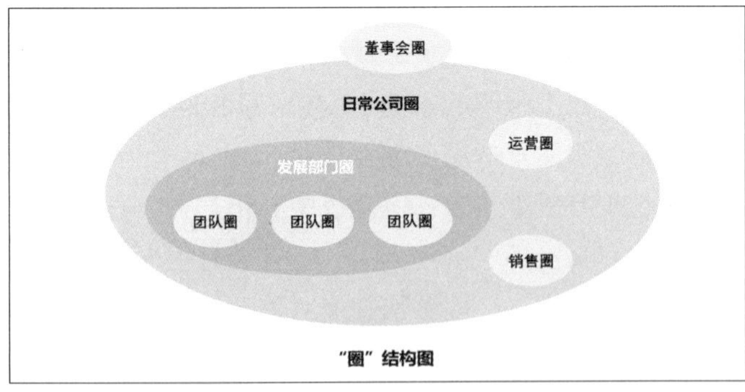

图9-11　Medium公司的合弄制组织结构

专栏 9-5　Uber 的三人模式

Uber 自己没有一辆车，却通过调配系统和规则管理着全世界几百万的汽车司机。Uber 的“3 人模式”是指进入新城市的组织只有 3 名员工：市场经理负责营销，了解客户痛点，了解服务质量，同媒体和客户打交道；运营经理负责招募司机，管理与司机有关的事情；另一个人负责处理其他事务。

Uber 在内部管理上采用自组织的形式，给予三人团队充分的授权，让他们做出本地化的决定，根据当地的情况很快做出反应使业务增长。同时，Uber 的自组织系统也是一个开放的组织系统。全世界最大的出租车公司 Uber 自己没有一辆车，却通过调配系统和规则管理着全世界几百万的汽车司机。Uber 的司机只是合作者，并不是员工，Uber 通过经济手段，让司机作为自组织的一部分，参与进 Uber 的运行中。

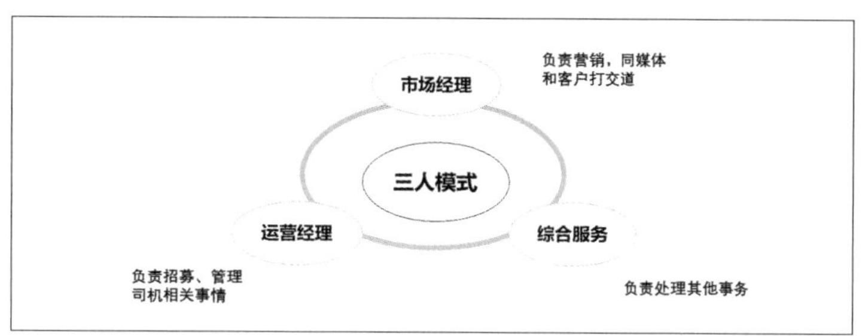

图9-12　Uber的三人模式

三是平台化。在现有的体系下增加互联网元素，即“产业 + 互联网”。这种创业的思想来源于“互联网 +”跨界思想，只有彻底抛开原有的产业定位，重新创业，才是真正的“互联网 +”。

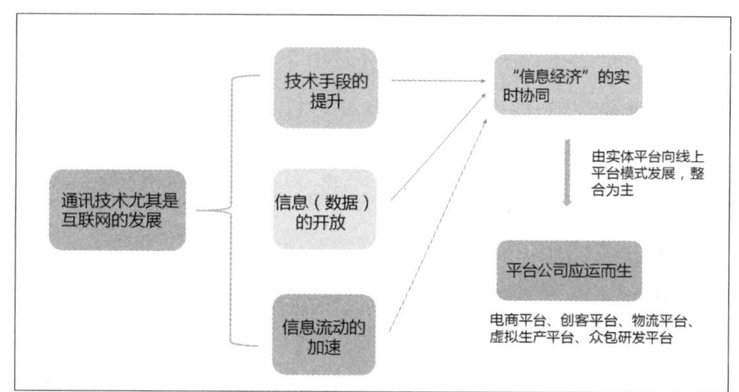

图9-13　平台公司的产生背景

平台型组织源于平台型企业，平台型企业是连接两边或多边（人才、资源、市场机会）资源并创造价值。同边网络效应发生在优秀的人才互相吸引，形成梦幻团队；也可能发生在客户间的口碑效应而使得市场快速增大。跨边网络效应出现在优秀的员工群吸引了（另一边）愈来愈多的客户与市场机会；而市场与客户的增加，也会吸引优秀人才持续加入组织共创共享。

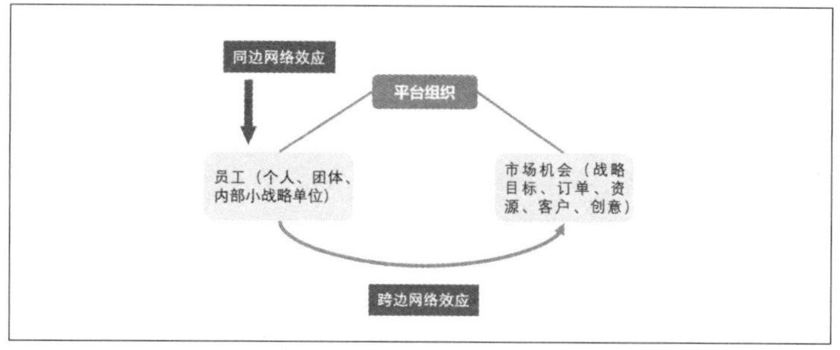

图9-14　平台型组织的网络效应

组织本身是一个平台，提供资源与必要系统，并帮助设定规则，引导参与者的投入与承诺。

在平台组织中，各组织之间是一对多的关系。组织内容包括企业无边界、管理无领导，平台的价值更加明确，组织更加简单。组织的效果是使得人的价值在平台上得以延展。

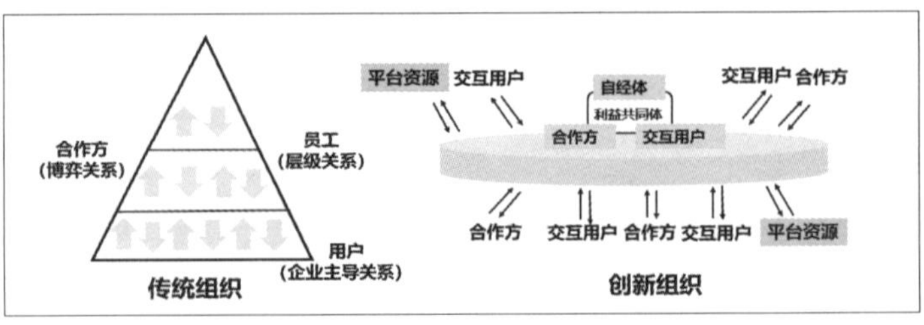

图9-15　传统组织和平台组织的结构对比

平台型组织作为资源整合和价值创造的重要载体，主要有以下五大特征：一是开放。全方位的开放接口是平台化组织与外界互动的主要方式，并通过平台的开放，利用多种资源促进平台规模的扩大和等级的提升。二是品牌。具有巨大品牌影响力的平台化组织才能吸引优秀的合作者和社会资源，并推进平台的发展。三是长板。集中力量培育“唯一”资源优势，并将唯一资源作用发挥到极致。四是文化。从使命、价值观上完成对平台所有主体的融合和统一，来实现彼此基于平台上更大的商业认同并彼此维系。五是人本。将组织完全打造成以人为本的生态圈，模糊组织边界，依靠人的成长性支撑平台化组织的成长性。

专栏 9-6　海尔转为平台主

现在海尔只有三类人：平台主、小微主和创客。原来的三级经营体们，则变成了大大小小的平台主。所谓“平台主”，就是建立的这个平台上面能产生多少创业团队，有多少创业团队能够成功，平台主为小微们提供资金、资源、机制和文化等支持。海尔提出的企业平台化，意味着要打破原有的科层制体系，改变上级管理下级的模式，转变成“为员工提供创业服务”的孵化器。原有的企业管理者将变身平台主，为创业者提供服务、支持，最终将转化为小微企业的股东。海尔正在推动其原有的各事业部、各产品线负责人，转型为各自产品线的平台主，为各自的平台催生出更多的小微公司提供相应的资源对接、机制创新等服务。

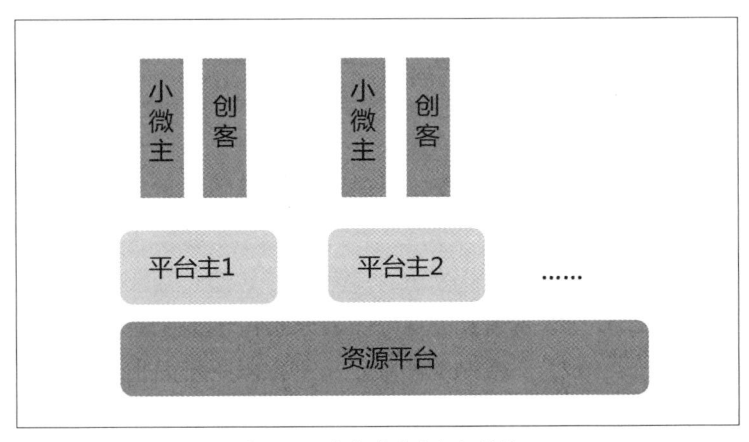

图9-16　海尔的平台组织结构

（二）多方协同构建人才培养体系

造成企业人才缺口问题的因素彼此交织，要解决这一问题，需要政府、高校和企业多主体协同，共同建设适合人才教育的环境、就业的环境以及生活环境，国家层面重视创新人才这一特殊的人才类型，给予一定的政策引导和鼓励，企业对自身业务以及未来发展有清晰定位，高校结合用人市场制定明确的培养目标，整个社会的供需两端得到结构性调整，每个毕业生能在合适的地方舒适的利用自己的才能实现人生价值，更能够激发创新创业的整体活力。

首先在培养人才尤其是技术人才方面，一是鼓励传统高校“引企入教”，开展生产性实习实训；二是应用并推广“赛课合一”等产教融合新模式；其次，充分利用好国内国外两个市场。近年来，我国制定“支持留学、鼓励回国、来去自由、发挥作用”的方针，实施更积极、更开放、更有效的留学人才回国政策，通过制定出台外国人在中国永久居留享有相关待遇、为外籍高层次人才来华提供签证及居留便利、支持留学人员回国创业、加强留学人员回国服务体系建设等政策，吸引海外人才“磁铁效应”不断增强。目前，我国留学回国人员总数达 265 万人，形成我国历史上最大一轮“回国潮”。因此为弥补高端人才空缺，从境外引入国际人才和团队是推动产业升级较为快速有效的方法。再次，企业也要制定相关配套制度，以及有吸引力的竞争条件，就当前社会就业环境而言，企业，尤其是创业型企业要根据公司战略，寻找理念契合，技能适合，发展符合的人才。在内卷形势严峻的时代，供需失衡不单单是对求职人员的危机，也是对用人单位的考验。因此国家引得到人，企业更要留得住人。

最后关于培养创新型服务人才方面，一是研究将科技服务人员纳入国家职业分类大典；二是允许技术转移人员在职持有成果转化企业给予的股份或提成；三是将科技服务人员在科技成果转化过程中取得的成绩作为其职称评审、岗位竞聘、绩效考核、续签合同等的重要依据。

（三）构建产学研生态促进多方合作

创业企业核心技术发展受阻，一方面需要企业向内挖掘自身潜力，另一方面要加强与外部合作，构建新型产学研生态。中央政治局会议明确提出形成以国内大循环为主体、国内国际双循环相互促进的新发展格局，就需要在政府引导下，以企业为主，高校及科研院所深入配合，在产业基础科研能力和产业链创新水平的升级方向来重点开展补链、固链、强链，助力供端产业升级，打造国内大循环为主体，外循环为辅助的双循环经济发展模式。在这一背景下，企业加强与高校及科研院所合作明显更符合当前时代发展，而在这个新型产学研生态中注意以下三点：

一是强化企业技术创新主体地位，实现利益最大化。作为创新主体的企业，在产学研合作过程中要发挥主导作用，应结合自身实际，以市场为导向，清晰地知道自己“需要什么”，切实提高“借力”的能力，加强生产与技术协同，聚集市场，服务社会的企业发展战略。在合适的时间选择合适的合作伙伴，以共建研发平台、联合培养人才等产学研合作模式，真正做到将高校院所的研究开发优势与企业的市场优势有效结合，实现各方资源共享和优势互补，快速提升企业自身的创新能力和科技水平，实现产学研合作的利益最大化。

二是建立产学研合作互动平台，完善产学研合作模式。借助“互联网 +”，实现各方信息互联互通，线上线下互补交流，搭建“永不落幕”的产学研合作对接机制。首先，规划建设产学研协同创新中心，招引知名高校院所分支机构入驻，建立集科技研发、技术成果转化、创业创新孵化、科技金融服务、高端人才引进、一体化中介服务转化平台，实现技术链、资金链、人才链、产业链“四链合一”更为高效的产学研协同创新模式。其次，建立“产学研合作移动智能对接信息平台”。由政府前期投资建设，鼓励运营方探索市场化商业模式。通过互联信息技术，实现科技成果的立体展示、智能推送、在线对接等功能，提供常态化信息数据共享，提升产学研合作效能。企业可通过平台随时发布技术和人才需求信息，高校院所也可随时公布科研成果、大型仪器共享、专家团队等科研资源，为产学研合作各方提供及时、全面、权威的信息服务，建立政府、高校院所、企业间的高速信息网。最后，发挥政府引导作用，推动产学研深度融合。政府在促进高端资源的有效集聚上地位突出，是产学研过程中不可忽略的力量，应当把政府的创新资源和战略部署，高校院所的科技成果和企业的生产能力有机结合起来。进一步突出政府的引领作用，政府搭台、企业与高校联合唱戏，举办各种产学研合作交流对接活动。

五、小结

一般而言，企业的创新情况通常表现在创新要素投入与创新产出效率两个方面。从创新要素的投入来看，创业企业研发团队规模较小，呈现小微型团队创新的特点，人才引进是企业核心技术人员的主要来源；多数企业研发投入偏少，且多为企业自筹，研发经费主要用于新产品、新技术开发；企业技术引进费用大多偏低，多以企业为主要来源；企业对外科技合作投入偏低，集中在 10 万元以下。从创新产出效率来看，多数企业至少拥有一个知识产权，但在专利、著作权及其他知识产权的拥有量上依旧处于较低水平；创业企业多参与制订公司标准，参与制订国际和国家标准占比较小，企业新增研发数量呈现明显的行业差异。

创新是创业企业在激烈市场竞争中的存活之道，当前我国创业企业创新能力仍显不足，存在着诸多问题与制约因素：一是人才供给不足，技术人才、领军人才和创新型服务人才缺乏，创业企业人才吸引力偏低；二是企业资金短缺问题突出，企业研发费用来源单一，获取政府扶持较少，知识产权融资难度大；三是企业核心技术研发活力不足，缺少关键原始创新，企业研发经费投入力度小；四是高校院所与企业联合研发比例低，科技成果转化率偏低。在新经济时代背景下，实现创业企业创新效率的提升需要多方协作和配合，积极构建人才培养体系，建立产学研生态体系，推动多元要素融合创新，同时创业企业自身应构建快速适应内外部环境变化的组织方式，形成灵活的组织形式和应对机制。

第十章　创业服务环境

创业服务机构是为创业者提供良好的创业环境和条件，帮助创业者将成果发明尽快形成商品推向市场，通过提供综合服务，培育小企业迅速成长形成规模，为社会培养成功的企业和企业家的一类组织服务机构。创业服务机构通过创业信息服务的集成、共享、协同，促进创新要素在一定范围内流动和增值，对区域创新创业产生强大的助力。本章从创业企业服务需求、创业服务满意度评价入手，对创业服务及政策落实情况进行深入分析，找到当前我国创业服务存在的短板，提出创业服务机构演进趋势，找到创业服务机构提升路径。

一、创业企业服务需求

创业服务涵盖研究开发、检验检测、技术转移、知识产权、科技金融、科技咨询等多项服务内容。根据问卷问题设置，重点围绕技术创新、技术交易、知识产权、融资服务、咨询服务、产业政策等方面对企业服务需求进行分析。

（一）技术创新服务

技术创新往往是创业者创业过程中面临的首要问题，同时也是影响企业创建和发展的关键因素。根据创始人问卷调研，缺少关键技术成为影响创业者的第三大困难因素，困难程度仅次于创业风险太大、创业概念容易被模仿。从分行业数据看，超过30%的新能源、现代农业创业企业认为，缺少关键技术是制约企业创业发展的重要因素。通过分析"影响企业创建的影响因素"也可以看出，47.43%创业企业将技术看作影响企业创建发展的重要因素，其中半数以上的高端装备制造、文化创意、现代农业企业将技术看作企业创建发展的重要因素。

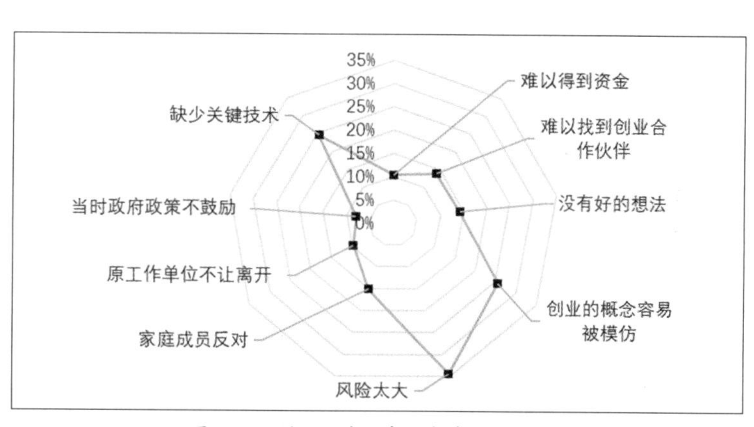

图10-1　创业困难因素分布情况（%）

表 10-1　创业影响因素重要性分值情况（%）

重要性分值	1	2	3	4	5	6	前三重要性合计
进入市场的速度 / 时间	30.00	14.74	16.73	10.51	8.77	7.69	61.47
知识产权保护	15.93	18.98	13.04	16.98	11.44	6.14	47.95

表 10-1　创业影响因素重要性分值情况（%）（续表）

重要性分值	1	2	3	4	5	6	前三重要性合计
与其他公司合作	6.97	10.31	16.38	12.99	14.61	19.11	33.66
政府支持	11.94	12.39	12.16	16.16	13.94	13.26	36.49
大量资金投入	15.88	20.55	15.43	10.24	15.11	6.12	51.86
技术	19.26	15.68	12.49	9.12	8.22	17.13	47.43

（二）技术交易服务

根据问卷调研，多数创业企业存在技术交易行为，进行过技术交易的创业企业占比为64.84%，未进行过技术交易的创业企业占比为35.09%。从不同行业情况看，节能环保、现代农业、新材料三个产业发生过技术交易的企业占比较高，均达到80%以上；新能源、高端装备制造产业发生技术交易的企业占比达到70%以上；生物医药、软件、文化创意、金融服务产业发生技术交易的企业占比达到60%以上。从技术交易渠道选择看，22.79%的创业企业选择在行业交易中心开展技术交易，21.00%的企业选择地方交易中心，20.11%的企业通过服务平台开展技术交易，17.11%的企业选择企业间直接交易的方式，15.63%的企业在国家交易中心进行交易，另有3.37%的企业采用其他交易方式。不同行业对于技术交易渠道选择的偏好差异并不显著。

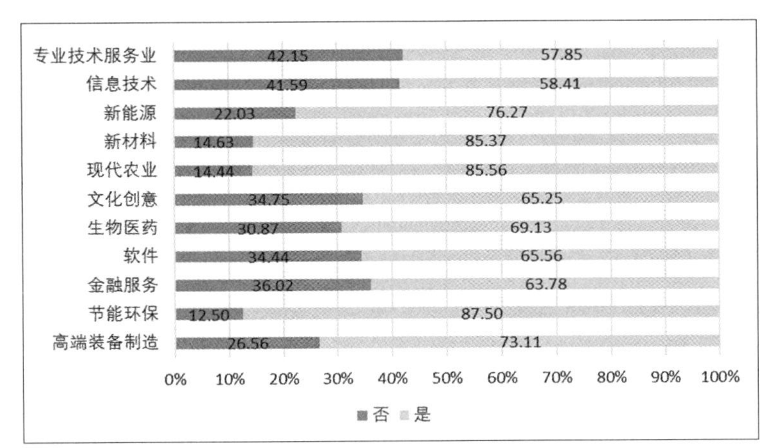

图10-2　分行业创业企业技术交易发布情况

（三）知识产权服务

知识产权保护越来越成为科技型、创意型企业创建和发展的前置条件。根据问卷调研反馈，38.18%的企业认为“其他人复制公司产品的可能性”在60%以上。通过分析“影响企业创建的影响因素”也可以看出，占比47.95%创业企业将知识产权保护看作影响企业创建发展的重要因素，其中半数以上的节能环保、新能源、专业技术服务业企业将知识产权保护看作是企业创建发展的重要影响因素。同时，当出现产权纠纷时，知识产权服务发展水平也将影响企业确权和维权的成本。根据问卷调研，创业企业出现过知识产权纠纷的企业占比为8.87%，知识产权纠纷的平均处置时间7.47个月。

表 10-2　创业企业产品可复制性情况（%）

侵权的可能性（%）	占比（%）
0—20	15.01

表 10-2　创业企业产品可复制性情况（%）（续表）

侵权的可能性（%）	占比（%）
20—40	20.45
40—60	26.35
60—80	22.10
80—100	16.08

（四）专业咨询服务

专业咨询服务可以帮助企业快速识别和论证商业机会，在企业发展的关键节点，围绕产品创新、技术迭代、管理模式创新等方面，提出专业化发展建议，助力企业走出发展困境，实现快速发展。关于“企业咨询渠道”的调查数据显示，占比 49.40% 的企业选择通过“创业企业培训”方式获取咨询建议；选择“客户建议”的企业占比达到 45.15%；选择“投资人辅导”方式获取咨询建议的企业占比为 40.23%；以“好友建议”“商业路演”“创业比赛”方式作为咨询渠道的占比在 20%—30%。

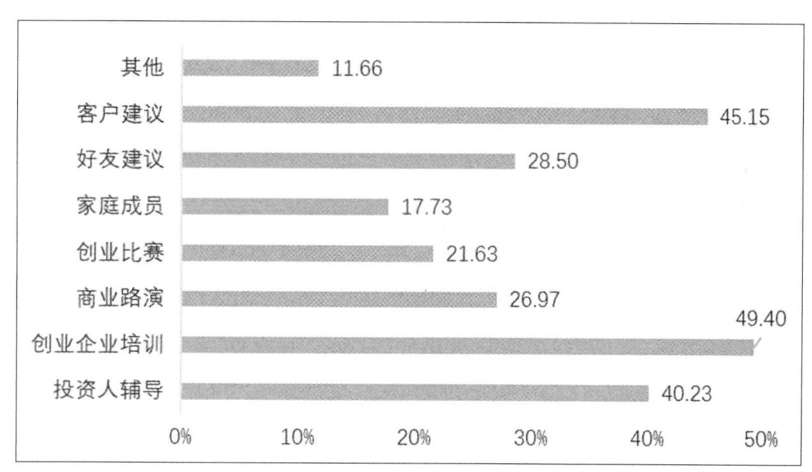

图10-3　创业企业咨询渠道分布情况

（五）产业政策服务

结合调研问卷，产业政策主要包括科技资源开放共享服务、科技创新券、税收优惠等内容。通过调研企业“对于创新创业政策了解程度”，可以看出，占比 24.54% 的企业对创新创业政策不太了解，47.20% 的企业对创新创业政策了解程度一般，仅有 28.27% 的企业对创新创业政策较为了解。从企业的地域分布情况看，北京市、上海市企业对于创新创

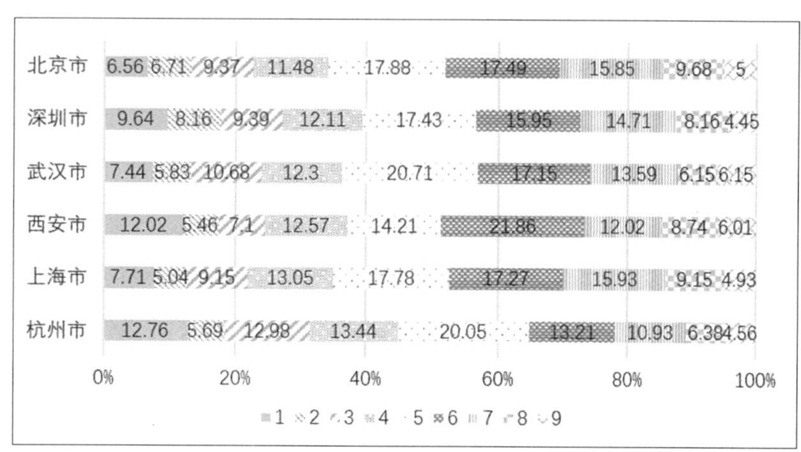

图10-4　分城市创业企业对创新创业政策了解情况（9为最了解）

业政策的了解程度要高于其他省市。从各项产业政策的获得性角度看，获得科技资源开放共享服务的企业占比较高，其次是获得税收优惠，获得科技创新券支持的企业占比较少。从地域分布情况看，上海市、西安市企业获得科技资源共享服务的比重较高，均超过60%；杭州市和武汉市企业获得科技创新券的占比相对较高；各省市获得税收优惠的企业占比相对一致，均在20%左右。

表10-3　分城市创业企业获得产业政策支持情况

	北京市	深圳市	武汉市	西安市	上海市	杭州市
获得科技资源开放共享占比	49.26	53.70	58.25	60.11	67.97	48.53
获得科技创新券占比	15.93	14.32	17.15	16.39	14.99	17.91
获得税收优惠占比	23.15	23.70	17.48	20.77	22.38	21.32

二、创业服务满意度评价

创业服务满意度是反映我国创业环境发展情况的重要指标，直接反映出创业者对我国创业政策落实、创业服务供给的获得感。调查数据从创新创业环境、创业服务载体、创业政策服务三个层面入手，从宏观到微观、从总体到专项等各个层面对创业服务情况进行评价。

（一）创新创业环境满意度

优质的创新创业环境可以最大程度上激发企业创新活力，推动企业实现轻盈、快速成长，持续挖掘区域增长潜力，形成经济增长新动能。本次调查中，样本企业对于中国创新环境满意度评价的平均分值为5.7分，其中新能源行业、生物医药行业对于创新活力的满意度评价最高，平均达到6分以上；软件行业、金融服务行业、文化创意行业、高端装备制造行业对于创新活力的平均满意度评价达到5.7分以上；节能环保行业、专业技术服务行业平均满意度评价为5.5分；信息技术行业的平均满意度分值为5.4分；新材料行业的平均满意度分值为5.3分；现代农业领域的平均满意度得分为5.2分。

本次调查中，样本企业对于中国创业环境的满意度评价的平均分值为5.6分，其中新能源行业、新材料行业对于创业环境的满意度评价均值最高，达到6.6分；高端装备制造行业、软件行业、节能环保行业创业环境满意度评价均值为5.8分；生物医药行业、文化

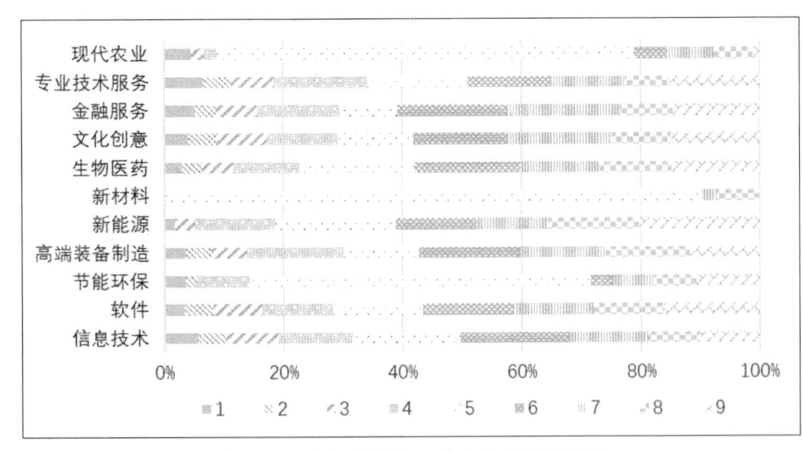

图10-5　分行业创新环境满意度评价情况

创意行业、金融服务行业创业环境满意度评价均值为5.7分，上述八个行业关于创业环境满意度评价均值高于全行业均值。信息技术行业创业环境满意度评价均值为5.4分，专业技术服务行业均值为5.3分，现代农业行业均值为5.2分，关于创业环境的总体满意度较低。

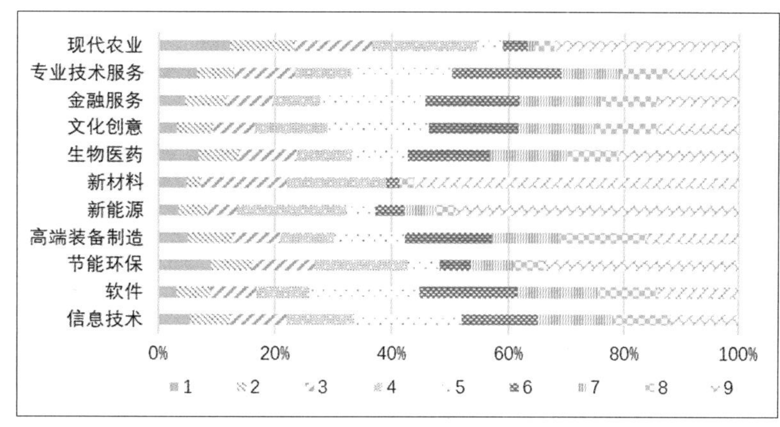

图10-6　分行业创业环境满意度评价情况

从地区创业环境满意度评价看，样本企业对于上海市创业环境的评价均值最高，达到5.9分，处于高满意度区间的企业占比达到41.9%。北京市、西安市和深圳市创业环境满意度评价均值为5.8分，其中北京市处于高满意度区间的企业占比为41.3%，西安市为40.4%，深圳市为42.6%。武汉市创业环境满意度评价均值为5.7分，处于高满意度区间的企业占比为37.2%。杭州市创业环境满意度评价均值为5.6分，处于高满意度区间的企业占比为38.1%。

表10-4　分城市创业环境分值分布情况（%）

分值	1	2	3	4	5	6	7	8	9
北京市	4.0	4.4	7.8	9.9	14.6	18.2	16.5	14.9	9.9
深圳市	5.3	4.1	6.1	9.0	14.3	18.5	20.8	13.1	8.8
武汉市	3.9	3.2	7.8	10.7	16.2	21.0	15.5	13.6	8.1
西安市	2.7	6.0	6.6	7.7	17.5	19.1	17.5	15.3	7.7
上海市	4.7	3.9	6.5	9.5	14.0	19.5	16.8	15.1	10.0
杭州市	7.9	3.4	7.3	7.9	18.8	16.6	15.6	13.4	9.1

（二）创业服务载体满意度

本次调查中，样本企业选择孵化器代理工商注册的比例为8.0%，绝大多数企业则选择自行注册方式，占比为56.1%。委托孵化器代管财务的创业企业比例为10.8%，超过50%的企业通过设立专门财务部门进行管理。在知识产权管理领域，委托孵化器或产业园区进行知识产权管理的企

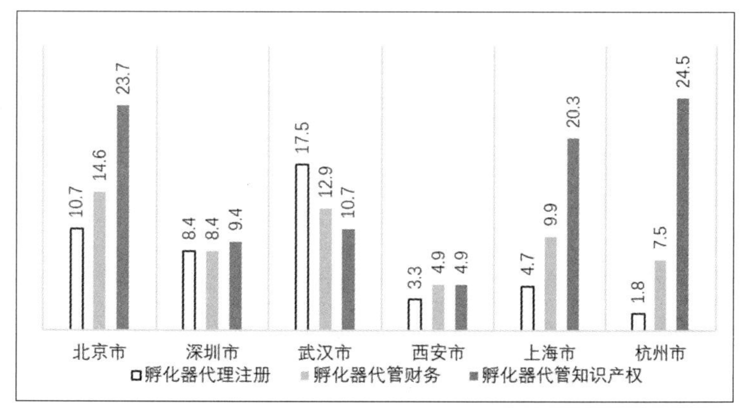

图10-7　分城市创业企业选择孵化器代理服务情况

业占比为18.2%，通过专人管理的企业占比为31.4%，委托第三方进行管理的占比为26.2%，通过知识产权交易市场进行知识产权管理的占比为14.4%。从创业企业选择孵化器代理服务的地域偏好看，北京市、武汉市企业选择孵化器代理服务的比例较高，上海市、杭州市创业企业在知识产权领域选择孵化器代理服务的占比较高，分别达到20.3%、24.5%，西安市创业企业选择孵化器代理服务的比例整体较低。

（1）总体服务

本次调查中，样本企业对于孵化器或园区服务的总体满意度评价为5.7分，其中新能源行业创业企业对于孵化服务的满意度水平整体较高，各服务事项的满意度均值达到6.1分；新材料行业创业企业的满意度评价均值为5.9分，高于全行业平均水平，但在人事托管与招聘、技术支持服务领域出现满意度评价低谷；节能环保行业、文化创意行业服务满意度均值为5.8分，其中文化创意行业在市场营销服务方面出现满意度评价峰值；信息技术行业、软件行业、高端装备制造行业、金融服务行业、专业技术服务行业服务满意度均值为5.7分；生物医药行业、现代农业行业服务满意度均值为5.6分，其中现代农业在投融资服务方面出现满意度评价峰值。

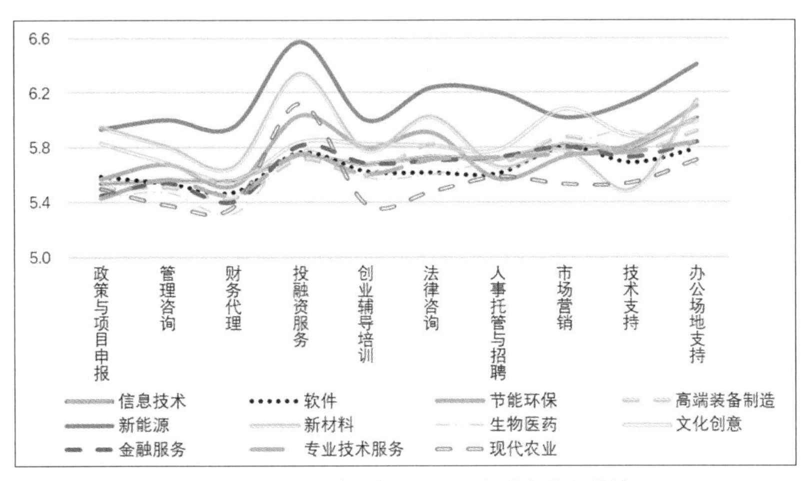

图10-8 分行业创业企业孵化服务满意度评价情况

不同区域样本企业对于孵化器或园区服务的总体满意度存在一定差距，并且呈现各分项服务满意度评价趋同的特征。北京市样本企业对于各项服务的满意度最高，其次是深圳市、武汉市、西安市和上海市，其中深圳市在投融资服务方面位居各省市首位，西安市在技术支持方面存在较大短板。杭州市样本企业对于各

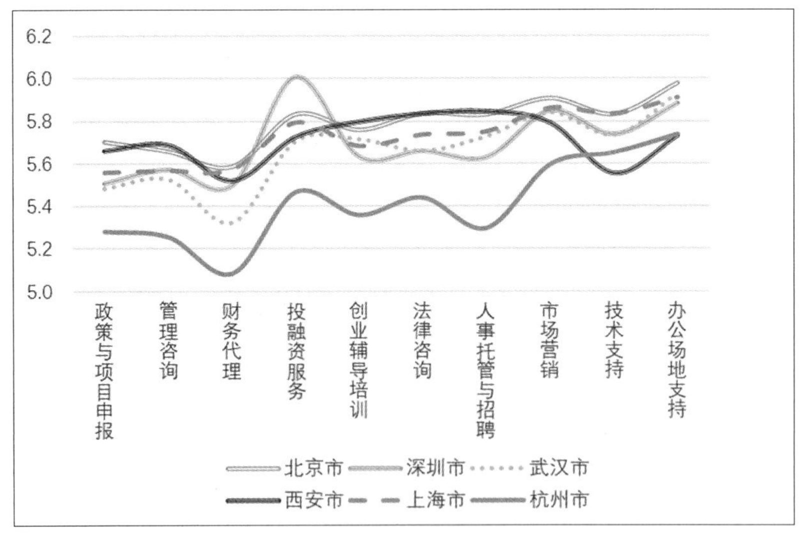

图10-9 分城市创业企业孵化服务满意度评价情况

项服务的满意度普遍较低，相比其他省市仍有较大服务提升空间。

（2）专项服务

①政策指导与申报

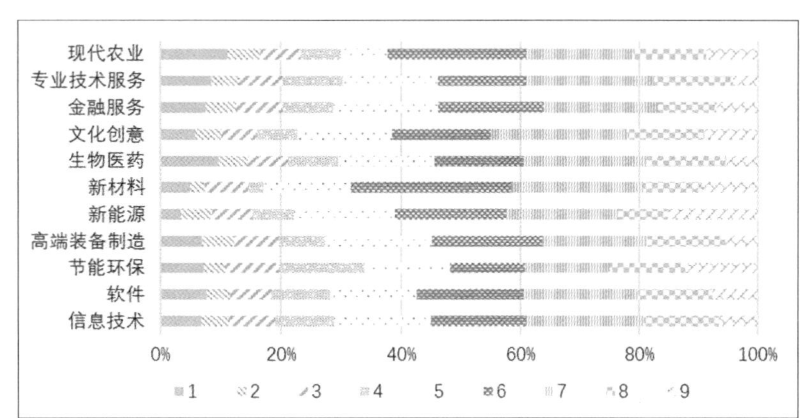

图10-10　分行业政策指导与项目申报服务效果评价情况

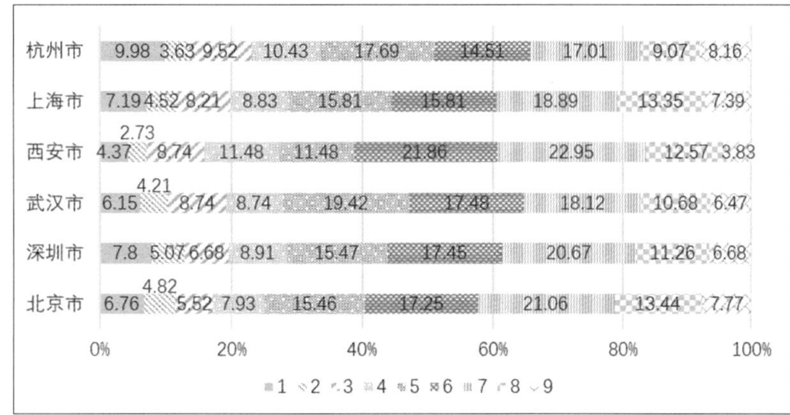

图10-11　分城市政策指导与项目申报服务效果评价情况

不同行业对于孵化器或园区提供的政策指导与项目申报服务满意度评价存在一定差异。新能源、新材料行业创业企业关于政策指导与项目申报的整体满意度评价较高，平均分值分别达到5.9分和6.0分，42.40%的新能源企业认为孵化器或园区提供了高效的政策指导与项目申报服务，41.5%的新材料企业认为孵化器或园区提供了高效的政策指导与项目申报服务。文化创意行业样本企业关于政策指导与项目申报服务效果的总体评价均值为5.8分，45.1%的企业认为政策指导和项目申报服务较为高效。信息技术、软件、节能环保、高端装备制造、现代农业行业企业关于政策指导与项目申报服务效果的总体评价均值在5.5—5.6分，生物医药、金融服务、专业技术服务行业关于政策指导与项目申报服务效果的总体评价较低，评价均值为5.4分。

在政策指导和项目申报满意度方面，北京市创业企业的整体评价较高，42.3%的样本企业认为孵化器或园区在政策指导和项目申报方面提供了高效的创业服务。西安市和上海市创业企业中认为孵化器或园区在政策指导和项目申报方面提供了高效创业服务的比例分别为39.3%和39.6%。深圳市有38.6%的样本企业认为孵化器或园区提供了高效的政策指导和项目申报服务，武汉市有35.3%的样本企业认为政策指导和项目申报服务较为高效。

②商务服务

孵化器或园区商务服务包括管理咨询、财务代理、法律服务、人事托管与人才招聘四项服务内容。

管理咨询服务领域，新能源行业企业对于孵化器或园区提供的服务效果整体评价较好，平均分值为 6 分，42.4% 的企业对服务效果给出高满意度评价。新材料、节能环保、文化创意行业企业对于管理咨询服务的总体效果评价处于第二梯队，评价均值位于 5.7—5.8 分。信息技术、软件、高端装备制造、生物医药、金融服务、专业技术服务行业企业对于管理咨询服务的总体效果评价处于第三梯队，评价均值位于 5.5—5.6 分。现代农业行业企业对于管理咨询服务的总体效果评价较低，评价均值为 5.4 分。从地区评价角度看，北京市和西安市创业企业对于管理咨询服务的整体评价较高，其次是深圳市、上海市和武汉市，杭州市创业企业对于管理咨询服务的整体评价最低。

表 10-5　分行业管理咨询服务效果评价情况（%）

管理咨询服务	1	2	3	4	5	6	7	8	9
信息技术	4.0	6.1	6.8	10.9	18.4	17.5	18.0	11.9	6.4
软件	4.6	5.4	7.0	11.2	19.4	17.3	15.9	11.6	7.6
节能环保	3.6	3.6	10.7	10.7	19.6	10.7	19.6	10.7	10.7
高端装备制造	5.2	3.9	7.5	10.8	19.7	17.7	18.4	11.5	5.2
新能源	1.7	5.1	6.8	6.8	16.9	20.3	16.9	13.6	11.9
新材料	7.3	4.9	4.9	9.8	12.2	17.1	17.1	14.6	12.2
生物医药	6.1	5.1	9.0	9.6	16.7	18.6	15.8	11.3	7.7
文化创意	4.5	4.9	7.0	7.4	20.4	17.7	19.1	9.4	9.6
金融服务	2.6	6.3	8.7	11.0	18.9	18.9	16.5	8.9	8.3
专业技术服务	4.2	7.3	5.0	10.0	16.5	23.0	16.5	11.1	6.5
现代农业	7.8	10.0	5.6	8.9	16.7	12.2	16.7	15.6	6.7

财务代理服务方面，新能源行业创业企业对于孵化器或园区提供的财务代理服务效果整体评价较高，平均分值为 5.9 分，47.5% 的企业对服务效果给出高满意度评价。新材料、信息技术、文化创意行业企业对于财务代理服务的总体效果评价处于第二梯队，评价均值位于 5.6—5.7 分。软件、节能环保、专业技术服务、高端装备制造、金融服务、现代农业对于财务代理服务的总体效果评价处于第三梯队，评价均值位于 5.4—5.5 分。生物医药行业对于财务代理服务的总体效果评价较低，评价均值为 5.3 分。从地区创业企业服务效果评价看，北京市、上海市创业企业对于财务代理服务效果满意度较高，平均分值为 5.6 分，深圳市、西安市创业企业服务效果满意度次之，平均分值为 5.5 分，武汉市创业企业对于财务代理服务的平均评价值为 5.3 分，杭州市创业企业的平均评价值为 5.1 分。

表 10-6　分行业财务代理服务效果评价情况（%）

财务代理服务	1	2	3	4	5	6	7	8	9
信息技术	5.7	4.9	7.5	12.5	15.2	15.1	18.2	14.7	6.2
软件	7.2	5.1	6.8	10.4	16.5	18.7	16.4	11.7	7.2
节能环保	7.1	7.1	7.1	10.7	17.9	5.4	21.4	14.3	8.9
高端装备制造	7.9	4.6	8.2	10.5	14.1	18.7	17.0	13.4	5.6
新能源	1.7	5.1	13.6	10.2	6.8	15.3	18.6	13.6	15.3
新材料	12.2	0.0	2.4	9.8	14.6	17.1	26.8	9.8	7.3
生物医药	7.7	4.8	8.7	12.5	16.4	15.8	16.4	12.2	5.5

表 10-6　分行业财务代理服务效果评价情况（%）（续表）

财务代理服务	1	2	3	4	5	6	7	8	9
文化创意	7.0	4.5	5.6	11.0	19.3	16.4	15.2	12.3	8.7
金融服务	4.7	5.5	9.3	11.4	19.1	17.5	15.2	11.4	5.9
专业技术服务	6.9	3.5	8.5	14.6	15.8	14.2	15.0	15.8	5.8
现代农业	8.9	8.9	6.7	11.1	13.3	10.0	16.7	17.8	6.7

在法律咨询服务领域，新能源、新材料行业创业企业对于孵化器或园区提供的法律咨询服务效果整体评价较高，平均分值分别为 6.2 分、6.0 分，分行业均有超过 50% 的企业对服务效果给出高满意度评价。节能环保、高端装备制造、文化创意行业对于法律咨询服务的整体评价均值位于 5.8—5.9 分，分行业企业给出高满意度评价的比重均超过 40%。信息技术、金融服务、专业技术服务、软件、生物医药行业企业对于法律咨询服务的整体评价均值位于 5.6—5.7 分。现代农业行业企业对于法律咨询服务的总体效果评价较低，评价均值为 5.5 分。从地区差异看，北京市和西安市创业企业对于法律咨询服务效果满意度较高，平均分值为 5.8 分；其次是深圳市、武汉市和上海市，服务评价均值为 5.7 分；杭州市创业企业服务效果满意度较低，平均分值为 5.4 分。

表 10-7　分行业法律咨询服务效果评价情况（%）

法律咨询服务	1	2	3	4	5	6	7	8	9
信息技术	4.3	4.1	7.9	10.4	14.7	19.0	16.2	16.0	7.5
软件	6.6	3.6	8.5	9.2	15.5	17.9	16.8	13.2	8.6
节能环保	3.6	0.0	10.7	16.1	14.3	8.9	19.6	12.5	14.3
高端装备制造	4.9	3.6	6.2	7.9	18.0	19.0	15.7	15.4	9.2
新能源	3.4	1.7	10.2	5.1	8.5	20.3	20.3	15.3	15.3
新材料	4.9	2.4	7.3	4.9	14.6	14.6	29.3	12.2	9.8
生物医药	7.1	2.3	9.0	5.8	16.7	23.2	18.3	11.3	6.4
文化创意	5.2	4.3	6.5	7.8	16.1	20.0	15.7	13.5	11.0
金融服务	4.3	5.1	6.9	8.7	14.6	20.3	22.4	10.2	7.5
专业技术服务	7.7	3.8	6.1	7.7	14.9	19.9	16.9	12.3	10.7
现代农业	8.9	4.4	7.8	8.9	14.4	14.4	22.2	13.3	5.6

人事托管与人才招聘服务方面，新能源行业创业企业对于孵化器或园区提供的人事托管与招聘服务效果整体评价较高，平均分值为 6.2 分，47.5% 的创业企业对服务效果给出高满意度评价。文化创意行业创业企业对于人事托管与招聘服务效果的总体评价分值为 5.8 分，信息技术、高端装备制造、新材料、生物医药、金融服务、专业技术服务行业创业企业的总体评价值为 5.7 分，软件、节能环保、现代农业行业创业企业的总体评价值为 5.6 分。从地区情况看，北京市、西安市、上海市创业企业关于人事托管和人才招聘的服务效果评价较高，平均分值为 5.8 分；其次是武汉市和深圳市，平均值分别为 5.7 分和 5.6 分；杭州市关于人事托管和人才招聘的服务效果评价较低，平均分值为 5.3 分。

表 10-8　分行业人事托管与人才招聘服务效果评价情况（%）

人事托管与招聘服务	1	2	3	4	5	6	7	8	9
信息技术	4.9	4.9	7.5	7.8	16.5	18.0	17.8	15.2	7.3
软件	6.4	5.2	6.7	9.6	16.6	15.6	18.5	12.5	8.9
节能环保	3.6	3.6	10.7	12.5	19.6	17.9	8.9	12.5	10.7
高端装备制造	4.9	5.3	5.9	9.5	15.8	16.8	21.7	14.5	5.6
新能源	1.7	1.7	3.4	10.2	11.9	23.7	27.1	10.2	10.2
新材料	9.8	4.9	4.9	7.3	9.8	14.6	31.7	9.8	7.3
生物医药	6.8	2.3	8.4	8.4	16.7	13.2	22.8	15.1	6.4
文化创意	4.3	4.9	5.6	9.0	18.4	16.4	19.7	12.6	9.2
金融服务	4.1	6.1	6.7	9.1	14.0	16.9	23.0	12.8	7.3
专业技术服务	5.7	4.6	6.9	8.4	13.8	19.2	18.8	15.3	7.3
现代农业	11.1	5.6	6.7	4.4	13.3	14.4	17.8	18.9	7.8

③金融服务

样本企业对于孵化器或园区提供的投融资服务效果评价较好。从分行业数据看，新能源行业企业对该项服务效果的整体评价最高，评价均值为 6.6 分，其次是新材料和节能环保行业，评价均值都超过 6.0 分。其他行业企业关于投融资服务效果的满意度整体趋同，评价均值处于 5.7—5.8 分。从分地区数据看，深圳市创业企业对于投融资服务效果的满意度评价最高，评价均值为 6.0 分，45.4% 的企业对孵化器或园区服务效果给出高满意度评价。北京市和上海市创业企业对于投融资服务的评价均值为 5.8 分，占比 40% 以上的企业做出高满意度评价。武汉市和西安市创业企业对于投融资服务效果评价次之，杭州市企业对于投融资服务效果评价最低，评价均值为 5.5 分。

表 10-9　分行业金融服务效果评价情况（%）

投融资服务	1	2	3	4	5	6	7	8	9
信息技术	3.9	4.8	5.9	9.9	15.8	20.9	18.3	12.6	7.9
软件	5.2	3.1	6.6	12.3	12.2	20.0	17.9	13.7	8.9
节能环保	1.8	5.4	8.9	5.4	16.1	16.1	12.5	26.8	7.1
高端装备制造	3.9	5.6	5.6	9.5	17.7	17.7	19.0	14.8	6.2
新能源	0.0	1.7	5.1	10.2	8.5	20.3	20.3	13.6	20.3
新材料	0.0	4.9	7.3	7.3	9.8	12.2	29.3	17.1	12.2
生物医药	5.2	3.2	7.7	11.9	11.9	14.2	22.9	15.8	7.1
文化创意	4.3	3.1	7.4	10.1	14.8	15.9	21.3	15.7	7.4
金融服务	4.1	3.2	7.9	11.6	13.6	15.6	20.9	14.6	8.5
专业技术服务	6.1	2.7	6.1	8.4	18.0	18.8	17.2	14.9	7.7
现代农业	1.1	5.6	8.9	6.7	7.8	23.3	14.4	23.3	8.9

专栏 10-1　三一重工工程机械众创加速空间——保姆式投融资服务

三一重工工程机械众创加速空间是长沙市首批示范创客空间，专注于工程机械及其他装备制造、大数据、物联网、新材料、节能环保等领域的创新创业。从投融资、技术支持、市场对接、国际化合作等四个方面为入驻企业提供服务。

三一重工工程机械众创加速空间开创“保姆式”投融资服务，为入驻企业提供贷款、担保、融资、上市辅导等金融服务渠道，项目直接入选三一创业投资基金后备项目库。此外该众创空间发起成立三一创投资金，由湖南省政府、长沙市政府、长沙经济开发区各出资5000万元，三一集团出资2亿元，共同发起设立3.5亿元规模的初始创业投资基金。从人才引进、项目补贴等方面进行扶持，以推动项目顺利发展，共同为创客提供资金保障。

三一众创截至2019年3月已累计引进初创企业和团队280余家，其中包括十二家高新技术企业，三家入规企业，一家新三板企业。2016年三一众创被认定为国家级众创空间，2017年底被科技部认定为“智能制造国家专业化众创空间”。

④市场营销

从分行业样本数据看，文化创意企业对于孵化器或园区提供的市场营销服务效果评价最高，整体评价均值为6.1分，46.0%的企业对营销服务效果给出高满意度评价。新能源企业对于市场营销服务的整体评价均值为6.0分，45.8%的企业认为孵化器或园区提供的市场营销服务比较高效。高端装备制造、信息技术、软件、新材料、生物医药、金融服务、专业技术服务企业对于市场营销服务的整体评价均值在5.8—5.9分。节能环保行业企业的总体评价均值为5.7分，现代农业行业企业的评价均值为5.5分。从分地域样本数据看，北京市和上海市创业企业对于市场营销服务效果评价较高，评价均值为5.9分；深圳市、武汉市、西安市创业企业评价次之，均值为5.8；杭州市创业企业的总体评价较低，均值为5.6分。

表10-10 分行业市场营销服务效果评价情况（%）

市场营销服务	1	2	3	4	5	6	7	8	9
信息技术	5.3	4.3	7.3	7.6	14.3	18.9	16.9	15.5	9.9
软件	5.1	4.7	8.2	8.0	12.3	20.1	16.1	14.4	11.0
节能环保	7.1	3.6	5.4	5.4	25.0	12.5	19.6	8.9	12.5
高端装备制造	5.6	2.6	5.2	7.9	16.1	20.3	20.0	13.1	9.2
新能源	8.5	0.0	3.4	13.6	8.5	20.3	15.3	16.9	13.6
新材料	7.3	2.4	12.2	4.9	9.8	19.5	19.5	12.2	12.2
生物医药	6.4	3.5	7.1	7.1	15.1	19.0	17.0	14.1	10.6
文化创意	4.3	3.8	6.5	5.8	12.8	20.9	16.1	16.8	13.0
金融服务	5.7	3.3	7.5	6.9	15.4	20.1	17.1	15.0	9.1
专业技术服务	6.5	4.6	7.7	6.9	11.5	21.1	18.8	13.4	9.6
现代农业	12.2	2.2	10.0	5.6	13.3	16.7	14.4	13.3	12.2

专栏10-2 达安医疗健康产业专业孵化器——利用自身网络帮助产品推广

达安医疗健康产业专业孵化器是医疗健康领域省级科技企业孵化器，依托中山大学达安基因股份有限公司，以分子诊断技术为主导，围绕健康产业进行项目孵化，主要为初创企业在上下游产品采购、推广、销售等方面提供相关服务和便利。

达安医疗健康产业专业孵化器实行“产业—技术—资本”三链融合的孵化模式，已建成公共服务平台、市场营销平台、科研技术服务平台、产品临床检验及注册办证平台、质量体系管理平台、投资融资服务平台、人力资源服务平台。能够为在孵企业提供包括工商税务、技术研发支持、创业辅导、投融资支持、行政事务管理、人力资源服务、后勤保障等孵化服务。同时依托中山大学达安基因股份有限公司在中国基因诊断行业的龙头地位，以及专门成立的 4 只医疗健康投资基金，围绕健康产业进行项目孵化。而且，凭借自身在全国范围内已形成的成熟的供应和销售网络，为初创企业在上下游产品采购、推广、销售等方面提供相关服务和便利，更好地促进了在孵企业的加速成长和壮大。

⑤技术支持

从分行业样本数据看，新能源行业企业对于孵化器或园区提供的技术支持服务效果评价最高，均值为 6.1 分，占比 49.2% 的样本企业给出高服务满意度评价。生物医药、文化创意行业企业评价均值为 5.9 分，信息技术、节能环保、高端装备制造、专业技术服务行业企业评价均值为 5.8 分，软件、金融服务行业企业评价均值为 5.7 分，新材料、现代农业行业企业对于技术支持服务效果评价较低，均值为 5.5 分。从地域看，北京市和上海市创业企业整体评价较高，均值达到 5.8 分；其次是深圳市、武汉市和杭州市，均值为 5.7 分；西安市服务评价均值为 5.6 分。

表 10-11　分行业技术支持服务效果评价情况（%）

技术支持服务	1	2	3	4	5	6	7	8	9
信息技术	4.7	6.0	6.6	8.7	14.9	17.7	16.5	13.9	11.1
软件	6.3	5.9	7.2	9.5	12.7	17.6	15.5	13.8	11.5
节能环保	1.8	7.1	8.9	10.7	16.1	12.5	16.1	12.5	14.3
高端装备制造	5.2	5.9	8.2	6.9	13.1	17.0	18.7	15.7	9.2
新能源	6.8	5.1	5.1	1.7	16.9	15.3	15.3	13.6	20.3
新材料	9.8	2.4	7.3	17.1	12.2	9.8	17.1	14.6	9.8
生物医药	5.8	4.2	4.2	8.7	15.8	15.1	19.9	15.8	10.6
文化创意	3.8	5.8	4.3	10.5	16.6	16.1	16.6	14.1	12.1
金融服务	5.7	3.7	8.7	10.2	12.8	16.9	17.7	14.4	9.8
专业技术服务	6.9	3.8	7.3	8.8	13.4	18.0	15.3	15.3	11.1
现代农业	10.0	5.6	10.0	5.6	15.6	8.9	14.4	21.1	8.9

专栏 10-3　武汉光电子众创空间——多层次提供专业化技术服务

光电子众创空间是由武汉光电工业技术研究院发起成立的光电显示专业化众创空间，依托武汉光电国家实验室，聚焦健康光电子、能源光电子、信息光电子、工业光电子等产业领域，面向海内外高层次科研人员、专业技术人才、高级管理人才等进行高端产业孵化。光电子众创空间打造了平台、集成和孵化三个层次，着力研发新技术、创造新产品、孵化新企业。

光电子众创空间的平台层采用与高校合作模式，联合华中科技大学、光电国家实验室、中船重工 719 所等大院大所，整合了价值约 10 亿元的科研设备及高端智力资源，打造了光电子微纳制造工艺服务平台、光电测试与加工服务平台、光电子精密模具与结构件服务平台，且通过自建自营模式打造了武汉集成电路服务中心、新型光电显示服务平台，通过引入社会资本，采用合作共营模式，搭建高端电子组装服务平台等六大专业化技术服务平台，提供高端定制化的科技支撑服务，最大限度地实现创新资源的高效利用。集成层提供从技术到产品的全过程解决方案。在全球范围内整合专业人才，建立"众扶"式工程化团队，准确识别客户需求，给客户提供快速、专业的对口服务，提供从原理到研发实现、从小试到批量化生产、从检测到标准的全过程解决方案。孵化层打造全方位、一站式孵化服务。孵化服务层集创业投资、市场推广、国际交流、创业培训等于一体。目前，已与易德龙公司合作组建电子制造领域的工程化服务团队，为创业团队提供产品开发与可制造性、订单与产品准时交付、高品质要求与产品无缺陷方面的专业化、全过程服务。

光电子众创空间累计为 223 家企业提供了超过 4000 次服务，如通过平台服务，吸引了一支硅谷创业团队，为其创业项目滑雪睛灵解决了从原理到验证的障碍。同时，在企业孵化方面，共孵化企业已达 50 家，其中 12 家"3551 人才"企业，6 家高新技术企业，共获各类风险投资和产业资金合计过亿元人民币。

⑥创业辅导

样本企业对于孵化器或园区提供的创业辅导培训服务的评价均值为 5.7 分，其中新能源行业企业对于创业辅导培训服务效果评价最高，均值为 6.0 分；节能环保、新材料、文化创意、信息技术、金融服务行业企业的服务评价均值位于 5.7—5.8 分；软件、高端装备制造、生物医药、专业技术服务行业企业评价均值为 5.6 分；现代农业行业企业评价均值为 5.4 分。从地域数据看，北京市和西安市创业企业对于创业辅导培训服务的整体评价较高，其次是武汉市、上海市和深圳市、杭州市整体评价较低。

表 10-12　分行业创业辅导培训服务效果评价情况（%）

创业辅导培训服务	1	2	3	4	5	6	7	8	9
信息技术	4.8	4.2	8.3	8.6	17.7	16.9	18.7	13.1	7.8
软件	6.6	4.9	6.5	9.1	15.4	17.1	20.9	10.7	8.9
节能环保	3.6	5.4	8.9	8.9	16.1	12.5	19.6	14.3	10.7
高端装备制造	5.6	3.9	7.5	10.2	14.8	18.7	22.6	11.1	5.6
新能源	1.7	6.8	5.1	6.8	18.6	16.9	18.6	11.9	13.6
新材料	7.3	4.9	7.3	4.9	9.8	19.5	24.4	14.6	7.3
生物医药	4.8	4.5	9.6	7.1	16.7	20.9	18.0	12.5	5.8
文化创意	5.8	4.0	5.6	7.4	14.6	18.4	22.9	11.9	9.2
金融服务	4.5	4.1	6.9	11.8	15.0	19.7	18.1	10.4	9.4
专业技术服务	6.9	4.2	6.5	10.0	14.6	19.5	19.2	10.7	8.4

表 10-12　分行业创业辅导培训服务效果评价情况（%）（续表）

创业辅导培训服务	1	2	3	4	5	6	7	8	9
现代农业	11.1	5.6	5.6	10.0	13.3	15.6	16.7	16.7	5.6

专栏 10-4　光谷创业咖啡——开创四位一体的新型孵化模式

光谷创业咖啡由著名天使投资人雷军和武汉光谷软件有限公司董事长李儒雄联合组建，依托光谷创业学院（华创学院、青桐学院），建立了集创业者和投资者的交流平台、创新孵化器、创业培训、天使投资四位一体的新型孵化模式，专注于打造优良的天使投资生态环境，致力于迅速培育孵化一批未来市值 10 亿美金以上的创业标杆项目。

光谷创业咖啡为在孵企业提供完善的创业辅导、技术支撑、天使投资、创业大赛等一系列的孵化服务。首先，完善创业导师体系，建立了由企业高管、技术总监、财务总监等组成的全国性的创业导师服务体系。其次搭建公共技术支撑平台，创建汉派联盟，为创业者提供自媒体推广平台，给创业者提供更广泛的资讯服务，把光谷创业咖啡的服务通过线上线下相结合的方式全面推向市场；建成腾讯（武汉）创业基地、小米之家旗舰店，为创业团队提供公共技术支撑平台和流量渠道。另外，积极推进天使投资，成立“光谷天使投资俱乐部”，已投资车来了、块块互动、读游科技、青年公寓等 7 个项目。最后，积极举办各类创业活动，2015 年，累计举办各种创业活动 300 多场，其中，每周定期举办创业门诊活动，举办青桐计划“三人行”进校园、创业财富对话、寻找光谷合伙人、天使有约等活动。举办各类创业大赛，承办 2014—2016 年三届“华创杯”创新创业大赛、多次全国新媒体创业大赛（武汉赛区），协办多次“创青春”大赛湖北赛区等各种创新创业大赛。

光谷创业咖啡已在武汉开办了 10 余家创业咖啡店和创新型孵化器，总面积 2 万多平方米，孵化创新性企业超过 200 家。在成都、西安、海口、襄阳、仙桃等全国各地正快速发展，在外地已建成 10 多家创业咖啡厅和创新性孵化器，孵化面积近 5 万平方米，入孵企业超 300 家。累计承办了青桐汇、连续三届华创杯创业大赛、央视财经频道《创业英雄汇》海选、光谷与硅谷创业投资高峰论坛等多场大型创业活动。其中，承办青桐汇活动 40 余场，参与路演项目超过 1000 项，直接或间接推动融资超过 10 亿元。

⑦场地支持

在孵化器或园区提供的各项创业服务中，样本企业对于办公场地支持的服务满意度最高，平均满意度评价得分为 5.9 分。从行业数据看，新能源行业企业服务评价均值达到 6.4 分，节能环保、新材料行业企业服务评价均值达到 6.1 分，信息技术、文化创意行业企业服务评价均值为 6.0 分，高端装备制造、软件、金融服务、专业技术服务行业企业服务评价均值位于 5.8—5.9 分，生物医药、现代农业行业企业服务评价均值为 5.7 分。从地域数据看，北京市创业企业对于办公场地支持效果评价最高，均值为 6.0 分；深圳市、武汉市、上海市创业企业对于办公场地支持的服务效果评价仅次于北京市，均值为 5.9 分；西安市和杭州市服务评价均值为 5.7 分。

表 10-13 分行业办公场地支持服务效果评价情况（%）

场地支持服务	1	2	3	4	5	6	7	8	9
信息技术	4.4	2.9	6.0	8.2	13.7	19.0	19.6	14.7	11.5
软件	5.8	3.3	7.2	8.1	16.7	17.3	17.3	14.0	10.3
节能环保	3.6	3.6	1.8	12.5	14.3	14.3	21.4	19.6	8.9
高端装备制造	4.9	2.3	6.6	8.2	13.8	22.3	17.7	14.8	9.5
新能源	3.4	0.0	3.4	5.1	18.6	25.4	10.2	15.3	18.6
新材料	4.9	2.4	12.2	4.9	9.8	14.6	19.5	9.8	22.0
生物医药	7.4	3.5	6.8	9.4	15.2	15.8	18.1	16.8	7.1
文化创意	4.0	4.7	6.1	8.3	12.3	20.0	16.6	15.2	12.8
金融服务	4.7	3.5	7.3	9.1	14.8	17.3	19.3	14.6	9.4
专业技术服务	6.5	4.2	5.0	7.3	14.9	19.5	18.4	12.6	11.5
现代农业	11.1	3.3	6.7	6.7	8.9	18.9	20.0	11.1	13.3

（三）创业政策服务满意度

创业企业关于“现有政策支持效果”的调研显示，认为税收减免政策支持效果较好的企业占比最高，达到 48.63%；其次是技术培训，认为政策支持效果较好的企业占比达到 46.14%；认为人才引进政策实施效果较好的企业占比为 44.52%；认为企业研究开发支出加计扣除政策实施效果较好的企业占比为 41.20%；认为设备共享政策支持效果较好的企业占比为 40.66%；认为产权交易政策支持效果较好的企业占比为 39.44%。相比其他政策，设备共享、产权交易政策实施效果还有较大提升空间。

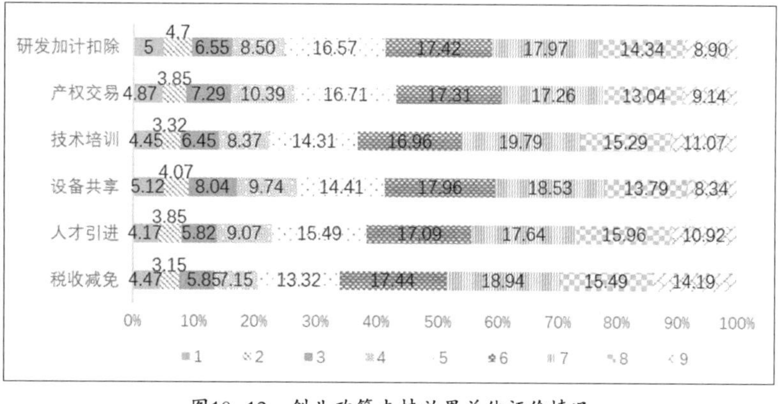

图10-12 创业政策支持效果总体评价情况

①资源开放共享效果

为深入实施创新驱动发展战略，国家和地方积极推进实验室、专业仪器设备等科技资源向社会开放共享，促进各类主体协同创新。通过对创业企业关于“公司是否获得了国家或地方的科技资源开放共享服务”的调研，占比 55.82% 的企业获得了国家或地方的科技资源开放共享服务，44.03% 的企业未获得过国家或地方科技资源开放共享服务。从科技资源开放共享服务效果看，占比 29.81% 的创业企业给出高满意度评价，48.52% 的企业给出中等满意度评价，21.66% 的企业给出低满意度评价。总体来看，科技资源向社会开放共享的政策覆盖度、政策效果还有待强化。

专栏 10–5　北航智能系统与大数据众创空间
——以科技资源整合促进产学研用的协同创新

北航智能系统与大数据众创空间是北航科技园有限公司与歌尔声学合作建立的专业化众创空间，依托北京航空航天大学在航空航天和信息技术领域的学科优势，聚焦智能系统与大数据，围绕集成电路、手机游戏、无人机、VR、3D 打印等专业领域，构建大网络、小核心和线上、线下有机衔接的工作体系，实现校内科技资源对校外的市场化服务，形成了科技资源整合促进产学研用的协同创新模式。

北航智能系统与大数据众创空间搭建科技资源开放查询平台、创新指导与创业交流微信群、园区企业管理系统、智能视频交流平台、新媒体与云资源等平台，实现科技资源整合，促进信息的沟通交流，充分整合北航校内科技基础条件资源，打造跨学院、跨领域实验室、仪器设备、科技成果和科技人才四类开放科技资源的在线综合查询平台。创客们可依据自身需求线上查询北航的科技资源开放服务，线下对接北京北航先进工业技术研究院有限公司，提供测试检测、联合研发及技术转移等服务。此外，众创空间形成企业联络员 + 创业辅导员 + 创业导师三位一体的服务模式，建立了由具有企业经营经验的企业家组成的“专家创业导师”团队、由风险投资专家等专业资质人员组成“专业创业导师”团队为企业提供各阶段发展的实践指导，同时与“创业魔法学院”“高手帮”开展合作，对接社会创业辅导资源。

目前众创空间入驻企业 200 余家，主要经营智能系统与大数据细分领域相关产品开发等业务，技术应用的集聚度达到 85% 以上，成功培育出北京智旋科技有限公司、天岣创新（北京）科技有限公司等行业领域内的优秀企业。

②科技创新券效果

创新券是政府部门针对中小企业经济实力不足、创新资源缺乏，高校和研发机构没有为中小企业服务的动力机制而设计发行的一种“创新货币”。根据问卷调研，获得科技创新券的企业占比为 15.71%，未获得科技创新券的企业占比为 84.27%。在获得科技创新券的企业中，76.95% 的企业支持金额在 100 万元以内。从科技创新券支持效果看，37.10% 的企业给出高满意度评价，39.01% 的企业给出中等满意度评价，23.89% 的企业满意度评价较低。

专栏 10–6　杭州“活动券”和“服务券”，精准服务企业

杭州市两创示范办公室设立了创业企业创业创新基地城市示范活动券和服务券，旨在深入推进杭州市两创示范工作。活动券用于补助创业企业和创业者，低成本参加第三方服务机构开展的创业创新服务活动，活动券支持的服务（活动）形式包括但不限于讲座、论坛、沙龙、路演、对接会等。服务券用于支持创业企业和部分“个转企”企业购买专业服务机构专业化服务，适用范围包括人才培训、创业辅导、法律维权、管理咨询、财务指导、检验检测认证、知识产权保护、会展服务和融资服务等。

活动券使用流程如下，经审核的第三方服务机构在活动券管理平台发布创业创新活动，创业企业、创业者在管理平台报名并确认参加后，将活动券付给服务机构，最后由服务机构定期向经过认证的兑付机构结算兑付。单次创业创新活动资助的活动券数量原则上不超过60张，单次创业创新活动使用的活动券达到200张以上的，活动券可补贴100张。而对于服务券，经过审核的创业企业即可申领，获得专业服务后将服务券支付给相应的服务机构，服务机构再向政府部门兑付。每家创业企业在创业创新示范期内（2015至2017年年底）只能领取一张，服务券需在领券之日起半年内使用，过期作废，且取消企业再次申请资格。

2016年杭州市两创示范活动券兑付方案已于11月16日公示，40家科技服务机构举办的356场创新创业活动获得活动券支持，共兑付金额38.765万元。服务券于2016年7月20日对全社会开放申领，总计8000家创业企业，合计2400万元。

专栏10-7　厦门“科创红包”，打破科技服务资源地域界限

厦门市科技局在借鉴全国各地创新券、服务券政策的基础上推出“科创红包”。“科创红包”在全国率先资助云主机、CDN加速、医药研发CRO、模具开模四类基础科技服务，有效地支持了移动互联网、可穿戴设备、智能家居、医药研发等新兴产业领域企业的研发创新活动。同时，“科创红包”首创动态更新资助服务目录，每年根据企业的切实需求对服务支持范围进行动态更新，满足企业不断更新的服务需求。

厦门市“科创红包”形成“一包多用”兑现方式，企业可将单个科创红包进行灵活分拆，用于抵扣多次多种服务的费用，有效满足了小微企业单次服务费用低但种类多元、频次较高的服务需求，进一步扩大了政策的覆盖面和灵活度。科创红包还打破了科技服务资源的地域界限，适用于本市企业向外地服务机构购买科技服务。另外“科技红包”首创双向奖补，在给予小微企业服务补贴的同时，依据服务机构为小微企业提供服务的情况，对服务机构进行奖励，提升服务机构的积极性。并且配套建设了“科创红包”线上管理平台，企业在资料齐备的情况下，仅需要10分钟的线上提交和5分钟的线下备案即可完成申报流程并获得补贴，提升了企业申请效率。同时，线上管理平台还能够实现兑现金额实时估算、企业信息统计、扶持效果跟踪等功能。截至目前，厦门市共向超过2200户次企业发放了超过4900万元的“科创红包”，拉动社会科技服务直接投入超过2.2亿元。

③税收优惠政策评价

根据问卷调研，获得政府支持企业创业的税收优惠政策的企业占比为22.33%，77.55%的企业未获得政府税收优惠政策。从税收减免金额角度看，2017年，90.64%企业获得的税收减免金额在50万元以内。从税收优惠政策获取的难易程度看，20.26%的企业认为政策获取相对容易，47.49%的企业认为政策获取的难度一般，32.25%的企业认为政策获取难度较大。企业关于税收政策支持力度的评价趋于一般，50.63%的企业认为税收支持处于中等力度，22.39%的企业认为支持力度偏小，26.99%的企业认为支持力度较大。

专栏 10–8 杭州在全国率先实现支付宝缴税（费）

金税工程是国家电子政务“十二金”工程之一，先后经历了一期和二期建设阶段，2008年9月24日，发改委正式批准初步设计方案和中央投资概算，标志金税三期工程正式启动。杭州市“金税三期”在全国率先引进支付宝缴税（费）。纳税人到办税服务厅办理税费缴纳，或是灵活就业人员缴纳社会保险费时，可使用支付宝账户作为委托扣款账户并签订代扣电子协议，之后只要扫描“金税三期”系统二维码，便可通过支付宝手机端安全、便捷缴款。通过与支付宝合作，使税务分局和纳税人双方的收缴流程更加便利化，极大地提升了纳税人缴税（费）的服务体验。

杭州“金税三期”工程优化版系统上线，新增了网上审批、网上领购发票、网上代开发票等6大模块37个功能点，纳税人网上申报、报送财务报表，只需一次登录和采集，就可办理国地税业务。该系统可对企业是否符合创业企业的标准进行自动判断，企业申报时应纳税所得额小于等于30万元，系统默认为符合小型微利企业，无须税务机关审核批准即可享受相关税费优惠政策。“金税三期”还支持更加灵活的备案类税收减免方式，减免税期限超过1个纳税年度的，备案材料一次性报备，在政策存续期可一直享受。“金税三期”上线为杭州市税务部门坚持便民宗旨，深化放管服改革，进一步提升服务纳税人的能力奠定了良好基础。杭州市将进一步利用好“金税三期”的大数据资源，推进信用体系建设，构建更加良好的市场环境，支持杭州“大众创业、万众创新”事业发展。

专栏 10–9 江门免征多项收费项目，帮助企业轻装前行

为进一步落实两创示范工作，优化和改善全市营商环境，2015年11月，江门市财政局、发改局联合发布《江门市免征缓征涉及小微企业收费项目的通知》，免征缓征小微企业有关行政事业性收费、小微企业价格调节基金和科技型小微企业残疾人就业保障金。2016年江门市又重新修订完善了《江门市涉企行政事业性收费目录清单（2016版）》，进一步缩减了收费项目，并明确提出对目录清单之外的涉企行政事业性收费，企业有权拒绝缴纳。

江门市免征缓征小微企业涉企收费的举措一方面扩大了免征收费目录范围，除落实省级规定的对所有企业免征32项中央设立的和7项省定涉企行政事业性收费项目外，江门市还实行免征小微企业价格调节基金，对安排残疾人就业未达到在职职工总数的1.5%的科技型小微企业免征残疾人就业保障金；另一方面扩大了免征缓征范围，江门市根据《关于印发广东省支持小微企业稳定发展若干政策措施的通知》（粤府办〔2015〕48号）要求，结合《关于免征中央、省设立的涉企行政事业性收费省级收入的通知》（粤财综〔2014〕89号）精神，在执行省政策免征市本级收费的同时，将免征范围扩展到县级市（区）。

目前，江门市对小微企业免征收费41项，惠及全市超过3万家小微企业，预计每年可减轻小微企业负担1.6亿元，三年预计共减免约4.8亿元，这将大大释放市场的活力，更好地推进小微企业成长。

三、创业服务存在的短板

创业服务是对创业者提供创业指导、创业咨询、创业帮助的服务模式，是创业企业和创业个人在事业发展中寻求外部支持，减少创业风险，取得成功的重要因素。从创业者对各项创业服务满意度评价可以看出，我国创业服务仍有较大的提升空间，以下从政策落实、服务载体、生产要素等多个层面深入分析创业服务目前存在的几大问题。

（一）产业政策的可达性有待提升

产业政策是国家经济治理体系的重要工具和抓手，对于激发创新创业活力，提高企业研发水平，助力创业企业成长起到重要作用。为深入实施创新驱动发展战略，进一步激发市场活力和社会创造力，推动创新创业高质量发展，打造“双创”升级版，国家及各地政府从加大财税政策支持力度、完善支持创新和中小企业的政府采购等角度相继出台了若干鼓励创新、支持创业的系列政策。通过调研分析创新创业政策的可达性可以看出，24.54% 的企业对创新创业政策不太了解，47.20% 的企业对创新创业政策了解程度一般，仅有 28.27% 的企业对创新创业政策较为了解。同时，在孵化器或园区提供的各项服务中，政策指导与项目申报服务平均满意度为 5.6，仅高于财务代理服务，低于其他各项专业服务。产业政策的高效可达，是政策效果充分发挥的前提条件，下一步，有必要以提高政策覆盖率为导向，进一步健全政府政策发布渠道，提高创业服务机构政策指导能力。

（二）人才、市场是制约企业效益的关键

创新驱动的关键在“人才驱动”，人才的引培和留用对于创业企业的发展至关重要，在某种程度上决定了企业的发展能力和未来发展潜力。对创业企业关于“制约企业效益的主要因素”调研数据显示，61.51% 的企业认为人才是制约企业效益的主要因素，57.24% 的企业认为市场是主要制约因素，技术、资金、管理、政策、成本等其他因素占比均不超过 50%。但是，企业对于孵化器或园区提供的人事托管与人才招聘服务满意度均值为 5.7，对于市场营销服务满意度均值为 5.8，创业服务以及专业服务机构在人才汇聚、营销渠道打通方面仍有较大发展空间。目前，我国创业服务机构仍然以提供基础服务为主，可以提供人力资源服务、市场营销服务的专业性或综合型机构仍处于起步发展阶段，还存在较大的服务供需缺口。

（三）知识产权整体服务水平有待提升

知识产权是科技类、创意型企业发展最重要的智力资产。对于企业而言，重视知识产权的有效管理和运营，实现知识产权价值最大化，成为提升和增强企业主体核心竞争力和未来盈利能力的关键内容。根据问卷调研反馈，38.18% 的企业认为“其他人复制公司产品的可能性”在 60% 以上，因此知识产权的管理保护至关重要。从知识产权服务评价角度看，19.5% 的企业认为当前知识产权（保护、确权、维权、执法）服务状况较差，47.9% 的企业认为服务状况一般，仅有 32.6% 的企业认为服务状况较好。因此，在强调知识产权创造和运用的同时，仍需要

完善知识产权保护体系，加快推进“互联网+”知识产权保护工作，建设知识产权仲裁调解机构，深化知识产权诚信体系建设和信用监管，营造良好的知识产权保护监管环境。

（四）交易平台不足影响我国技术交易市场的发展

根据问卷调研，64.84%创业企业发生过技术交易行为，节能环保、现代农业、新材料三个产业发生过技术交易的企业占比甚至高达80%以上，技术交易已经成为创业企业获取关键技术、实现技术更新迭代的重要渠道和方式。根据创业企业关于技术交易市场短板的调研数据，认为创新主体缺乏的企业占比达到30.02%，认为技术交易平台不足的企业占比为27.37%，两者总比例超过50%。2020年5月22日，科技部火炬中心印发《2020年促进技术市场发展及科技成果转化工作要点》（国科火字〔2020〕96号），提出推动国家技术转移区域中心改革发展，充分利用5G网络、大数据、人工智能等新一代信息技术基础设施，探索建设现代化技术交易市场，有力支撑我国经济高质量发展。技术交易平台的完善，尤其是现代化技术交易市场的建设，将对提高创业企业交易活跃度起到重要推动作用。

（五）企业融资需求缺口较大，多元化金融服务尚需增强

调查数据显示，九成以上创业企业有融资需求，而仅有不到半数企业有过融资行为，创业企业外部融资难问题仍然较为普遍。由于我国融资方式以银行债权融资为主，银行金融服务水平将对企业融资状况产生较大影响，根据调查问卷，36.6%的创业企业认为当前银行业金融机构提供的金融服务不全面。在银行业金融机构提供的各项服务中，使用理财服务的企业占比超过一半以上，达到56.79%；使用过融资服务的企业为1560家，占比较低，为38.96%；使用过结算服务的企业为1823家，占比为45.53%；使用其他服务的企业占比均不到50%；使用银行全方位一站式服务的企业占比最少，仅为22.43%。融资缺口的弥合一方面要健全多元化银行服务，同时要加快发展创业风险投资、科技贷款、科技保险等服务内容，支持众筹、供应链金融等新业态、新模式的发展。

四、创业服务机构演进趋势

伴随着创新创业升级发展，创业服务必须实现升级发展，创业服务机构演进趋势围绕建设主体、服务内容、盈利方式和发展模式，主要呈现出由公共服务向市场化拓展、由综合性向专业化和多样化转变、由单一化向多元化转变和由国内向国际延伸的特点。

（一）建设主体：公共服务部门向市场化拓展

多数孵化器、众创空间在建立之初是作为公益性目的而存在，其创办主体一般为政府、国企、高校科研院所等单位，在为初创企业提供低成本的场地和办公设施，以及企业注册和优惠政策申请等方面具有较大优势。但与此同时，由于受制于机构性质、人力资源等因素，以政府、国企等公共服务部门为建设主体的孵化器往往难以为创业企业提供能力提升型服务。美国众创空间基本以市场化运营为主，前期以大企业、投资人、投资机构的投入为主，服务中以多元化

的增值服务收入维持自身的发展，长期依靠股权投入获取投资溢价，形成了多元化的盈利模式，实现了短期盈亏平衡与长期价值增值的统一。

近年来，市场化成为我国的孵化器建设的重要方向，社会资本的逐渐介入使孵化器的建设主体从原先的政府部门、社区机构和大学逐步向企业、地产商、成功企业家、天使投资人和创业投资机构拓展。多方社会力量运用不同运营理念，通过灵活、创新的服务形态，汇聚各类资源，为创新载体的建设注入了新的活力。以地产商为建设主体的众创空间则通过建设众创空间来处置闲置的物业，提高物业运营效率；以企业为建设主体的众创空间主要为实现企业内部的创新创业以及与产业链上下游的创业者优势互补，协同发展；以创投机构和中介机构为建设主体的众创空间运营重点在于帮助机构拓展业务渠道和拓展项目来源。多元化建设主体的参与不仅能够提供充足的孵化资金，更为民间资本提前获得优质项目资源开辟了广阔的渠道；此外，专业投资机构和投资人具有的丰富投资经验，也大大提高了项目孵化成功的概率。

专栏 10-10　海尔海创汇——开放的生态资源为中小企业加速赋能

海创汇众创空间（以下简称海创汇）是海尔集团由制造产品向孵化创客转型的创业平台，依托海尔集团大企业产业资源及海创汇开放的生态资源为中小企业加速赋能。海创汇专注于技术型创业，通过开放海尔内部研发、供应链和渠道等强大的产业资源整合来自全球的创意、技术和资金资源，形成全流程创业加速服务，吸引海尔内部员工和离职员工、合作伙伴、社会资源、全球资源、用户等在平台上进行创业。其不仅是海尔制造创客的创业服务平台，也是一个市场化、专业化、集成化和网络化的创客孵化加速器。

五大服务平台为创新创业提供支持

一是创业教育平台：创建海尔创客学院，与北大、清华、麻省理工等院校，共同发起成立创客训练营、创新创业联盟，培训创客。二是创客实验平台：开放加工实验资源，建立集研发设计、检验检测、技术优化、产品中试等于一体的开放式创客工厂，提供各种研发资源服务。三是融资融商平台：设立创客基金和创业种子基金，提供资金保障和投融资咨询服务，建立线上线下众筹、众包服务。四是孵化加速平台：配置孵化服务和创业导师，提供从创业培训到企业注册、人员招聘、财务管理、市场拓展等全流程、一站式服务。五是资源对接平台：创建创业资源和创业者对接的海立方线上创业平台。

形成“众创—众包—众扶—众筹”的服务模式

众创：为创业者搭建创意交互平台，帮助创客提升创意质量，邀请创客零距离参与创新。海尔搭建海立方线上平台，通过互联网平台吸引来自全国的优秀创意，同时该平台还建立了平台的创业创新服务聚集社会各类资源。众包：为资源方和创业者搭建资源交互平台，帮助创客解决创意变成具体产品的问题。海尔借助互联网手段搭建 Hope 开放创新平台、模块商资源网和模具云平台，吸引全球一流外部资源并通过模块商资源实现技术产业化。Hope 开放创新平台侧重吸引全球一流的科研院所、大学、技术专家等资源，模块商资源网侧重于吸引全球一流的包括材料、零部件、模块集成、供应链管理等供应链资源，模具云平台侧重把工业设计、结构设计等外包给全球一流的设计专家，同时吸引模具设计领域方面的创业者来创业，帮助创业者实现创意。众扶：为创业者搭建培训、咨询的平台，帮助创客解决创业过程中遇到的各种难题。通过海尔创客学院、海尔创客实验室为有创业意向人员提供全方位、系统性培训，能够与专业设计师交互、优化自己的创意。海尔引入的创业导师都是在全国具有声望的并且有具体创业实践经验的创业者。众筹：为创业者提供融资和拓展市场的平台，帮助创客解决资金和初期市场用户测试的难题。海尔集团出资作为母基金构建海尔创投基金、海融易平台，拓展创业创新投融资新渠道，吸引风投共建创业基金，规模超过 13 亿，投资智能硬件、智能家居、互联网等相关产业。与京东等众筹平台开展合作，实现众筹伙伴、海尔和创业项目方的共赢。京东通过海尔创业平台获得优质好项目，带来项目和人气流量，项目在海尔平台上可以更好更快地获得京东众筹服务，带来资金流和客户流。

自 2013 年以来，海尔海创汇服务创客 2.1 万人，成立了 183 个小微生态圈。海立方线上平台诞生了 1135 个创业项目，孵化和孕育了 2000 多家创客公司，成功开发出雷神、小帅影院等一批新产品。HOPE 开放创新平台和模具云平台拥有注册资源 23 万家，注册用户 20 万，提供了 1 万多个解决方案。截至目前，海尔创新创业平台上已经聚集了 4700 多家外部一流资源，30 亿创投基金，1330 家风险投资机构，103 家园区孵化器资源。同时平台上有超过 100 个小微企业年营收过亿元，已有 24 个小微企业引入风投，有 12 个小微企业估值过亿。海尔集团利润连续三年实现 20% 以上增长。

（二）服务内容：综合性向专业化和多样化转变

在“大众创业、万众创新”浪潮和政府政策的扶持下，我国众创空间、孵化器的数量大幅增长，但从服务内容来看，多数孵化器仍为综合性服务平台，多集中在提供场地、设施、设备等方面的服务，同质化现象突出，难以满足创业企业的差异化需求。从长远来看，服务内容的专业化和多样化是孵化器发展的必然走向。孵化器建设在结合自身资源和服务优势的基础上，重点选择某一产业细分领域作为主要方向，建设专业化的研发设计、模型加工、中试生产等服务设施，为创客和创业企业提供技术、信息、资本、供应链、市场对接等专业化、多样化服务。专业化孵化器的高效整合和配置资源的重要功能使其能够有效盘活企业、高校和科研院所等主体在发展中积累的存量资源，激发创新创业的活力和提高创业的质量，决定了其在新经济发展中的重要意义。

我国的众创空间专业化建设最初在北京等创业资源集聚地区率先开展。为了推进专业化众创空间的有序发展， 2016 年 8 月科技部印发《专业化众创空间建设工作指引》，明确了专业化众创空间的内涵特征、建设条件和建设方向，聚焦于专业细分领域的专业化众创空间的建设，截至目前，共确定了 73 家国家专业化众创空间，为专业化众创空间的建设发挥了引领示范作用。从产业领域来看，当前专业化众创空间重点聚焦在智能制造等新兴产业。现有专业化众创空间涉及产业包括智慧家庭、光电子、智能硬件、诊断试剂、机器人、重型装备、移动互联网、大数据等众多硬技术领域。如聚焦装备制造领域的中信重工绿色重装众创空间、潍柴众创研发平台等，聚焦智能家居领域的长虹智慧家庭众创空间、TCL 创客空间孵化器等，聚焦移动互联网的大唐网络资源型移动互联网创投孵化平台等。

专栏 10-11　汉威电子漫威——“传感器 +”众创空间

漫威众创空间整合开放汉威电子在传感器和物联网领域的研发资源、行业专家资源、资本资源，定向精准孵化，构建“传感器 +”产业生态圈，为创业项目提供集办公、创业辅导、仪器设备共享、商务洽谈、电子商务、金融、法律等为一体的综合孵化服务，对产业生态圈的项目进行精准孵化。

依托在传感器和物联网领域的研发资源、行业专家资源，漫威众创空间构建专业研发资源共享平台，配备高水平的研究测试实验室、大量基础及高端研发检测设备，为入孵企业提供专业化技术研发、产品验证试验支撑，降低初创企业设备投入。同时，借助汉威电子 PPP 模式控股的郑州市高新区“智慧水务平台”，为以“互联网 +”以及物联网技术改造传统产业的创业企业提供中试平台，为入驻企业量身打造产业中试和推广服务。

截至 2016 年，漫威众创空间依托汉威电子科研人才、研发资源共享和中试平台、创业导师等资源已累计成功孵化出易度传感技术有限公司、威果科技有限公司、开云信息技术有限公司等 37 家创业企业，通过创业项目孵化拓展了产品多样性，逐步构建起可持续发展的产业生态圈。

（三）盈利方式：单一化向多元化转变

多数众创空间的传统盈利模式较为单一，主要来源于场地出租租金以及政府财政补贴，在政策扶持期勉强维持生存，容易出现资金链断裂风险。因此摆脱过于依赖传统场地租金与财政补贴的单一盈利模式，实现盈利模式的多元化，逐步让众创空间回归市场服务的本源，实现自我“造血”功能成为创业服务机构发展的重要方向。从长远来看，创业增值服务、投资收益等多元化盈利方式将取代物业租赁，成为未来众创空间的主要盈利点。

众创空间的核心竞争力在于其提供的专业化服务，通过专业化的服务向创业公司收取一定的服务费，这是众创空间可持续的一种盈利模式，以房租收入来韬光养晦，以投资收入为增长点，以专业咨询为增值服务。以美国 TechShop 为例，TechShop 是美国连锁的商业机构，其盈利模式主要以会员费和收费课程为主，实行严格的会员制管理并不免费对外开放。作为一个鼓励和激发创新的创意社区，TechShop 拥有一系列的培训课程、经验丰富的员工和专业的创新人员，无须会员具有制造业背景。想进入其中有两种方式：一是成为它的会员，需要缴纳每月 175 美元（长期缴纳有一定折扣）的会员费，这样便可以自由进入任意一家 Techshop 并享受其所有资源，包括场地和工具等。另一种方式是报名参加在 TechShop 开设的各种课程，这些小范围课程都是由 TechShop 资深会员手把手教授的，但都价格不菲。例如木材加工工具的安全使用课程费用为 85 美元，而金属加工工具的安全使用课程则为 75 美元。此外，TechShop 还会额外收取场地费用通常是 10 美元。同时，TechShop 不断开拓商业模式，积极与企业和研究机构等社会各界投资者建立合作伙伴关系，争取在美国各地创建 TechShop 分店。

创业项目投资收益是众创空间的重要的收入来源之一，孵化平台对初创企业进行投资，将平台收益与企业绑定在一起，投资前提供咨询服务，投资后长期跟踪指导，不仅为众创空间的发展提供了稳定的营收，而且企业也将获得更好的服务支持。在通过项目投资获得盈利这一方面，美国的 Tech Stars 的做法值得借鉴。TechStars 提供 6000 美金给具有优秀想法的人，在筛选申报团队时，会特别建议创业者寻找合作伙伴，在团队运营、技术支持方面保持均衡水准。每个被选中的创业公司最多可以有 3 个人获得启动资金，即 18000 元美金的支持，在三个月孵化期内他们还会得到有经验的科技业老将和投资人的帮助，一旦获准加入孵化器项目后，企业创始人平均能吸引到近 100 万美元投资。尽管 TechStars 提供的资金支持不多，创业班的规模、DemoDay 展示项目的规模都较小（15 家以内）。但就近年来 TechStars 所获得的总投资、融资轮数等数据显示，TechStars 也获得了“逆袭王”的称呼，因为 TechStars 将更多的时间、资金和金钱投入到重视项目孵化的质量上，以及诸如重视对创业团队演讲能力的培养等细节，坚持“小而精”的理念。从收益上看，TechStars 主要是用 18000 元的投资资金以及三个月的孵化期换取孵化公司的约 6% 的股权。在初创企业上市或被其他企业并购时退出获利。

专栏 10-12　广州创新谷——探索持股孵化模式新模式

广州创新谷是中国首家集技术、产业、资金、服务为一体的国际化、专业化的互联网孵化器和天使投资基金，为创业者提供苗圃孵育、中期孵化和加速成长。创新谷集中了行业优质资源，根据创业团队的创业进度不同提供不同级别的天使投资，同时对接互联网行业的顶级资源，提供特色的互联网流量服务，在发展过程中，逐步探索出成熟的盈利模式。

广州创新谷包括基金池、基金管理公司和创业咖啡厅三部分，其风险投资基金已达 1 亿元，合作投资机构 200 家。其主要成本支出包括人员工资成本及水电物业费等（政府给予创新谷前三年场地免租金优惠条件）。盈利主要来源于五方面：一是对入驻企业的基本服务入股（不超过 5%）；二是对项目的投资入股，通过持股孵化的模式，实现创业者和孵化器运营者的互利共赢，一般范围是 5%—20%（包括基本的服务股份）；三是资金池管理佣金（3%）；四是政府补贴；五是咖啡厅收入（包括举办活动的场地费以及卖咖啡的收入）。

2015 年，广州创新谷拟出资 1 亿元向全球招募 60 个创业项目进行孵化。截至目前，已在国内孵化项目数百个，在全球投资项目 60 余家。孵化项目中超过 70% 拿到了红杉资本、策源资本、华山资本等国际顶级风投的投资、部分 A 轮融资，10% 拿到 B 轮投资。创新谷家族中，超级课程表、礼物说、兼职猫、大家投、奇艺果、师傅邦、聚会玩等项目已经成为我国移动互联网领域著名应用和品牌。

（四）发展模式：由国内向国际延伸

孵化器作为集聚创新资源的重要载体，顺应创新全球化趋势，开展全球链接、汇聚全球人才和技术等创新资源，是不断提高其创业服务能力的必然要求。

近年来，我国孵化器建设呈现国际化发展的趋势。部分孵化器开始吸引和对接国际资源。

中关村创业大街发起并组织的 EMO THE WORLD 全球创新路演活动，首场即邀请了来自 8 个国家的 15 支全海外背景团队参加。中关村创业大街与法国大使馆共同举办“中法创新路演”活动，3 个来自法国的创业团队与 3 个来自中国的创业团队进行同台路演。作为韩国创业振兴院 KISED 全球创业加速项目在北京地区的唯一合作伙伴，中关村创业大街为前期双方共同选拔的 5 个优秀韩国创业项目提供了为期 12 周的本地孵化加速培训。此外，还与韩国未来部下属 Born2Global 共同举办全球路演活动，吸引韩国 10 家优秀创业企业参加。

在吸引和对接国际资源的同时，国内科技企业孵化器也选择“走出去”，将中国孵化器品牌输往国外。孵化器在国际上创新资源丰富的地区设立站点，近距离收集创新信息和资源，贴身服务当地留学人员等高端人才，并着眼于将优质的创业项目和团队引回国内或在国内实现产业化。率先走出国门的是民间资本运营的孵化器。民营孵化器机制灵活，对新理念和新思路的反应敏捷，其资本出境的限制较少，因而成为我国科技企业孵化器“走出去”的先行者。这其中的代表包括北京瀚海智业投资管理集团、武汉东湖新技术创业中心和清控科创控股股份有限公司等具有丰富孵化服务经验和全球化眼光的优秀孵化器。

专栏 10-13　瀚海控股——全球孵化加速体系建设者

瀚海控股是我国第一家走出去建立海外园区的中国科技企业孵化器，专注于跨国科技、文化园区建设，着力构建“全球孵化、创新加速”的国际科技文化交流及创新合作平台。

瀚海控股海外园区致力孵化 + 投资 + 跨境加速及中外企业的零距离对接：成立华美基金，投资初创企业；搭建服务平台，帮助企业成长与跨境发展；嫁接国际金桥，助推中外企业跨境合作，加速成长。用 5 年的时间投资并运营了 8 家海外科技文化园区，涵盖电子信息、生命科学、文化创意、清洁技术、先进制造等五大领域，形成了以美国硅谷、洛杉矶、波士顿，加拿大温哥华，德国慕尼黑为中心，覆盖北美及欧洲的国际化创新创业生态网络和全球孵化跨境加速体系。

附录　国内典型代表区域孵化器相关政策汇编

表 10-14　国内典型代表区域孵化器相关政策汇编

区域	序号	政策名称	颁布机构	政策工具	核心内容
北京中关村	1	北京技术创新行动计划（2014—2017 年）	北京市人民政府	资助 + 政府采购 + 奖励 + 用地政策	（一）金融资助：对于金融机构科技金融产品创新，给予无偿资助、偿还性资助、贷款贴息、风险补偿、股权投资、后补助等多样化财政资金支持。 （二）政府购买：通过首购、订购、首台（套）重大技术装备试验和示范项目、推广应用以及远期采购合约等方式，带动新技术新产品在全社会的推广应用。 （三）科技成果奖励：高等学校、科研院所、国有企业职工获得发明成果所得奖励不计入单位工资总额。 （四）用地政策：推进国有土地使用权转让、作价出资、租赁或抵押，确保重大项目快速落地，鼓励将经认定的集中办公区优先作为重大专项项目承担单位的办公场所

表 10-14　国内典型代表区域孵化器相关政策汇编（续表）

区域	序号	政策名称	颁布机构	政策工具	核心内容
北京中关村	2	关于进一步促进首都科技企业孵化体系建设的意见	北京市科学技术委员会、中关村管委会等	认定政策优惠+税收优惠+资金支持	（一）政策优惠：经认定的市级科技企业孵化器和在孵企业可享受相关政策支持；孵化机构参与高新技术企业认定，享受相关政策优惠。 （二）税收优惠：经认定为国家级孵化器，享受相关税收优惠政策。 （三）资金支持：鼓励各区县设立专项资金，支持孵化机构建设和能力提升。
	3	中关村国家自主创新示范区大学科技园及科技企业孵化器发展支持资金管理办法（试行）	中关村科技园区管理委员会	资金支持+补助+房租补贴	（一）健全入驻企业流动机制：对每年新入驻初创企业数占比超过20%的，给予不超过50万元的资金支持。 （二）种子基金：根据投资项目情况和投资规模，按照不超过10%的比例给予风险补偿资金支持。 （三）公共技术服务平台：根据设备购置、实验室建设等资金投入情况，按照不超过50%的比例给予平台建设资金支持。根据运营成本、服务企业数量和效果等情况，给予最高不超过200万元的平台运营资金支持。 （四）创新型孵化器认定：对新认定的创新型孵化器，给予最高不超过100万元一次性资金支持。 （五）年度评估：根据服务能力、孵化企业数量和效果年度评估情况，给予最高不超过500万元的房租补贴。
	4	中关村高端人才创业基地支持资金管理办法（试行）	中关村科技园区管理委员会	房租补贴	房租补贴：按照入驻企业实际租用面积进行补贴，原则上每天每平方米不超过1元，期限不超过2年。对为基地提供公共服务的机构，可予以全额房租补贴支持。
	5	中关村国家自主创新示范区科技型企业创业孵化集聚区管理办法（试行）	中关村管委会、北京市工商局	认定及管理制度	（一）创业孵化集聚区认定：公共办公场地面积不得低于创业孵化集聚区面积的20%。 （二）健全管理制度：企业入驻的条件、入驻企业总量控制计划、企业退出机制、企业商务秘书或联系人制度、入驻企业基本信息档案管理制度、入驻企业信息报告制度及披露机制、创业孵化集聚区信息报告制度及披露机制等。
	6	中关村国家自主创新示范区创业服务平台支持资金管理办法	中关村科技园区管理委员会	资金支持	（一）高成长企业培育奖励：最高不超过100万元的资金支持。 （二）专业技术服务平台，根据实际资金投入的30%给予资金补贴，最高不超过200万元。 （三）跨境创业服务：根据实际资金投入的30%给予一次性资金补贴，最高不超过50万元。 （四）创业活动补贴：按照实际投入的50%给予资金补贴，最高不超过300万元。
	7	中关村国家自主创新示范区天使投资和创业投资支持资金管理办法	中关村科技园区管理委员会	风险补贴+天使投资引导+创业投资引导	（一）天使投资风险补贴资金：不超过上一年度投资于中关村示范区企业总投资额的15%，单笔最高不超过45万元。 （二）天使投资引导资金：出资比例不得高于该天使基金资本总额的30%。 （三）创业投资风险补贴资金：为创业投资企业以货币形式对中关村示范区企业的实际投资额的10%，单笔最高100万元。 （四）创业投资引导资金：在每家创投基金中的出资比例不超过该创投基金资本总额的30%。

表 10-14　国内典型代表区域孵化器相关政策汇编（续表）

区域	序号	政策名称	颁布机构	政策工具	核心内容
北京中关村	8	石景山区关于支持大众创新创业的暂行办法	石景山区人民政府	补贴＋奖励＋贴息	（一）创新型创业服务载体。按其建设年度内实际发生投资额的10% 给予后补贴。 （二）创业企业房租减让：经认定按其年度租金减让总额的 50% 给予后补贴。 （三）融资补贴：每年给予 50% 的贷款贴息，对融资过程中产生的相关费用，按照实际发生额的 50% 给予一次性补贴。 （四）上市奖励：对新三板挂牌的企业给予 30 万元的一次性奖励，在中关村股权交易服务集团挂牌的企业给予 5 万元的一次性奖励。 （五）商事改革：提供注册登记等快速便利服务。 （六）创业活动补贴：对创业教育培训活动主办方开办创业教育课程实际发生费用的 50% 给予后补贴。对创业交流活动组织方活动实际支出费用 30% 给予后补贴。
武汉东湖	9	省人民政府关于深入推进大众创业万众创新打造经济发展新引擎的实施意见	湖北省人民政府	资助＋补贴＋税收优惠＋商事体制改革	（一）政府购买：对优秀创业项目、科技创新项目给予适当补助，采用政府购买服务的方式，支持各类平台开展项目路演、创业培训等创业创新服务。 （二）税收优惠：全面落实创业创新企业各项税收优惠政策，争取开展扩大创业创新企业研发费用加计扣除范围试点。 （三）制度改革：开展知识产权资产证券化及专利保险试点，探索建立省级政府债券融资风险补偿机制，鼓励创业创新企业通过 P2P 等方式拓宽融资渠道，支持通过 PPP 方式投资建设创业创新服务平台。
	10	省人民政府办公厅关于发展众创空间推进大众创新创业的实施意见	省人民政府办公厅	补贴＋税收优惠＋税收减免＋商事体制改革	（一）大学生创业：初次创办小型微型企业或从事个体经营可申请 5000 元的一次性创业补贴。 （二）所得税减免：高新技术企业减按 15% 的税率征收企业所得税、企业研究开发费用加计扣除、企业固定资产加速折旧等政策；对年应纳税所得额低于 20 万元（含 20 万元）的小型微利企业，所得额减按 50% 计入应纳税所得额，按 20% 的税率缴纳企业所得税；小微企业月营业额不超过 3 万元的，免征营业税或增值税。 （三）技术转让减免：技术转让所得不超过 500 万元的部分，免征企业所得税；超过 500 万元的部分，减半征收企业所得税。 （四）创业投资：创业投资企业采取股权投资方式投资于未上市的中小高新技术企业 2 年以上的，可以按照其投资额的 70% 在股权持有满 2 年的当年，抵扣该创业投资企业的应纳税所得额。
	11	市人民政府办公厅关于加快发展众创空间支持大众创新创业的实施意见	武汉市人民政府	制度改革＋补助	（一）审批制度：采取一站式窗口、网上申报、多证联办等措施为创业企业提供便利服务。 （二）政府补助：运用政府购买服务、资金补助、无偿资助、业务奖励等方式，鼓励支持众创服务平台建设。

表 10-14 国内典型代表区域孵化器相关政策汇编（续表）

区域	序号	政策名称	颁布机构	政策工具	核心内容
武汉东湖	12	东湖国家自主创新示范区关于建设创业光谷的若干意见	东湖高新区管委会	商事制度改革＋补贴＋后补助＋参股基金＋奖励＋政府购买	（一）电子营业执照：开展企业网上登记注册。 （二）房租补贴：对创新型孵化器认定之日起连续三年给予 50% 的房租补贴。 （三）创业活动：按照活动实际支出的 20% 给予后补助。 （四）科教资源转化：鼓励高校应用科技类科研人员及青年教师到东湖示范区内企业进行兼职活动，所得收入归个人所有。 （五）参股企业内部创业基金：对领军企业设立的内部创业基金，东湖示范区最高可按 50% 比例参股。 （六）参股天使投资基金：东湖示范区最高可按 50% 的比例参股。 （七）科技创新券：支持科技型中小企业购买创新服务、研发设备、开展技术合作等。 （八）创业风险援助金：对在孵化器注册、创业活动持续 1 年以上、创业失败的在孵企业，对核心人员缴纳社保费的 50% 给予补贴，不超过 6 个月的失业保险金。
	13	关于实施“青桐”计划鼓励大学生到科技企业孵化器创业的意见	市科技局	补贴＋资助	（一）房租补贴：对在校大学生或者毕业 5 年内的大学生的创业第 1 年给予房租全额补贴，第 2—4 年连续 3 年给予 50% 的房租补贴。 （二）技术创新资助：对符合条件的孵化器内大学生创业企业的技术创新项目给予 10—20 万元无偿资助。 （三）贷款贴息：为孵化器内创业的在校大学生、高校毕业生申请个人小额贷款提供担保，贷款期为 2 年，并由财政全额贴息。 （四）融资担保：孵化器内大学生创业企业融资额度在 300 万元以内，给予全额担保费补贴；300 万元以上部分，给予 50% 担保费补贴。 （五）风险补偿：对风险投资基金投资孵化器内大学生创业企业，按实际投资额的 5% 给予风险补偿。
	14	关于促进东湖国家自主创新示范区科技成果转化体制机制创新的若干意见	东湖高新区管委会	资助＋奖金＋补贴＋制度改革	（一）新型产业技术研究院：自认定之日起，前 2 年每年最高可给予 2000 万元的运营经费支持。 （二）土地政策：在东湖按规划建设运营科技企业孵化和加速器，限定租售对象和租售价格的，按照工业用地性质及价格标准供应土地。
	15	武汉东湖新技术开发区关于促进科技企业孵化器建设与发展的实施办法	东湖高新区管委会	资助＋奖励＋补贴	（一）认定奖励：对新认定的国家、省、市级孵化器分别给予 60、30 和 10 万元一次性奖励。 （二）运营经费补贴：根据孵化器服务水平给予其运营经费补贴，每年补贴不超过 50 万元。 （三）房租补贴：对在孵企业按照其租用办公用房面积给予 10 元 / 平方米・月的房租补贴。 （四）公共技术平台服务补贴：对孵化器内公共技术支撑服务平台按服务费用 20% 给予补贴。 （五）企业孵化奖励：在孵期间或毕业后 1 年内被认定为高企、创新型企业、技术先进型服务企业，或入选国家“千人计划”、省“百人计划”，每认定或入选 1 家，对孵化器及企业各奖励 5 万元。

表 10-14　国内典型代表区域孵化器相关政策汇编（续表）

区域	序号	政策名称	颁布机构	政策工具	核心内容
成都高新区	16	"创业天府"高新区引领的若干政策	成都高新区技术创新服务中心	房租补贴+奖励+资金支持+补助+补贴+商事制度改革	（一）房租补贴：为企业提供面积不超过500平方米的办公用房免租或房租补贴。租用政府建设载体的，5年内房租全免。 （二）创业企业支持：企业成立后三个完整的会计年度内年销售收入达到5000万元、1亿元、2亿元的，分别按照100万元、300万元、500万元的标准给予一次性创业资金支持。 （三）人才奖励：经评审认定高层次人才，最高给予100万元奖励。 （四）科技人才创业支持：按实际使用面积给予不超过200平方米的办公用房3年房租补贴，每年补贴金额不超过10万元；企业成立后三个完整的会计年度内年销售收入达到500万元、1000万元、2000万元的，分别按照20万元、40万元、60万元的标准给予一次性创业资金支持；大学生创业团队可免费入驻政府示范孵化器的大学生创业工作室。 （五）新型孵化机构补助：新型孵化机构，给予最高不超过100万元的一次性资助，经考核后，每年给予50万—100万元的运营补助；对新建创业苗圃给予20万—40万元一次性资助，对新建孵化器给予30万—50万元一次性资助，对新建加速器给予50万—100万元一次性资助；企业在孵化期间或毕业后5年内成功上市，原孵化该企业的孵化器可获得30万元的一次性奖励。 （六）商事制度改革：对从事电子商务、创意设计、软件开发、广告策划等业态的企业探索使用创新型孵化器住址集群注册；工商注册全程电子化和电子营业执照。小微企业可按季度申报纳税。 （七）投资机构扶持：投资机构对成都高新区创业企业投资500万元以上的，按投资金额的5%对被投资企业进行项目扶持，单个企业获得项目资金扶持上限为100万元。 （八）利息补贴：对企业获得的资金贷款（含小额贷款公司贷款），给予银行同期贷款基准利率最高70%的利息补贴、担保（保险）费最高70%的补贴，单户企业贴息贷款金额最高不超过1000万元。 （九）公共服务补贴：对新建公共技术平台，给予总投资20%，最高不超过50万元补贴；对在成都高新区从事技术转移、技术咨询、专业培训、检验认证等科技中介服务机构，可给予5万—20万元一次性服务补贴；举办各类创业活动实际支出的20%给予后补助，单个机构每年支持金额最高不超过50万元。
	17	成都市人民政府办公厅关于加快推进创新创业载体建设若干政策措施的意见	市政府办公厅	经费补贴、引导投入、购买服务	（一）载体建设：对各类主体改（扩）建或新建载体给予最高不超过1000万元经费补贴。 （二）运营补贴：大力引入国内外知名创新型孵化器运营机构来蓉建设载体，分级分类给予100至500万元运营补贴。 （三）服务补贴：对评价为优秀的孵化器每年给予最高不超过100万元服务补贴。 （四）天使投资引导资金：引导载体共建基金，最高按30%比例参股，4年内退出。
	18	成都市创新创业载体资助管理办法	市科学技术局	经费支持	（一）载体建设资助：对新建的市级创业苗圃、孵化器、加速器、专业楼宇，分别给予一次性30万元、50万元、100万元、50万元的经费资助；对每年综合评价优秀的创新创业载体，给予最高100万元的经费补贴。 （二）认定资助：对新认定国家级创新创业载体，给予一次性100万元经费资助。 （三）对利用闲置厂房、楼宇和存量土地等改（扩）建为创新创业载体，给予费用总额的20%的经费补贴。 （四）运营补贴：大力引入国内外知名创新型孵化器运营机构来蓉建设载体，分级分类给予100至500万元运营补贴。 （五）本土孵化器走出去经费补贴：本土孵化器在国内外创新创业活跃地区建设创新创业载体，根据其异地孵化绩效，给予每年最高不超过100万元经费补贴。

表 10-14　国内典型代表区域孵化器相关政策汇编（续表）

区域	序号	政策名称	颁布机构	政策工具	核心内容
成都高新区	19	成都高新区技术创新服务中心关于进一步提升政府示范孵化器入驻众创空间质量的暂行办法	成都高新区技术创新服务中心	房租减免＋补贴	（一）房租减免：众创空间原则上可享受三年房租免除。 （二）补贴：单个众创空间装修补贴金额原则上不超过 300 万元；单个众创空间年度运营补贴原则上最高不超过 100 万元。
	20	成都高新区技术创新服务中心关于进一步提升政府示范孵化器入驻企业质量的暂行办法	成都高新区技术创新服务中心	制度改革	孵化期限：入驻企业孵化期为 3 年，生物医药、集成电路设计企业可放宽到五年。
天津滨海新区	21	关于深入实施“创业天府”行动计划加快打造西部人才核心聚集区的若干政策	成都市人民政府	资助＋奖励	（一）顶尖人才：最高给予不超过 300 万奖励。 （二）专业技能人才：最高给予 30 万元资助。 （三）重点项目：最高给予 1 亿元综合资助。 （四）研发平台：给予最高 200 万元 / 个。 （五）外籍人才：在停居留资格条件、期限、办证服务等方面提供最大限度的便利。
	22	关于发展众创空间推进大众创新创业的政策措施	天津市人民政府	商事制度改革＋购买服务＋资金补助＋无偿资助＋业务奖励	（一）众创空间认定补助：众创空间分级分类给予 100 万至 500 万元的一次性财政补助。 （二）房租补贴：大学生创业且租赁房屋的，据实给予补贴，最高不超过每月 1800 元，补助期为 2 年。 （三）创业信贷支持：大学生自主创业可申请最高 30 万元的小额担保贷款，已成功创业且带动就业 5 人以上、经营稳定的创业者，可给予贷款再扶持，总额度最高不超过 50 万元，期限不超过 2 年，并给予贷款贴息。
	23	天津市科技企业孵化器绩效评价办法（试行）	市科委		（一）评价对象：已通过认定的天津市市级孵化器和国家级孵化器。 （二）评价维度：从社会效益、孵化效率、孵化能力和管理规范四个方面进行。 （三）评价方式：委托第三方机构＋行业专家对孵化器进行考评。
	24	天津市科技企业孵化器落实促进科技型中小企业发展政策 措施的实施细则（试行）	天津市科学技术局	财政资金奖励＋贷款贴息＋房租补贴	（一）服务能力提升奖励：对当年绩效考核为优秀的市级以上孵化器，给予 100 万元奖励，或不超过 200 万元贷款贴息。 （二）大学生创业补贴：对符合条件的大学生创业企业入驻市级以上孵化器的，给予为期 2 年的房租补贴。
	25	天津市大学生创业引领计划（2014—2017 年）实施方案	市人社局 市教委 市财政局	培训补贴＋贷款贴息＋房租补贴	（一）创业培训：对完成规定的培训内容并独立完成创业计划书的，按照每人 500 元的标准给予培训费补贴。 （二）贷款贴息：对大学生自主创业申请小额担保贷款，按照贴息利率的 50% 予以贴息。 （三）房租补贴：大学生创业且租赁房屋的，按每平方米每天补贴 1 元，最多不超过 60 平方米，补贴 2 年。

表 10-14　国内典型代表区域孵化器相关政策汇编（续表）

区域	序号	政策名称	颁布机构	政策工具	核心内容
深圳	26	深圳市关于促进创客发展的若干措施（试行）	市人民政府	资助	（一）创客空间资助：对新建、改造提升创客空间，引进国际创客实验室的，予以最高 500 万元资助；创客空间为创客减免租金，单个创客空间予以最高 100 万元资助；创客空间完善软件、硬件设施，予以不超过购置费用、最高 300 万元资助。 （二）人才资助：对于创客个人 / 团队项目，予以最高 50 万元资助；竞赛优胜项目或者创办企业予以最高 100 万元资助；对符合条件的创客实践室予以最高 100 万元资助。 （三）服务平台资助：对符合条件的服务平台予以最高 300 万元资助；对符合条件的创客空间发放科技创新券，用于创客购买科技服务，单个创客空间年度发放额度最高 100 万元。 （四）后补助：对符合条件的交流活动按实际发生合理费用予以最高 300 万元事后资助；对符合条件的服务项目按实际发生合理费用予以最高 100 万元事后资助。
	27	深圳市促进创客发展三年行动计划（2015—2017 年）	市人民政府		核心内容：拓展创客实践空间，搭建创客服务平台，打造创客活动品牌。
	28	深圳市科技企业孵化器用地用房操作办法	深圳市科技创新委员会、深圳市规划国土委员会	土地政策	（一）用地保障：将科技企业孵化器用地纳入新型产业用地范畴；公开出让的新型产业用地，优先用于科技企业孵化器、加速器等产业扶持用途，且租金价格应低于产业用房市场评估价格的 60%—80%。 （二）产权分割与转让：企业将工业楼宇作价入股，其作价入股后工业楼宇的自用建筑面积比例不低于总建筑面积 50% 的，非自用部分可以分割转让。
上海	29	上海众创空间培育支持试行办法	上海科技企业孵化协会	后补贴	后补贴：对众创空间开展科技创新创业服务活动的情况进行年度评估并给予后补贴支持。
	30	关于本市发展众创空间推进大众创新创业的指导意见	市委办公厅、市政府办公厅	商事制度改革 + 政府购买 + 创新券 + 补贴	（一）制度改革：落实集中登记、一址多照等商事制度改革，采取单一窗口、网上申报、三证合一等措施，为创业企业工商注册提供便利。 （二）创新券：利用“科技创新券”对创业者和创业企业使用加盟上海研发公共服务平台的仪器设备给予补贴。 （三）政府购买：通过政府购买服务、奖励等方式，鼓励众创空间为创业企业提供优惠、低价的办公场地。 （四）补贴：鼓励各区县对众创空间建设中发生的孵化用房改造费、创业孵化基础服务设施购置费、贷款利息等给予一定补贴。
	31	上海市科技创业苗圃管理办法	上海市科技创业中心、上海科技企业孵化协会	后补贴 + 资助	（一）创业苗圃后补贴：每年对科技创业苗圃开展预孵化服务绩效评估，并给予后补贴支持。 （二）苗圃资助：对具有发展潜力的科技创业苗圃项目给予无偿资助。

表 10-14 国内典型代表区域孵化器相关政策汇编（续表）

区域	序号	政策名称	颁布机构	政策工具	核心内容
上海	32	上海市工商行政管理局支持众创空间发展的意见	市工商行政管理局办公室	商事制度改革	（一）集中登记：区（县）人民政府或者其授权单位可以指定众创空间内一处或多处非居住用房为集中登记地。 （二）“直通车”服务：网上申请、网上受理、网上审核、网上发照和网上公示。
	33	上海市科技企业孵化器管理办法	上海市科技创业中心、上海科技企业孵化协会	资金支持+补贴	（一）孵化器补贴：孵化器通过考核评价，考核评价结果作为申请政府孵化服务补贴依据。 （二）加速器扶持：加速器建设和完善加速企业服务平台、公共技术与产业化平台，提升服务水平，并给予加速器适当的资金支持和补贴。
	34	上海市众创空间发展实施细则	上海市科技中心		众创空间建设条件与备案：从发展方向、服务团队、服务设施、服务体系、工作机制等方面进行认定评估。
	35	关于推进张江高科技园区孵化器建设实施办法	张江高科技园区管委会	资助+补贴	（一）孵化器资助：对园区通过认定的孵化器，一次性给予 10 万的无偿资助。 （二）孵化器补贴：园区各个孵化器内在孵企业形成的年度新区财力的 50%，作为对孵化器的补贴，用于弥补孵化器物理空间的空置费、物业费、运营费用。 （三）在孵企业补贴：对孵化企业用房租金第一年按评估认可的租金水平予以 100% 补贴，第二年减半补贴，第三年再减半补贴，补贴面积每家不超过 200 平方。
	36	上海市张江高科技园区科技孵化及加速发展扶持办法	张江高科技园区管委会	奖励+资助+补贴	（一）苗圃补贴：验收合格的科技创业苗圃，在市项目资助经费的基础上给以 1：1 配套，总额不超过 30 万元人民币。 （二）孵化器奖励：通过政府采购孵化器服务的方式，鼓励孵化器加大对入孵企业的服务力度，根据孵化器开展相关服务的服务成效，给予最高不超过 200 万元人民币的奖励。 （三）在孵企业补贴：连续三年对孵化企业产生的研发费用给予 50% 的补贴，每年最高不超过 30 万元人民币。 （四）加速器奖励：鼓励加速器培育上市企业，每培育一家上市企业（包括 OTC 挂牌企业），奖励加速器运营方 50 万元人民币。 （五）加速企业补贴：加速企业在正常还贷后，利息和担保费给予全额补贴。 （四）毕业企业奖励：对于符合毕业企业标准的孵化企业，毕业后销售总部和研发总部设在园区的，将给予一次性 100 万元人民币奖励。 （六）上市企业补贴：园区企业在“新三板”挂牌，给予最高不超过 160 万元人民币的一次性补助。园区企业在股交中心挂牌期间，每年补贴 10 万元人民币。对进入国内上市程序的园区企业，根据股改结束、材料报会和成功发行等三个阶段分别给予 60、120、120 万元人民币补助。对进入境外上市程序的园区企业，按每家企业实际发生的费用予以最高不超过 200 万元人民币的补助。
	37	关于推进张江示范区众创空间建设的通知	张江高新技术产业开发区管理委员会		核心内容：制定了推进众创空间的依据和目标，推进措施和路径以及推进的工作程序。

表 10-14　国内典型代表区域孵化器相关政策汇编（续表）

区域	序号	政策名称	颁布机构	政策工具	核心内容
上海	38	关于实施《上海张江高科技园区科技创新专项资金管理办法》的通知	张江高科技园区管委会	资助	（一）科技创新成果转化资助：分 A 档（30 万元）、B 档（20 万元）、C 档（10 万元）。 （二）市场推广资助：根据会务活动规模进行资助，其中省市级资助 2 万元、国家级资助 3 万元、国际级资助 5 万元。 （三）孵化器平台建设资助：A 等资助 50 万元、B 等资助 40 万元、C 等 30 万元。 （四）科技部创新基金匹配资助：等额匹配。分两次拨款，立项后拨付 75%，验收合格后拨付余款。

五、创业服务机构能力提升路径

在新形势下，我国面临着创新驱动战略以及培育和发展战略性新兴产业的要求，对于科技服务体系的完善和创业服务机构的发展也提出了新的要求，建议创业服务机构的建设工作从四个方面重点突破。

（一）实施创业服务网络建设工程

围绕企业“种子期—初创期—高成长期”需求，以企业孵化为核心，以创业服务机构为基础，对接加速器、产业园，打造“创业苗圃—孵化器—加速器—产业园”的孵化链条，形成以创业服务机构为节点，涵盖研发试验、科技金融、科技中介、创业导师等要素的全方位、多层次的孵化服务网络。

一是推动新建一批创业服务机构。结合我国资源禀赋、产业定位和规划布局，加强创业服务机构建设。鼓励各类有条件的企业利用闲置存量房产建设创业服务机构；鼓励平台型企业、成功企业家和天使投资人建设创业服务机构，为创业企业提供优质服务。二是加强“创业苗圃”建设。支持创业服务机构建立“创业苗圃”，进一步降低科技创业门槛。“创业苗圃”以科技成果（创意）为孵化对象，科技创业者或创业团队在注册成立企业前，可入驻“创业苗圃”，接受预孵化服务。依托“创业苗圃”实现创业服务机构与天使投资机构（人）的有机结合，为创业者完善科技成果（创意）、制订商业计划提供公共服务，帮助其将科技成果（创意）转化并创办企业。三是推进科技企业加速器建设，支持科技企业孵化机构、产业园区充分结合区域产业定位，建立服务于高成长企业发展的科技企业加速器。科技企业加速器以完成孵化阶段的高成长性科技型中小企业为服务对象，为高成长性科技型中小企业的快速发展提供空间和配套服务，进一步提升创业服务机构对技术创新及经济社会发展的贡献。四是完善研发试验服务平台，支持创业服务机构通过自建或与高等院校、科研院所、大型企业等联合共建的方式，搭建研发试验服务平台；支持市场化的中试基地建设，面向创业企业开展中试熟化、检验检测、技术集成等专业服务，提升项目和企业孵化能力。五是推进科技金融服务平台建设。由于我国融资方式以银行债权融资为主，银行金融服务水平将对企业融资状况产生较大影响，支持创业服务机构加强与科技金融服务工作的对接，搭建金融机构与创业服务机构内科技型中小微企业之间的桥梁，探索与银行等金融机构建立符合科技型中小微企业特点的金融产品，有效引导银行、担保公司、再担保公司、保险公司等金融机构关注科技型小微企业群体，并开展相关服务。鼓励创业服务机构联合社会资本成立投资基金，吸引天使投资、创业投资、创业服务平台等广泛参与，为优秀的项目和优秀企业提供创业服务。

专栏 10-14　广东软件科学园——科技创业全链条孵化服务提供者

广东软件科学园是由广东省人民政府投资建设的软件产业公共技术资源服务机构、软件企业孵化创新服务机构。园区内建设含政府事务服务、投融资、培训辅导、中介服务、科技交流、后勤保障等服务平台的孵化服务体系，从政策、人才、资金、市场、经营、管理等方面提供低成本、便利化、全要素、开放式的一站式孵化服务，帮助企业实现创业、创新、发展的梦想。

依托已构建的软件公共技术和孵化服务两个体系、智能装备和软件及新一代卫星导航两个基金以及聚集发展的270多家在园企业和离园发展的产业化企业，广东软件科学园打通创业项目、初创企业、高成长性企业和产业化企业之间的资源流动和对接，开展“创客空间—孵化器—加速器”科技创业全链条孵化服务。

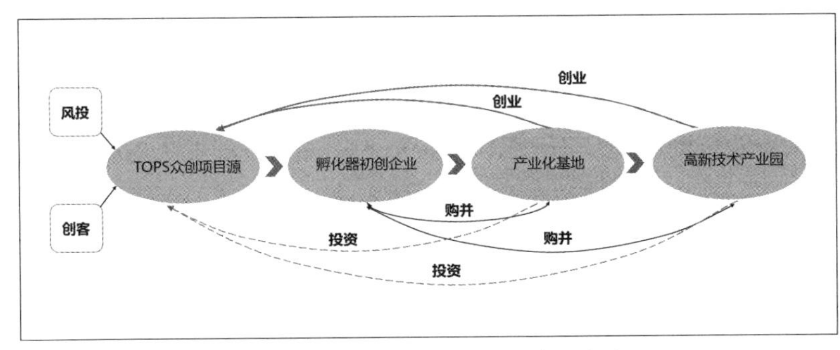

图10-13　科技创业孵化链条示意图

（二）实施创业服务模式创新工程

依托创业服务机构的自身优势，发挥资源整合能力，创新发展模式，探索特色发展，提高创业服务机构的市场化水平和发展质量。一是鼓励创业服务机构探索特色发展模式。鼓励创业服务机构利用技术、资金、市场等优势，建立以专业技术服务、创业指导服务、技术转移服务、天使投资服务和市场拓展服务等为特色的创业服务机制，形成各具特色的创业服务模式，走创业服务多元化发展道路。二是鼓励探索“孵化 + 创投”发展模式。引导创业服务机构提升投资服务能力，探索“孵化 + 创投”的孵化发展模式。在创业服务机构各项服务的基础上，利用各种渠道搭建“天使投资网络”，提高投资收益在创业服务机构服务收入中的比重。三是支持创新型服务机构快速发展。支持商业模式新、运行机制灵活、资源聚集度高的创新型孵化器和创业服务平台的快速发展，为创业者提供沟通合作、创业辅导、投融资对接、团队融合、项目推介、信息交流等服务，为创业者、创业团队和创业企业提供新型创业孵化平台，加快实现“从想法到公司”的转变。四是鼓励创业服务机构连锁化发展。鼓励服务模式先进、孵化经验丰富、有实力的创业服务机构在各地建设分园、孵化基地，推广其先进的服务模式，为各地创业服务机构的整体能力提升做出贡献。鼓励服务模式先进的创业服务机构与国内其他地区创业服务机构开展合作，定期举办交流活动，输出管理和服务，提升自身影响力。五是加强各类创业服务机构的协同合作。鼓励具有特色优势的创业服务机构之间建立协作网络，加强服务交流；加强各类创业服务机构之间的资源对接，引导创业服务机构承接创新型孵化器的项目落地入孵。初步形成各类创业服务机构信息互动频繁高效、优质资源互补的新局面。

专栏 10-15　创客街——“孵化器 +WE WORK”组合拳

创客街是中国首家连锁型天使孵化器，以零租金、便利化、全要素扶持创新创业人群、团队和创业项目，已陆续在全国各大城市建设多样化的物理空间孵化器。

创客街通过“孵化器 +WE WORK”组合拳，联合众多虚拟创业平台和众筹平台，扶持创业创新人群、团队和项目。建立包括中国联通与 IDG 共建的“WO+ 梦工厂”的核心虚拟创业平台，和众筹空间、共赢网等众筹平台，利用投资联盟、众筹空间、轻松筹产品、创客比赛、导师团队等资源，在中国各大城市共同建设多样化的物理空间孵化器。已拥有北京站、上海站、广州站、扬州站，其他城市正在不断增加中。同时，积极打造明星创业导师团队与偶像经济。为了增强 90 后创客的参与感，创客街定期提供全球一流创业导师的免费指导，拥有 IDG 资本、经纬中国管理、高榕资本、壹普兰风险、乐博天使、易宝支付、老鹰基金、铂涛酒店集团的创始人、总裁等明星导师团。此外，创客街还明确了品牌代言人策略——选择 19 岁以下的潜力创业者作为其品牌代言人。

（三）实施产业孵化培育工程

围绕战略性新兴产业布局，支持创业服务机构聚焦优势专业领域，加强专业服务能力建设，提升专业化水平，提高原创产业培育能力，增强对战略性新兴产业发展的支撑作用。一是加强重点产业领域创业服务机构的布局。围绕重点发展的战略性新兴产业领域，发展专业型和创新型创业服务机构，提升创业服务机构的产业培育能力。二是提升专业技术服务能力。引导创业服务机构依据自身产业定位，积极与第三方研发服务机构、平台型企业、解决方案提供商、产业技术联盟等服务机构开展合作，为初创企业的研发、产品构建、市场运营等提供专业服务，降低企业技术创新成本，优化提升创业服务机构的产业培育能力。三是探索专业技术人才培养新渠道。支持创业服务机构围绕战略性新兴产业的各个领域，面向创业企业需求，吸引相关技术领域的专业型服务人才；支持创业服务机构与高等院校、科研院所建立联系，开展合作，为创业企业提供专业的人力资源服务。四是引导创业服务机构、组织企业承接高校院所成果转化。支持创业服务机构与高等院校、科研院所、技术转移机构等建立合作关系，对于企业承接的科技成果转化项目给予落地支持；支持有能力的创业企业与高等院校、科研院所加强技术合作，转移转化一批新技术。

专栏 10-16　华南新材料创新园——“产业—技术—资本”三链融合孵化模式

华南新材料创新园新材料创业孵化基地是广州唯一的新材料专业科技企业孵化器，总投资 20 亿元，拥有“创业苗圃、孵化器、加速器”全孵化服务链条，分别服务创业项目、中小企业、高成长性企业，是目前国内规模最大的新材料专业孵化基地。

华南新材料创新园新材料创业孵化基地整合高金技术产业集团和改性塑料龙头企业金发科技的优势资源，围绕自身新材料产业链延伸发展需求，挖掘上下游创新项目。依托高金集团全球化的市场营销服务体系，帮助在孵企业开发客户资源，培养营销团队，建立自己的营销体系，并优先采购园区入驻企业的创新优质产品，为企业发展获取“第一桶金”提供有效保障，降低在孵企业创业风险。同时积极搭建企业与产业上下游各方资源对接平台，为园区企业提供更加全面的创业服务。同时，积极构建完善的创业服务平台和服务体系，建成包括小额贷款、金融投资、上市辅导、人力资源、法律服务等在内的 20 大创业服务平台。创建了全球化的市场营销服务体系、国家级技术研发服务体系、完善的投融资服务体系和专业的创业辅导服务体系等四大服务体系，为入驻企业提供市场营销、技术研发、投融资、创业辅导、科技项目申报五大公共服务。

（四）实施创业服务机构国际化发展工程

加快“走出去”和“引进来”步伐，加强与国际孵化器组织的合作交流，提升创业服务机构全球创新资源集聚能力。一是推进创业服务机构国际化发展。支持创业服务机构依托科技合作载体，通过合作共建、资源共享等多种方式建设国际企业创业服务机构，鼓励并支持有条件的创业服务机构在海外建设分支机构，提升创业服务机构吸纳全球高端创业项目和团队的能力，搭建企业国际化发展平台。二是加快引进一批国外先进创业服务机构。鼓励境外机构通过股权投资等形式在我国设立国际企业创业服务机构，支持各类创业服务机构建立渠道、引进一批国外服务模式先进的创业服务机构或投资基金，带动我国创业服务机构模式创新，加快创业服务机构发展国际化步伐。三是支持创业服务机构与国际技术转移机构开展合作。支持创业服务机构与国际技术转移机构建立对接，开展技术交易及国际技术转移服务，引进一批国际领先的原创技术落地国内，助力创业服务机构内创业企业技术保持国际领先地位，提升创业服务机构全球创新资源聚集能力。四是支持创业服务机构与国际孵化器协会组织开展合作。支持创业服务机构与美国企业孵化器协会、亚洲企业孵化器协会等国际孵化器协会组织开展合作，积极参与协会组织的各种交流活动，促进创业服务机构与全球创业服务机构之间的信息交流和项目合作。鼓励创业企业参与国际创业服务机构及行业组织的培训、展示、评选等活动，提升企业知名度，拓展企业国际化视野。

专栏 10–17　张江打造国际众创孵化载体集聚区

张江国际众创孵化集聚区位于上海张江高新区中区核心区域，近年来，张江高新区围绕上海建设具有全球影响力的科技创新中心、中国（上海）自由贸易试验区、张江综合性国家科学中心和张江科学城等战略目标，多措并举，充分发挥产业、人才、资本、环境优势，吸引全球创新创业要素加速集聚，形成推动上海孵化体系接轨全球的重要功能承载区。

跨国企业联合孵化器是张江国际众创孵化集聚区于 2015 年底开始打造的一个重要孵化平台，采用“1+N”孵化模式，“1”为联合孵化平台，“N”为 GE、ebay、联合利华、博世、六三六创新公社等六家张江园区内的知名跨国企业。在这一平台上，张江的创新企业可以对接六大跨国公司的全球资源，从技术、管理、资金等方面寻求帮助。而对于跨国公司而言，这样的联合孵化模式能够打破内部创新的单一路径，形成开放式创新的新局面，发现有潜力的中小企业，从而为自己造血。联合利华就是一个积极参与者，“联合利华创想 +”是一个支持数字技术创新的全球项目，搭建创新者与消费者之间的桥梁，并向创新者提供对接其旗下 400 个品牌的机会，过去一年多，在全球已有 32 个项目通过‘创想 +’平台落地。

截至目前，张江国际众创孵化集聚区已引进 Plug&Play、阿里云 + 创客基地、微软云暨移动应用孵化、中俄联合孵化器、英特尔众创空间加速器等一批具有国际影响力众创孵化机构，集聚效应已步形成。集聚区将通过建设公共服务平台、优化配套设施等举措，吸引更多全球知名众创孵化机构和创业者入驻。

专题 3　美国十大创业孵化平台研究

一、500 Startups

（一）公司背景及团队

500 Startups 于 2010 年成立于硅谷。创始人戴夫·麦库（Dave McClure）本身是个知名媒体程序员，在硅谷有二十多年的从业经验，做过软件工程师、创业者、博客作者、天使投资人以及创业顾问等工作，投资过 250 多家创业公司。2008 至 2010 年，戴夫·麦库为 Founders Fund 管理种子投资项目，2009 年为 Facebook 及其投资人 Accel Partners 运营孵化器项目。500 Startups 喜欢投资早期团队，专注于小于 10 万元的天使轮投资和种子轮投资。500 Startups 起源于硅谷，目前已经走向全球，在多个国家拥有分支机构、合作机构，服务于全球创业者。

（二）批量孵化运行机制

500 Startups 通过“筛选—训练营—演示日”的孵化运行机制，批量生产创业者。

第一，项目筛选。500 Startups 不接受创业团队的项目申请，所有来到硅谷接受孵化的团队都是由 500 Startups 遍布全球的合作伙伴直接推荐，满足他们的投资标准后才得以接纳来到硅谷，筛选严格，录取率约 3%，低于哈佛商学院和斯坦福商学院录取率。

第二，训练营。500 Startups 为入孵团队提供 3 至 4 个月的“孵化训练”，每年举办 3 次，同时提供 15 万美元的种子资金，依以获得创业团队 6% 的股份。在训练营期间提供基础服务、培训服务、人员服务、导师服务等。具体来看，基础服务。500 Startups 为来到硅谷的创业团队提供的服务包括 24 小时开放的办公场地和数据中心服务，在后勤方面提供免费饮料以及每周两次的免费伙食。培训服务。500 Startups 会邀请硅谷的主要科技公司谷歌、Facebook 和 Twitter 带来办公室为创业者讲课，谈这些互联网巨头创业初期曾经遇到的困难，同时也为这些互联网平台公司介绍新兴的创业项目，为他们之间的可能合作牵线搭桥。人员服务。500 Startups 还会为创业团队提供招募服务，利用自己的专业人员招聘用户界面（UI）设计、市场营销等人员，帮助人员短缺的创业团队补充新的创业伙伴。在融资过程中，500 Startups 也会帮助创业团队联系适合的律师服务；据创业者介绍，如果融资额度小于此前设定的目标，律师就会减免服务费。导师服务。孵化训练期间，500 Startups 会邀请 170 多位指导者（Mentor）来到办公室为创业者进行培训。创业团队进入孵化训练营之后，可以从 500 Startups 的指导者列表中选择工作经历、人脉优势最适合自己项目的指导者。很多指导者与硅谷各种天使投资人和风投公司有着多年往来，他们发现有潜力的项目后会直接推荐给投资人与风投。

第三，路演。在 3 个月的孵化结束后，500 Startups 会为创业团队进行展示训练，培养他们向投资人介绍自己项目的能力。每个创业团队会有自己的指导者，经过反复训练以期在“结业仪式”展示日两分钟的推介中打动投资人，展示自己项目的发展前景，获得项目继续发展所需要的资金。

（三）公司盈利模式

目前 500 Startups 年收入为 500 万至 600 万美元，未来基金投资的利润也能够成为收入。收入有三大来源：一是基金管理费（即投资人将钱交给 500 Startups 管理，后者收取管理费），二是加速器计划费（向参加加速器计划的初创企业收取），三是会议活动组织费、赞助费。未来 500 Startups 将逐渐从投资回报的持股中获得收入。

（四）公司孵化绩效

成立至今，500 Startups 共投资（包括孵化和直投）约 1500 家企业，其中，有 2 至 3 只“独角兽”（规模过十亿每美元），差不过 30 只“半人马”（规模为一亿美元），和一群小马驹（规模为千万美元）。至今，他们已经为来自 50 个国家千余家企业注入了 1 亿美金。500 Startups 已经拥有 3 家主流基金会，有 6 家微型基金，旗下管理资产已过 1.7 亿美元。

二、TechStars

（一）公司背景及团队

TechStars 位于科罗拉多州博尔德市，是一家导师驱动型的创业加速器，在 2006 年由四位投资人联合发起成立。创始人和首席执行官 David Cohen 拥有成功的创业经验和在硅谷多年经营的人脉资源。Techstars 在孵化领域颇有“反硅谷”气质，除了进一步挖掘科技领域内物联网、机器人、医疗等细分领域，还突破性地与媒体、零售、酒店餐饮巨头合作，在科技领域之外攻城略地，进一步丰富自己的创业服务领域。2012 年，TechStars 提出“云计划”，之后开始了全球范围的发展，到现在为止，它的分支机构已经遍布全球。2011 年 1 月，公司推出了全球加速器网络（Global Accelerator Network），该网络连接 22 个类似的国际计划，并与奥巴马总统一起推出了奥巴马的“创业美国合伙人计划”（Startup America Partnership）。

（二）批量孵化运行机制

TechStars 通过“筛选—训练营—演示日”的孵化运行机制，以分阶段学习计划和创业导师服务为特色，批量生产创业者。

第一，项目筛选。TechStars 关注“天使尚未注意到的项目”，每期孵化项目的数量有限（10—15 家），努力给每家公司提供最大的关注和指导。TechStars 的加速器一年两期，为初创企业提供为期 13 周由创业导师指导的企业加速孵化项目。TechStars 为入孵企业提供 2 万美元种子基金以换取 6% 公司股权，及 10 万美元的可转换债券。每年申请季一到，创业团队蜂拥而至，每年申请的成功率不足 1%，申请难度堪比常春藤名校。

第二，训练营。为创业团队制定分阶段学习计划。第一个月关注消费群体的培养，第二个月学习完善产品和服务，第三个月联系如何向投资人展示自己的项目以争取投资，最后，在毕业前的 Demo Day 上，统一亮相，接受天使投资人和 VC 的检阅。孵化过程采用导师制。TechStars 为每家初创公司提供 10 名优秀、成功的投资和管理人群作为创业导师，确保他们专注于一家，至多两家公司。拒绝挂名、避免肤浅指导是 TechStars 致力于发展的目标，导师们对创业团队的产品从战略规划到实际问题给予指导和帮助。所有团队都要经历第一个月的“导师疯狂”时间，和十余位导师泡在一起，随时汇报项目进展。

第三，路演。Techstars 将邀请 100 至 200 位投资人参加演示日，并帮助创业企业对接风险投资，Techstars 还有自己的投资基金。目前 75% 的企业获得了投资，平均融资额 100 万—200 万美元。此外，Techstars 还为创业企业提供“股权返还保障”，创业企业如果不满意服务，可以降低 Techstars 占股比例。

（三）公司盈利模式

TechStars 主要是用 2 万美元的种子资金以及三个月的孵化期换取孵化公司的约 6% 的股权。在初创企业上市或被其他企业并购时退出获利。

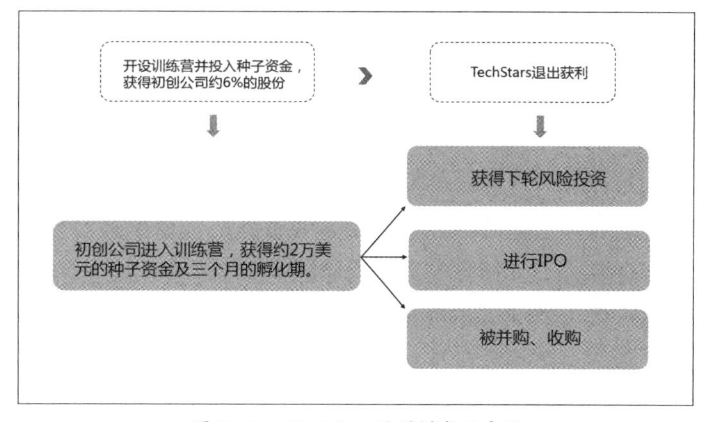

图10-14　TechStars盈利模式示意图

（四）公司孵化绩效

自 2007 年成立以来，TechStars 已经孵化 Sphero、SendGrid、DigitalOcean、Occipital、Orbotix、Localytics、Distil Networks，Contently 等共 762 家公司，90% 的毕业公司目前活跃或被并购，目前活跃公司总募集资金超过 20 亿美元，市值已达 50 亿美元。

三、Y Combinator

（一）公司背景及团队

2005 年，Y Combinator（简称 YC）由保罗·格雷厄姆（Paul Graham）在硅谷发起成立。

Y Combinator 是编程术语，指创造函数的函数，意指 YC 是一家“创造公司”的公司。在短短几年内，YC 基于强大的创业辅导能力和不断出现的成功案例，构建起强有力的品牌影响力，成为全球孵化器的标杆。在 2014 年《福布斯》网络版“十大美国创业孵化器与加速器”的排行榜中，YC 位居榜首。YC 之所以能吸引初创公司，在于 YC 能够帮助创业者规划创业方向，为他们提供进一步融资的指导，以及它具有强大的“校友”网络和投资平台。目前，YC 仍然主要关注硅谷的创业项目，全球布局尚未铺开。

（二）批量孵化运行机制

YC 通过面试，选拔创业团队参加训练营（每年两期），对入选团队投入种子基金，并在演示日上帮助创业者与投资者建立联系，吸引融资。

第一，面试。参加面试的团队首先要向 YC 提供一份简单的申请表，而不需要提供商业计划书。YC 的选择标准是人，认为创业团队比项目本身更重要，因此 YC 服务的对象是仅有想法的创业者。YC 会对每个团队进行十分钟的面试并在他们中进行筛选，被选中的团队便会获得种子基金并进入训练营。

第二，训练营。整个训练营大致分为两个阶段。第一阶段，主要是 YC 的合伙人、培训师与创业团队进行交流，以帮助他们寻找最适合的发展方向并提供训练与建议。第二阶段，即当演示日接近时，创业团队会在内部展示他们的项目，锻炼自己的演说能力和演示策略，以期在未来打动投资者获得融资；同时，YC 也会在这一阶段为创业团队制定最适合的融资策略。总体来说，训练营帮助创业者规划创业方向，提供融资指导，并且在创业者之间促成巨大的“校友”网络。

第三，演示日。演示日是每个周期的高潮事件。YC 会邀请投资商参加演示日，创业团队则需要向投资人展示他们项目的作品。由于有的团队在训练营期间改变项目方向等原因，各初创公司的作品到演示日的时候，仍处于不同的阶段，而他们要做的则是在各自现有阶段的基础上，使自己的项目显得尽可能有说服力。经过展示，虽然会有投资人当场决定投资某个初创公司，但多数投资决定却是在演示日过后，在投资人与初创公司之间更深入的会谈中做出的。YC 通常也会在演示日之后，通过和投资者对话，帮助初创公司了解他们的真实想法，并尽可能说服他们参与投资。通过举办演示日，YC 建立了一个有效的投资平台，搭建了创业者和投资者之间的桥梁，增加了创业者获得融资的机会。

（三）公司盈利模式

YC 通过向初创公司投入种子基金并提供训练营等服务，来换取初创企业的股份，每个被 YC 选中并进入训练营的团队，可获得 12 万美元的种子基金，而 YC 则以此换取初创公司 7% 的股份，在初创企业上市或被其他企业并购

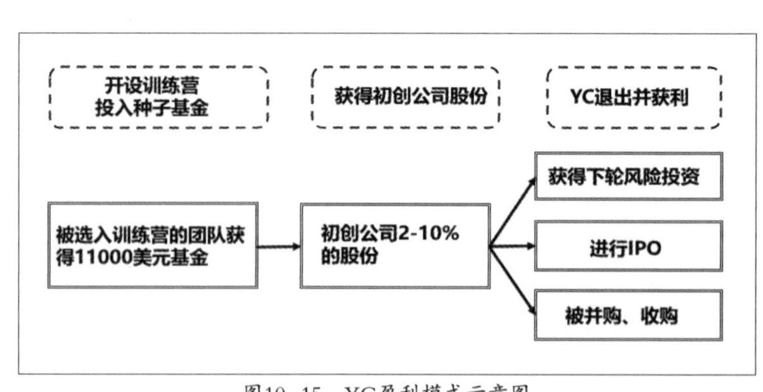

图10-15　YC盈利模式示意图

时退出获利。此外，YC 于 2015 年成立了一支关注于创业企业后期阶段的 7 亿美元规模的风投基金（Y Combinator Continuity Fund I）。远期，YC 还有风投收益。

（四）公司孵化绩效

自成立以来，YC 已经走出了 1050 个公司和 2500 个创始人。初创企业到目前为止总共获得了逾 70 亿美元融资，总估值达 800 亿美元，其中有 8 家估值在 10 亿美元以上，也就是所谓的独角兽公司，还有 40 家估值超过了 1 亿美元，涌现了 Airbnb、Drobpbox、Docker、Instacart、Twitch、Slack、Strip 等一系列明星企业。

四、Plug and Play Tech Center

（一）公司背景及团队

Plug and Play Tech Center（P&P）成立于 2006 年，总部位于美国硅谷的核心地带桑尼韦尔市，是一个国际性的企业孵化器，专业服务于高技术企业的初创和成长。P&P 的孵化服务由硅谷延伸至墨西哥、巴西、德国、法国、意大利、中国、新加坡等地，为创业团队提供特定行业的加速项目，包含物联网、金融科技、媒体、零售、健康、新材料与包装、旅游与酒店业等。

（二）批量孵化运行机制

P&P 通过“筛选—训练营—演示日”的孵化运行机制，批量生产创业者。

第一，项目筛选。P&P 为创业团队提供为期 12 周的具有行业针对性的加速项目，一年两次。以物联网加速项目为例，P&P 的风投伙伴、公司伙伴从 1000 个申请中选取 25—30 家团队入孵，并为入孵企业提供 25000—30000 美元的种子资金。

第二，训练营。P&P 主要从办公空间、数据中心、引进投资、商务培训与研讨会、创业导师等方面向企业提供创业资源。可增可减的灵活办公空间。在桑尼韦尔总部，P&P 拥有约 14000 平方米的办公空间。新兴企业可以在不签订年租约的情况下以每月 500 美元的价格租用一处办公场所，并可根据需要随时增加办公空间。中心同时具备数据中心、咖啡厅、法律、会计、秘书等完善的配套服务。实惠而又强大的数据中心。对于 IT 企业来说，一个安全、完善、强大的数据中心是十分必要的。而桑尼韦尔总部的数据中心能够完全覆盖初创企业对数据中心的需求，并且全部通过专线连接，使初创企业能够使用到与自购差别不大的数据服务，解决了 IT 初创企业的一大成本壁垒。发达的投资对接网络。通过组织风险投资公司、天使投资人、各类基金、大型企业和自身投资部门，P&P 构建了一个十分完善的投资者结构。目前与该中心建立联系的投资机构有 150 余家，包括诺维斯特、红杉资本、巴特利风投等。此外还包括微软、甲骨文等一批大型企业。举办活动与研讨会。P&P 每年举办 120 场活动，平均每 3 天一场。为了能够让创业者广泛的接触和了解风险投资家、企业发展专家、创业家和服务商的想法，以及他们对经济发展趋势等话题的看法，P&P 每季度举行一次为期三天的研讨会。演讲者包括成功的创业者、孵化器建设者、法律从业人士、科技企业投资者、高技术企业 CEO 和 CTO、政府官员。导师培训体系。为了更好地帮助创业企业成长，导师会暂时加入创业企业。导师分为三种，一种是大企业中已经退休的高管，为初创企业提供经验支持；一种是已经创业成功或者连续创业的企业家，形成一个互帮互助的良好氛围；一种是现任的企业家，提供最前沿的咨询和技术更新。

第三，路演。P&P每季度举行一次为期一天的企业博览会或行业主题博览会（如手机或智能电网），每次博览会组织30家初创企业面向媒体和投资人展览推介。P&P的每家企业都可以获得一次在博览会展示和演讲的机会，并且在此之前，技术中心的导师们会就展示和演讲对其进行指导。每次参会人员在500人以上，其中包括100名以上的投资者，以及公司董事长及CEO、大学代表、政府官员和本地媒体等。

（三）公司盈利模式

P&P的收入来源以服务收入和创投收益为主，服务收入主要包括写字楼租金（500美元/月/公司）、数据中心服务（按需付费）、研讨会及博览会服务费、商务服务费用等。

（四）公司孵化绩效

自成立以来，被孵化的初创公司已经通过P&P融资超过7.5亿美元，成功孵化P2P鼻祖Lending Club、在线存储服务商独角兽Dropbox等知名企业，还曾为Google、PayPal提供了办公场所。目前P&P已在北京、郑州、苏州、杭州、上海等地设有孵化加速器办公室，并已累计投资孵化超过40家中国创业企业。

五、Founders Space

（一）公司背景及团队

Founders Space成立于2010年，总部位于美国硅谷，2015年被福布斯杂志评选为“最适合美国以外的创业者进入硅谷的孵化器”。Founders Space致力于全球性资源的连结与整合，致力于为新创公司提供最好的创业教育、商业资源和产业连结，帮助优秀的创业者使之发展壮大、获得投资、走向国际。目前，Founders Space由超过50家风险投资公司和天使投资公司共同组办，其创始人Steve Hoffman是一位连续创业者，同时也是一位天使投资人，对大数据、虚拟现实、人工智能等领域的创业者和投资状况极具洞察力。Founders Space拥有超过300名创业导师以及1300名顾问和天使投资人，在全球有50多家合作伙伴。

（二）批量孵化运行机制

Founders Space通过面试，选拔创业团队参加训练营（每年两期），对入选团队投入种子基金，并在演示日上帮助创业者与投资者建立联系，吸引融资。

第一，面试。参加面试的团队首先要向Founders Space提供一份申请表，Founders Space会对部分团队进行面试并在他们中进行筛选，被选中的团队便会获得种子基金并进入训练营。Founders Space会选取5至20个创业团队（取决于团队质量）进入每期的孵化项目，可获得20000美元的种子基金，并完整地提供了初创企业运营所需要的办公空间及商务服务资源。

第二，训练营。整个训练营大致分为两个阶段。第一阶段，主要是Founders Space的合伙人、培训师与创业团队进行交流，以帮助他们寻找最适合的发展方向并提供训练与建议。第二阶段，即当演示日接近时，创业团队会在内部展示他们的项目，锻炼自己的演说能力和演示策略，以期在未来打动投资者获得融资；同时，Founders Space也会在这一阶段为创业团队制定最适合的融资策略。

第三，演示日。Founders Space邀请投资商参加演示日，创业团队则需要向投资人展示他们项目的作品。经过展示，虽然会有投资人当场决定投资某个初创公司，但多数投资决定却是在演示日过后，在投资人与初创公司之间更深入的会谈中做出的。Founders Space通常也会在演示日之后，通过和投资者对话，帮助初创公司了解他们的真实想法，并尽可能说服他们参与投资。通过举办演示日，Founders Space建立了一个有效的投资平台，搭建了创业者和投资者之间的桥梁，增加了创业者获得融资的机会。

（三）公司盈利模式

Founders Space主要通过股权置换的形式获得报酬，通过向初创公司投入种子基金并提供免费的法律文件、融资计划、营销计划、训练营等服务，来换取初创企业的股份（一般在1%—5%），在初创企业上市或被其他企业并购时退出获利。如果初创公司不愿意换取股份，也可以选择付费。

（四）公司孵化绩效

自成立以来，Founders Space已为上千家企业提供孵化服务，成功孕育了100多个团队，其中六成团队来自海外，其中的三分之一来自亚洲。大部分的毕业公司目前处于融资阶段或被并购，这些企业包括Skymatics、Paragon one、Lendfu、wise.io、Airpai、Meetinghero、BOXC、RedClay等。

六、RocketSpace

（一）公司背景及团队

RocketSpace创立于2011年，是一个提供联合办公空间的加速器。RocketSpace专注于做未来独角兽的孵化，它的方式是整合资源，做生态系统，很多大企业都是它的资源合作方。同时，RocketSpace公司已经着眼于世界上其他城市，比如特拉维夫、柏林、东京和温哥华。其海外扩张战略与大部分硅谷孵化器类似，将以合作伙伴的形式展开。RocketSpace的创始人Duncan Logan（苏格兰人）是一名连续创业者，2008年移民美国后的首次创业因为很难融入硅谷的创业生态并没有取得成功。Logan决定再创业前要先为创业公司建造生态环境，由此启动了一个提供联合办公空间的加速器，即RocketSpace。2015年3月，RocketSpace开始海外扩张，目前已与海航合作进入中国市场，同时在伦敦、东京等多点进行布局。

（二）批量孵化运行机制

RocketSpace坚持不用服务换股权，而只是收取服务费用，并且要求入孵的公司必须获得投资后才能进入RocketSpace，在增加自己市值之后再移出RocketSpace。RocketSpace的运营主要通过以下三个方面来实现。

第一，入驻标准。RocketSpace对入驻团队的设定了两条严格要求。一是入驻者必须为科技类公司，包括大数据、社交媒体、电商、在线游戏等，必须有改变世界的想法，而不是单纯的某种生活方式类的创业公司。二是必须完成种子轮融资，多了一层质量的背书，因为融资之后创业者要给VC兑现承诺而更专注于提升自己。虽然RocketSpace入驻标准非常严格，但每周都会收到超过30个团队的入驻申请，而RocketSpace每个月仅筛选其中的3至4家。另外，

RocketSpace 每个月都会检查入驻企业的质量，要求总数量不超过 75 家，每次有企业搬出，才能进驻新的企业。

第二，高质量的办公环境。RocketSpace 提出“办公即服务”口号，坚信只有高品质的工作环境的才能有更大的概率成就高质量的创业团队。因此，RocketSpace 联合办公场所结合了创业者办公和休闲的各类需求。在办公和会议方面，RocketSpace 七天 × 二十四小时提供全方位的管家式服务，设立有 17 个私人洽谈室，可预约的会议室、电话亭和活动场地；在休闲区域，配有游泳池、乒乓球桌、台球桌等诸多娱乐设施。

第三，专业化的加速服务。RocketSpace 在为创业团队提供高效、灵活、集中的办公环境的同时，也为入驻的科技类公司提供专业化全方位的加速服务，其中包括资金、人才和客户。RocketSpace 旨在打造创业生态系统，入驻的企业可以获得各种成长性服务，包括打磨商业计划，接触投资人和大公司（如 IBM、微软）、寻找创业伙伴（有来自 MIT、Harvard 等人才）、锻造自己的核心技术。

（三）公司盈利模式

RocketSpace 坚持不占入驻公司的股权，也不投资任务入驻企业，主要通过服务收费，包括租金、合作伙伴创新服务两项。

第一，租金。RocketSpace 每月都会从一百家申请者中筛选出二十家左右入孵。区别于一些孵化器平价甚至免费提供场地和服务的方式，它不但向初创公司收取租金，并且该租金还是接近周边物业的近三倍之多，对创业者收取每个工位每月 800 美元的租金。

第二，对合作伙伴的“创新服务”。包括为创业公司、创业者和合作伙伴搭建关系并提供咨询服务。目前孵化器有十几个人的全职团队，工作内容是为大企业创新做咨询服务方案，而这项收入也占了孵化器总收入的一半，而且现在愿意付费的合作伙伴数量在迅速增长。

（四）公司孵化绩效

RocketSpace 在其旧金山核心地段的众创空间里，先后加速和孵化过 600 多个公司，现有 175 多个入孵企业，并成功孵化过 16 家独角兽，包括 Uber、Spotify、Leap Motion、Kabam 等，总融资额超过 50 亿美元。

七、Angelpad

（一）公司背景及团队

AngelPad 是由 Thomas Korte 等 7 名前 Google 成员在 2010 年创办，是位于旧金山的种子阶段加速器，主要招收对象为网络和手机科技公司，其孵化的很多企业都是 Google 的前员工，有点 Google 军校的意味。AngelPad 实行“小班化”原则，提供最前端、最顶级的创业资源，成为美国“小而精”和“高质量”孵化机构的典型代表。AngelPad 7 位创始人都在 Google 担任过重要职位，其中多位都曾经涉及产品策略、营销和推广，这也影响到了 AngelPad 的孵化策略。AngelPad 认为创业最重要的并不是资金，孵化成功的关键在于氛围。Google 背景的创始人在硅谷有着强大的人际网络，从而使创业者在孵化阶段能够得到最大化的资源支持。

（二）批量孵化运行机制

AngelPad 以“小而精”和“高质量”跻身硅谷最好的孵化器行列，并因采取跟以“量”取胜、投资大量初创公司的 Y Combinator 等具有一定的差异化，因此，AngelPad 被风险投资者冠以“反 Y Combinator 加速器”。

第一，项目筛选。AngelPad 认为创业成功的本质不是想法，关键在于对团队关系的协调和把握，比较偏好有经验的创业者。因此，他们把内部团结和创始人激情放在了评估项目的首要位置。同时，重点考察创业的理念以及公司本身是否有趣，是否具备准确抓住产品和服务的市场的能力。AngelPad 每隔六个月开放 2000 个申请名额，其中 200 到 250 名申请者会有机会与 Korte 和 Carine Magescas（AngelPad 的联合创始人）面谈，最终挑选 12 个团队，一年大概 25 个团队会被通过，申请成功率不到 2%。申请者递交申请表的同时，还需要上传一个 2 分钟以内的视频，主要介绍创业团队的所有成员以及创业的想法。

第二，创业服务。AngelPad 为每一个创业团队配备了超过十人的豪华导师阵容，制定分阶段学习计划，提供为期 10 周的密集导师培训课程，包括目标消费群、产品及服务的完善、投资展示等各方面，希望能借此打造出更好的产品、处理融资及找出正确的商业模式。创建了“创业者与投资者一同工作”的全新概念，投资人与创业者一同建设创业项目，传授给创业者商业经验和知识，全程帮助初创企业成长，而在初创企业毕业之后，投资人直接投资。同时，AngelPad 固定举办的外部导师见面会，邀请很多长期信任的合作导师，为创业者提供建议。邀请对象包括 Keval 德赛，Naval，维康特（AngelList），布莱恩·施赖埃尔（红杉），韦斯利·陈（飞思），汤姆 Tunguz（红点），萨蒂亚和亨特（Homebrew），埃拉德吉尔和戴夫·麦克卢尔（500 Startups）。此外，AngelPad 的 Google 背景为在孵企业的广告投放提供了得天独厚的优势。

第三，创业融资。进入 AngelPad 意味着获得“准投资”。AngelPad 除提供 2 万美元的种子基金，另外还有两家未公布的 VC 分别投资 5 万美元，这样在孵企业可共获得 12 万美元的资金支持。此外，在 AngelPad 举办的 Demo Day 上，定向邀请 150 至 200 家 VC 和天使，以及硅谷著名投资人，帮助毕业的创业公司融资。

（三）公司盈利模式

Angelpad 通过向初创公司投入种子基金并提供训练营等服务，来换取初创企业 5%—7% 的股份，在初创企业上市或被其他企业并购时退出获利。

（四）公司孵化绩效

在过去五年，AngelPad 已经加速了 10 期共 130 家公司，其中约 90% 能获得种子轮投资，50% 企业能获得 A 轮投资。成功孵化的企业有 Postmates（市值 5 亿美元）、Vungle（融资 2500 万美元）、Crittercism（融资 4800 万）、Coverhound 和 Buffer 等。其中 MoPub 被 Twitter 以 3.5 亿美元收购。

八、StartX

（一）公司背景及团队

StartX 成立于 2009 年，最初创始人 Cameron Teitelman 是斯坦福毕业的学生，后引起斯坦福校方的关注，每年斯坦福给 StartX 150 万美元的运作补助，从此成为斯坦福大学的一个非营利性的创业公司加速器。StartX 不收取创业团队的任何费用和占取股份，主要扶持一些市场基础并不大，但却承担社会责任的创业项目，旨在推动斯坦福社区的创业精神。

（二）批量孵化运行机制

StartX 接受项目申请，经过筛选后对项目进行面试，通过面试的项目团队接受 StartX 参与到孵化体系中。这一项目每年有 3 次活动，每批均有约 10 家创业公司参加。

第一，筛选条件。StartX 主要关注斯坦福校园内的创业项目，也接受斯坦福大学校园外的项目，但要求创始人团队至少有一位是斯坦福大学的学生，老师或者校友。这样一定程度上保证了创业者的综合素质，又提高了孵化成功率。StartX 项目规模的差异性大，有很早期的项目，也有相对成熟已经经过融资的项目。

第二，创业者社区。入选门槛很高，且非常看重创业公司的团队，尤其是这个团队的 Leader。在创业者社区内 StartX 为创业者提供 Mentor（导师）、Education（课程）和 Resource（资源）三大核心服务。

StartX 创业者社区三大核心服务

Mentor（导师）：StartX 的导师圈层涵盖了除斯坦福以外著名高校的教授。通常一个孵化企业配置 1 个主导师和 3 个副导师，尽量保证主导师一个星期能辅导一次，副导师一个月见一次，其他时间可以选择电话沟通，则由导师和企业双方自行约定。

Education（课程）：StartX 会提供很多小而精的课程，当你加入 StartX 之后，StartX 仍会有很多面试，询问创业者最近的困难是什么，有什么困惑，希望从 StartX 这里获得什么等等，之后，StartX 会把一些团队的需求综合起来，邀请相关的专家给团队指导，提供定制化的服务。对入选该孵化器的创业型公司，不收任何费用，同时还享有各个大公司提供的免费辅导课程；通常这个孵化课程持续 10 周（三个月）每年春夏秋三次，但医药类的创业企业可以持续到 6 个月，一方面是因为美国 FDA 审批新药的时间较长，另一方面是因为这些医药类创新企业很受学校和大医药公司青睐，给他们免费提供斯坦福的生物医药实验室，同时这些大公司也会瞅准机会收购这些孵化出来的新药。

Resource（资源）：StartX 充分利用了斯坦福校友资源和已孵化项目资源。StartX 自己内部有一个类似 LinkedIn 的人脉网络系统，记录了社区内部所有的人脉资源，StartX 庞大的人际网络为创业者提供了一个巨大人脉资源库；除去人脉资源 StartX 也会提其他很多免费的资源和服务。比如价值两万五千美金的 Amazon 服务器的服务；支付服务，比如一般使用 stripe 或者 Braintree 这种支付服务，会收取百分之三的手续费，StartX 就会给你一万美金的免费使用额度；免费的 5000 美元律师服务，所有的这些费用加起来，最高会达到 10 万美金。

（三）公司盈利模式

StartX 是非营利创业加速器，不占团队的任何股。

（四）公司孵化绩效

从 2010 年起，有超过 1000 家公司，超过 2400 位斯坦福学生通过 StartX 获得融资，平均金额 150 万美金，有 134 家创业公司从 StartX 毕业，平均每家公司融资 210 万美金，StartX 孵化的公司已经被包括 Twitter、Dropbox、Intuit、Apple、LinkedIn、Yahoo、Palantir Salesforce 和 Instagram 在内的公司收购。这些孵化成功的公司已经出现在各类主流媒体上包括新闻出版物、TED 演讲和哈佛商业评论中。

九、Media Lab

（一）公司背景及团队

媒体实验室于 1980 年由 MIT 教授尼古拉斯·尼葛洛庞帝（Nicholas Negroponte）和 MIT 前校长杰罗姆·威斯纳（Jerome Wiesner）成立，本着“传播与资讯通讯科技终将汇聚合一”的愿景，借由跨领域整合、实作展示成果的文化、创业家精神的融入，成功地以每年 350 个研究计划的无疆界创新，为竞争激烈的产业提供愿景。媒体实验室现有 40 多名教授和科技专家、70 余位研发与行政人员，下设 24 个研究小组，博硕士研究生约 170 名、大学生 150 余名。研究范围包括传媒技术、计算机、生物工程、奈米科技和人文科学。

（二）批量孵化运行机制

媒体实验室作为一个跨学科创新研究平台，通过研究项目录取研究人员、推动研究进展。

MAS 项目（the Program in Media Arts and Sciences， MAS）。该项目每年研究生和博士生共录取 30 至 40 位，申请者背景多元，包含计算机、科学、音乐和建筑。研究团队约 24 个，研究项目约有 350 个，涵盖学习和表达工具、为人类适应和人类机能增进服务的创新装置、未来智慧城市的新交通模型等领域。

该项目可分为两类：一是为 MIT 的本科生提供“大一新生项目”（Freshman-Year Program），向学生介绍 MIT 的研究，包含研究的产生过程、现有的研究项目是如何利用大一学习的知识等；帮助学生融入媒体实验室的社群中来。参加该项目的同学除了大一必修的课程外，还会参加由 MAS 老师提供的化学、物理辅导课程。二是“创业项目”（Entrepreneurship Program），帮助学生将创意想法转化成产品和服务，产生对资助者更有用的项目，同时保证实验室的知识自由和研究议程不被损坏，不仅提高了学术项目的教育有效性，也增加了对现实世界的影响力。该项目包含了一些围绕创业开展的课程，例如发展型创业、影像学创业、神经技术创业等。这些课程使媒体实验室的学生能够接触到来自 MIT Sloan 管理学院、Harvard 商学院等跨学科的学生，帮助他们综合利用各学院的资源。

（三）公司盈利模式

媒体实验室每年有 6000 万美元的运作经费，主要来自 80 家会员的资助，其中不乏全球领先企业。与针对某个项目或团队的投资相比，媒体实验室更倾向于接受针对实验室整体的投资。媒体实验室有三种基本研发合作方式供不同的企业及政府部门选择。

一是咨询式合作。非正式的合作方式主要针对中小型企业，对其提供咨询但不分享研究成果和智慧财产，合作年费为十万美元，至少三年。二是主题群合作。以主题群为基础的正式合作最为普遍。每一个主题群联系十余个研究小组及参与厂商。所有厂商有权分享整个媒体实验室的智慧财产与研究成果，获得技术咨询而无须支付授权金与权利金。现有五个主题群："数位生活""会思考的东西""化繁为简""数位国家""变换角色"。合作年费为20万美元，至少三年。三是企业级合作。这是最高级的合作方式，企业级合作厂商不受主题群的限制，还可以派遣研发人员长驻媒体实验室。

（四）公司孵化绩效

媒体实验室每年有约350个研发题目，例如：电子墨水：微米级的电子小球包裹奈米级的电场感应材料。电子小球可以被印刷在普通的纸张或塑胶上，以显示文字、照片、动态图像，发展成非常廉价的显示器。可程式催化剂：奈米级的催化剂材料可以被电磁波控制以改变其方向及温度。这种可编程催化剂的发明可能引发生物工程、化学工业、制药工业的革命。有机通讯：点对点通讯方式可能使市内无线电话直接通话而无须通过基地台。穿戴计算机：智慧计算机可以被穿在身上，就像我们戴的眼镜和穿的衣服一样，并且人机交互是针对具体的环境。可穿戴计算机扮演的就是一个智慧化的计算机助手角色。携带型发电机：超小型携带型手动发电机可以为手机临时充电。智慧型家居：超小型廉价无线感测器控制室内温度、光照、保安、电器、通讯。携带型激光投影仪：笔头大小的激光投影仪可用于手机和携带型计算机。玩具式学习工具：寓教于乐的高科技玩具。乐高公司已经将这项发明成功地商品化并在销售上有亮丽的成绩，产品名称"脑力风暴"。

十、Chicago New Venture Challenge

（一）公司背景及团队

New Venture Challenge（NVC）成立于1996年，是芝加哥大学Booth商学院的一个创业比赛，也是全美排名第一的大学创业加速器。NVC以芝加哥大学1971届MBA校友爱德华L.卡普兰（Edward L.Kaplan）命名，Edward L.Kaplan是Zebra Technologies（一家跨国打印方案提供商）的联合创始人。NVC的主要团队为芝加哥大学的教授，并与芝加哥大学Polsky创业创新中心、芝加哥大学Booth商学院社会企业发展中心、Booth商学院MBA办公室、芝加哥大学本科生就业创业办公室有密切合作。

（二）批量孵化运行机制

NVC通过创业大赛帮助芝加哥大学的学生与毕业生更好地进行创业，比赛周期为一学年，分为三个阶段。

阶段一，想法产生、概念验证与团队组建。参加比赛的团队必须包含一名芝加哥大学的在校学生，其中芝加哥大学的本科生团队，必须有一人是研究生，芝加哥大学校友或其他团队，必须有芝加哥大学在校学生。每个团队提交一份可行性总结报告，进行半决赛。

阶段二，创业课程。进入半决赛的团队至少有一名成员参加创业课程，创业团队需提交一份商业计划书，并在课程中演讲以获取关于商业计划的反馈。

阶段三，NVC决赛。进入决赛的团队将在NVC裁判面前对商业计划进行演讲，并回答相关提问，最后决出优胜团队。比赛奖金池共有75000美金，获胜团队赢取奖金的前提是如果创业团队获得融资或进入并购，必须同意芝加哥大学以奖金金额入股创业企业。

（三）公司盈利模式

企业及个人赞助是支撑NVC发展的主要资金力量。除了Edward L. Kaplan作为比赛命名人的赞助外，NVC还获得了来自Abbvie、Amazon Webservice等公司的资金和非资金赞助。此外，NVC与获胜团队签订“获取未来股权协议”（Simple Agreement For Future Equity，SAFE），在创业团队获得融资或进入并购时，以奖金金额入股创业企业，通过退出获取收益。

（四）公司孵化绩效

迄今为止，NVC的毕业企业中有160多家仍在运行，融资超过5.75亿美元，共产生超过40亿美元的兼并与退出。在毕业企业中，Braintree在2013年以8亿美元被PayPal收购，Bump在2013年被Google收购，Grubhub于2014年4月完成IPO。

六、小结

从创新创业环境、创业服务载体、创业政策服务三个方面对创业企业的创业服务满意度进行考察，样本企业对于我国创新、创业环境及孵化载体的满意度评价均处于中等偏上水平，在1—9分的评分区间内，样本企业对于我国创新环境和创业环境的满意度评价均值分别为5.7分和5.6分，对于孵化器等创业服务载体的总体满意度评价均值为5.7分。此外，约四成左右的创业企业认为税收减免政策、人才引进、企业研究开发支出加计扣除、设备共享及产权交易政策实施效果较好。尽管创业环境、载体与政策对创业发挥了积极的支持作用，但当前我国创业服务仍存在短板，主要表现在产业政策的可达性有待提升，人才、市场对企业效益的制约作用明显，知识产权整体服务水平有待提升，技术交易平台不足以及多元化金融服务尚需增强五个方面。围绕建设主体、服务内容、盈利方式和发展模式，我国创业服务机构呈现出由公共服务向市场化拓展、由综合性向专业化和多样化转变、由单一化向多元化转变和由国内向国际延伸的演进趋势。为有效提升创业服务机构的服务能力和服务质量，需从服务网络、服务模式等多个方面共同发力，积极建设创业服务网络，创新创业服务模式，推进产业孵化培育，促进创业服务机构向国际化方向发展。

第十一章　六大城市创新创业情况

创业、创新不是个人的事，而是整个社会的事业、人类的事业；不是权宜之计、一时之策，而是持续之方针、长久之战略。个人及企业的创新创业必然受到区域的约束和影响，每一个创业者在创业初期都要考虑企业所在城市的经济发展情况及政策环境，有针对性地进行选择。本章结合调查数据所抽样的北京、上海、深圳、杭州、西安、武汉六大城市，梳理各城市创业服务政策，对城市整体创业环境及特点进行梳理与总结。

一、北京市

北京市高校林立，立足人才创新创业需求加速打造新型载体，整合区内资源健全公共服务平台，营造良好环境支持创业创新融资，深化机制体制改革激发双创活力，搭建多元平台加强双创交流对接。依托中关村高端人才、资本等创新要素集聚，创新创业空前活跃、创新发展后劲强劲，中关村创业服务载体发展模式在全国各地被快速模仿复制，成为我国创业服务载体发展的旗帜和风向标。

调查数据共调研北京市创业企业1286家，创业者年龄分布相较其他城市呈现年轻化特点，33岁为创业的高峰年龄，学生创业群体占比达5.59%，高于平均水平。在具有海外经历的人群中，选择在北京创业人数最多，占比34.14%。北京市创业者更具有冒险精神与胆量，无论咖啡厅、地下室，北京创业者只要想干，在任何地方都可以开启创业生涯。北京市更适合轻资产行业创业，信息技术领域创业企业分布较多，创业行业领域前卫，互联网创业氛围浓厚，上市公司较多、独角兽企业发展前景广阔，企业融资情况优于平均水平，有53.19%的企业获得融资。从创业企业对创业服务及政策满意度来看，北京市创业企业对于孵化器或园区提供的政策指导和项目申报、商务服务等各项服务评价较好，满意度高于其他城市，同时对于创业政策实施效果的满意度评价较高。

（一）政府关注度高，创业支持政策优势显著且覆盖面广

政府关注是北京市创业服务迅速发展的重要驱动力之一，依托中关村国家自主创新示范区各项政策先行先试优势，北京市不断推出支持创业发展的若干政策、研究并出台了一系列促进协同创新、推动创业要素集聚和市场环境建设的举措，率先在全国形成了相对完善的支持创新创业的政策法规体系，积极在各区县和各园区推广实施，并取得了显著成效。尤其北京市海淀区拥有中关村国家自主创新示范区核心区、中国（北京）自由贸易试验区科技创新片区、国家服务业扩大开放综合示范区“三区”政策叠加优势，不断发挥科技人才优势，深化科技开放助力企业发展。

（二）创新创业服务载体市场化程度高，资源调动能力强

北京市拥有一批工商注册、拥有独立法人资格的民营创业服务载体，完全按照市场化机制运行，自主经营、自负盈亏，充分发挥了市场在科技创新资源配置中的决定性作用，极大地提升了创新资源供给和创新服务的效率。有的服务载体及平台利用自有仪器设备、数据、技术、平台等资源，吸引上下游企业及开发者开展技术及商业模式创新，如大唐网络的资源型移动互联网孵化平台、航天云网科技云双创服务平台。有的开放平台整合上下游供应链资源，提供工业设计、检验检测、专利标准、中试生产、产品推广等研发、制造、销售相关服务。

同时，北京市创业服务载体的创始人多为资深从业者、天使投资人或连续创业者，拥有丰富的人脉、资金、经验等资源，对行业发展态势、创业团队成长路径、创业所需各类要素有深入的了解，发挥着产业组织者的作用，通过天使投资人俱乐部、创业沙龙、创业导师等形式帮助创业者整合、链接各类资源。例如，创新工场拥有 30 人的专业孵化服务队伍，大多为各自领域拥有十年以上经营的专业人士，一方面能够为创业者提供国际水平的优势服务，另一方面每个人的背后都蕴藏着巨大的行业判断力、行业资源、人脉，能够帮助创业者迅速打通行业通盘资源，有效规避行业龙头企业的威胁。

（三）轻资产创业较多，互联网领域创新创业优势突出

北京地区的创业服务载体服务的创业团队集中于高新技术领域的轻资产行业，传统产业较少。在互联网影视传媒领域，北京拥有丰富的 IT 人才储备、活跃的天使投资和大批互联网旗舰企业，产业集聚效应显著，创业氛围浓厚，产业生态体系完善，助力北京市成为互联网创业的首选之地。同时，诸多因素助推服务于互联网创业的创业服务载体迅速发展，涌现出了 36 氪、微软云加速器等一批具有代表性的专注于互联网及移动互联网领域的创业服务载体。例如创新工场，深耕人工智能 & 大数据、消费和互联网、B2B& 企业升级、教育、医疗等领域，截至 2019 年其累计参与 437 起投资事件，活跃度保持在同期国内同类机构的头部位置。创业家传媒已探索形成了包括创业杂志、创业大赛、创业培训等在内的产品线，已形成全链条的综合服务平台，启用全球路演中心，部分产品已全面进军硅谷。

（四）大学生创业支持力度大，高校院所创新活力足

依托丰富的高校院所资源，北京市出台多项政策支持高校在校学生创新创业工作，充分释放院校创新活力。2014 年发布《加快推进高等学校科技成果转化和科技协同创新若干意见（试行）》（简称“京校十条”），在政策上充分引导高校对大学生创业营造宽松条件，在学籍管理和教育教学方面给予支持，不仅允许在校学生休学创业，同时将创业时间视为学生参加实践教育的时间，纳入实践学分。2019 年发布《北京市教育委员会关于加强北京高校大学生创新创业训练计划实施及规范管理的通知》，通过建立三级项目实施体系、加强组织协调、完善激励政策等方式，进一步深化北京高校创新创业教育改革，提高北京高校大学生创新创业训练计划实施能级，深化学生创新创业能力培养。此外，北京市大学生创业基地是专门针对高校学生的创业服务载体，其通过创业课程、创业大赛、创业实训、夏令营等多种方式为大学生的创业

学习与实践搭建平台、链接丰富的资源。

二、上海市

上海市作为沿海开放、创新资源丰富的国际化城市，以开放创新带动国际创新创业高地打造。近年来，随着上海市大力推进“大众创业、万众创新”，以及加快建设具有全球影响力的科技创新中心，政府、市场和社会各方共同努力，政府创新创业政策和创业服务不断完善，支持创新创业社会机构大量兴起。不同于京津冀都市圈，长三角地区创业氛围整体较好，不管是重资产还是轻资产，不管是新兴行业还是传统行业，都出现了百花齐放，百家争鸣的局面。

调查数据共调研上海市创业企业 946 家，女性创业者占比 19.32%，显著高于平均水平。上海的海派文化和城市气质对国际化人才颇具吸引力，在具有海外经历的人群中，选择在上海创业的人数位列第二，占比 26.62%。上海以沿海开放的区位优势，更适合贸易、金融、物流等行业发展，企业融资活跃度高，共有 42.28% 的企业获得融资，融资规模多在 100 万—1000 万元。上海的电子政务相当发达，非生产类企业可以用虚拟地址在选区里注册，创业成本较低，创业企业对于上海市创业环境的评价较高。从创业政策及服务满意度来看，上海市创业企业对于税收优惠政策、科技创新券的效果满意度评价较高；在创业服务方面，创业企业对于孵化器或园区提供的各项服务整体较为满意，尤其在政策指导和项目申报、市场营销和技术支持服务方面满意度较高。

（一）人才集聚，海归和跨国企业人才成为创业主力军

上海市积极落实人才“30 条”、《上海加快实施人才高峰工程行动方案》等政策，鼓励各类人才集聚上海。上海在创新创业人才方面优势显著，跨国企业高层次人才溢出创业、海外归国人才非常活跃。在全球资本的助力下，上海市浦东新区仅在生物医药领域就催生出再鼎医药、华领医药、健能隆等一批估值 10 亿美元以上的独角兽企业，以及岸迈生物、和铂医药、三境生物等一批估值 1 亿美元以上的准独角兽企业。以“海归职通车”为品牌的留学人员职业发展公益论坛将上海选为重要分会场，近年来上海市就业群体求职意向显示，海归学子不再只关注外企，“择业型”求职理念逐渐向“创业型”转化。同时，为抓住海外留学生、科技人才归国创业、移民创业热潮，上海市浦东新区近年来也不断创新人才居留和出入境制度，规范和放宽海外高端人才获得外国人永久居留证的条件，开辟高端人才签证专门通道。

（二）研发优势显著，高水平集成创新能力强

根据国家和上海市战略部署，上海市部署实施一批重大科技创新战略项目和基础工程，积极推进脑科学与人工智能、干细胞与组织功能修复、国际人类表型组、材料基因组、量子通信等一批重大科技前沿布局，着力提升原始创新能力；重点推进民用航空发动机与燃气轮机、大飞机、北斗导航、高端处理器芯片、集成电路芯片制造及配套装备材料、先进传感器及物联网、智能汽车和新能源汽车、新型显示、智能制造与机器人等若干重大产业创新战略项目，突破一

批关键核心技术，形成高水平集成创新和应用能力。

（三）自贸区制度环境优势大，创新创业土壤优渥

"单一窗口"迭代升级成自贸区典型经验。"单一窗口"是指进出境商品电子数据只需提交一次和提交接入点的单一性，除了拥有摒除以往多人员、多客户端、多单证系统操作的优势外，"单一窗口"还可有效减少同类数据项的重复录入，将执法部门需要的申报数据整合成统一化、标准化的申报数据池，相同或相近的数据项只需录入一次。浦东新区是全国"单一窗口"最早试点，"单一窗口"建设中综合世界各国建设实践。浦东新区国际贸易"单一窗口"实现一个平台、一次递交、一个标准，即企业所有申报行为只面对一个平台，相关部门的监管信息也通过这个平台反馈给申报人；企业只需向平台一次递交全部申报信息及相关材料；各监管部门要求企业提交的单证和电子数据的格式、种类等，应采用统一的标准规范。

同时，上海市浦东新区是全国首批开展简易注销登记试点的四个地区之一，率先对未开业及无债权债务企业实行简易注销程序。"简易注销"适用于市工商局、机场分局、自贸试验区分局和浦东新区市场监管局登记的住所在浦东新区的、设立未满三年、未开业或无债权债务且未被计入经营异常名录的有限责任公司、合伙企业。实施"简易注销"以来，相关流程得到优化，有限公司及合伙企业注销，所需提交申请材料由改革前的 6 份压缩到现在的 3 份，且无须办理清算组备案、登报公告及清算手续，改由申请人及企业登记机关分别通过企业信用信息公示系统向社会公示简易注销登记信息，并且公示期限由 45 天缩减至 10 个工作日。

（四）启动科技创新板支持小微企业直接融资

2015 年 11 月 20 日，上海股权托管交易中心设立的科技创新企业股份转让系统（下称"科技创新板"）正式获批。科创板重点面向尚未进入成熟期但具有较好的成长潜力，且满足有关规范性及具有较为显著的"四新（新技术、新业态、新模式、新产业）"经济特征的科技型、创新型中小微企业。利用互联网综合金融服务平台为挂牌企业提供融资等多元化金融服务，促进间接与直接融资以投贷联动、投保联动等方式加强对科技型、创新型中小微企业的服务。挂牌企业采取非公开发行股份方式进行融资，股份交易采取协议转让方式，根据国家统一部署，适时探索建立做市商等有利于活跃市场交易和提升市场功能的交易制度，建立完善与"科技创新板"相适应的登记结算系统。

三、深圳市

深圳市作为沿海开放型城市，充分发挥区域产业、区位、文化等综合优势，以硬科技创业为特色助力打造全球创客之都。深圳市注重通过改革创新充分释放双创潜能、搭建多元载体平台支撑全球创客之都建设、落实全国最高标准政策吸引全球双创人才，实施创新举措推动服务体系完善。

调查数据共调研深圳市创业企业 809 家，具有海外留学经历的创业者中 20.97% 选择深圳

创业，女性创业者占比 17.55%，远高于北方地区。深圳市创业者创业欲望强，在性格方面，无论冒险精神还是渴望表现自我占比高于平均水平。深圳市新生企业较多，对资金的需求量较大，融资渠道较多，企业融资状况相对较好，有 40.62% 的企业获得融资，融资规模多在 100 万—1000 万元。深圳市信息技术和软件领域创业企业分布较多，软件产业聚集，产业链集聚和完整使深圳拥有大批知名信息技术及电子企业。从创业政策及服务满意度来看，深圳市创业企业对于创业政策的实施效果评价整体较好；在创业服务方面，对于创业服务载体提供的各项服务满意度水平仅次于北京和上海，尤其对投融资服务的满意度较高。

（一）硬科技领域创业创新领跑全国

深圳电子信息及互联网产业发达，先进制造业优势明显，原材料、芯片、元器件、电路板等齐全，智能硬件上中下游资源集中，具备完备的创客产业链基础，集聚了全国约一半的智能硬件创业企业，涌现出大疆创新、柔宇科技、碳云智能和优必选科技等智能硬件细分领域的“独角兽”级的创业公司，分布于无人机、智能手环、智能家居领域，智能硬件产业链集聚效应明显，吸引全球硬件创客汇聚。大企业加快抢占智能硬件创业创新先机，美的、格力争相布局智能家居领域，向智能硬件科技企业过渡，TCL 集团建设 TCL 智能硬件创客空间孵化器，成为深圳地区最大的智能硬件、互联网电视、产业互联网领域产业驱动型孵化器之一。

（二）政策贯穿全周期，多措并举支持港澳台跨区创新创业

深圳具有对接港澳台三地天然的地缘性优势及产业链优势，深圳从硬件载体建设和柔性机制设计等多方面入手，吸引港澳台青年人才在深圳创新创业。2019 年深圳市正式实施《关于支持港澳青年在前海发展的若干措施》，内容涵盖实习、就业、创业初期、企业发展等全过程，从创业和生活多方面给予补贴支持，为港澳青年来深创业送出了最大礼包。2018 年深圳市制定《关于以更大力度支持民营经济发展的若干措施》，从加大信贷支持力度，到支持企业直接融资，再到千亿级纾困基金的设立，对民营经济的支持力度空前；选择 3D 视觉、智能语音等 AI 产业的重点行业，通过对高成长型企业的鼓励支持，以点带面的方式推动 AI 产业发展。

深圳市在龙岗区试点，按照“政府支持、企业为主、透明高效、共建共享”的原则，探索推进政企共建产业园区公共服务平台建设。依托政府政务及园区现有服务平台资源，由政府部门派驻专职管理人员，园区企业选聘平台窗口服务人员合作共建政企产业园区服务平台，以“互联网 + 政务服务”的形式，实行“窗口受理、系统推送、部门审批、一窗通办”，推动政府、市场和社会分工协作、优势互补，形成协同共治的良好局面。建立诉求收集机制，定期主动收集企业意见，通过“一窗式”系统交由职能部门进行答复和解决，解决过去企业声音难传递、扶持政策难落地等问题。

（三）持续优化人才政策，打造具有全球竞争力的人才体系

“建设宜居宜业宜游的优质生活圈”是《粤港澳大湾区发展规划纲要》赋予大湾区的五大战略定位之一。近年来，深圳在吸引创新创业人才方面做了很多积极探索，比如港人就业免办

就业证、住房公积金提缴享受市民待遇等，多措并举加大人才引进力度，持续推动构建与国际接轨、更具全球竞争力的人才体系。2019 年，财政部、国家税务总局联合印发的《关于粤港澳大湾区个人所得税优惠政策的通知》中提到，深圳市按内地与香港个人所得税税负差额，对在大湾区工作的境外（含港澳台）高端人才和紧缺人才给予补贴，该补贴免征个人所得税。2019 年 1 月《深圳市进一步促进就业若干措施》正式实施，提出将法定劳动年龄内的港澳居民纳入深圳自主创业人员范围，这也意味着这些港澳居民在深圳自主创业，将享受深圳市的相关扶持政策。目前，深港科技创新合作区、深港青年梦工场二期等涉及香港青年在深创业的项目集中开工，福田保税区的深港科技创新合作区展示交流中心等项目全面投入使用，加快粤港澳青年创新创业重大平台建设，打造前海“创新产业孵化核”和香港“优势产业集聚平台”。

此外，深圳已初步实现“人才引进业务秒批”办理全覆盖，“秒批”入户升级，在港毕业生可以直接在网上或手机端申报，所有落户材料无须到窗口领取，实现引进的“零到场”。同时，深圳市设立产业发展与创新人才奖、人才安居工程等各类人才专项资金，让人才引得进、留得下、用得好。

（四）创新发布可视化创业创新数据

2017 年 4 月，在以“飞天 · 智能”为主题的 2017 云栖大会深圳峰会的创新创业专场上，阿里巴巴创新中心和创头条、五叶草共同发布了深圳市双创数据大屏，通过双创热力图上的双创主体和载体、投融资曲线、产业分布、云栖指数等多种数据维度，客观展示了深圳近几年的双创成果和发展趋势。双创数据显示，南山区、宝安区、福田区是深圳双创指数较高的三个区域，双创企业数量最多的是宝安区、双创载体和投资机构则主要集中企业服务、智能硬件、电子商务、金融在南山区是创业“热门领域”。深圳市双创数据大屏通过大数据图表、热力图等多种维度，立体呈现区域双创生态发展、产业格局及动态变化情况。

四、杭州市

杭州市发挥科技智力资源型城市优势，以数据驱动打造了“互联网 +”创业天堂。从支持小微企业融资、强化创新创业精准服务、推动双创载体建设、落实减税清费、推动工商登记便利化、提升创业创新氛围等方面推动示范建设。杭州在示范工作中，信息经济领域创业蓬勃发展，创业“新四军”崛起，以梦想小镇为代表的特色小镇成为创产人文融合的双创载体，微链等市场化平台有力提升双创服务。

调查数据共调研杭州市创业企业 440 家，25 至 35 岁为创业的高峰年龄段，36 至 45 岁的创业人群所占比例高于其他城市，半数以上为从民营企业离职创业人群。创业企业资产总额整体偏小，近六成创业企业资产总额分布在 300 万—1000 万元，企业融资情况有待提升，共有 36.28% 的企业获得融资。杭州市信息技术领域创业企业分布较多，互联网创业氛围浓厚，阿里巴巴的入驻带动了众多互联网金融、电商创业公司的加入，形成了杭州的互联网创业圈。从创业政策及服务满意度来看，杭州市创业企业对于税收优惠政策实施效果的满意度评价处于较低水平；在创业服务方面，创业企业对于创业服务载体提供的各项服务满意度普遍较低，仍存在较大提升空间。

（一）行业巨头引领信息经济创业蓬勃发展

在阿里巴巴、华三通信、海康威视等巨头企业平台的带动下，杭州市涌现出一大批聚焦于互联网 +、云计算、大数据、电子商务、物联网、人工智能等新经济领域的创业者，创办企业呈现出“初创企业—瞪羚企业—独角兽企业”非线性爆发式增长态势。聚焦于大数据存储管理与安全领域的同盾科技已获得四轮共计数千万美金的融资，荣获中国互联网金融 50 强荣誉。聚焦于大数据应用服务领域的数梦工场是阿里巴巴投资的新型“互联网 +”企业，获得 A 轮融资。聚焦于人工智能 + 金融领域的量知数据已获得硅谷天堂、pre-angel 等知名机构近千万投资，聚焦于人工智能 + 教育领域的小知科技已获得天使轮 500 万美元融资。

（二）“创业新四军”崛起，创新创业呈现“雨林式生态”

杭州市形成了以阿里巴巴创业者为代表的“阿里系”、以浙大为代表的“浙大系”、以“千人计划”为代表的“海归系”、以创二代为代表的“浙商系”的创业新四军，创业源头活跃，催生出蚂蚁金服、蘑菇街、美丽说、挖财、同城等一批独角兽和瞪羚企业。如阿里系创业者围绕阿里巴巴产业链上下游，通过业务拆分、投资、收购等形式，培育出多个独角兽和一批潜在独角兽企业。“浙大系”创业也异常活跃，浙江大学开展了创业社团培育、创业大赛、特色班级 ITP 等特色活动，成立了浙大科技园、杭州浙大校友创业孵化器等创新载体。相关数据显示，2018 年，杭州对技术人才的吸引力位居全国第一，科技人才净流入率远超上海、北京。也就是说，与“北上广”相比，杭州正在成为一个“技术新贵”之城，互联网工程师尤其爱往杭州跑。大批创客和人才的流入，带动着杭州经济的创新发展。在杭州创投圈，新零售、大数据、云计算、物联网、人工智能等新词汇背后，都有一个崭新的产业，并为杭州经济发展注入了强大动能。

（三）高端要素集聚，梦想小镇打造创产人文融合载体样板

杭州市在全国创新了“生产 + 生活 + 生态”的特色小镇建设模式，通过产业、投资、创新、人才、服务的“五链融合”，构筑起全新的创新创业生态体系，杭州模式的特色小镇迅速在全国推广。梦想小镇是杭州特色创业小镇的典型代表，是针对泛大学生群体专门搭建的互联网创业平台。梦想小镇充分挖掘小镇街区文化，保留现有的水泥厂、老街、水田等历史遗存和自然生态，充分挖掘章太炎故居、四无粮仓等文化内涵，保留最具特色的小镇基底。对存量空间按照互联网创业要求进行重新设计改造，旧时粮仓改造而成的“种子仓”提供办公空间。互联网村重点吸引电子商务、软件设计、大数据、云计算、动漫设计等领域创业企业。天使村重点培育和发展科技金融、互联网金融，集聚天使投资基金、股权投资机构、财富管理机构。创业集市积极引进各类创业孵化平台和科技中介服务机构，建设创业服务大厅，提供“三证联办、创新交流、政企交互信息”等服务，开展丰富多样的创业活动。

同时，杭州城西科创大走廊目前已雏形初现，这条大走廊串联起梦想小镇、未来科技城、

青山湖科技城等创新大平台，一个技术、人才和资本高效对接的“类硅谷”生态已初见端倪。钱塘江南岸，杭州湾信息港小镇依托软件和信息服务、“互联网+”产业、人工智能等产业基础，顺势而为，“一个智汇港+X个智慧谷”的中国人工智能第一谷已初具雏形。目前已引进了科大讯飞、一知智能、浙大睿医等一大波人工智能领跑企业。

杭州市不断推进创新创业高质量发展，2018年23项全面创新改革试验任务、9个重点突破的专项改革试点项目有序落地，其中高新技术企业培育机制、海内外高层次人才带成果创业创新机制等5项经济体制重点领域改革经验在全省复制推广。杭州市政府先后印发《关于加强众创空间建设进一步推进大众创业万众创新的实施意见》《杭州市科技金融机构贷款补助政策的实施细则》《杭州市领军型创新创业团队引进培育计划实施细则（2018—2020）》《杭州市高新技术企业培育三年行动计划（2018—2020年）》等10余项政策，特色小镇、科创园区、众创空间、孵化器等一大批重大创业创新平台顺势崛起。目前，杭州拥有113家市级孵化器、32家国家级孵化器，并逐渐呈现出专业化、标准化、国际化等特点，先后培育孵化出了诸如51信用卡、菜鸟网络、曹操专车、数梦工场等创业创新“第一梯队”企业。

五、武汉市

武汉市作为科教智力资源丰富的城市，从加速改革创新、拓展创业空间、推动公共服务普惠、强化双创融资支持、打造品牌双创活动等方面着手，以双创人才聚合为重点，实施“四大资智聚汉”“城市合伙人计划”“创谷计划”“青桐三部曲”等工程，充分发挥以创业带动创新释放科教智力优势。

调查数据共调研武汉市创业企业309家，34岁为创业的高峰年龄，创业群体呈现高学历创业的特征，武汉创业者勤奋度高，多行事低调、合作意愿强，决策偏好更趋于理性。创业企业资产总额整体偏小，近四成创业企业资产总额分布于300万—1000万元，企业融资活跃度偏低，共有37.22%的企业获得融资，融资规模偏小，多在100万元以下。从创业政策及服务满意度来看，武汉市创业企业对于税收优惠政策、设备共享政策的实施效果满意度评价均处于较低水平；在创业服务方面，创业企业对创业服务载体提供的各项服务满意度处于中等水平。

（一）“四大资智聚汉”工程有效聚合双创人才

武汉实施“四大资智聚汉”工程，充分利用科教优势，先行先试的武汉新体制、新模式，争当生力军和排头兵，创新用好人才资智资源，使城市与人才、企业成为命运共同体，将武汉打造成为“青年之城、梦想之城、创新之城、活力之城”。持续推动“百万大学生留汉创业就业工程”，将武汉打造成新一线城市最受大学生青睐的城市。2017年出台《关于支持百万大学生留汉创业就业的若干政策措施》，在安居落户、促进就业、支持创业、高效服务等方面拿出最优的政策，支持大学生留汉创业就业。实施“百万校友资智回汉工程”，让“武汉校友”成为城市品牌。发挥武汉校友资源的特殊作用，将校友招商作为招商引资的新突破口和生力军，形成市、区、高校、校友多方联动、合作共赢的生动局面，探索资智回归的武汉模式。同时，武汉市着力推动“高校科研成果转化对接工程”“海外科创人才来汉发展工程”等，推动在汉高校科研院所的科研成果就地转化，构建面向全球的招人聚才网络体系。在东湖国家自主创新示范区，依托中国（湖北）自由贸易试验区武汉片区，打造国际人才自由港。

（二）“城市合伙人”“创谷”计划助力创新创业生态

武汉市提出“城市合伙人”计划、“创谷”计划等创新创业举措，极大带动了一批创业者的热情，同时也诞生了斗鱼、卷皮网等明星企业。2015 年，武汉启动实施“城市合伙人”计划，聚焦信息技术、生命健康、智能制造等三大产业领域，引进全球产业的领军人才、知名创业投资人和青年创新创业人才等三类人才，“众筹”合伙人的集体智慧，如今城市合伙人计划已打造成为国内关注度最高、优惠度最大、吸引力最强的地方人才工程品牌之一。2016 年，武汉出台《中共武汉市委市人民政府关于加快实施“创谷”计划的通知》，启动实施“创谷计划”，以“最好的城市空间 + 量身定做最好的政策 + 最优质的配套服务”为手段，面向信息技术、生命健康、智能制造三大主导产业，搭建集生态、生产、生活“三功能融合”，创业链、创新链、人才链、资金链、政策链“五链统筹”的创新生态系统。

（三）“青桐三部曲”以武汉特色盘活科教智力资源

武汉市拥有 79 高校、130 万在校大学生，大学生是这座城市最具创新活力和竞争优势的人才资源。为充分发挥自身科教资源优势及人才资源优势，武汉市通过促改革、建平台、降门槛、优服务、办活动全面支持大学生创新创业。武汉每年举办大量的赛事论坛活动，“青桐计划”“青桐汇”“青桐学院”三部曲成为服务大学生（青年）创业创新优质品牌。“青桐计划”即《市人民政府关于实施青桐计划鼓励大学生到科技企业孵化器创业的意见》，围绕大学生创业全过程所需，从创业氛围、创业场地、创业资金、创业培训、税收优惠和创业保障等六个方面全面支持大学生到科技企业孵化器创业。武汉从奖励大学生创业先锋、提供零租金创业场地和免费办公设施、设立天使基金、大学生创业专项资金，再到小额贷款担保、免费创业培训与辅导和解决创业大学生的住房困难，全方位多角度地为创业大学生考虑，解决了大学生创业中遇到的各类难题，为大学生提供了良好的创业氛围和条件，全面鼓励和系统扶持大学生到科技企业孵化器创业，帮助大学生从有梦，到追梦，最终圆梦，走出了武汉特色的支持大学生创业之路。“青桐三部曲”更是受到社会广泛关注，通过报刊、电视、广播、网络等渠道的全方位报道，青桐汇在高校、产业园区、孵化器等的成功举办，青桐学院的开班，经社会各界的合力宣传，目前，“青桐计划”已在全国具有一定影响，成为吸引大学生留（来）汉创新创业的有效举措。

（四）新型工业技术研究院成为创新创业主平台

武汉市以“市场化导向、企业化运作”的理念，实施政府与在汉大学合作战略，建设电子、智能装备、导航与位置服务、新能源汽车等工业技术研究院。目前，工业技术研究院已成为武汉开展科技创新、创业孵化的主要平台之一。武汉光电工业技术研究院由武汉市政府和华中科技大学合作共建，包含共性技术研发、中试熟化对接、高端产业孵化、企业研发服务等功能于一体的创新创业平台。2015 年，武汉光电工业技术研究院发起成立光电显示专业化众创空间，依托武汉光电国家实验室，聚焦健康光电子、能源光电子、信息光电子、工业光电子等产业领域，面向海内外高层次科研人员、专业技术人才、高级管理人才等进行高端产业孵化。

六、西安市

西安市立足平台赋能释放创新源头活力，建设了西安科技大市场技术服务旗舰平台，注重结合创新改革试验区建设加快改革创新、依托各区块资源优势拓展创业创新空间、加强平台化赋能着力提升科技创新服务、创新投融资支持手段破解小微融资难题。

调查数据共调研西安市创业企业 183 家，国有企业离职创业人数相对较高。创业企业资产总额整体偏小，三成以上创业企业资产总额分布于 300 万—1000 万元，企业融资较为活跃，有 42.62% 的企业获得融资，仅次于北京市，融资规模多在 100—1000 万元。从创业政策及服务满意度来看，西安市创业企业对于设备共享政策服务效果评价较好，满意度高于其他城市，同时对于孵化器或园区提供的政策指导和项目申报服务、商务服务和创业辅导服务效果满意度评价较高，但技术支持服务评价水平偏低，仍存在明显短板。

（一）西安科技大市场打造技术服务旗舰平台

西安科技大市场由科技大市场网和科技大市场服务大厅“一网一厅”构成，采用线上线下相结合的方式，围绕着技术、人才、设备、金融、政策、知识产权等创新资源，汇集西安高校院所、军工单位、科技企业、服务机构，成为国内技术服务旗舰型平台。聚焦科技服务体系建设，探索形成了以技术交易、政策服务、仪器共享为核心的业务体系。通过线上线下、网内网外的有机融合，汇集技术成果供需信息，促进技术转移、转化；整合政府科技政策落实相关服务，集中开展政策申报、认定，提升企业享受政策的便捷性，推动政策落实有效、普惠共享；统筹科研院所、军工单位仪器设备、科技文献、专家人才等资源，有效降低小微企业开展技术创新的门槛与成本。

（二）科技金融服务潜力巨大，政府引导基金力度可观

近年来，西安市不断强化“科创西安”活动品牌，着力提升创新创业金融服务。联合银行、融资担保、保险公司等金融机构搭建科技金融服务合作平台，统筹运用股权投入、融资担保、上市激励、引导基金加风险补偿等方式，加大对中小微企业融资的支持力度。2020 年，由清科研究中心发布的《中国城市科技金融发展指数》中，西安市综合指数位列第九，成功跻身榜单前十，指数较 2019 年稳步提升。西安市通过大力支持硬科技发展，不断提升其城市创新创业核心竞争力，依托各大高校和科研院所力量，引进培养大量创新创业人才，并不断通过政策引导与经费支持，形成电子信息、先进制造、金融与现代服务业的新兴产业群优势。西安市政府引导基金力度十分可观，有效撬动大量社会资本支持科技企业发展，从政策环境指数来看，

高于天津、成都、杭州等城市，西安正成为创新创业的沃土。

（三）“创业西安”的浪潮下，众创载体发展迅猛

2017年，西安市围绕落实“聚焦‘三六九’，振兴大西安”战略部署，实现“追赶超越”，打造“创业西安”城市品牌，开展“创业西安行”活动，深入区县、高校、创业空间，与创业者进行座谈，鼓励创新创业，自觉为创新创业者当好“店小二”、提供“五星级服务”，解决发展难题，在全市营造了创新创业的良好环境，为推动西安追赶超越发展聚集人才、汇聚动能。一批各具特色的创意街区、智慧街区、科技街区、宜居社区如雨后春笋般涌现，高新区引进百度互联网+创业中心、Plug and Play等知名众创空间，建设创业咖啡特色街区已开街；经开区创业大街为青年创业者和城市创新者营造集工作、居住、学习、社交、健身、休闲、娱乐等多功能于一体的“24小时创新创业生态圈”；曲江新区探索“双创”工作与公租房融合发展试点，布局建设的369互联网创新创业基地，采取“楼下办公，楼上住宿”的模式；长安区建成的“长安双创中心”，是集科研成果转化、知识产权交易、大学生创业就业服务于一体的高标准创新创业基地，目前已吸引阿里巴巴（西安）创新中心、百度（西安）创新中心等项目入驻。2020年，285个市级以上的众创载体中，国家级科技企业孵化器24个、国家级备案众创空间71个，西安跻身全国双创城市第一梯队。

七、小结

北京市创业者呈现年轻化、学生创业群体占比高的特点，是具有海外经历人群创业的首选地，创业人群更具有冒险精神与胆量，创业更加富有激情也更容易被认可。北京市适合轻资产行业创业，创业行业领域前卫，互联网创业氛围浓厚，上市公司较多，独角兽企业发展前景广阔。北京市创新创业政策支持优势显著，依托丰富的科教资源，对大学生创业支持力度大，高校院所创新活力足，双创服务载体市场化程度高，资源调动能力强。

上海市的海派文化和城市气质对国际化人才吸引力更强，海归和跨国企业人才成为创业主力军。创业者更渴望表现自我，以兴趣导向为创业初衷的占比高，各种形式的创业大赛，让创业者流连忘返，目不暇接。上海以沿海开放的区位优势，更适合贸易、金融、物流等行业发展，研发优势显著，高水平集成创新能力强，企业融资情况较好。上海电子政务相当发达，创业成本相对较低，首推企业三步走简易注销程序，启用科技创新板支持小微融资，打造国际贸易“单一窗口”成为示范工作开展的典型经验。

深圳市创业群体年轻有为，创业欲望强，性格层面无论冒险精神还是渴望表现自我占比均高于平均水平。深圳市新生企业较多，对资金的需求量较大，融资渠道较多，企业融资状况相对较好，产业链集聚和完整使深圳拥有大批知名信息技术及电子企业。深圳市始终以硬科技创业为特色助力打造全球创客之都，依托对接港澳台三地天然的地缘性优势，注重通过改革创新充分释放双创潜能，落实全国最高标准政策吸引全球双创人才，着力打造更具全球竞争力的人才体系。

杭州市创业者在 36 至 45 岁的分布相对较多，半数以上为从民营企业离职创业人群。杭州市信息技术领域创业企业分布较多，阿里巴巴等行业巨头引领信息经济创业蓬勃发展，以数据驱动打造了“互联网 +”创业天堂。杭州市形成了以阿里巴巴创业者为代表的“阿里系”、以浙大为代表的“浙大系”、以“千人计划”为代表的“海归系”、以创二代为代表的“浙商系”的创业新四军，创业创新呈现“雨林式生态”，以梦想小镇为代表的特色小镇成为创产人文融合的双创载体。

武汉市创业者呈现高学历的特征，勤奋度高，多行事低调、合作意愿强，决策偏好更趋于理性。武汉市作为科教智力资源丰富的城市，通过“四大资智聚汉”工程有效聚合双创人才，“城市合伙人”和“创谷”计划助力创新创业生态，“青桐三部曲”盘活科教智力资源，充分发挥以创业带动创新释放科教智力优势。同时，武汉市以“市场化导向、企业化运作”的理念，实施政府与在汉大学合作战略，建立新型工业技术研究院，打造创新创业主平台。

西安市创业者呈现国有企业离职创业人数相对较高的特点，企业融资情况较好，创业企业对于设备共享政策服务效果评价满意度高于其他城市。西安市立足平台赋能释放创新源头活力，建设西安科技大市场技术服务旗舰平台，加强平台化赋能着力提升科技创新服务。西安市科技金融服务潜力巨大，政府引导基金力度可观，“创业西安”的浪潮下，众创载体发展迅猛，逐步成为创新创业的沃土。

第五篇　趋势前瞻

第十二章　中国引领全球的十大新兴产业

随着云计算、大数据、人工智能等前沿技术的发展，中国近几年在新经济领域涌现出一批世界引领性的新兴产业，包括新社交媒体、零售电商、共享出行、在线直播、在线文化、智能推荐、计算机视觉、智能语音、生态制造、民用无人机等十大产业。这类新兴产业的诞生不单纯源自技术的先进性，而是近年我国创新创业生态日渐完善的结果，表现出非线性增长、数据驱动、跨界融合、生态化发展等重要特征。

一、社交媒体产业

中国拥有全球数量最多的社交用户，并孵化出领跑全球的社交新业态。从网民数量看，截至 2020 年 3 月，我国网民规模达 9.04 亿，[1] 这使得中国社交媒体行业拥有庞大的用户基数和市场规模。从社交产品上看，国内多类型社交产品蓬勃发展，包括微信、QQ 等社交 APP，微博、今日头条、抖音等社交媒体形成了头部企业 + 众多优秀细分领域企业的生态体系。

腾讯已成为领跑全球的社交领域龙头企业，构筑了社交生态体系。用户规模上看，腾讯旗下的微信、QQ、QQ 空间三大个核心社交产品坐拥巨大流量资源，其中微信拥有 12.06 亿用户，QQ 拥有 6.935 亿用户、QQ 空间拥有 5.63 亿用户。业务布局上看，腾讯正围绕其社交产品打造企业生态系统，依托微信布局在线支付，孵化出财付通；依托 QQ 布局 IOT 操作系统和社交游戏。对外投资上看，目前腾讯投资布局超过 50 家独角兽企业。[2] 新业态孵化上看，腾讯自身作为一个大的生态系统，孵化出了大量新业态，如投入 12 亿扶持自媒体行业发展；依托微信社交孵化出微商新业态，2019 年全年总收入为人民币 3772.89 亿元，同比增长 21%。[3]

专栏 12-1　独角兽案例——小红书

小红书作为时下热门的社区电商平台，由毛文超和瞿芳在 2013 年 6 月创办。小红书主要包括两个板块，UGC（用户原创内容）模式的海外购物分享社区以及跨境电商“福利社”。在海外购物分享社区，即将出国的人可以借助这个平台制定自己的购物清单，而暂时没有出国打算的人，可以通过逛社区来增长经验，或者去福利社完成一次“海淘”。小红书福利社采用 B2C 自营模式，直接与海外品牌商或大型贸易商合作，通过保税仓和海外直邮的方式发货给用户。小红书福利社上线仅半年时间，销售额突破 7 亿。

1.《CNNIC：第 45 次中国互联网络发展状况统计报告》。

2. 长城战略咨询：《2019 中国独角兽企业发展报告》，2019 年，第 69 页。

3. 中国互联网协会微商工作组：《2019 中国社交电商和微商行业发展报告》。

发展前期，小红书从攻略性质的“小红书出境购物攻略”转型到社区性质的“小红书购物笔记”。“小红书购物笔记”是一个垂直类社区，用户以具有境外购物习惯的女性为主。社区功能作为小红书最重要的核心功能，购物笔记鼓励用户分享出用钱买出来的购物经验，小红书采用 UGC 社区形式为想购买国外商品的用户提供实时的购物信息及使用心得。用户的分享由一张图片和三个标签构成，能够回答海外购物中的三个关键问题：买什么，哪里买，多少钱，形成高质量的分享。同时小红书通过将大量分享的数据结构化，来为用户提供基于目的地、品牌、品类等多维度的购物参考信息，因此有人评价小红书为海淘版知乎。随着“福祉社”板块的上线，小红书从社区升级为社区电商，新的购物功能被开发出来。小红书团队表示福利社的推出是为了解决用户“看得到却买不到”的问题的第一步，商品都属于社区内口碑最佳的商品精选。

小红书创建了独特的业务模式，其主导的新型社区电商模式以信息驱动，用户生产内容，通过真正的社交信息流方式，将线下闺蜜逛商场时的冲动消费场景搬到了线上，告别了互联网电商比价场景，而代之以口碑营销的新模式。同时注重个性化推荐。用户花足够的时间在小红书 App 里，通过无意识的点赞、收藏、关注、分享等行为展现了自身的喜好，而这个是社区性电商的天然优势。小红书的用户平均每月打开 App 超过 50 次，使用 130 分钟以上，这是纯电商无法获取的极高价值的底层数据。

小红书在短时间内实现爆发式增长，其原因主要有三个方面。首先，构建“美妆 + 海淘”的跨界新业态。创始人毛文超关注到国内缺乏综合的代购平台，因此决定专注美妆，将小红书的品牌和美妆海淘绑定，构建“美妆 + 海淘”的新业态。其次，立足战略规划不断转型。小红书以社区为起点，经过工具向社区、社区向电商两次转型，积累足够的知名度、粉丝和数据后成功实现爆发式增长。最后建立并转化粉丝群，实现自成长。最初小红书关注用户出国旅游购物的痛点，打造购物者的海淘工具，成功占据入口，随后顺势做起社区，将购物者沉淀在自身的平台上，形成粉丝群，并推动转化，实现自生长。

二、新零售电商产业

中国电子商务产业已成为引领全球的一大产业。从产业规模上看，2019 年中国电子商务交易总额达 34.81 万亿人民币，跨境电商进出口商品总额达到 1862.1 亿元，同比增长 38.3%，其中出口为 944 亿元，进口为 918.1 亿元，出口量首次超过进口量。从用户数量上看，中国网购人群数量已超过 9 亿人次，互联网普及率达 64.5%，电子商务从业人员达 5125.65 万人。[1] 从企业融资规模上看，2019 年中国电子商务行业共发生 665 起融资事件，投融资金额达 1933.81 亿人民币。从新业态衍生上看，国内电商产业的业态创新活跃，衍生出包括社交电商拼多多、美妆电商唯品会、微商等新业态，并创造出两个全球性的购物节日“11.11”与“6.18”。

阿里巴巴已成为引领全球的生态型电商企业。阿里通过庞大的平台效应创造出了过万亿的

1. 商务部：《中国电商年度发展报告 2019》。

电商交易规模，总体规模远超全球其他电商企业，其在2018财年创造了4.82万亿元成交额。依托自身平台生态，阿里巴巴堪称一个新型经济体，其在2018年直接纳税516亿元，带动纳税超2500亿；[1]在创造就业方面的成绩同样惊人，2018年阿里巴巴平台创造就业机会4082万，截至2018年9月，淘宝内容创业者数量达160万，全国淘宝村达3202个，覆盖2亿多农村消费者。在技术创新方面，阿里也在积极发挥平台作用，设立IDST实验室、达摩院实施“NASA计划”等，布局人工智能、量子计算、自动驾驶、芯片设计等前沿技术创新领域。

专栏12-2　独角兽案例——每日优鲜

每日优鲜，创立于2014年11月，并于12月正式运营，隶属于北京每日优鲜电子商务有限公司，是一个围绕着老百姓餐桌的生鲜O2O移动电商平台。每日优先凭借600个全品类精选SKU，以及在主要城市建立起的“城市分选中心+社区配送中心”极速达冷链物流体系，为用户提供全球生鲜产品“2小时送货上门”的极速冷链配送服务。

每日优鲜采用“精选SKU+前置冷链”的商业模式，前置仓模式是每日优鲜模式创新的一大亮点，一方面降低了冷链成本，另一方面确保了时效性，配送速度更快。在冷链配送方面，采取“冷链+时间冷链”配送方式，不需要冷鲜包装，只用于一个手提袋，就可以保证商品品质和2小时的交付速度。在社区微仓方面，前置仓模式是将冷库铺设到社区当中，以此保证商品到达消费者的时间在2小时之内，同时降低采购成本和交付成本。社区微仓设立在用户3公里内，铺设的前置仓网点数量约300多个，并逐步从一二线城市向三线城市蔓延。在城市分选中心方面，每日优鲜在华北、华东、华南等地区建立城市分选中心，主要分布于北京、上海、广州、深圳、天津、济南、苏州、杭州等11个核心城市。

每日优鲜的快速发展依赖于其独特的营销方式和团队建设等多种因素。一是灵活新颖的促销思维。每日优鲜不仅在线下公交站牌前后投放了8组不同类型的文案，而且充分整合多方资源，启用11家蓝V进行品牌联合，后期把一连串不同类型微博KOL加以整合。此外，开展充分的线上互动，通过“寻找广告牌”、H5等形式，将线下热度引导回线上，利用线上粉丝互动反哺线下声量。二是以客户复购为导向，每日优鲜一直以客户为中心，打造规则，思考自己的业务模式，应该提供哪些服务才是客户所需，正因如此重视自己的客户服务，为用户提供极致的生鲜电商服务体验，是每日优鲜快速成长的重要因素之一。三是深谙互联网和供应链管理的专家级团队。每日优鲜基于四大系统建立起独特的人才管理模式。采购系统要求工作人员具有5年以上操盘经验，负责周度货架排期表管理、每日进销存运营分析；物流系统团队来自京东、顺丰、DHL，开展日清工作机制、标准化的仓配体系等工作；运营系统要求人员具备多年电商运营实操经验，负责数据导向型的快速迭代、分客户/分品类的战斗小组工作；价格系统团队主要负责竞争定价、价格倒逼成本的供应链管理。

1. 阿里巴巴官方数据。

三、共享出行产业

中国拥有全球最大的共享出行市场容量、用户流量，最快的规模增速。中国在共享汽车、共享单车等领域的市场规模与增速上均实现了全球引领。从市场规模上看，麦肯锡数据显示，中国共享出行市场规模达 240 亿美元，超过美国的 230 亿美元、欧洲的 60 亿美元，位居第一。此外，罗兰贝格数据显示中国共享出行潜在市场容量高达 2812 亿美元。从规模增速上看，凯鹏华盈《2018 年度互联网趋势报告》数据显示，[1] 中国 2018 年第一季度共享出行市场增速超过 96%。从出行规模上看，中国每季度完成共享汽车出行超 20 亿次，完成共享单车出行超 40 亿次，位居全球首位，占全球 68% 的市场规模。

在具有原创属性的共享单车行业，中国目前已成为全球融资最多、企业实力最强、用户量最大的共享单车市场。从融资规模上看，目前，全球共享单车行业融资总额约 42.67 亿美元，其中中国总融资达到 41.42 亿美元左右，占比高达 99%。从用户数量上看，全球共享单车用户规模已达 2.27 亿，中国用户约 2.09 亿人，占比达 92%。[2] 2020 年 11 月 20 日，易观发布《2020 中国共享两轮车市场专题报告》，刚刚过去的 10 月，青桔单车月度活跃用户规模高达 3491.6 万，占据共享两轮车行业小程序端用户规模榜首。

滴滴已成为引领全球的共享出行领军企业。共享汽车领域拥有全球估值最高的网约车平台滴滴，盘活了大量闲置汽车资源，目前估值高达 800 亿美元。从创立之初至今，滴滴已获得出行领域全球最大规模融资，总融资额达 1603.89 亿元。目前滴滴已在全球 400 余个城市布局，拥有用户超 4.5 亿。此外，滴滴积极布局自动驾驶、人工智能、智能交通等前沿技术，并逐步围绕共享出行构造自身业务生态，包括租车、金融、导航测绘、技术服务等。

专栏 12-3　独角兽案例——曹操专车

曹操专车是杭州优行科技有限公司的品牌，公司成立于 2015 年 5 月，由吉利集团战略投资。曹操专车定位为新能源汽车共享出行服务平台，致力于重塑低碳、健康、共享的人车生活圈，成为用户首选的“新能源专车出行”平台，打造新能源汽车低碳潮流生活服务生态圈，打造新能源汽车无人驾驶出行服务生态。曹操专车采用“新能源汽车 + 公车公营 + 认证司机”的 B2C 模式，集合了新能源专车出行、新能源汽车分时租赁等服务，为用户提供安全、便捷、低碳、高品质的一站式出行解决方案。

曹操专车构建了独特的商业模式：首先，围绕三类服务，提升用户体验。一是即时接驾服务，用户可随时随地呼叫专车，可选择的车型种类多样，包含舒适型、豪华型、新能源型和商务型。二是预约服务，曹操专车深刻关注广大消费人群用户出行的多元化服务需求，创新“司机 +”增值服务体系，跨界整合本地生活服务资源，提供司机 + 保镖、保姆、翻译、导游、律

1. 由凯鹏华盈（KPCB）合伙人 Mary Meeker 发布。

2. 猎豹大数据：《2017 共享单车全球发展报告》。

师、特护、秘书等丰富多元的本地商务生活服务内容，让广大消费人群享有“人无我有，人有我优”的优悦出行生活体验。三是政企服务，针对企业养车成本高、用车管理难、出行不便捷等问题，曹操专车专门为其量身打造出政企单位公务商用车一站式解决方案。其次，聚焦用户，构建低碳生活生态圈。曹操专车依托曹操专车线下配送系统，积极开发并打造低碳U品品牌。低碳U品奉行“低碳、健康、环保”的品牌主张，致力于为消费者提供真正“环保、健康、优质”的生活产品。依托自有新能源汽车同城物流配送网络，实现“当日下单，当日送达”的极速同城电商购物体验，在时尚消费前沿市场掀起“低碳优品消费”之风。

曹操专车实现爆发式成长，原因在于三个方面。首先，B2C模式服务优势凸显。一方面用户网约车消费习惯已经养成，用户开始重视品质，低价（补贴）驱动消费用户缺乏品牌忠诚，新规要求规范网约车平台，包括运营主体、车辆行至、运营规范等都有新的要求；另一方面，曹操专车不仅拥有B2C的优势，还成立曹操学院，打造认证司机培养生态，专注优质服务，迅速打开高端用户市场。其次，新能源专车成本低。采用新能源汽车做专车可享受国家/地方政府购车补贴，可免车辆购置税，同时新能源专车使用成本远低于传统燃油车，可大幅度缩减专车线下运营成本。最后，曹操专车依托吉利集团，可有效控制专车购置与维保成本，同时吉利&沃尔沃的前沿汽车科技，可领先应用到曹操专车。

四、在线直播产业

中国拥有全球最大的直播用户群和最多的直播平台。从用户规模上看，2019年中国在线直播用户规模达到5.04亿，中国在线直播行业将继续保持稳健发展，未来行业将进入精细化、专业化运营阶段。[1]从平台数量上看，国内拥有种类繁多的各种网络直播平台，数量超500家，其中不乏优秀的上市企业及独角兽企业，如抖音、斗鱼、熊猫、虎牙等。从业态创新上看，国内网络直播平台拥有活跃的创新业态，如“直播+电商”，将直播作为电商入口进行产品销售，淘宝、天猫、唯品会、蘑菇街等电商企业均在试水；“直播+教育”，如边聊边学等，网红经济如papi酱、办公室小野等。

斗鱼是目前中国最活跃的直播平台和领域内最大的游戏直播平台，同时也是高成长的科技型企业。从业务布局上看，斗鱼依托“直播+”路线，以游戏直播为基础，延伸到泛娱乐，内容涵盖游戏、电竞、影视、二次元、音乐、体育、汽车、科技、美食、时尚等多方面。从业务规模上看，目前斗鱼用户超2亿人次，拥有超400万名主播，日活超过3000万人。从投融资规模上看，斗鱼已成为估值24亿—25亿美元的独角兽，并以投资方式深度布局上下游产业，直接投资20余家公司，间接控股投资超过30家公司。抖音专注年轻人的15秒音乐短视频社区，通过视频拍摄，以及原创特效、滤镜、场景切换等技术让视频更具创造性。目前抖音已成为日活1.5亿、月活超过3亿，现下最火爆的短视频平台之一。

1.《2019—2020中国在线直播行业现状、用户规模及商业模式分析》。

五、在线支付产业

中国在线支付交易规模、用户数量、支付占比全球领先。腾讯可视化实验室数据显示，从交易规模上看，2018 年中国移动支付交易规模达到 277.4 万亿元，位居全球第一，2019 年前三季度交易额达 252.2 万亿元。从用户数量上看，中国已成为全球在线支付用户数量最多的国家，2019 年移动支付用户规模达 7.33 亿。[1] 从手机支付占比上看，以手机支付与信用卡为主要支付工具的无现金国家中，中国排名第六，但在全球手机支付占比当中，中国手机支付在整个支付占比中高达 77%，位列全球第一。[2]

蚂蚁金服凭借支付宝已成为全球最大的移动支付公司，也是国内市场份额占比最高的移动支付公司，截至 2019 年，支付宝全球用户已经超过 10 亿（含企业用户），交易规模高达 108 万亿元。从企业估值层面看，2020 年 7 月，路透社报道蚂蚁金服将在香港完成 IPO，目标估值达 2000 亿美元（约合 1.4 万亿人民币），成为全球估值最高的科技金融公司。从市场布局方面看，当前蚂蚁金服正积极扩充海外市场，已进入美国、加拿大、日本、以色列等 25 个国家。从生态构建方面看，蚂蚁金服围绕支付宝构建移动支付生态，提供包括信托基金、征信、小微贷、投资、财富管理等多种类型的金融服务，涵盖线上线下生活服务、城市服务、购物娱乐、教育公益等几乎全部场景。从技术布局层面看，蚂蚁金服积极布局前沿科技，提出“BASIC”战略，推动未来科技发展，核心包括 Blockchain（区块链）、Artificial intelligence（人工智能）、Security（安全）、IoT（物联网）、Cloud computing（云计算）。

专栏 12-4　独角兽案例——苏宁消费金融有限公司

苏宁消费金融有限公司成立于 2015 年 5 月，是由苏宁云商集团股份有限公司、先声再康江苏药业有限公司、南京银行股份有限公司、法国巴黎银行个人金融集团和江苏洋河酒厂股份有限公司五家企业共同出资申请设立的非银行金融机构。公司总部设在南京，是江苏省首家持牌的消费金融机构，也是全国首家以互联网零售企业为主发起人的消费金融公司，致力于打造国内一流的消费金融品牌。苏宁消费金融聚焦个人消费信贷业务，先后推出任性借、任性付、任性学、任性游、任性租、任性美家等多款产品，为普通消费者提供快捷、便利、实惠的消费金融服务。

借助苏宁易购电商平台、实体门店及合作商家渠道优势，消费者在线上线下购买商品和服务时，可以直接在线或现场申请贷款，通过简单便捷的操作消费者可快速获得最高 20 万的消费信用贷款，购物后 30 天免息。通过这种模式，苏宁消费金融打通了线上线下的各个服务环节，用户无论在何时何地都可以享受到先购物消费后还款等服务，践行了“线上引流、线下体验”的 O2O 消费金融模式。目前苏宁消费金融的盈利点主要来源于消费者贷款后的利息收入。

1.《CNNIC：第 45 次中国互联网络发展状况统计报告》。

2. 益普索（Ipsos）调查数据，2017 年 9 月。

苏宁消费金融实现爆发式增长的原因主要表现在四个方面：首先，抢占个人消费贷款新风口。伴随互联网金融市场的不断成熟，消费金融发展潜力巨大。政府工作报告中提出要在全国开展消费金融公司试点，鼓励金融机构创新消费信贷产品。苏宁云商正是在国家政策利好的机遇下瞄准了这片蓝海市场，快速布局消费金融细分市场。其次，发力垂直领域，布局“全场景”消费。苏宁消费金融坚持“全场景化”的发展战略，业务体系向家装、校园、旅游、租房、教育、通信等细分市场发散延伸，推出任性美家、校花、任性游、任性租、任性学等多款产品。同时，以灵活支取为主要特征的“任性借”业务补充尚未覆盖的场景消费。此外，跟随苏宁拓展三四级市场的步伐，苏宁消费金融“任性系列”产品已布局农村市场的 1000 多家苏宁易购直营店，将普惠金融送到农村市场。再次，以大数据防范金融风险。苏宁拥有海量线上线下消费信息和消费者行为数据，上万家供应商和平台商户的销售数据和信用信息，以及遍布全国的物流网络和物流配送数据。通过对这些数据的分析和运用，对用户数据进行风险评级，建立了完整的消费者信用体系。同时依托南京银行丰富的行业经验以及法国巴黎银行全球领先的风控技术，苏宁消费金融公司进一步提升了金融风险控制水平。最后，打造互联网金融生态圈。从苏宁金融生态圈来看，苏宁成立了面向供应商的小额贷款公司和商业保理公司，上线了为售后、物流等服务商提供保险计划的互联网保险销售业务，以及以提升客户粘性为目的的“零钱宝”基金销售业务，而苏宁消费金融公司则是立足海量用户和海量商品布局下游消费信贷，实现了互联网金融服务链全面对接。

六、智能推荐媒体产业

中国基于智能推荐的内容服务行业已实现了全球领跑。国内的用户习惯、AI 技术的发展、庞大的用户数据等为智能推荐媒体提供了爆发成长的条件。从用户习惯上看，《中国互联网络发展状况统计报告》显示，截至 2020 年 3 月，中国网民的人均每周上网时长为 30.8 个小时，为智能媒体发展提供了巨大市场空间。从 AI 技术研发看，中国有大数据、AI 等领域的大量创业企业与人才来提供技术支撑，目前 AI 领域企业已超过 2000 家。从用户数据方面看，相比全球其他地区，中国人更愿意分享个人数据，在中国大约有 33% 的用户愿意分享个人数据，以换取更便捷的互联网服务，而美国只有 25% 的用户愿意分享个人数据。在这种大的环境下，中国在此领域已经出现了代表性全球引领的企业，如：今日头条 APP 目前已拥有超过 6 亿用户，超过美国的 Flipboard（5 亿用户）、印度的 Dailyhun（1.5 亿用户），成为全球最大的智能推荐媒体。[1]

在互联网内容服务领域，中国孵化出了引领全球的短视频新业态。短视频通过盘活用户碎片时间，降低视频制作门槛，使得人人可以参与，同时基于大数据驱动的内容分发提高了用户粘性，成为独具特色的内容服务新业态，出现了大量优秀的短视频产品和企业，包括抖音、快手、秒拍、火山小视频等。中国的短视频用户活跃度极高，截至 2018 年 3 月，中国月活用户达 4.6

1. 凯鹏华盈：《2018 年度互联网趋势报告》。

亿，月使用总时长达 67.3 亿小时，人均单日启动次数有 9.26 次，行业用户粘性远高于其他行业平均值。[1]

字节跳动（今日头条母公司）已成为全球最大的智能推荐内容服务企业。目前，它是全球唯一一个估值超 200 亿美元的新闻资讯服务类企业，旗下短视频 APP 抖音及其海外版 TikTok 以近 7 亿次下载量，位列 2019 年全球移动应用下载榜单第二名，已成为内容服务行业最具潜力的独角兽。伴随着数据的积累与和对技术的研发投入，字节跳动正逐步由一家资讯类企业进化成为一家大数据、人工智能企业。从业务布局上看，字节跳动以算法的智能推荐为核心，形成了包括自媒体内容资讯领域 + 短视频领域的布局。内容资讯产品有今日头条、头条号、悟空问答，短视频产品有西瓜视频、火山小视频、抖音等；从技术布局上看，字节跳动正积极布局人工智能、大数据等技术，以此优化产品体验，已初步成立了人工智能实验室，正进行人工智能、机器学习、推荐算法等领域的研发。

专栏 12–5　独角兽案例——快手

快手诞生于 2011 年 3 月，初期命名为 GIF 快手，是一款工具性摄像软件。2012 年 11 月，快手从纯粹的工具应用转型为短视频社区，后又转型为短视频社交，2014 年 11 月，正式更名为快手，目前快手定位为每个普通人提供记录和分享生活的视频社交平台，用户量超过 4 亿，日活跃用户数达到 4000 万，每天产生数百万条 UGC 短视频。

快手聚焦短视频社交领域，用户不仅可以上传或拍摄 10 秒的视频，而且可以就内容进行编辑，如为视频添加魔法表情等，同时也可以发起直播互动。目前，快手平台上内容生产者多以三四线城市为主，持续提升产品体验、服务更多人群成为快手发展的重要方向。在盈利模式方面，2016 年，快手内测了信息流广告系统，即与淘宝合作，在视频播放中置入了淘宝店铺的链接，帮助用户实现购买。此外，快手也推出了直播功能，虚拟礼物探索变现，未来将尝试游戏联运、增值服务等收入模式。

快手作为时下热门的短视频 APP，其高速成长依赖于多方面因素。一是对流行趋势的精准把握，2012 年开始，快手开始向短视频内容倾斜；2013 年，快手在工具里增加了内容分享的功能，转型为短视频社区，用户产生的内容可以在社区里分享给所有网友。在移动互联网爆发型增长和智能手机迅速普及的大背景下，视频的风口还未形成，快手却早已认定这块“空白”，敏锐的战略眼光是其快速发展的重要因素之一。二是积极建立自成长 –UGC 内容社区。与其他重头部内容的平台不同，快手作为所有普通人的平台，内容基于普通人的日常生活，因此视频内容更加丰富、包罗万象。三是搭建人工智能模型，实现个性化推荐。快手在用户和内容之间建立了良好的匹配关系，实现个性化推荐，通过用户和内容之间互动数据的深度学习，预测一个新内容和新用户之间匹配的概率。

1. 人人都是产品经理：《短视频行业调研分析报告》。

七、计算机视觉产业

中国拥有引领全球的计算机视觉技术与专利储备。围绕领先的视觉算法技术，中国计算机视觉行业正主导技术走向，引领产业发展。从全球计算机视觉专利数量看，国内人脸识别技术专利数量全球领先；从视觉算法精准率上看，中国人脸识别领域内企业多次在全球算法大赛中拔得头筹，准确率达 99.9% 以上；从企业技术竞争力上看，中国拥有全球最优秀的计算机视觉相关的优秀企业，包括连获 LFW、FDDB、300-W 识别大赛第一名的独角兽企业旷视科技 Face++，人脸识别技术入选 MIT 十大突破技术的百度，位居 MegaFace 识别率测试榜首的腾讯优图等。

Face++ 已成为全球领先的人脸识别技术服务商。Face++ 依托深度学习技术实现人脸识别、图像识别等技术突破，已成为全球领先的计算机视觉企业。企业正积极进行平台化发展，构建计算机视觉应用生态。从生态布局上看，Face++ 通过对外共享底层识别技术、算法和数据，同时开放底层 API 吸引开发者集聚，构建人脸识别云平台，同时积极开拓泛金融、安防、互联网娱乐等应用领域，形成了庞大的技术生态和应用生态体系。从算法领先性上看，Face++ 在计算机视觉国际顶级会议 ICCV 2017 挑战项目中荣获三项第一、一项第二的优异成绩，击败了微软、Facebook、Google 等国外知名企业。

专栏 12-6　独角兽案例——商汤科技

商汤科技是一家专注于计算机视觉和深度学习原创技术的创业公司，由创始人徐冰于 2014 年创立，通过研发多方面的顶尖视觉技术，赋予计算机视觉感知和认知的能力，让计算机能像人与动物一样获取、分析、理解各种视觉信息，并与自然界进行交互。商汤科技目前已开始对外提供精准的人脸识别技术，以及集成了人脸识别、危险品识别、行为检测、车辆检测等的安防监控系统。

商汤科技构建了以智能视频、身份验证和移动互联网为主的业务体系。智能视频方面，主要包含 SensePortrait-S 人脸静态比对服务器、SensePortrait-D 人脸动态比对服务器、等多种产品，广泛应用于犯罪嫌疑人身份核验、娱乐场所证件查验，机场等出入口安检多种场景。身份验证方面，包括 SenseID 身份验证服务和 SenseKeeper 人脸识别机（闸机版），适用于互联网金融 APP、移动运营商线上服务平台、银行营业厅、楼宇门禁等场景。移动互联网方面，包括 SenseAR 增强现实感绘制平台和 SensePhoto 手机图像处理解决方案，应用于图像美化、短视频、社交、人脸应用等场景。商汤科技通过为客户提供产品、技术和算法的支持来获得收益。

商汤科技的快速成长涉及多方面因素。一是强大研究团队和原创技术优势。一方面，商汤科技拥有亚洲最大的深度学习研究团队，2000 位员工和 150 位拥有顶尖大学授予的博士学位、拥有世界范围内人工智能领域最多的华人科学家群体。另一方面，商汤科技具备了纯粹的 AI 基因和技术优势。原创底层算法平台成为其区别于其他创业公司的最大特点，也使其从一家人脸识别技术公司成长为一家平台化的人工智能企业。二是积极抓住用户痛点，注重产品商业化研发。SenseID 提供身份验证解决方案，提供“刷脸”认证。SensePhoto 提供手机全套影像处理解决方案，与多个国产手机品牌合作。原创 AR 开发平台 SenseAR，与 OPPO、京东、小咖秀等合作，为用户提供 AR 体验。基于深度学习的智能内容审核技术方案 SenseMedia，可以对 UGC 内容进行审核过滤，还可以对视频内容进行分析，可服务于“净网”监管，支持公有云 + 私有化部署。三是合理的生态布局。商汤科技对外公布的投资项目包括 51VR、禾连健康、苏宁体育、影谱科技，计划中的投资标的还包括 AI 芯片、医疗、物联网、手机和互联网、游戏等。

八、智能语音产业

中国智能语音产业已实现全球领先。全球领先的语音技术、丰富的应用场景、广阔的市场规模，促使中国智能语音产业已形成从技术研发到终端应用的成熟产业链，领跑全球。从技术水平上看，在特定领域语音识别精准率已超过国外，科大讯飞、百度的中文语音识别准确率已超过谷歌，达到了 97%。从企业创新上看，已出现了一批拥有顶尖技术的领军企业，百度新一代深度语音识别系统 DeepSpeech2 入选 2016 年 MIT 十大突破科技，科大讯飞凭借其对语音技术的突破入选《MIT 科技评论》2019 年全球 50 大最聪明公司。从产业规模上看，中国智能语音产业规模增速显著高于全球市场，2019 年产业规模超过 200 亿元，同比增速达 70%，未来仍有巨大发展潜力。[1]

科大讯飞依托领先的语音技术与市场份额，已成为中国智能语音的代表企业、智能语音领域全球领军企业。从市场份额上看，在中国语音识别市场中，科大讯飞以绝对优势位居首位，在全球的市场占比位居第四。从技术水平上看，在语音合成、语音识别、口语评测、自然语言处理等多项技术上拥有国际领先的成果，在 2018 年的 SQuAD 机器阅读理解挑战赛中斩获全球第一；在 2018 年国际口语机器翻译评测比赛中，科大讯飞在英德方向语音翻译任务上以端到端模型的显著优势获得第一；在 2020 年国际多通道语音分离和识别大赛（CHiME）的两项任务上夺冠。从企业发展上看，科大讯飞正以全球领先的自然语言处理技术构建 AI 技术生态，开放自身底层技术，构建了讯飞语音平台，吸引开发者集聚。此外，企业还获得了 2017MIT 十大技术突破技术，并入选《MIT 商业评论》2017 年全球 50 大最具技术创新力的企业，排名第六。

专栏 12-7　独角兽案例——云知声

云知声是一家专注物联网人工智能服务，世界顶尖智能语音识别技术的高新技术企业，2012 年 6 月成立于北京，创始人为梁家恩。云知声的主要产品和服务包括智能家居方案、智能车载方案、智慧医疗方案、智能教育方案、陪伴机器人方案和云知声输入法。

云知声建立了四大核心业务领域：智能家居、智能车载、智能医疗和智能教育。智能家居

1. 中国信息通信研究院：《2018 世界人工智能产业发展蓝皮书》。

方案包括十多种不同价位和类型产品，可以实现家庭生活语音操控。智能车载包括拾音降噪、语音交互、云端计算和内容服务，解决用户导航、电话、娱乐、咨询、社交五大场景的功能诉求。智能医疗提供医疗垂直领域录入软硬件一体的解决方案，实现智能语音交互的知识问答和病历查询，进行健康风险预测和患者分群分析。智能教育提供全方位智能化的语言学习产品后台服务，将自动口语评测服务放在云端，并开放给客户远程使用。云知声总体上的盈利模式是通过技术建立免费平台，再通过免费平台吸引来的流量不断优化和提升技术的精确性。云知声提供公有云平台，把语音识别技术放在网站上，任何开发者都可以拿过去"即插即用"，而且完全免费，大大降低了应用开发者使用语音的门槛。在开放平台背后，隐藏着云知声的商业模式逻辑：通过语音语义平台将各家的 App 联通，用户数据也会集中到平台上，将各个环节贯通从而实现广告等商业价值。采取类似 Google adsense 的模式，虽然每家的量很小，但是通过大量聚合可以产生商业利润。

云知声的快速成长的原因主要表现在三个方面，首先，跨界运用带来新使用场景。一方面，互联网和语音识别相融合。虽然移动互联网改造了很多行业，但语音识别依旧是传统行业在把持，采用的是软件授权的思维，且合作速度慢、效率低，在面对移动互联网更加差异化的人群时，表现欠佳。相比传统厂商，云知声更加强调互联网思维，勇于迅速试错和改进。他们不仅为搜狗提供快速灵活的方案，而且针对搜狗产品的特性进行定制化，以提升用户体验，类似的经验也应用于其他厂商。其次，语音识别和汽车、家居、医疗、教育相融合，将语音识别融入出行、家庭生活、看病和学习环境中，既避免了在单独语音识别领域的单打独斗，也找到了更加贴近的用户的需求点。其次，通过搭建开放式免费公有云平台供开发者使用，降低了语音识别领域开发门槛，同时也增强了自身的影响力。最后，积极推动技术突破。云知声利用机器学习平台（深度学习、增强学习、贝叶斯学习），在语音技术、语言技术、知识计算、大数据分析等领域建立了领先的核心技术体系，这些技术共同构成了云知声完整的人工智能技术图谱。在应用层面，AI 芯、AIUI、AI Service 三大解决方案支撑起云知声核心技术的落地和实现。

九、生态制造产业

中国孵化出了独具特色的新物种：生态型制造。由大型互联网企业主导，以模式创新将企业生产资源进行汇聚，通过平台经济模式实现品牌、营销、制造、渠道等资源的共享，提升资源利用效率，实现企业的孵化与成长。生态型制造是"平台 + 互联网 + 制造"为一体的新型制造模式，既有平台特征，也有互联网属性，以平台模式共享集聚制造资源，以互联网模式优化配置制造资源。

小米已成为市值超 3000 亿元的生态制造企业。围绕智能硬件，将平台模式与制造相结合，将自身的品牌、供应链制造资源、营销渠道等向合作企业开放，形成小米生态链平台。2018 年成功在香港上市，当前市值超 3000 亿元。目前小米初步形成了以智能手机、可穿戴设备、白电、制造资源、酷玩产品、生活产品六大主要投资方向的小米生态链，以用户需求为前提，不断细分生态链上产品的种类，使小米生态链成为全球最大的智能硬件平台。同时，小米将自身拥有的供应链体系、研发能力、营销能力等开放出来，形成一个产业链平台，通过共享品牌、共享研发、共享制造等为小米生态体系内的企业赋能，放大小米生态链的力量，帮助平台上的企业实现突破发展。截至 2018 年 11 月，小米生态链通过“孵化 + 投资”的方式聚集了约 460 余家企业，[1] 其中独角兽企业 4 家，上市企业 2 家。

十、民用无人机产业

中国消费级无人机在创新与规模上领跑全球。依托中国制造与人工智能优势，中国消费级无人机产业无论是专利、技术研发，还是市场规模，在全球都拥有绝对的话语权。从企业层面上，在全球消费级无人机前 10 的企业排名中，国内无人机品牌独占 7 家，其中大疆位列第一。[2] 从市场规模上看，2018 年中国无人机市场规模约 87.93 亿元，预计 2021 年中国无人机市场规模将超过 310 亿元。[3] 从技术专利上看，2008 至 2016 年全球无人机专利申请量前十的机构中，中国占三席，分别是大疆、北航、国家电网，其中大疆专利申请量仅次于波音公司（欧美企业无人机专利以军用为主）。[4]

大疆已成为全球消费级无人机市场的领军企业。大疆创新公司是全球最大民用无人机制造商，全球领先的无人飞行器控制系统及无人机解决方案的研发和生产商。从市场份额上看，产品广销全球，客户遍布全球 100 多个国家。在国际消费级无人机市场上，大疆的市场份额在 66% 以上，而在国内市场份额占比则高达 80% 以上。[5] 从技术水平上看，大疆成为中国消费级无人机技术实力的代表，德国无人机研究机构（DRONEII）数据显示，在全球消费无人机企业实力排行中，大疆超过 Parrot、3D Robotics 等全球优秀企业，位居榜首。

---

1. 据 IT 桔子数据显示，雷军个人天使投资的公司有 33 家，通过小米科技对外投资的有 157 家，通过顺为资本对外投资的有 270 家，三者共计 460 家。

2. 高工产研机器人研究所：《GGR：全球无人机企业 TOP10 企业名单》。

3. 前瞻产业研究院：《2018 年无人机行业现状与发展趋势报告》。

4. 美国 Harrity & Harrity 知识产权代理公司：《无人驾驶飞行器专利 : 综述》。

5. 前瞻产业研究院：《2018 年无人机行业现状与发展趋势报告》。

第十三章　成为新时代伟大创业者

一、新时代创业者特质

伟大创业的本质就是创业者将对未来的想象力变为现实，构建出新的价值体系，从而改变世界。新经济时代伟大创业者通常具备四大核心特质：预见未来的想象力、精准辨识的洞见力、快速执行的行动力、基于价值导向和社会责任感的企业家精神。

（一）想象力：打开未来之门，发现可能

想象力重构表象世界，创造更多可能性，是创造力的核心。从生理学上看，想象是在大脑意识控制下，对感官感知并贮存于大脑中的信息进行分解与重组的思维运动。从现象上看，想象力是基于自身经验、表象和愿景将人类知识和经验的积累加工赋予新的特点和面貌，是创造新的知识、经验和表象的催化剂和指南针，是感性和知性之间的一种中介性先天能力。想象分为无意想象与有意想象，有意想象就是按照预设目的，对已有对象表象进行重构的过程。而对于创业者来说，创业 idea 的产生是典型的有意想象，是对问题表象的再理解和再组合，重构解决方式的触发器。

想象力从何而来？首先要用“哲学式诘问”探寻问题本质。想象力不是无中生有，改变世界的想象力常从问题本质的探索开始，爱因斯坦从光的运动发现相对论，牛顿从苹果落地到发现万有引力，都源于对问题本质的追寻。带着“我是谁，从哪来，到哪去”的哲学式诘问，从问题发现到问题解剖，再到辩证实证，穿过碎片化信息海洋，在波涛涌动的表象中探寻出问题的本质，是触发想象与创造的基石。

其次要用“未来式解法”引领新变革。认识问题的本质，是为了解决问题。当前世界正处于工业经济与新经济更迭发展之际，工业经济的运行规则越来难以适应新经济的发展诉求，随着新技术不断突破，新范式时有产生，实现变革的机会愈加增多，每一次伟大创业的实现都是对旧运行规则的打破。新时代的伟大创业者，需要拥有更多的雅・布伦诺斯基所谓“让思维穿过空间与时间的能力”，破出既有规则之外，以全新方法和未来视角审视当前问题，在不同事物之间建立新的联系，重新定义解决之道，形成新规则引领变革。例如，马斯克与神经科技公司 Neuralink 联合研究的“脑机接口”技术即来自科幻小说概念，将人脑与人工智能融合，未来将有可能治疗许多神经性疾病和肢体、器官修复，打破了人体自身的生理局限。

（二）洞见力：勘破趋势，选择可能

洞见力于无常中见有常，是“知”的最高境界。洞见力是对现象获得准确和深刻理解的直觉领悟力，即《易经》中提到的“君子居则观其象而玩其辞，动则观其变而玩其占”，是“知”

的最高境界，可于无常之中见有常，也是创新发展的动力和源泉。拥有洞见力，即拥有独立且质疑的思考能力、多维跨界的视角、丰富深刻的见识和自我颠覆的勇气，能够于问题深处探寻真理，览全局悉动态，最终促使创业者穿透时代的变迁对产业发展变革做出迅速、准确的判断。

拥有洞见力的创业者能够洞察市场机会和行业机遇。在新经济条件下，伴随产业运动规律从分解、融合到跨界，新经济的运行规律逐步从产业价值链运动上升到基于创新创业的新经济生态演化。在生态观条件下，各类创新主体、资源要素都积蓄着不同的能量，一旦越过发展的“奇点”，产业就会呈现出非线性特征的爆发式增长，新商业模式、新业态、新物种不断涌现。只有具有超然洞见力的创业者，才能洞见产业生态中的奇点，在巨量的信息与行业现象中，快速甄别市场机会和行业机遇，高效决策，根植商业实践，快速整合和梳理资源，构建新的产品和服务，抢占未来竞争制高点。

以小米科技为例，小米科技的爆发式成长与雷军对机会的洞见能力休戚相关。小米科技创始人雷军认为“创业考验创业者把握 1% 机会的能力”。在 2005 年左右，雷军精准地踏到了智能手机换机的时间点，小米科技应运而生。它用了一套全新的模式，在短短的三年时间里成了中国第一，其整个成长速度远远超出人们的想象，成为新经济时代的独角兽企业。

（三）行动力：将选择变为现实，由“知”到“达”的跃迁

行动力是指能够打破固有模式，敢于用新办法、新思路，立即采取行动，从而实现目标的能力。中国传统文化对于“行动”和“变化”有着深刻的感知，早在数千年前《易经》就阐述了事物的变化规律，《易经》核心的三易：变易、简易、不易，其中“变易”指万事万物时刻的变化之道。500 年前，明代思想家王阳明提出“知行合一”理念，“知”指人的意识和意念，“行”指人的实际行动，“知行合一”即认知应与实践行动相结合。100 年前，孙中山先生提出“知难行易”理论，他推崇的“行先知后、由行致知”是对知行关系深刻的阐述，也受到了国际知名实践主义大师杜威的认可。在改革开放之后，邓小平提出“实践是检验真理的标准”，阐明了检验真理的标准只能是社会实践。

现代世界的改变，越来越需要拥有强大行动力的创业者。人类步入工业文明以来，政治家、军事家、资本家等权威阶层是改变世界的主要力量，而当世界从工业文明迈向信息文明时代，具备更强洞见力和行动力的创业者将成为推动世界变革的主角。伟大的创业者总能在不断的变化中寻找机会，在行动的过程中探索创新，用行动去促进变化。在改革开放之后，中国整个国家的行动力大幅提升，这个时代的中国创业者，能够将想象和洞见积极的转化为行动，在行动中不断挖掘新的增长点，形成源源不断的经济动力，这也使得中国作为一个发展中国家，独角兽数量与欧美等发达国家相比能一举领先，成为全球创新创业最火热的区域。

（四）新时代的企业家精神：“利己利人利天下之事”，由“达”至“大道”，即伟大

新时代的企业家以价值驱动为根本，拥有改变世界的梦想。价值驱动是美国著名管理学家托马斯·彼得斯和罗伯特·沃特曼提出的一种使企业经营管理达成卓越境界的方法，表现为指导企业经营活动的价值体系，是优秀企业家的基本属性。新经济时代，创新的本质表现为对人的价值的驱动，而改变世界的梦想和愿望正是人类创造力的价值所在。怀揣改变世界梦想的创业者构建了物理产品与世界价值需求的通道。以硅谷为例，改变世界的新产业之所以能够在硅谷不断出现，相当程度上归功于硅谷“改变世界”的创业文化和在这种文化中涌现的怀有改变世界梦想的创业者。苹果公司的创办，源于两个电脑爱好者满足普通人对计算机需求的梦想；思科公司的构建，源于两个斯坦福科研人员链接不同网络的梦想；雅虎公司的创办，源于创始人改变当时杂乱无章的互联网信息的梦想；为进一步改进从互联网上获得信息的效率和体验，斯坦福大学计算机系的两名博士生创办了谷歌。

能否履行社会责任是新经济时代检验一个企业是否伟大的重要标准。我国经济自改革开放以来经历了相当长的高速增长期，企业发展充分吸纳了西方市场经济理论中的利润驱动型发展模式，即以追求利润最大化和效用最大化为原则，较少强调个人价值与社会责任。而新经济发展正处在世界逐步由财富积累转向财富分配，我国由高速增长向高质量发展阶段迈进的大背景中，企业发展与以社会治理呈现出共命运、同进退的特征，纯利润驱动型的企业发展模式难以持续为继。新经济企业的社会责任不局限于慈善、捐款，而是通过企业的价值观、商业模式、用人机制输出社会价值。中国文化向来注重集体利益和利他性，《道德经》中“圣人不积，既以为人，己愈有；既以与人，己愈多；天之道，利而不害；人之道，为而不争”，强调了自我利益与他人利益的同一性，对新经济时代企业竞争理念具有一定借鉴和修正作用，即强调企业家在创业的过程中兼顾社会责任，直接用商业手段来反哺社会，实现个人价值和社会价值的双重实现，使创业项目本身就有利于社会、有利于他人。

二、新时代伟大创业者培育路径

全球进入创业大爆炸时代，创业群体泛化，创业者类型愈加丰富。中国正成为创业最活跃的国家，每年新创办企业数量 500 万家，并在全球占据半壁江山。当前，我国“双创”升级工作的重点应关注如何实现伟大创业、如何成就伟大创业。以下主要从找准新赛道、创造新场景、呼唤耐心资本、追求爆发式成长、探索新经济制度等五个方面展开论述。

（一）创业风口：找准新赛道

创业者要找到新赛道，在前沿赛道区创业。创业是有规律可循的，创业成功要遵循经济发展和创新创业规律。创业是新经济发展的核心原动力，其动力来源于“用创业改变世界”的梦想。创业与创新价值的实现紧密相连，由此推动新经济不断发展向前。创业者和创业企业通过敏锐的战略洞见，准确洞悉新经济时代的创业风口，找到新赛道，前瞻布局，抢先抓住新赛道的技术创新机会、产业创新机会、商业模式创新机会和业态创新机会，将系列创新转化成可持续经营的事业，由此产生新业态、新产业，在产生原创新兴的新赛道创造巨大财富。

投资者要关注新赛道，捕获未来独角兽。与传统领域相比，新赛道具有极强的原创性。所谓原创，是指这个领域从萌芽到形成都以相对独立的方式演化。它的形成可能源于一项新的产品、一个新的技术，或是一个甚至多个独角兽企业的出现。随着科技发展的日新月异，新想法、新技术日益增多，这就要求投资者凭借敏锐的商业直觉和经验，识别出具有市场前景和发展潜力的新赛道，锁定有前途、有潜力的潜在独角兽，给予慷慨支持，进而激发新赛道的形成和发展。

政府要培育新赛道，孕育更多高成长企业。新赛道是新理念、新技术、新模式的体现，不受传统行业经验束缚。在传统赛道中，发达地区长时间的技术、管理和商业模式积累使后发地区只能不断追赶。而在新赛道中，所有地区和国家都在同一起跑线，先布局的地区就会抢占先发优势，带动区域经济的迅速崛起。在新一轮技术革命、产业革命的新周期，地方政府要基于区域个性，集聚资源，培育和抢占新赛道。今天，我们已可初见十大新赛道的形成。

（二）创业引擎：创造新场景

创业者要创造新场景需求。新经济时代背景下的场景创新不是由世界500强企业、科学家主导，而是由独角兽企业和创业者主导。创业者要时刻关注前沿赛道、抢先抓住商机，催生革新式的想法、模式、产品。当前，创业者要围绕两大终端创造应用新场景：一是手机，移动通信技术的飞跃大大提升了数据交互的效率，强化了数据的即时性，赋予人们千里眼、顺风耳；计算存储技术的升级使得手机的功能不断地丰富和增强，并向娱乐、消费、办公等方方面面延伸渗透，成为普及率最高的数据大脑。二是汽车，无人驾驶、智能网联汽车等技术不仅提高了驾驶的安全性，也将传统的交通出行工具升级为新的智能终端，有望通过搭载各类APP，成为继手机之后最有前途的应用场景，进一步颠覆人们对生活方式的认知。

投资家要挖掘新场景价值。投资家要充分发挥资本、技术、人脉的杠杆效应，助力有前途的场景，放大、挖掘场景价值。投资家重点关注的场景投资方向分为两类：一是选择前沿技术总体技术相对成熟、经济价值大的下游应用场景，优先投资落地，如智慧医疗、智慧出行等，通过投资手段助力应用场景中商业环节的变现进程，以资本撬动相关应用技术的深度研究。二是投资于行业尚处于早期发展阶段的初创企业，即以风险投资的方式对中小型初创企业进行投资，抢先挖掘场景的价值以获得先发优势，随着时间的推移，前沿技术的应用壁垒将被打破，新技术延伸拓展至更多全新的应用场景，投资者则会在各相关领域获得可观收益。

政府要培育新场景发展。政府要开放资源、数据和市场，结合新场景特性与发展需求优化完善新场景培育环境。一是优化创新生态，夯实场景创新的土壤，通过集聚高端创新资源和要素，下大力气支持多元创新创业主体发展，营造宽容审慎的制度与政策环境，加大场景创新的供给力度，让创新生态愈加完善和高效。二是聚焦伟大创业者与独角兽，助力其场景创新，即重点支持高端创业，支持前沿科技创业，培育独角兽企业，加强对独角兽的技术研究试验和场景示范应用的支持。三是建设具有科技感的智能城市，打造场景落地应用的新载体，要以未来视角推进场景研究，在城市交通、医疗、教育、商业等重点领域开展场景创新的中远期规划，拉动新兴产业发展。四是推动开放包容的制度创新，营造场景创新及推广应用的良好环境，要制定兼顾监管与发展促进政策，创造对原始创新相对包容的环境，定时向社会发布机会清单并配备必要资源，主动引导场景创新。

（三）创业催化剂：呼唤耐心资本

引导投资机构偏重耐心资本。耐心资本不以短期效果和回报为目标，是投资在一种“关系”上的长期资本。来自社会的创业投资作为一种商业性投资方式，天然地需要追求效益和规避风险性，因此处于新赛道、种子期的前沿项目很难获得其长期支持。政府要加强引导和支持，鼓励社会投资机构投早期、持续投。一是运用税收政策鼓励创业投资机构增加耐心资本，对以公司形式设立的创业投资基金在完成备案程序并符合相应条件后，可以按照其对中小高新技术企业投资额的一定比例申报应纳税所得抵扣。二是设立政策性创业引导基金，引导创投机构投资前沿项目、新赛道项目，发挥财政资金的杠杆放大效应，增加创业投资资本的供给，克服单纯通过市场配置创业投资资本的市场失灵问题。三是设立政策性创业投资风险补偿基金，对中早期项目的投资亏损提供一定比例（比如 50%）的补偿，弥补社会资本对种子期、起步期等创业早期阶段的投资亏损。

创业投资机构要探索联合创业等“投资 + 孵化”新模式。在新经济时代，创业投资“短平快”红利期逐渐远去。传统投资者和创业者立场不同、情感和利益诉求不同，发展方式、投资条款、项目前景、估值高低等方面常常存在分歧。当下，迫切需要传统投资模式向“投资 + 孵化”模式升级。一是提供创业资本，押注有前景、有机遇的技术路线，开展联合创业，为创业者提供资金，成为企业一部分。二是提供创业服务，为初创企业提供战略规划、模式打磨、产品雕琢、研发支持、团队搭建、融资安排、资本运作等孵化服务。三是以创投机构为平台赋能企业，广泛应用投资机构所拥有的资源为创业项目提供综合服务和市场客户资源。

（四）创业引爆点：追求爆发式成长

工业经济时代资源流动速度慢，市场和资源的获得难度较高，企业需要逐步积累资源能力，其积累方式决定了企业只能获得线性成长。企业生命周期依次经历创业期、成长期、成熟期到衰退期四个阶段。处于创业期的企业多为小微企业。随着企业的壮大进入成长期，企业发展为中小企业、中大型企业。进入成熟期后，企业成长为规上企业，甚至大型企业，最后进入衰退期。其中，引领经济和产业发展的是大型企业。不同于工业经济时代，企业爆发式成长所表现出的非线性特征，是新经济时代企业成长路径的主旋律。新经济时代，由于技术进步的加速与全球经济的一体化发展，产业发展的规律由价值链的运动升级为产业生态的自演化，企业的发展轨迹不再拘泥于线性，更多地呈现指数级的非线性成长路径。新经济条件下的企业成长具有“创业企业—瞪羚企业—独角兽企业”跃迁式成长特征。在数量众多的创业企业中，会有少数创业企业抓住机会跳过死亡谷，实现业务快速增长成为“瞪羚企业”，其他大部分创业企业会试错失败而被市场淘汰，或成为“小老头企业”（业务维持或消退）。优秀的“瞪羚企业”凭借其卓越的市场表现被资本市场看好，实现爆发式成长，估值超过 10 亿美元称为“独角兽企业”。

“自成长”是新经济企业爆发式成长的基本方式，反映了新经济模式下企业遵循生态化发展规则、形成“正反馈”的业务扩张成长模式。目前自成长有粉丝传播和制定新规则两种主要模式。能够利用粉丝传播的企业自身在产业生态圈中具有卓越的表现和足够的用户吸引力，可以借助外部力量如消费者、产业链上下游企业等帮助企业传播。制定新规则的企业多为行业内少数的引领型企业，在其带动下，行业能够遵循新的进化法则，适者生存，依靠生态力量自发前进。创业者应该打造自成长的商业模式，依托内生动力实现业务生长和企业影响力提升，进而实现爆发式成长。可以从以下三个维度推动企业爆发式成长：

第一，优化区域生态积累能量。引导要素集聚、促进要素通融。政府要引导人才、资本、技术、数据等新生产要素的高度汇聚，促进要素充分流动和持续循环，为经济、社会、政务、自然等领域全面创新发展积蓄能量，为构筑生态提供源源不断的活力物质流。在要素集聚的基础上，通过平台组织搭建、体制机制创新、服务集成供给、文化氛围营造，促进要素主体融通共享、连接成网，持续孕育发展能量。

第二，引导企业创新释放能量。商业模式创新、技术创新。新经济条件下，技术生命周期越来越短，导致价值链分解融合跨界越来越频繁，企业自身需要通过商业模式创新和技术创新将稳定涌动的能量进行加速。鼓励市场竞争、创业试错，就是引导新技术的开放应用和新商业模式的成熟。随着技术和商业模式迭代更新，企业业务流量从传统纵向借力增长模式向横向网络繁衍模式转变，当整个网络的业务流量超过阈值状态，就会出现非线性爆发式增长。为此，助力创业企业爆发成长，应提供商业模式概念验证服务、组织创业沙龙和头脑风暴会来验证打磨有生命力的商业模式，开展未来研究、建设新型研发机构、搭建前沿科技专业化众创空间来推进颠覆性新技术的成功研发和应用。

第三，打造爆发式成长三大动力：使命感、抓机会、拉长板。使命感是指创业企业需要拥有并坚持改变世界的梦想，它是寻找引爆点的精神动力；抓机会是指企业培养具备敏锐的感知并牢牢抓住引爆点，它是企业快速成长的外部动力；拉长板是指企业要从优势出发，最大限度地拉伸自己的长板而非弥补短板，它是企业快速成长的内生动力。

（五）创业制高点：探索新经济制度

政府要加强以创业为核心的新经济制度供给。新经济时代经济发展的条件发生了重大变化，发展目标不再是单纯的规模，而是通过跨界融合提升产业发展质量、占领产业链和价值链高端。因此，需要高超的组织能力和组织体系，将政府、企业、人才等资源高效地组织起来，促进产业各方通力合作，形成产业共同体。政府可借助深耕于新经济领域研究的第三方高端智库，来探索适用于新经济发展的新模式、新机制。在宏观层面，创新政策的制定机制，包括将标准规则制定的参与者从政府、高校延伸至创业者；在中观层面，放开部分政府社会职能，让更多企业从所在产业领域的专业视角切入，参与业界共治。

创业者要积极参与新经济制度供给。伟大的创业者与普通创业者的区别在于，眼光不是狭隘地局限于商业价值，而是放眼长远，努力成为行业、区域生态与制度的创造者、颠覆者。在微观层面，伟大创业者要关注自身创业项目能够为人们生产生活方式带来何种改善，并将其作为企业重要的发展愿景；在中观层面，伟大创业者应积极参与业界共治，成为产业生态一分子；在宏观层面，伟大创业者应参与产业标准与行业规则的制定，形成适应新经济环境的创新制度规则。